특수교육학개론

이미숙 · 고혜정 · 김정민 · 박영근 · 박유정 · 최진혁 · 표윤희 공저

INTRODUCTION OF SPECIAL EDUCATION

학지사

머리말

예비교사들이 수강하는 '특수교육학개론' 시간에 학생들에게 던지는 질문이 있습니다. "장애학생은 누구의 학생입니까? 특수교사의 학생입니까? 일반교사의 학생입니까?" 사실 이러한 질문에는 정답이 없습니다. 왜냐하면 장애학생은 특수교사의 학생이기도 하지만, 일반교사의 학생이기도 하기 때문입니다. 즉, 장애학생은 모든 교사의 학생이라 할 수 있습니다.

이전의 특수교육학개론은 특수교육을 전공하는 예비특수교사의 전유물이었습니다. 하지만 현재는 예비특수교사뿐만 아니라 모든 예비교사가 교사가 되기 위한 준비과정에서 특수교육학을 필수로 배우게 되었습니다.

특수교육학개론을 통해 처음 특수교육을 접하게 되는 예비교사, 장애학생에게 관심은 있었지만 나의 학생이 될 수 있다는 것을 미처 생각하지 못했던 예비교사, 지금도 여전히 장애에 대해 잘 알지 못하는 예비교사……. 이처럼 다양한 배경을 가진 예비교사들에게 특수교육은 다른 누군가에게 필요한 것이 아닌 바로 예비교사인 여러분에게 필요한 것이 되었습니다.

저자들은 특수교육 전공자로서 대학에서 예비교사들을 만나 오며 어떻게 하면 예비교사들이 특수교육을 재미있게 공부할 수 있을까를 고민하게 되었습니다. 그리고 예비교사들과 함께 특수교육학개론을 공부하면서 예비교사에게 실제 도움이 될 수 있는 책이 없을까 고민했습니다. 이러한 고민을 가지고 설레는 마음으로 이번 『특수교육학개론』 집필을 하게 되었습니다. 여전히 기대한 만큼보다는 부족하지만, 이 책에 대한 여러분들의 애정 어린 조언과 격려로 한층 더 좋아지리라 확신합니다.

마지막으로 이 책의 출판을 위해 노력해 주신 학지사의 김진환 사장님과 학지사 관계자 여러분께 감사드립니다. 무엇보다도, 작업하는 동안 아낌없는 지지와 격려를 보내 준 가족에게 사랑과 감사의 마음을 전합니다.

저자 일동

차례

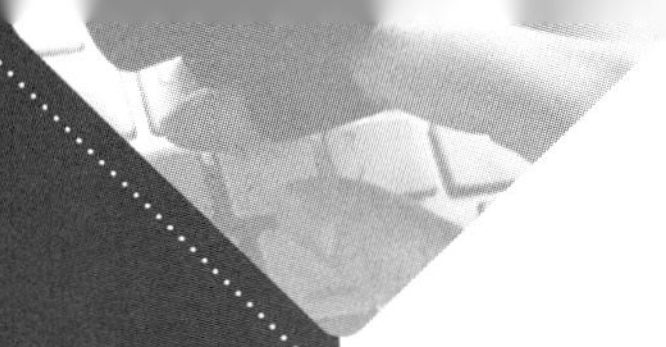
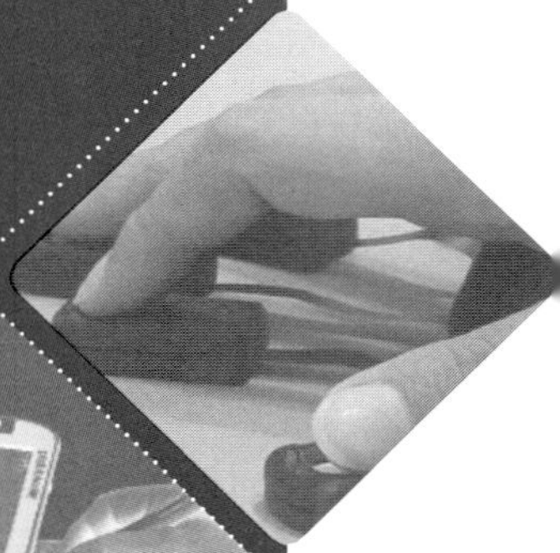

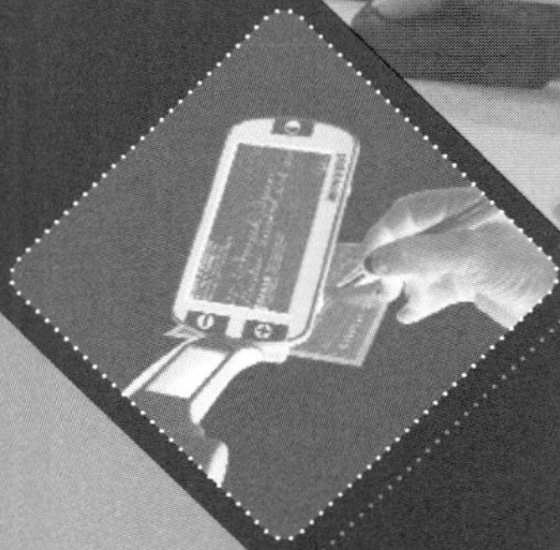

제 01 장

특수교육의 개념

학습목표

1. 특수교육의 정의를 이해한다.
2. 특수교육 관련 법령을 이해한다.
3. 특수교육의 현황과 특수교육 제공 절차를 이해한다.

SPECIAL EDUCATION

1. 특수교육의 정의

특수교육(special education)은 말 그대로 '특별한 교육'을 의미한다. 우리나라의 경우 이러한 특별한 교육의 대상은 「장애인 등에 대한 특수교육법」에 따라 '특수교육대상자'를 의미한다. 이 법에 의해 '특수교육대상자'로 선정된 학생은 '특수교육'을 제공받게 된다. 그렇다면 이 특별한 교육이란 무엇을 의미하는가, 그리고 특별한 교육인 '특수교육'을 받게 되는 '특수교육대상자'는 누구를 의미하는지 살펴볼 필요가 있다.

물론 학자마다 특수교육을 달리 정의하기도 하지만, '특수교육이란 무엇인가?'라는 질문에 대한 답을 「장애인 등에 대한 특수교육법」에 근거하여 살펴보기로 하자. 「장애인 등에 대한 특수교육법」에서는 이 법의 목적을 다음과 같이 명시하고 있다.

「장애인 등에 대한 특수교육법」의 목적

「교육기본법」 제18조에 따라 국가 및 지방자치단체가 장애인 및 특별한 교육적 요구가 있는 사람에게 통합된 교육환경을 제공하고 생애주기에 따라 장애유형 · 장애정도의 특성을 고려한 교육을 실시하여 이들이 자아실현과 사회통합을 하는 데 기여함을 목적으로 한다. (「장애인 등에 대한 특수교육법」 제1조)

이처럼 「장애인 등에 대한 특수교육법」에서는 장애인 및 특별한 교육적 요구가 있는 사람의 자아실현과 사회통합을 위해 그들의 특성에 적합한 교육이 실시되어야 함을 강조하고 있다. 또한 이 법에서는 특수교육을 다음과 같이 정의하고 있다.

특수교육의 정의

"특수교육"이란 특수교육대상자의 교육적 요구를 충족시키기 위하여 특성에 적합한 교육과정 및 제2호에 따른 특수교육 관련 서비스 제공을 통하여 이루어지는 교육을 말한다. (「장애인 등에 대한 특수교육법」 제2조 제1호)

「장애인 등에 대한 특수교육법」에 제시된 특수교육의 정의에서 생각해 보아야 할 것은 바로 '특수교육대상자'란 누구를 의미하며, 이들을 위한 '특성에 적합한 교육과정'과 '특수교육 관련 서비스'가 무엇을 의미하는가에 대한 것이다. '특수교육'의 정의를 명확하게 이해하기 위해 특수교육의 정의에서 제시하고 있는 이 세 가지의 개념에 대해 살펴보자.

1) '특수교육대상자'의 개념

「장애인 등에 대한 특수교육법」에서는 특수교육대상자를 "특수교육을 필요로 하는 사람으로 선정된 사람"(제2조 제3호)으로 표현하고 있다. 또한 제10조에서는 특수교육대상자에 대한 선정 기준을 제시하고 있는데, 특수교육대상자로는 시각장애, 청각장애, 지적장애, 지체장애, 정서·행동장애, 자폐성장애, 의사소통장애, 학습장애, 건강장애, 발달지체, 두 가지 이상 중복된 장애를 지닌 자가 포함된다. 〈표 1-1〉은 특수교육대상자 선정 기준을 제시하고 있는데, 이러한 특수교육대상자 선정 기준은 「특수교육법」이 제정되

표 1-1 특수교육대상자 선정 기준

구분	선정 기준
시각장애를 지닌 특수교육대상자	시각계의 손상이 심하여 시각 기능을 전혀 이용하지 못하거나 보조공학기기의 지원을 받아야 시각적 과제를 수행할 수 있는 사람으로서 시각에 의한 학습이 곤란하여 특정의 광학기구·학습매체 등을 통하여 학습하거나 촉각 또는 청각을 학습의 주요 수단으로 사용하는 사람
청각장애를 지닌 특수교육대상자	청력 손실이 심하여 보청기를 착용해도 청각을 통한 의사소통이 불가능 또는 곤란한 상태이거나, 청력이 남아 있어도 보청기를 착용해야 청각을 통한 의사소통이 가능하여 청각에 의한 교육적 성취가 어려운 사람
지적장애를 지닌 특수교육대상자	지적 기능과 적응행동상의 어려움이 함께 존재하여 교육적 성취에 어려움이 있는 사람
지체장애를 지닌 특수교육대상자	기능·형태상 장애를 가지고 있거나 몸통을 지탱하거나 팔다리의 움직임 등에 어려움을 겪는 신체적 조건이나 상태로 인해 교육적 성취에 어려움이 있는 사람
정서·행동장애를 지닌 특수교육대상자	장기간에 걸쳐 다음 각 목의 어느 하나에 해당하여, 특별한 교육적 조치가 필요한 사람 가. 지적·감각적·건강상의 이유로 설명할 수 없는 학습상의 어려움을 지닌 사람 나. 또래나 교사와의 대인관계에 어려움이 있어 학습에 어려움을 겪는 사람 다. 일반적인 상황에서 부적절한 행동이나 감정을 나타내어 학습에 어려움이 있는 사람 라. 전반적인 불행감이나 우울증을 나타내어 학습에 어려움이 있는 사람 마. 학교나 개인 문제에 관련된 신체적인 통증이나 공포를 나타내어 학습에 어려움이 있는 사람

자폐성장애를 지닌 특수교육대상자	사회적 상호작용과 의사소통에 결함이 있고, 제한적이고 반복적인 관심과 활동을 보임으로써 교육적 성취 및 일상생활 적응에 도움이 필요한 사람
의사소통장애를 지닌 특수교육대상자	다음 각 목의 어느 하나에 해당하여 특별한 교육적 조치가 필요한 사람 가. 언어의 수용 및 표현 능력이 인지 능력에 비하여 현저하게 부족한 사람 나. 조음 능력이 현저히 부족하여 의사소통이 어려운 사람 다. 말 유창성이 현저히 부족하여 의사소통이 어려운 사람 라. 기능적 음성장애가 있어 의사소통이 어려운 사람
학습장애를 지닌 특수교육대상자	개인의 내적 요인으로 인하여 듣기, 말하기, 주의집중, 지각(知覺), 기억, 문제해결 등의 학습 기능이나 읽기, 쓰기, 수학 등 학업 성취 영역에서 현저하게 어려움이 있는 사람
건강장애를 지닌 특수교육대상자	만성질환으로 인하여 3개월 이상의 장기입원 또는 통원치료 등 계속적인 의료적 지원이 필요하여 학교생활 및 학업 수행에 어려움이 있는 사람
발달지체를 보이는 특수교육대상자	신체, 인지, 의사소통, 사회·정서, 적응행동 중 하나 이상의 발달이 또래에 비하여 현저하게 지체되어 특별한 교육적 조치가 필요한 영아 및 9세 미만의 아동
두 가지 이상 중복된 장애를 지닌 특수교육대상자	다음 각 목의 구분에 따른 장애를 지닌 사람으로서 제1호부터 제6호까지의 규정에 따른 특수교육대상자에 대한 각각의 교육지원만으로 교육적 성취가 어려워 특별한 교육적 조치가 필요한 사람 가. 중도중복(重度重複)장애: 다음의 구분에 따른 장애를 각각 하나 이상씩 지니면서 각각의 장애의 정도가 심한 경우. 이 경우 장애의 정도는 법 제14조 제1항에 따른 선별검사의 결과, 제9조 제4항에 따라 제출한 진단서 및 「장애인복지법 시행령」 제2조 제2항에 따른 장애의 정도 등을 고려하여 정한다. 1) 지적장애 또는 자폐성장애 2) 시각장애, 청각장애, 지체장애 또는 정서·행동장애 나. 시청각장애: 시각장애 및 청각장애를 모두 지니면서 시각과 청각에 의한 학습이 곤란하고 의사소통 및 정보 접근에 심각한 제한이 있는 경우

출처: 「장애인 등에 대한 특수교육법 시행령」[별표]. 특수교육대상자 선정 기준(제10조 관련) 〈개정 2022. 6. 28.〉.

면서부터 고정된 것이 아니라 사회가 변화함에 따라 함께 변화해 온 것으로, 현재는 〈표 1-1〉과 같은 분류 체계를 보이고 있다.

특수교육대상자라는 용어가 법적으로 공식적인 용어이지만, 일반적으로 특수교육대상자라는 용어 대신에 장애학생이라는 용어를 사용하기도 한다. 하지만 장애학생이라는 용어와 특수교육대상자라는 용어가 의미하는 바가 동일한 것은 아니며, 장애학생 중에서도 「장애인 등에 대한 특수교육법」에 의해 특수교육대상자로 선정된 경우에 한해서 특수교육대상자라는 용어를 사용한다.

2) '특성에 적합한 교육과정'의 개념

교육과정에 대한 정의는 여러 가지가 있지만, 일반적으로 교육과정은 학생들에게 제공되는 교육내용을 의미한다. 즉, 교육과정은 학교 교육이 학생들에게 어떠한 교육목표를 가지고 어떠한 교육내용과 방법으로 교수하고 어떠한 평가를 통하여 성취시킬 것인가를 정해 놓은 기준이라고 할 수 있다. 특히 특성에 적합한 교육과정이란 일반적인 교육과정이 아니라 장애학생의 특성을 고려하여 마련된 교육과정이라고 할 수 있다. 이처럼 장애학생의 특성을 고려한 교육과정은 장애학생을 고려하여 특별히 설계된 '특수교육 교육과정'뿐만 아니라 '일반교육 교육과정'을 장애학생의 특성에 적합하도록 수정하여 적용하는 교육과정을 의미한다. 즉, 특수교육은 장애학생의 특성을 고려하여 마련된 교육과정이어야 함을 강조하고 있다. 이러한 '특성에 적합한 교육과정'에 대해서는 3장에서 개별화교육계획과 함께 다시 설명될 것이다. '특수교육 교육과정'은 '특수학교 교육과정'이라는 명칭에서 시작하여 수차례의 개정을 거쳐 왔는데, 최근 개정된 '2022 개정 특수교육 교육과정'의 구성은 다음과 같다.

- 유치원 교육과정: 3세~초등학교 취학 전
- 공통 교육과정: 초등학교 1학년~중학교 3학년
- 기본 교육과정: 초등학교 1학년~고등학교 3학년(특수교육대상자의 장애 종별 및 정도를 고려)
- 선택 중심 교육과정: 고등학교 1~3학년

장애학생의 교육에서 중요하게 고려되어야 하는 것은 바로 생활연령(chronological age)과 정신연령(mental age)의 차이이다. 장애학생의 경우 생활연령과 정신연령에서 차이를 보일 때가 있는데(예: 지적장애, 자폐성장애, 발달지체 등), 이때 이들의 교육에 있어 생활연령만을 고려하거나 또는 정신연령만을 고려한 교육과정을 선정하는 것은 적합하지 않을 수 있다. 장애학생의 경우 자신의 생활연령에 비해 정신연령이 낮다 하더라도 실생활에서 다양한 경험과 사회환경에 노출되어 있기 때문에 이들의 교육내용은 생활연령과 정신연령 모두를 고려한 것이어야 한다. 이러한 의도에 초점을 맞춘 것이 바로 기본 교육과정이며, 이러한 기본교육과정은 지적장애 및 자폐성장애 학생 등 일반교육과정을 적용하는 데 어려움이 있는 학생을 위해 마련되었다. 특수교육 교육과정에 대한 구체적인 내용은 3장에서 다루어질 것이다.

3) '특수교육 관련 서비스'의 개념

특수교육을 하나의 공식으로 표현한다면 '특성에 적합한 교육과정+관련 서비스=특수교육'이라고 할 수 있다. 즉, 특수교육은 장애학생의 특성을 고려한 교육과정뿐만 아니라 이들의 특성을 고려한 관련 서비스가 함께 제공되어야 특수교육이라고 할 수 있다. 「장애인 등에 대한 특수교육법」에서는 '관련 서비스'를 다음과 같이 명시하고 있다.

> "특수교육 관련 서비스"란 특수교육대상자의 교육을 효율적으로 실시하기 위하여 필요한 인적 · 물적 지원을 제공하는 서비스로서 상담지원 · 가족지원 · 치료지원 · 지원인력배치 · 보조공학기기지원 · 학습보조기기지원 · 통학지원 및 정보접근지원 등을 말한다. (「장애인 등에 대한 특수교육법」 제2조 제2호)

이러한 정의에 의하면, 장애학생에게 효율적인 특수교육을 지원하기 위해서는 그에 맞는 특수교육 관련 서비스가 필요하다. 「장애인 등에 대한 특수교육법」에서는 8개의 특수교육 관련 서비스를 규정하고 있으며, 각 시 · 도에서 관련된 내용을 자체적으로 계획하여 특수교육대상자를 지원하고 있다. 특수교육대상자를 위한 특수교육 관련 서비스에는 상담지원, 가족지원, 치료지원, 보조인력지원, 보조공학기기지원, 학습보조기기지원, 통학지원 및 정보접근지원 등이 있다. 이러한 특수교육 관련 서비스는 특수교육대상자의 장애 조건을 보상 · 교정 · 개선하는 데 필요한 서비스 활동임과 동시에 특수교육이 일반교육과는 다른 특수성을 보여 주는 특별 지원 활동이라고 할 수 있다.

2. 특수교육의 현황 및 제공

특수교육기관은 특수교육대상자에게 유치원 · 초등학교 · 중학교 또는 고등학교(전공과 포함)의 과정을 교육하는 특수학교 및 특수학급을 말한다. 2024년 특수교육대상자는 115,610명으로 2023년보다 5,907명이 증가하여, 특수교육대상자 비율은 지속적으로 증가 추세에 있다. 통합교육은 특수교육대상자가 일반학교에서 장애유형 · 장애정도에 따라 차별을 받지 아니하고 또래와 함께 개개인의 교육적 요구에 적합한 교육을 받는 것을 의미하는데, 최근 통합교육의 확산에 따라 일반학교 배치 특수교육대상자와 특수학급이 증가하고 있다. 통합교육을 강조하고 있는 현시점에서 특수교육의 현황은 어떠하며, 특수교육을 제공하기 위한 절차 및 단계는 어떻게 이루어져 있는지 살펴보도록 하자.

1) 특수교육의 현황

통합교육이 강조되고 확대됨에 따라 근래 특수학교의 증가 수는 크지 않으나, 특수학급은 계속 증가하는 추세이다. 최근 5년간 특수교육대상자의 교육환경별 배치 현황을 살펴보면 일반학교에 배치되어 통합교육을 받고 있는 특수교육대상자의 수는 해마다 증가하고 있다. 일반학교에 배치되어 통합교육을 받는 학생이 2020년에는 전체 특수교육대상자의 72.1%이었던 것이, 2021년도 72.2%, 2022년도 72.8%, 2023년도 73.3%, 2024년도 73.7%로 매년 증가하고 있다(〈표 1-2〉, [그림 1-1] 참조). 이처럼 특수교육대상자들이 일반학교에 배치되는 경우가 증가하게 되었고, 특수학교에는 장애정도가 심한 학생이 증가하게 되었다.

표 1-2 연도별 특수교육대상자 배치 현황

(단위: 명, %)

연도	특수학교 및 특수교육지원센터	일반학교	계
2020	26,615 (27.9)	68,805 (72.1)	95,420 (100)
2021	27,288 (27.8)	70,866 (72.2)	98,154 (100)
2022	28,233 (27.2)	75,462 (72.8)	103,695 (100)
2023	29,236 (26.7)	80,467 (73.3)	109,703 (100)
2024	30,390 (26.3)	85,220 (73.7)	115,610 (100)

출처: 교육부(2024b), p. 4.

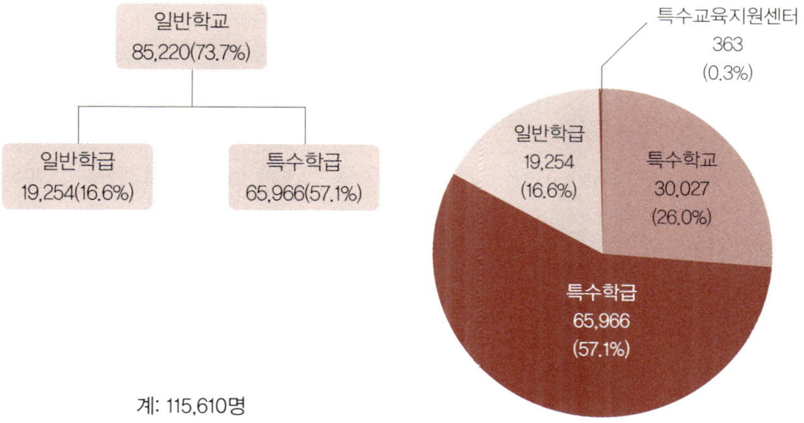

[그림 1-1] 교육환경별 특수교육대상자 배치 현황

출처: 교육부(2024b), p. 4.

[그림 1-2]와 〈표 1-3〉은 2024년 기준 장애영역별 특수교육대상자 현황을 나타낸 것이다.

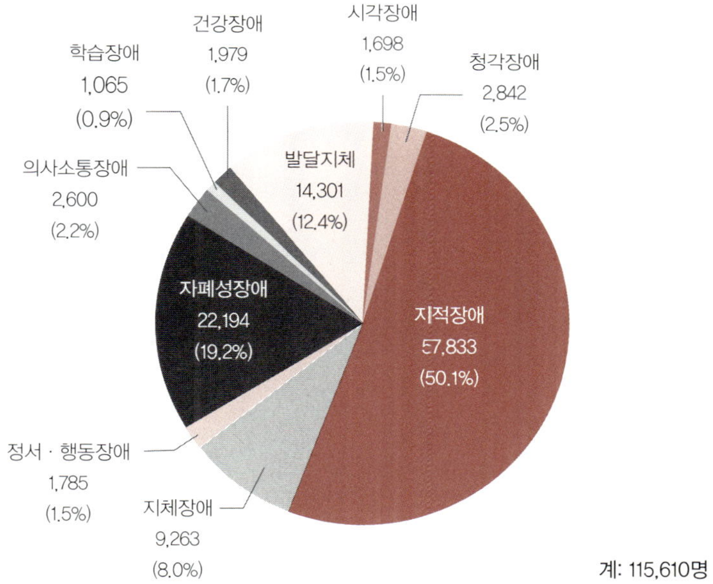

[그림 1-2] 장애영역별 특수교육대상자 현황

출처: 교육부(2024b), p. 3.

표 1-3 장애영역별 특수교육대상자 현황 (단위: 명, %)

연도	시각 장애	청각 장애	지적 장애	지체 장애	정서·행동 장애	자폐성 장애	의사소통 장애	학습 장애	건강 장애	발달 지체	전체
2024	1,698 (1.5)	2,842 (2.5)	57,883 (50.1)	9,263 (8.0)	1,785 (1.5)	22,194 (19.2)	2,600 (2.2)	1,065 (0.9)	1,979 (1.7)	14,301 (12.4)	115,610 (100)

출처: 교육부(2024b), p. 4.

우리나라는 유치원, 초등학교, 중학교, 고등학교 과정에 있는 특수교육대상자의 교육을 의무교육으로 정하고 있으며, 3세 미만의 장애영아와 전공과 학생에 대해서는 무상교육을 실시하고 있다. 또한 특수학교(급) 학급당 학생 정원은 유치원 4명, 초·중학교 6명, 고등학교 7명을 기준으로 1학급을 설치할 수 있도록 하여, 특수교육대상자의 개별적인 특성에 적합한 개별화교육을 실행하도록 하고 있다. 특수학교나 일반학교의 특수학급 및 통합학급 이외에도 가정, 시설, 병원 등에서는 순회·파견 형태로 특수교육을 제공하는 순회교육을 실시한다. [그림 1-3]은 학교과정별 특수교육대상자 배치 현황을 보여 주고 있다.

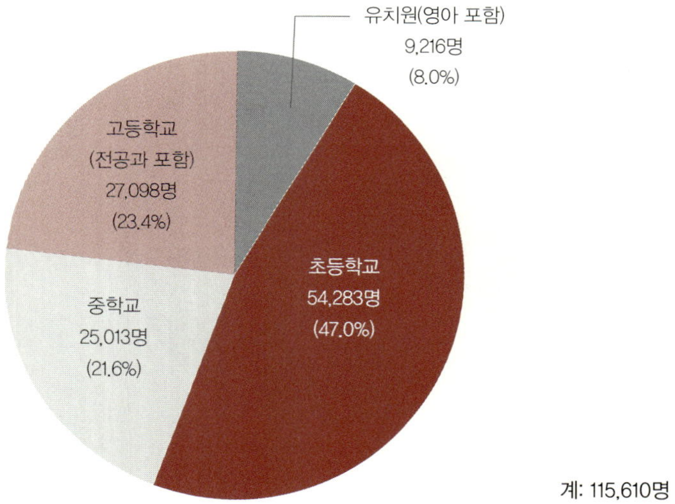

[그림 1-3] 학교과정별 특수교육대상자 배치 현황

출처: 교육부(2024b), p. 4.

2) 특수교육 제공 절차 및 단계

각 시 · 군 · 구 특수교육지원센터는 특수교육대상자를 진단 · 평가할 수 있는 업무를 팀 체제로 운영하고 있으며, 특수교육대상자에 대한 심사, 선정 · 배치에 대해 심의하는 특수교육운영위원회는 교장(감), 특수교사, 대학교원, 공무원, 의사, 보호자, 사회복지사 등으로 구성되어 있다(교육부, 2023). 특수교육대상자로 선정되면 특수학교, 특수교육지원센터, 일반학교 일반학급 또는 특수학급으로 배치가 이루어진다. 특수학급이 미설치된 유 · 초 · 중학교에서 통합교육을 받고 있는 특수교육대상자의 경우, 일반학교의 일반학급에 배치되고, 특수교육대상자의 능력 및 장애정도에 따라 적절한 특수교육을 제공받을 수 있도록 순회교육 지원을 받게 된다. 또한 장애정도가 심하여 장 · 단기의 결석이 불가피한 경우와 이동이나 운동 기능의 심한 장애로 인하여 각급학교에서 교육을 받기 곤란하고 시설 · 의료기관 또는 가정 등에 거주하는 특수교육대상자의 경우에도 특수교육대상자를 직접 방문하여 실시하는 순회교육 지원이 이루어지고 있다.

학생의 장애 가능성을 조기에 발견하기 위하여 지방자치단체, 보건소 및 병 · 의원 간에 긴밀한 협조체제를 구축하여야 한다. 보호자 또는 각급학교의 장으로부터 진단 · 평가를 의뢰받은 경우 즉시 특수교육지원센터에 회부하여 진단 · 평가를 실시하고 그 결과를 보호자에게 통보하여야 한다. 장애가 있다고 의심되는 학생을 발견했을 때 교사는 학생의 보호자를 통해 진단 · 평가를 의뢰할 수 있다([그림 1-4] 참조). 특수교육지원센터는 진단 · 평가가 회부된 후 30일 이내 진단 · 평가를 시행하고, 교육장 또는 교육감은 특수교육지원센터로부터 진단 · 평가 시행 결과, 최종 의견을 통지받은 2주일 이내에 특수교육대상자의 선정 여부 및 교육지원 내용을 결정하여 보호자에게 서면으로 통지하여야 한다. 교육장 또는 교육감은 특수교육대상자로 선정된 자를 특수교육운영위원회 심사를 거쳐 일반학교 일반학급, 일반학교 특수학급, 특수학교 중 어느 하나에 배치하여야 하며, 이때 특수교육대상자의 장애정도, 능력, 보호자 의견 등을 종합적으로 판단하여 거주지에서 가장 가까운 곳에 배치하여야 한다.

이때 특수교육지원센터는 30일 이내에 진단 · 평가를 시행해야 하는데, 특수교육대상자 선별검사 및 진단 · 평가가 이루어지는 영역을 제시하면 〈표 1-4〉와 같다. 특수교육대상자로 선정되기 위해서는 〈표 1-4〉에서 제시하는 다양한 검사와 평가가 이루어져야 하고, 이러한 평가 결과를 토대로 특수교육대상자에 대한 선정 여부를 결정하게 된다. 이때 특수교육지원센터는 특수교육대상자로의 선정 여부 및 필요한 교육지원 내용에 대

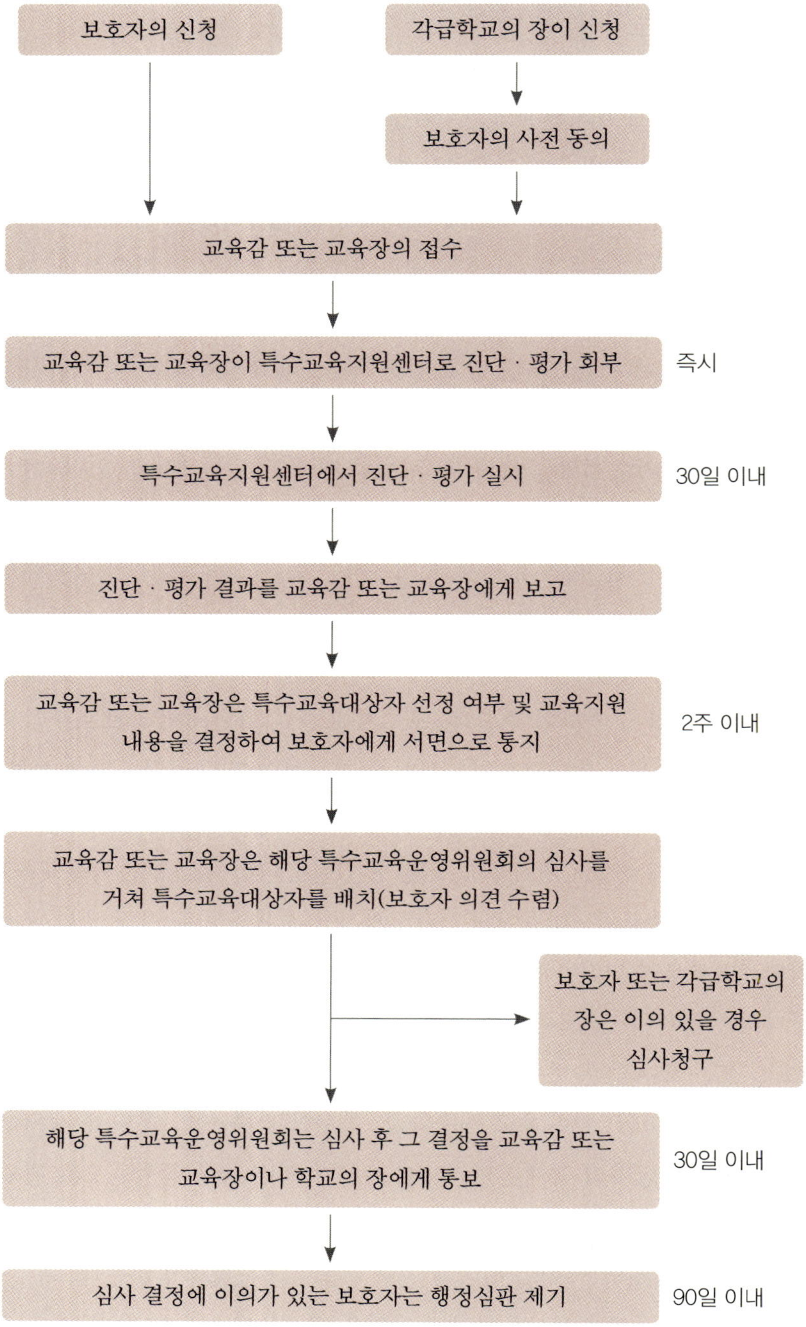

[그림 1-4] 특수교육대상자 진단 · 평가 의뢰서 제출 및 처리절차

출처: 「장애인 등에 대한 특수교육법 시행규칙」(2019). [별지 제1호 서식] 특수교육대상자 진단 · 평가 의뢰서(뒷면): 특수교육대상자 진단 · 평가의뢰서 제출 및 처리절차.

표 1-4 특수교육대상자 선별검사 및 진단 · 평가 영역

구분		영역
장애 조기 발견을 위한 선별검사		1. 사회성숙도검사 2. 적응행동검사 3. 영유아발달검사
진단 · 평가 영역	시각장애 · 청각장애 및 지체장애	1. 기초학습기능검사 2. 시력검사 3. 시기능검사 및 촉기능검사(시각장애의 경우에 한함) 4. 청력검사(청각장애의 경우에 한함)
	지적장애	1. 지능검사 2. 사회성숙도검사 3. 적응행동검사 4. 기초학습검사 5. 운동능력검사
	정서 · 행동장애 자폐성장애	1. 적응행동검사 2. 성격진단검사 3. 행동발달평가 4. 학습준비도검사
	의사소통장애	1. 구문검사 2. 음운검사 3. 언어발달검사
	학습장애	1. 지능검사 2. 기초학습기능검사 3. 학습준비도검사 4. 시지각발달검사 5. 지각운동발달검사 6. 시각운동통합발달검사

* 비고: 특수교육대상자 선정을 위한 장애유형별 진단 · 평가 시 장애인증명서 · 장애인수첩 또는 진단서 등을 참고자료로 활용할 수 있다.

출처: 「장애인 등에 대한 특수교육법 시행규칙」[별표]. 특수교육대상자 선별검사 및 진단 · 평가 영역(제2조 제1항 관련) 〈개정 2016. 6. 23.〉.

한 최종 의견을 작성하여 교육감에게 보고하여야 하는데, 이때 보호자의 의견 진술 기회를 충분히 보장해야 한다.

특수교육운영위원회는 진단 · 평가 결과를 심사하여 특수교육대상자 선정 여부 및 교육지원 내용을 최종 결정하고, 특수교육대상자를 적절한 교육환경에 배치한다. 특수

교육지원센터는 특수교육대상자 선정을 위한 진단 · 평가의 역할 이외에도 특수교육대상자의 조기 발견, 진단 · 평가, 정보관리, 특수교육 연수, 교수 · 학습 활동 지원, 특수교육 관련 서비스 지원, 순회교육 등 다양한 역할을 수행하고 있는데, 이를 제시하면 〈표 1-5〉와 같다.

표 1-5 특수교육지원센터의 역할

영역	역할
의무교육 조기 정착 및 생애주기별 교육지원 체계 구축	• 유치원 과정 특수교육대상자 의무교육 조기 정착 • 장애영아 무상교육 지원 • 특수교육기관의 신(증)설을 통한 특수교육 기회 확대 • 특수교육대상학생의 순회교육 내실화 도모 • 건강장애학생 교육지원 및 병원학교 설치 · 운영 강화 • 특수학교 및 특수학급 교육과정 운영 충실 • 특수교육대상학생의 개별화교육 강화 • 장애학생 인권교육 강화 • 특수학교(급) 방과후학교 · 토요프로그램 및 방학프로그램 운영 • 장애인 고등교육 및 평생교육 지원
통합교육 내실화	• 일반학교의 장애인 편의시설 확충 • 장애이해교육 강화 • 특수학교 및 특수학급의 운영개선 • 통합학급 운영 · 관리 강화 • 통합교육 연구학교 및 교사연구회 운영 • 일반교육 및 특수교육 교원의 통합교육 책무성 강화 • 장애학생학력평가 및 평가조정제 실시
특수교육 지원 및 진로 · 직업교육 강화	• 특수교육지원센터 운영의 내실화 • 특수교육 관련 서비스 지원 • 특수교육 보조인력 지원 • 특수교육대상학생의 진단 · 평가 및 배치체계 확립 • 특수교육대상자의 진로 · 직업교육 전문화 • 특수교육의 정보화 지원 강화 • 특수교육 담당교원의 전문성 및 책무성 강화 • 특수교육 행 · 재정 지원 확대 • 특수교육교원 양성과정 현장연구 및 실습을 위한 연구학교 운영

3) 특수교육 관련 기구

특수교육 관련 기구에는 중앙에서 특수교육을 담당하고 있는 교육부와 그 직속기관인 국립특수교육원이 있으며, 각 지방의 17개 시 · 도 교육청과 그 산하의 176개의 시 · 군 · 구 교육지원청, 그리고 특수교육지원센터 및 지역 특수교육원이 있다. 한국 특수교육에 대한 중앙 핵심 기관을 살펴보면, 특수교육의 총괄적인 부분을 담당하고 있는 교육부가 있고, 교육부 내 학생지원국에 특수교육정책과가 조직되어 있으며, 한국 특수교육 전반의 사항을 다루는 국립특수교육원이 교육부의 직속기관으로 설치되어 있다. 그리고 장애인의 생애주기별 평생교육을 체계적으로 지원하고자 국립특수교육원 내에 국가장애인평생교육진흥센터를 설치하여 장애인 평생교육에 대한 계획 수립과 연구개발, 평생교육 종사자 교육 등을 지원하고 있다. 특수교육과 관련된 지방단위의 기구는 시 · 도 교육청과 시 · 군 · 구 교육지원청이 특수교육에 관한 사항을 맡고 있으며, 교육청 및 교육지원청 혹은 특수학교 등에 특수교육지원센터가 자체적으로 설치되어 있다. 지방단위 차원에서 특수교육 관련 기구 하위 조직에 특수학교, 특수학급과 같은 단위학교가 존재한다.

3. 특수교육 관련 법령

특수교육에 관한 대표적인 법으로는 앞서 제시되었던 「장애인 등에 대한 특수교육법」 이외에도 국내의 「장애인복지법」과 미국의 「장애인교육진흥법(IDEIA)」을 들 수 있다. 여기에서는 「장애인 등에 대한 특수교육법」을 포함하여 「장애인복지법」과 「장애인교육진흥법」에 대해 살펴보도록 하자.

1) 「장애인 등에 대한 특수교육법」

「장애인 등에 대한 특수교육법」은 1977년 「특수교육진흥법」이라는 명칭으로 시작되었으나, 「특수교육진흥법」이 전면 개정되면서 2008년 「장애인 등에 대한 특수교육법」이라는 명칭을 사용하게 되었다. 「특수교육진흥법」은 1975년에 제정된 미국의 「전장애아교육법(Education for All Handicapped Children Act: EHA)」(PL 94-142로 불림)의 영향을 받았으며, 「장애인 등에 대한 특수교육법」으로 명칭이 변경되기까지 오랜 시간 동안 국내 특수교육 운영의 근간이 되었다. 「장애인 등에 대한 특수교육법」은 2007년 제정 · 공포되어 2008년 시행된 특수교육에 대한 법률로, 국가 및 지방자치단체가 장애인과 특별한 교육적 요구가 있는 사람의 생애주기에 따라 장애유형 및 장애정도의 특성을 고려한 교육을 실시하고 통합된 교육환경을 제공하며, 이들의 자아실현과 사회통합을 목적으로 하고 있다(국립특수교육원, 2018b). 특수교육은 「헌법」 「교육기본법」 「유아교육법」 「유아교육법 시행령」 「초 · 중등교육법」 「초 · 중등교육법 시행령」 「장애인 등에 대한 특수교육법」 「장애인 등에 대한 특수교육법 시행령」 「특수학교시설 · 설비기준령」 「장애인차별금지 및 권리구제 등에 관한 법률」 등의 법령과 시행령 등이 정한 규정에 토대하여 이루어지고 있다. 이 중 「장애인 등에 대한 특수교육법」은 우리나라에서 특수교육과 관련된 가장 대표적이고 직접적인 법이며, 구체적인 법 조항은 부록을 참고하기 바란다.

2) 「장애인복지법」

장애와 관련하여 또 하나의 대표적인 법이라 할 수 있는 「장애인복지법」은 장애인의 복지와 이들의 사회활동 참여를 증진하기 위하여 장애인 복지대책으로서 의료, 교육, 직업재활, 생활환경 개선 등에 대한 사업을 정하고 있으며, 장애인의 자립생활과 보호 및 수당지급에 관한 사항을 정하고 있다(「장애인복지법」 제1조). 장애인들은 이 법을 통해 장애인 복지에 관련된 여러 가지 사회적 혜택을 적용받게 된다. 장애학생의 경우 특수교육 측면에서는 「장애인 등에 대한 특수교육법」을 적용받지만, 장애인에 대한 복지와 관련해서는 「장애인복지법」의 적용을 받는다.

3) 미국의 「장애인교육진흥법」

미국의 「장애인교육진흥법(Individuals with Disabilities Education Improvement Act: IDEIA)」은 1975년 「전장애아교육법(EHA)」(P.L. 94-142)으로 시작되었으나, 이후 「장애인교육법(IDEA)」으로 그 명칭을 변경하였으며, 최근에는 「장애인교육진흥법(IDEIA)」이라는 명칭을 사용하고 있다. 「장애인교육진흥법(IDEIA)」은 국내뿐만 아니라 세계 여러 나라의 특수교육 정책 및 발전에 영향을 미쳤다. 가장 전신인 「전장애아교육법(EHA)」(P.L. 94-142)에서부터 현재의 「장애인교육진흥법(IDEIA)」에 이르기까지 유지되고 있는 특수교육의 여섯 가지 원리가 존재하는데, 이 여섯 가지 원리는 미국의 특수교육뿐만 아니라

표 1-6 「전장애아교육법」의 6대 원리

배제금지 (zero reject)	학교에서는 장애아동과 장애청소년을 포함한 모든 아동과 청소년의 입학을 허락하고 교육해야 한다는 것
비차별적 평가 (nondiscriminatory evaluation)	학생의 장애 여부를 결정하고, 만일 장애가 있을 경우 학생이 받아야 하는 특수교육과 관련 서비스의 종류를 결정하기 위해 차별 없이 평가하는 것
적절한 교육 (appropriate education)	학생의 개별적 요구와 강점을 강조하고 학생에게 유익함을 보장하는 교육을 계획하고 제공하는 것
최소제한환경 (least restrictive environment)	모든 학생이 일반 교육환경에서 가능한 최대한으로 교육을 받도록 하고, 학생의 장애 특성 또는 심각성으로 일반 교육환경에서 보조도구와 서비스에도 성공적인 성취를 할 수 없는 경우가 아니라면 학생을 일반 교육환경에서 배제하지 않는 것
적법절차 (procedural due process)	최소제한환경에서 무상의 적절한 공교육을 제공하는 책임감을 부모와 전문가가 함께 갖도록 견제와 균형의 시스템을 구현하는 것
부모참여 (parent participation)	부모참여의 권리를 구현하고, 부모가 교육기록을 볼 수 있도록 하고, 주 및 지역 특수교육 자문위원회에서 일하는 기회를 주는 것

국내의 특수교육에도 중요한 원리로 인식되고 있다. 〈표 1-6〉은 이 여섯 가지의 원리를 제시한 것이다.

4. 장애학생을 위한 교육적 지원

장애학생을 위한 교육적 지원에는 여러 가지가 있지만, 대표적으로 순회교육, 진로 및 직업교육, 정당한 편의 제공, 장애공감문화 확산을 중심으로 살펴보고자 한다.

1) 순회교육

순회교육이란 특수교육교원 및 특수교육 관련 서비스 담당 인력이 각급학교나 의료기관, 가정 또는 복지시설(예: 장애인복지시설, 아동복지시설) 등에 있는 특수교육대상자를 직접 방문하여 실시하는 교육을 말한다. 장애정도가 심하여 장·단기의 결석이 불가피한 특수교육대상자의 교육을 위하여 필요한 경우 순회교육을 실시하여야 하고, 이동

표 1-7 순회교육 현황 (단위: 명)

구분	가정	시설	병원	일반학교	계
특수학교에서 순회 · 파견	877	134	63	–	1,074
특수학급에서 순회 · 파견 · 겸임	481	143	4	18	646
특수교육 지원센터	424	50	41	2,381	2,896
계	1,782	327	108	2,399	4,616

출처: 교육부(2024a), p. 28.

이나 운동 기능의 심한 장애로 인하여 학교에서 교육받기 곤란하거나 불가능하여 복지시설 · 의료기관 또는 가정 등에 거주하는 특수교육대상자의 교육을 위하여 필요한 경우 실시한다.

2) 진로 및 직업교육

진로 및 직업교육이란 특수교육대상자의 학교에서 사회 등으로의 원활한 이동을 위하여 관련 기관의 협력을 통하여 직업재활훈련, 자립생활훈련 등을 실시하는 것이다. 특수교육대상자에게 적절한 교육을 제공하기 위하여 특수교육대상자에 대한 진로 및 직업교육을 제공한다. 특수교육대상자의 특성 및 요구에 따른 진로 및 직업교육을 지원하기 위하여 직업평가 · 직업교육 · 고용지원 · 사후관리 등의 직업재활훈련 및 일상생활적응훈련 · 사회적응훈련 등의 자립생활훈련을 실시한다. 특수교육기관에서는 고등학교 과정을 졸업한 특수교육대상자에게 진로 및 직업교육을 제공하기 위하여 전공과를 설치 · 운영할 수 있다.

3) 정당한 편의 제공

2007년 제정되어 2008년부터 시행되고 있는 「장애인차별금지 및 권리구제 등에 관한 법률」(이하 「장애인차별금지법」)에서는 장애인에 대한 '정당한 편의' 제공 거부를 차별로 규정하고 있다. 「장애인차별금지법」에서 정당한 편의란 "장애인이 장애가 없는 사람과 동등하게 같은 활동에 참여할 수 있도록 제공되는 편의시설 · 설비 · 도구 · 서비스 등 인적 · 물적 제반 수단과 조치”(제4조 제6항)를 말한다(홍정숙, 표윤희, 옥민욱, 2022). 정당한 편의 제공의 예시로, 통합교육을 실시하는 경우 특수학급을 설치 · 운영하고, 장애학생이 공공건물 및 공중이용시설을 이용할 때, 가능하면 최대한 편리한 방법으로 최단거리로 이동할 수 있도록 편의시설을 설치하여야 한다. 교육기관 내 교실 등 학습시설 및 화장실, 식당 등 교육활동에 필요한 모든 공간에서 장애인이 이동하거나, 그에 접근하기 위하여 필요한 시설 · 설비 및 이동수단을 제공하여야 한다. 일반학교의 장은 특수교육대상자의 이동이 쉽고, 세면장 · 화장실 등과 가까운 곳에 위치한 특수학급을 설치하여야 하며, 특수교육대상자의 성별, 연령, 장애유형 · 장애정도 및 교육활동 등에 적합하도록 교재 · 교구를 갖추어야 한다. 그리고 정당한 교육 편의 제공 강화를 위해 일반학교 관리자 및 담당교사를 대상으로 특수교육대상학생 평가 조정 연수를 확대하고, 평가 조정 우수사례를 공유하며, 통합학급의 평가에 참여가 어려운 중도중복장애학생, 위탁교육을 받고 있는 건강장애학생 등을 위한 합리적인 대안평가 방안을 마련하고 있다.

4) 장애공감문화 확산

장애공감문화는 장애인을 이해하는 단계를 넘어 장애인의 감정과 요구를 같이 느끼고 같이 주장하며 같이 해결해 나가는 문화를 말한다(교육부, 2022). 장애공감문화를 확산하고 지원체제를 구축하기 위해 범국민 장애공감문화 조성, 장애학생 인권보호 강화, 장애학생 안전 강화, 특수교육대상학생 조기 발견 및 진단평가 체계 구축, 방과후 교육돌봄 지원체계 강화, 그리고 특수교육 지원체제 강화를 추진하고 있다. 특히 장애학생 인권보호 강화를 위해 장애학생 온라인 인권보호 지원센터 운영 및 상시 감지체계를 운영하고 있으며, 장애학생 인권침해 점검을 위해 장애학생 인권실태 면담조사 등을 실시하고 있다. 장애학생 행동지원 및 인권보호 여건 개선을 위해 특수학교 내 전문상담교사를 배치 · 확대하고 있으며, 시 · 도 교육청 및 교육지원청 전문직, 특수교육지원센터 내 인력과 지역사회 내 · 외부 전문가를 구성하여 ‘장애학생 인권지원단’을 운영하고 있다. 또한 유 · 초 · 중 · 고 비장애학생 대상, 장애인권교육을 포함한 장애이해교육을 연 2회 이상 실시하고, 특수학교(급) 장애학생 대상으로 인권 및 자기보호 역량 강화 교육, 유 · 초 · 중 · 고 · 특수학교 학칙 내 장애학생 인권보호를 위한 조항 신설 · 강화를 통해 장애인권 교육을 강조하고 있다.

논의할 문제

SPECIAL EDUCATION

1. 특수교육의 현황을 살펴보고, 통합학급 교사가 갖추어야 할 자세와 지식에 대해 생각해 보시오.
2. 통합학급에서 장애로 의심되는 학생이 발견될 시, 특수교육을 제공하기 위한 절차에 대해 설명해 보시오.
3. 통합학급 교사가 특수교육지원센터를 통해 제공받을 수 있는 지원에 대해 설명해 보시오.

참고문헌

교육부(2022). 제6차 특수교육발전 5개년 계획(2023-2027).

교육부(2024a). 2024 특수교육 연차보고서.

교육부(2024b). 2024 특수교육통계.

홍정숙, 표윤희, 옥민욱(2022). 일반학교 내 '정당한 편의' 제공과 통합교육환경 개선방안에 대한 교사들의 인식. **통합교육연구**, 17(2), 45-79.

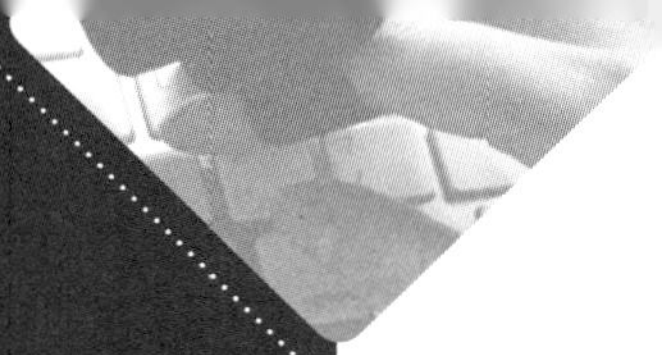

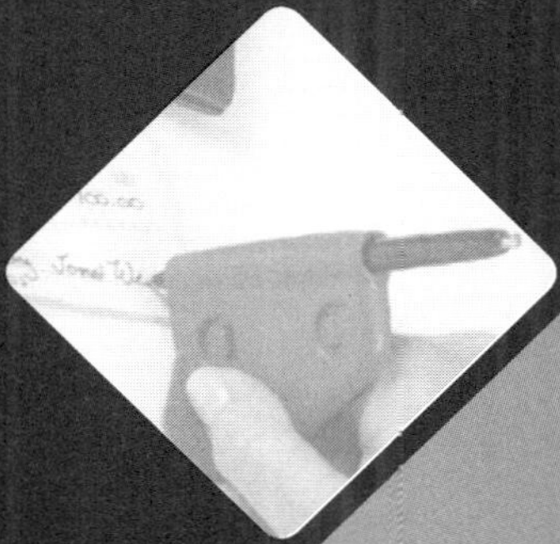
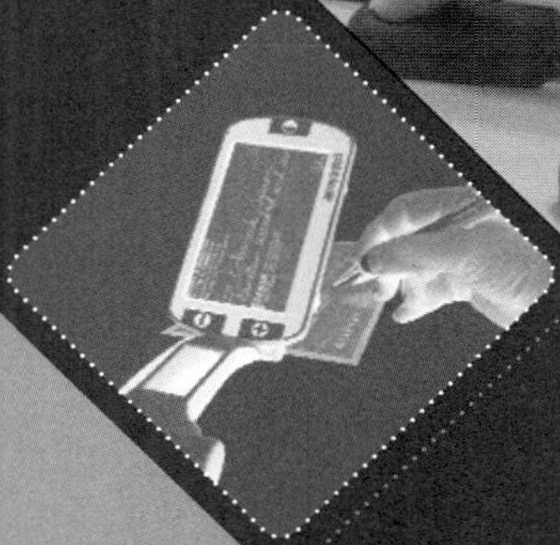

제 02 장

통합교육의 개념

학습목표

1. 통합교육의 개념 형성에 영향을 미친 철학 및 역사적 배경을 이해한다.
2. 우리나라 통합교육 현황을 살펴보고, 통합교육 실행에 관련된 쟁점과 과제에 대해 안다.
3. 성공적인 통합교육을 실행하는 데에 필요한 전략 및 지원 방향에 대해 안다.

SPECIAL
EDUCATION

1. 통합교육의 기초

통합의 사전적 의미는 "둘 이상의 조직이나 기구 따위를 하나로 합침" 또는 "아동 및 학생의 생활 경험을 중심으로 학습을 종합하고 통일함"으로 그 의미가 제시되어 있다(표준국어대사전, 1999). 특수교육에서 '통합'이란 이러한 사전적 의미를 넘어서 장애학생을 위한 교수 · 학습 방향을 결정하는 교육철학적 근거이자 장애학생의 인권 및 학습권을 지원하기 위한 법적 · 교육적 지원체계를 포괄하는 개념이다(Mastropieri & Scruggs, 2007; Rothstein, 2000). 즉, 통합교육은 특수교육의 궁극적 목적과 가치를 제시하는 추상적 의미일 뿐만 아니라 교육 현장에서 관찰되는 학습자의 요구, 교수 · 학습 계획과 실행, 학교 안팎에서 제공되는 특수교육 서비스 등을 지칭하는 구체적인 지원의 의미 또한 포함한다. 다음에서는 오늘날 특수교육의 주요 근간이 되는 '통합교육'이 어떻게 발전되어 왔으며, 최근 통합교육의 흐름과 방향을 이해하는 데에 필요한 기초 개념은 무엇인지에 대해 살펴보고자 한다.

1) 통합교육의 개념 및 법적 · 교육적 정의

통합교육은 사회 · 문화적 특성 및 정치 · 경제적 요인뿐만 아니라 각 시대의 교육철학과 학교사회에 대한 이해 등 다양한 요인에 영향을 받기 때문에 간단히 정의하기란 쉽지 않다(강종구, 2019; 정대영, 2006). 그러나 다수의 연구와 학자들이 제시하는 통합교육 개념들은 공통적으로 ① 장애학생과 비장애학생이 같은 학교 또는 교실에서 학습 경험을 공유하고 이를 통해 ② 장애 유무에 상관없이 사회 · 정서적 공감과 유대를 가능하게 하는 물리적 · 정서적 지원을 받고 있는 교육적 과정 및 상태를 뜻한다(Skrtic et al., 2005). 특수교육의 궁극적 목표가 장애학생의 학교 경험을 근간으로 학령기 이후의 사회에서 독립적이고 자주적인 삶을 영위할 수 있도록 지원하는 것이라는 측면에서 볼 때, 통합교육은 특수교육대상자(또는 장애학생)가 사회에서 궁극적으로 통합되어 독립적인 삶을 영위하기 위한 필수적 과정이자 지원 형태인 것이다.

(1) 통합교육 관련 주요 용어

① 통합(integration) vs 포함/통합(inclusion)

영어로 'integration'과 'inclusion'은 모두 '통합'으로 번역되지만 엄밀히 두 용어는 다른 차원에서 '통합'을 지칭한다. 장애학생과 비장애학생이 일반 교육환경에서 함께 학습한다는 점에서 두 용어는 공통점을 가지지만 'integration'은 두 집단이 서로 분리되어 있음을 전제한 가운데 합쳐진 상태를 뜻하고, 'inclusion'은 두 집단이 각각 분리되어 있다는 전제 없이 함께 포함된 상태를 뜻한다고 볼 수 있다. 즉, 'integration'이 의미하는 통합은 비장애학생과 장애학생을 분리한 후에 함께 교육하는 것을 의미한다면, 'inclusion'이 의미하는 통합은 장애 여부와 상관없이 함께 교육한 후에 필요시에 분리하는 것을 의미한다. 이에 대해 정대영(2006)은 'integration'을 모둠식 통합교육, 'inclusion'을 포함식 통합교육으로 명명한 바 있다. 특히 강종구(2019)는 '통합교육(integrated education)'과 '포함

표 2-1 '통합' 개념의 구분과 의미

구분	특징	
원어	integration	inclusion
의미	모둠식 통합	포함식 통합
목적/목표	학습공동체	학습공동체
과정	선 분리 후 통합 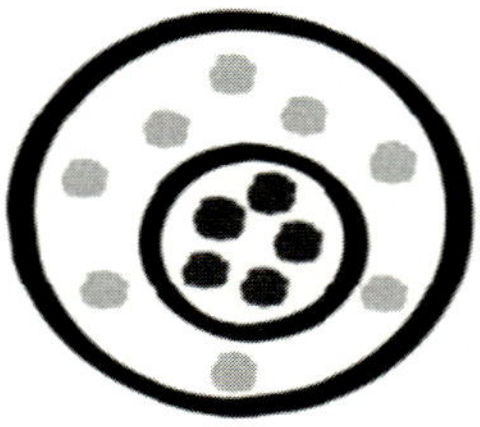	비분리 후 필요에 따른 분리 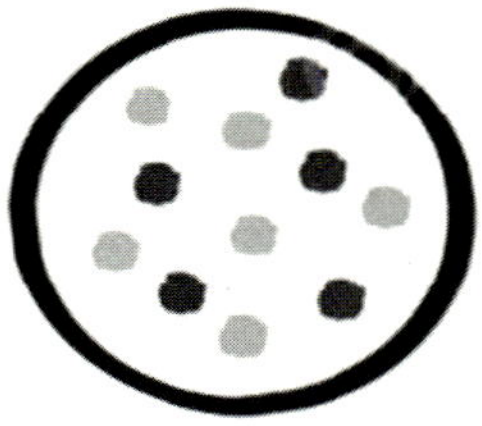
파생 용어	통합교육(integrated education) 주류화교육(mainstream education)	포함교육(inclusive education) 완전포함교육(full inclusion)
관련 개념	• 주류화(mainstream) • 최소제한환경(Least Restricted Environment: LRE) • 일반교육 주도의 특수교육(Regular Education Initiative: REI)	

출처: 정대영(2006)과 강종구(2019)가 제시한 통합교육 개념을 바탕으로 재구성함. 그림은 https://www.diagram+exclusion-separation-integrationinclusion에서 발췌 및 수정함.

교육(inclusive education)'이라는 용어를 사용하며, 현재 일률적으로 사용되고 있는 '통합교육'의 의미는 특수교육대상자가 교육에 참여하는 정도에 따라 다르게 활용되어야 할 필요가 있으며, 낮은 수준의 통합교육을 나타낼 경우에는 통합교육(integrated education)으로, 높은 수준의 통합교육을 의미하는 경우에는 완전 포함을 내포하는 포함교육(inclusive education)으로 용어를 구분할 것을 제안한 바 있다. 〈표 2-1〉은 'integration' 의미의 통합과 'inclusion' 의미의 통합이 어떻게 구분될 수 있는지 관련 용어와 개념을 바탕으로 요약 · 정리하여 제시한다.

② 고빈도 장애 vs 저빈도 장애

장애는 기준과 방법에 따라 다양하게 분류될 수 있으며, 대표적인 분류 기준은 장애특성(예: 지적장애, 학습장애, 시각장애 등), 장애정도(예: 경도장애, 중도장애 등) 등이다. 또 다른 분류는 장애학생이 일반학급에서 받는 수업 활동의 정도와 빈도에 따라 나눌 수 있으며, '고빈도 장애(high-incidence disabilities)와 '저빈도 장애(low-incidence disabilities)'가 이에 해당된다. 즉, '고빈도(high-incidence)'와 '저빈도(low-incidence)' 용어는 일반학급에서 수업을 받을 가능성이 상대적으로 높은 장애학생들과 그렇지 않은 학생들을 지칭하는 표현이다(Friend & Bursuck, 2012). 고빈도 장애는 대표적으로 경도 자폐성장애, 의사소통장애, 경도 지적장애, 학습장애, 정서 · 행동장애, 경도지체 또는 경도 감각장애 학생들처럼 추가적이고 보완적인 교수 지원으로 대부분의 일반교육과정에 참여할 수 있는 장애군을 뜻한다. 저빈도 장애는 시각장애 및 청각장애를 가지고 있거나 둘 다를 가

표 2-2 고빈도 장애, 저빈도 장애 개념 및 특징

구분	고빈도 장애	저빈도 장애
개념	일반학급에서 가장 많이 만날 수 있는 장애군이며, 이 장애영역 대부분은 특수학급이 아닌 일반학급에서 생활	전일제 또는 부분제 특수학급에 소속되어 있는 경우가 많으며, 제한된 시간 동안 일반학급에서 활동
해당 장애영역	• 경도 지적장애 • 경도 자폐성장애 • 학습장애 • 정서 · 행동장애 • 의사소통장애	• 청각장애 • 시각장애 • 시각 · 청각 중복 장애 • 중증 또는 복합적 건강 문제 • 중도 · 중복 지체 및 건강장애 • 심각한 인지 또는 뇌 손상

비율	전체 장애학생의 약 80%를 차지	전체 장애학생의 약 20%를 차지하며, 전체 학령 인구의 약 1%에 해당
정서 · 행동 특성	• 감각 또는 신체적 특성 면에서 또래들과 구분이 쉽지 않음 • 주의집중, 사회성 기술의 제한, 의사소통, 학습 등에서 어려움이 공통적으로 관찰됨	• 감각 또는 신체적 특성 면에서 또래들과 다른 측면이 쉽게 발견됨 • 감각기관 또는 신체적 기능상의 제한이 두드러지며, 인지 기능은 장애특성에 따라 다양함
학습 특성	• 일반학급 내에서 소모둠, 구조화된 교수 등을 통해 긍정적 효과를 기대할 수 있음 • 다층모형(MTSS)에서 보통 Tier 1, Tier 2에 참여	• 보조공학적 지원 및 학생의 장애 특성에 기반한 치료 서비스가 동반될 경우 긍정적 교수 효과를 기대할 수 있음 • 다층모형에서 보통 Tier 3에 참여

출처: Brownell et al. (2012); Friend & Bursuck(2012)의 설명에 기반하여 요약 · 정리.

지고 있는 학생, 심각한 인지 손상, 중증 발달지체, 중도 · 중복 지체 및 건강장애를 가진 학생들로, 보통 전체 장애학생 중 20%를 차지한다(Gage, Lierheimer, & Goran, 2012). 〈표 2-2〉에서는 두 집단이 어떠한 특성 및 차이를 나타내는지를 간략히 보여 준다.

(2) 통합의 수준

통합의 수준과 발전 단계는 학자들마다 다소 차이가 있으나, 공통적으로 물리적 통합에서 교육과정적 통합에 이르는 과정으로 제시한다. 김동일 등(2019)은 통합의 수준을 크게 물리적 통합, 사회적 통합, 정서 · 행동적 통합, 교수(학업)적 통합 등 네 가지로 나누었으며, 이유훈 등(2023)은 통합교육의 발전이 물리적 통합과 사회 · 정서적 통합의 단

표 2-3 통합교육의 수준 및 단계별 쟁점

단계		특징	쟁점 및 관심 사항
김동일 등(2019)	이유훈 등(2023)		
물리적(시간적) 통합	물리적 통합	• 장애학생과 비장애학생이 같은 교실/공간에 배치 • 비장애학생과 장애학생이 최소한의 상호작용만 가능할 수 있으며 학습 및 정서적 교류 등은 보장하지 않음	• 법과 제도 마련 • 장애학생 교육적 배치 문제 • 접근권과 이동권 보장 • 장애인 편의 시설 확충 • 통합교육의 당위성과 효과성 검증

사회적 통합	사회적 통합	• 같은 학급의 또래들과 관계를 형성하고 상호작용을 할 수 있는 수준의 통합 • 장애학생은 사회적 기술과 의사소통 지원이 필요, 비장애학생은 장애이해 및 인식 교육 필요	• 장애 인식 개선 • 학교 소속감 및 동등한 구성원으로 수용 • 사회적 관계 형성 및 유지 촉진 • 학교 행정가 및 일반교사에 대한 재교육
정서적 · 행동적 통합		• 같은 학급의 가치를 공유하고 규칙을 준수하며, 또래들과 감정적으로 연결된 수준의 통합 • 학급의 규칙에 대한 상호 이해, 가치 공유를 위한 다양한 활동 필요	
교수(학업)적 통합	교육과정적 통합	• 장애학생이 일반학급에서 모든 교육적 활동을 함께 수행하는 수준의 통합 • 일반교육과정의 접근을 목표로 하며, 교육과정 및 교수적 수정 요구	• 공통의 교육과정 틀 마련 • 교과 학습에의 참여 및 교육과정(교수적) 수정 • 통합교육의 질 향상 • 장애학생 학업 성취의 향상(책무성) 제고 • 총체적 학교 접근

출처: 김동일 외(2019); 이유훈 외(2023), p. 490 〈표 12-1〉 통합교육의 발전 단계와 주요 쟁점 및 관심사항 발췌 및 수정하여 재구성함.

계를 넘어 교육과정적 통합으로 진전되는 발전 단계라고 제시하였다. 각 수준의 특징은 〈표 2-3〉과 같다.

2) 통합교육의 철학적 · 역사적 배경 및 개념 정립 과정

통합교육 개념이 진화하고 발전하는 데에는 몇 가지 중요한 사건들이 있었다. 통합교육에 영향을 미친 주요 역사적 배경 중 첫 번째로 약 60년 전 스칸디나비아 국가들이 '정상화(normalization)'라는 원리를 언급하기 시작했을 때 발생하는 것으로 평가할 수 있다. 또 다른 관점으로 미국에서 1950년대에 나타난 인종 차별이 없는 공교육 접근권 보장에 대해 대법원이 인정한 판례에서부터 '모든 학생을 위한 교육 접근' 개념이 나타난 것으로 평가하기도 한다. 여기에서는 통합교육에 영향을 미친 주요 사건들을 1950년대부터 살펴본다.

(1) 인권 및 공교육 접근 보장

통합교육의 근간을 살펴보는 데에 빠질 수 없는 교육 역사상의 사건은 브라운 대 토피카 교육위원회(Brown v. Board of Education, 347 U.S. 483, 1954) 사건 소송(이하 브라운 소송)에 대한 미국 연방 대법원의 판례이다. 1951년 미국 캔자스주 토피카에 살고 있던 초등학교 3학년 린다 브라운이 집에서 먼 흑인들만이 다니는 학교에 배정되자, 린다의 아버지 올리브 브라운이 집에서 가까운 백인 학교로 전학 신청을 하였고, 교장이 이를 거절하자 올리브 브라운이 토피카 교육위원회를 상대로 소송을 걸며 시작된 사건이다. 1954년 미 대법원에서는 만장일치로 인종에 따른 공립학교의 분리는 '위헌'이라는 결정을 내렸으며, 분리교육은 본질적으로 '불평등'하다는 법리를 제시하였다. 브라운 소송은 당시 초·중등 공립학교에서 만연했던 인종 차별에 근거한 학생 배치 결정이 인권 및 평등권에 위배된다는 것을 명시한 획기적인 사건이었다. 또한 미국 공교육에서 한 개인이 사회적 계층이나 인종, 종교, 장애 등의 유무에 상관없이 적절한 공교육을 받을 수 있도록 하는 데에 기여한 의미 있는 사건이다. 이후 1960~1970년대에 들어 시작된 정상화 및 탈시설화 움직임도 통합교육 역사상 브라운 소송에 영향을 받은 것으로 평가된다.

(2) 정상화 원리

통합교육에 영향을 미친 것으로 평가되는 대표적인 철학적 흐름은 정상화 원리(The Normalization Principle; Nirje, 1969)이다. 정상화 개념은 1943년 스웨덴에서 등장하였으며, 국가가 제공하는 사회적 서비스 시스템에 발달장애인들을 포함해야 한다는 주장에서 나온 개념이다. 정상화 원리는 장애인이 '사회의 일반적인 환경과 생활 방식에 최대한 가까운 생활 패턴과 일상생활 조건을 이용할 수 있도록 하는 과정'으로 정의되었으며, 이와 관련하여 1959년 덴마크의 법에서는 지적장애인들을 '지역사회에서 일상적인 삶(ordinary life in communities)'을 목표로 하는 내용을 법제화시킨 바 있다. 당시 스웨덴의 지적장애협회장이었던 니르제가 언급한 정상화 원리에 대한 내용을 간단히 살펴보면, "정상화란 지적장애인들이 아침에 일어나서 옷을 입는 것과 같이 일상적인 삶이 정상적인 환경(normal circumstances)에서 일어나는 것을 뜻하며, 대부분의 사람이 학교를 가고 일을 하고 여가를 즐기는 것과 마찬가지로 삶의 과정에서 발달 단계에 적합한 경험을 할 수 있는 기회"라고 제시한다. 특히 지적장애인을 위한 서비스 제공 시에 장애인의 성별에 적합한(예를 들어, 여성 장애인을 위해 필요시 여성 직원을 고용) 직원을 채용하도록 하는 것이 필요하며, 기본 소득, 연금 등의 다양한 사회 제도 내에 장애인들을 포함하는 것을 정상화 원리의 주요 내용으로 하고 있다.

니르제가 정상화 원리 개념을 처음 사용한 이후, 미국의 울펜스버거(Wolfensberger, 1972, 1980)는 장애인을 위한 서비스를 정상화의 원리로 설명하였다. 울펜스버거는 사회에는 비장애인이 대다수를 차지하고 있으므로 생활에 관련된 대부분의 문화나 가치의 기준이 비장애인의 판단과 욕구를 반영한 것이라 지적하고(Wolfensberger, 1972), '가능한 문화적으로 정상적인 수단(culturally normative as possible)'에 장애인들이 접근해야 한다는 원리를 표명하였다. 이러한 정상화 원리는 장애학생을 위한 교육 수단과 목적이 비장애학생을 위한 교육 수단 및 목적과 같아야 한다는 것을 내포한다. 즉, 장애학생과 비장애학생이 최대한 동일한 교육환경에 배치되어야 하며, 장애 여부와 상관없이 교육과정, 교육내용과 교육방법 측면에서 동일하거나 유사한 교육을 받을 수 있는 기회가 제공될 수 있어야 함을 시사한다. 이러한 원리는 이후 장애인이 비장애인과 함께 생활하는 범위나 영역이 확대되는 데에 영향을 미쳤으며, 이후 최소제한환경 개념에 큰 영향을 미친 것으로 평가된다.

(3) 탈시설화 운동

탈시설화(deinstitutionalization)는 장애인이 고립되거나 격리된 시설이 아닌 지역사회에 통합되어 비장애인들과 함께 거주할 수 있도록 지원하는 운동이자 정책적 방향으로, 1960~1970년대 미국과 영국 등에서 나타나기 시작했다(오욱찬 외, 2019). 탈시설화 개념은 크게 세 단계로 나누어 살펴볼 수 있으며, 1단계는 대규모의 장애인 거주시설에서 지역사회 거주로 이전한다는 개념을 지칭하는 단계(1960년대), 2단계는 장애인 거주를 위

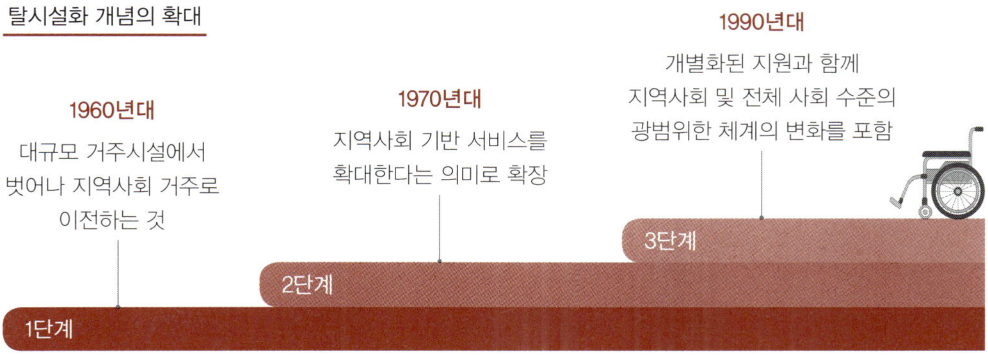

[그림 2-1] 탈시설화 개념 변화

출처: 국회도서관(2022), p. 6.

해 지역사회 기반 서비스를 확대한다는 의미의 단계(1970년대), 3단계는 개별화된 지원과 함께 지역사회와 전체 사회의 변화를 포함하는 개념의 단계(1990년대 이후)로 볼 수 있다. 즉, 탈시설화는 1960년대에 시작된 일시적 운동이 아니라 여전히 지속되고 있는 철학적 · 정책적 흐름으로 보아야 한다([그림 2-1] 참조).

탈시설화 개념의 발전 과정은 장애인이 지역사회로 물리적 통합이 되는 단계에서 지역사회의 개별적 지원과 서비스 제공의 단계로 이어졌으며, 이는 장애학생이 분리된 교육기관이나 시설에서 일반학교로 물리적으로 통합되는 단계를 넘어서 지역사회 내의 학교에 교육적 지원과 서비스를 받을 수 있도록 하는 통합교육의 발전 양상에 크게 영향을 미친 개념으로 볼 수 있다.

(4) 최소제한환경

1975년 미국 연방의회의 공법 94-142(PL 94-142)인 「전장애아교육법(Education for All Handicapped Children Act: EAHCA)」은 장애학생이 가능한 한 또래들과 함께하는 '일반적(normal)'인 교육환경에 가장 가깝게 교육받을 수 있도록 명문화하였다. 이 법의 주요 핵심 내용으로 최대한 또래 아동들과 많은 시간을 보낼 수 있는(to the maximum extent possible) 교육 배치를 하도록 법제화하여 '최소제한환경(Least Restricted Environments: LRE)'의 발판을 마련하였으며, 최소제한환경은 이후 개정된 미국의 「장애인교육법(The Individuals with Disabilities Education Act: IDEA)」에서 지속적으로 명시된 주요 원리이다.

최소제한환경이란 법적 용어로 장애학생의 교육 배치 결정 시에 일반(핵심) 교육과정에 최대한 접근을 하여 또래 아동들과 최대한 많은 수업 활동을 할 수 있는 교육환경부터 배치하도록 한다. 최소제한환경은 '무조건적'으로 일반학급으로 배치를 결정해야 한다는 원리가 아니라, 장애학생의 교육 배치를 결정할 때 장애학생 개인의 장애특성 및 학업, 정서 · 행동적 요구 등을 고려함과 동시에 최대한 일반 교육과정 또는 일반 교육환경에서 또래들과 통합된 교육 경험을 할 수 있도록 보장하는 법적 개념이다. 다시 말해, 시간제 특수학급에서 충분한 특수교육적 지원을 받을 수 있는 학생을, 학생의 교육적 요구가 아닌 학교나 행정상의 편의 등으로 인해 전일제 특수학급에 배치해서는 안 되며, 일반학교의 특수학급에서 교육적 성취가 기대되는 학생을 특수학교로 배치하지 않도록 하는 것이다(이소현, 박은혜, 2011). 2004년 개정된 미국 「장애인교육법(IDEA)」에서는 장애의 정도가 심하여 일반 교육환경에서 제공되는 지원과 서비스로도 만족할 만한 교육적 성취를 할 수 없는 경우를 제외하고는, 모든 장애학생을 최대한 또래 학생들과 같은 교육환경에 배치하도록 규정하여, 장애아동의 통합 필요성에 대해 강하게 법제화하고 있으며, LRE를 통합 원칙(inclusion principle)이라고도 한다(이소현, 박은혜, 2023).

(5) 일반교육주도

일반교육주도(Regular Education Initiative: REI)는 1986년 윌(Will, 1986)이 처음으로 언급한 개념으로 일반교육과 특수교육이 하나의 교육 체계로 통합될 수 있도록 하는 시도이며, 장애학생의 교육도 일반교육이 주도해야 한다는 의미의 교육 접근을 의미한다. 윌(1986)은 보고서에서 장애학생에 대한 교육은 "공동의 책임(a shared responsibility)"(Will, 1986, p. 411)이며, 장애가 심하지 않은 장애학생을 분리시키지 않고 일반학급으로 배치시켜야 한다고 제안한 데서 REI의 개념이 탄생하였다. REI는 앞서 개념화한 'integration' 수준의 통합이며, 이러한 단계의 통합교육은 장애학생과 비장애학생이 물리적으로 동일한 환경에 배치된 것에 주안점을 둔다.

REI 철학에 찬성하는 입장은, 일반교육과 특수교육이 분리된 교육적 접근은 비효율적이며, 특히 장애학생들은 장애라는 표찰(labeling) 없이 동등한 교육을 받을 기회를 가질 수 있다고 지적한다. 하지만 반대하는 입장은 REI가 물리적 통합에 치중한 나머지, 사회적 · 교육과정적 통합에 대한 충분한 논의를 거치지 못한 움직임이며, 일반 교육환경에 배치될 경우 장애학생에게 실질적으로 필요한 지원이 주어지지 않을 수 있다는 의견을 제시한 바 있다. 실제로, 윌(1986)이 REI에 대해 제시한 이후, REI의 움직임에 대해 일반학교 교사들에게 의견을 물은 연구 보고서에서 대다수의 교사는 REI의 교육적 전제와 방향에 대해 동의하지 않는다고 답했다(Coates, 1989). 특히 교사는 경도 장애학생이 전적으로 일반학교에서 시간을 보내는 것이 교육적으로 효과적이지 않은 접근이라고 지적하였으며, 오히려 특수학급과 자료실 등이 장애학생의 교육적 필요와 요구를 만족시켜 줄 수 있는 효과적인 공간이라고 인식하고 있었다.

이상에서 제시한 통합교육의 역사적 배경을 바탕으로 브라운과 앤드류스(Brown & Andrews, 2014)는 통합교육 관련 개념과 용어의 변천사를 다음과 같이 제시하였다(〈표 2-4〉). 한 가지 특이한 점은, 브라운과 앤드류스는 통합교육의 발전 과정에서 고빈도 장애학생들과 저빈도 장애학생들이 통합의 발전 과정에서 어떠한 위치를 차지하였는가에 대해서도 언급하고 있다는 점이다.

표 2-4 통합교육 용어 변화 과정

시대	용어	핵심 내용
1800년대	시설화 (institutionalization)	• 분리된 기숙제 학교에서 주로 감각장애(시각 또는 청각 장애) 학생을 위한 교육을 제공한다.
1900~ 1950년대	분리 (segregation)	• 공교육 시스템의 접근과 더불어 특수학교와 특수학급이 생겨나기 시작한다. • 기숙제 학교가 점점 더 증가하고 규모 또한 커지기 시작한다.
1950~ 1960년대	분류화 (categorization)	• 특수학급이 증가하였으며 특히 고빈도 장애 학생의 출현율이 증가하기 시작한다. • 장애 진단(labeling)을 강조하는 시기이며, 진단 결과에 따라 배치가 결정(분류)된다. • 저빈도 장애 학생들은 여전히 기숙제 학교에 머물게 된다.
1970년대	통합 (integration)	• 최소제한환경(Least Restricted Environment: LRE) 개념의 등장과 함께 장애학생들을 일반학급에서 교육하고자 하는 철학적 흐름이 나타난다. • 경도(moderate) 및 중도(severe) 장애학생들이 공립(일반)학교에 통합되기 시작한다.
1980년대	주류화 (mainstreaming)	• 최소제한환경의 원리에 근거한 학교교육 프로그램의 재구조화가 시도된다. • 고빈도 장애학생들은 일반학교의 일반학급에서 또래 아동들과 함께 수업을 받도록 한다. • 장애학생의 물리적, 사회적, 교수 · 학습적 지원을 통하여 최소제한환경 원리에 따라 배치할 수 있도록 한다.
1990년대 초반	포함/통합 (inclusion)	• 일반교육과 특수교육이 하나의 교육 시스템으로 들어와 있는 상태이며, 아동의 특성에 맞게 교육과정을 수정하고 전달한다. • 장애학생의 개별적 특성과 요구에 초점을 둔다.
1990년대 중반 이후	완전 통합 및 재구조화 (full inclusion)	• 장애의 유형이나 정도에 상관없이 모든 아동을 일반학급에 배치한다. • 장애 여부와 상관없이 모든 아동이 학교교육에 완전히 참여할 수 있도록 지원한다. • 모든 아동과 교사를 위한 교수 · 학습 환경을 위해 보편적 학습설계(universal design for learning)를 강조한다.

출처: Brown과 Andrews(2014)의 설명 및 표(https://www.specialedu4parents.com/mainstreaming-integration-and-inclusion.html)를 재구성함.

2. 통합교육의 현황 및 제공

1994년 「특수교육진흥법」에서 통합교육 용어가 공식적으로 정의되기 시작한 이후 우리나라는 통합교육의 철학적 · 역사적 흐름에 발맞추어 다양한 시도를 해 왔으며, 이에 따른 현장 전문가들의 인식 또한 달라졌음을 다수의 연구를 통해 엿볼 수 있다. 다음에서는 우리나라 통합교육의 현황을 구체적 자료를 통해 살펴보고, 향후 현장 전문가와 연구자가 나아가야 할 방향에 대해 살펴보고자 한다.

1) 통합교육의 현황

우리나라에서는 1968년 서울 월계초등학교에서 약시아동을 위한 특수학급이 설치된 바 있고, 1971년 대구 칠성초등학교에서 최초의 지적장애 특수학급이 운영된 것으로 기록되어 있다(대한특수교육학회, 1995). 이 학교들은 일반학교 내에 신설되었다는 측면에서 물리적 통합의 시작으로 볼 수 있으며(정대영, 2006), 통합교육의 당위성 및 필요성에 대한 논의의 발판을 마련한 것으로 평가되었다. 이후 1994년 「특수교육진흥법」에서 '통합교육' 용어가 처음으로 등장하였으며, 개정을 거쳐 현재 「장애인 등에 대한 특수교육법」상의 '통합교육' 정의로 정착되었다.

표 2-5 통합교육 정의: 「특수교육진흥법」(1994)과 「장애인 등에 대한 특수교육법」(2007) 정의

「특수교육진흥법」(1994년 개정) 제2조(정의) 6항	「장애인 등에 대한 특수교육법」(2007) 제2조(정의) 6항
"통합교육"이라 함은 특수교육대상자의 정상적인 사회적응능력의 발달을 위하여 일반학교(특수교육기관이 아닌 학교를 말한다. 이하 같다)에서 특수교육대상자를 교육하거나, 특수교육기관의 재학생을 일반학교의 교육과정에 일시적으로 참여시켜 교육하는 것을 말한다.	"통합교육"이란 특수교육대상자가 일반학교에서 장애유형 · 장애정도에 따라 차별을 받지 아니하고 또래와 함께 개개인의 교육적 요구에 적합한 교육을 받는 것을 말한다.

2023년 교육부에서 발표한 「2023 특수교육 연차보고서」(교육부, 2023)에 따르면, 2023년 4월 기준 특수교육대상자 수는 전체 109,703명으로, 유 · 초 · 중 · 고 전체 학생 수 대

표 2-6 일반학교 특수교육대상자 현황 (단위: 교, 학급, 명)

학교급	학교 수		학급 수		학생 수	
	일반학급(전일제 통합학급)	특수학급	일반학급(전일제 통합학급)	특수학급	일반학급(전일제 통합학급)	특수학급
유치원	1,407	1,195	1,887	1,539	2,149	5,676
초등학교	3,625	4,856	8,333	7,038	8,588	33,121
중학교	1,948	2,077	3,905	2,721	4,119	12,425
고등학교	1,386	1,142	3,372	1,955	3,618	10,585
전공과	–	18	–	34	–	186
계	8,366	9,288	17,497	13,287	18,474	61,993

출처: 교육부(2023), p. 27 〈표 2-9〉 특수학급 현황, 〈표 2-10〉 일반학급(전일제 통합학급) 현황.

비 약 1.9%이다. 특수교육대상자들은 특수학교에 26.4%(29,942명), 특수학급에 56.5%(61,993명), 일반학급에 16.8%(18,474명), 특수교육지원센터에 0.3%(294명)가 재학 중인 것으로 조사되어, 2023년 기준 특수교육대상자의 73.3%(61,993명)가 일반학교에 통합된 상태에서 교육을 받고 있는 것으로 나타났다. 이들 중 통합교육 환경이라 볼 수 있는 일반학교에 소속된 특수교육대상자 현황을 살펴보면 〈표 2-6〉과 같다.

2) 통합교육의 제공

우리나라에서 '통합교육'은 「장애인 등에 대한 특수교육법」에 명시되어 있으며, 현재 특수교육을 구성하는 주요 철학이자 방법으로 자리 잡고 있다(이대식 외, 2018). 다음 〈표 2-7〉은 통합교육을 지원하기 위한 관련 법(령) 및 구체적인 내용을 나타낸다.

표 2-7 통합교육 관련 법(령)

법(령)	조항 및 내용
「초 · 중등교육법」	제59조(통합교육) • 국가와 지방자치단체는 특수교육이 필요한 사람이 초등학교 · 중학교 및 고등학교와 이에 준하는 각종 학교에서 교육을 받으려는 경우에는 따로 입학절차, 교육과정 등을 마련하는 등 통합교육을 하는 데에 필요한 시책을 마련하여야 한다.

<table>
<tr><td rowspan="3">「장애인 등에 대한 특수교육법」</td><td>제2조(정의)
• “통합교육”이란 특수교육대상자가 일반학교에서 장애유형 · 장애정도에 따라 차별을 받지 아니하고 또래와 함께 개개인의 교육적 요구에 적합한 교육을 받는 것을 말한다.
• “특수학급”이란 특수교육대상자의 통합교육을 실시하기 위하여 일반학교에 설치된 학급을 말한다.</td></tr>
<tr><td>제21조(통합교육)
① 교육감은 특수교육대상자가 일반학교에서 또래와 함께 교육받을 수 있도록 시책을 수립 · 시행하여야 한다.
② 각급학교의 장은 교육에 관한 각종 시책을 시행하는 경우 특수교육대상자가 통합교육을 원활히 받을 수 있도록 하여야 한다.
③ 특수교육대상자가 배치된 일반학교의 장은 일반교육교원 및 특수교육교원의 협력을 통하여 차별의 예방, 교육과정의 조정, 제28조에 따른 지원인력의 배치, 교구 · 학습보조기 · 보조공학기기의 지원 및 교원연수 등을 포함한 통합교육계획을 수립 · 시행하여야 한다.
④ 일반학교의 장은 제3항에 따라 통합교육을 실시하는 경우에는 제27조의 기준에 따라 특수학급을 설치 · 운영하고, 대통령령으로 정하는 시설 · 설비 및 교재 · 교구를 갖추어야 한다.
⑤ 교육부장관 및 교육감은 특수교육대상자의 통합학급 교육활동을 지원하기 위하여 대통령령으로 정하는 바에 따라 특수교육교원을 둘 수 있다. [전문개정 2024. 2. 27.]</td></tr>
<tr><td>제25조(순회교육 등)
① 교육장 또는 교육감은 일반학교에서 통합교육을 받고 있는 특수교육대상자를 지원하기 위하여 일반학교 및 특수교육지원센터에 특수교육교원 및 특수교육 관련 서비스 담당 인력을 배치하여 순회교육을 실시하여야 한다.</td></tr>
<tr><td>「장애인 등에 대한 특수교육법 시행령」</td><td>제5조(교원의 자질 향상)
① 교육부장관 및 교육감은 통합교육에 대한 이해를 높이기 위하여 일반학교의 교원(특수교육교원은 제외한다. 이하 이 조에서 같다)에게 연수를 받게 하는 경우 특수교육에 관한 내용을 포함하여야 한다.
② 교육부장관 및 교육감은 통합교육을 효율적으로 시행하기 위하여 통합교육을 지원하는 일반학교의 교원에 대하여는 특수교육과 관련된 직무연수 과정을, 특수교육교원에 대하여는 일반교과 교육에 관한 직무연수 과정을 개설 · 운영하여야 한다. 〈개정 2013. 3. 23.〉</td></tr>
</table>

우리나라 통합교육의 제공 방향 및 특징은 특수학교 교육과정에서 명시하고 있으며, 2022년 개정 교육과정에 나타난 통합교육 제공과 관련한 주요 내용은 크게 장애 인식 및 학교 문화 개선, 특수교육대상자 지원, 교육과정 편성, 교사 지원 및 협력 등의 내용으로 구분할 수 있다. 구체적은 내용은 〈표 2-8〉과 같다.

표 2-8 2022년 개정 교육과정에 나타난 통합교육 관련 내용

영역	주요 내용
장애 인식 및 학교(교실) 문화 개선	• 다문화가정 배경, 가족 구성, 장애 유무 등 학습자의 개인적 · 사회문화적 배경의 다양성을 이해하고 존중하며 이를 수업에 반영하되, 다양한 사회문화적 지원들이 편견과 고정관념, 또는 차별의 부작용을 야기하지 않도록 유의한다.
특수교육대상자 지원	• 학습자 특성, 진로, 특수교육적 지원의 필요성 등 학생 개개인의 다양한 교육적 요구를 반영한 맞춤형 교육을 통해 각자의 잠재력을 최대한 성장시키도록 지원한다. • 학습 부진 학생, 특정 분야에서 탁월한 재능을 보이는 학생, 특수교육대상학생, 귀국 학생, 다문화가정 학생 등이 학교에서 충실한 학습 경험을 누릴 수 있도록 필요한 지원을 한다. • 학교는 학교 교육과정 편성 · 운영 시 특수교육대상학생 등 다양한 교육적 요구가 있는 학생에 대한 통합교육 방안을 함께 고려하여 수립한다. • 특수교육대상학생에 대한 정당한 편의 제공을 위해 필요한 교수 · 학습 자료, 교육 평가 방법 및 도구 등의 제반 사항을 지원한다.
교육과정 편성	• 특수교육대상학생의 교육과정은 해당 학년군의 교육과정을 따르되, 학생의 장애 특성 및 정도를 고려하여 이 교육과정을 재구성하여 운영하거나 대체하여 운영할 수 있으며, 특수교육 교육과정에 따른 교과용 도서, 통합교육용 교수 · 학습자료 등을 사용할 수 있다.
교사 지원 및 협력	• 교육과정의 합리적 설계와 효율적 운영을 위해 교원, 교육과정 전문가, 학부모 등이 참여하는 학교 교육과정 위원회를 구성 · 운영하여 … (중략) … 통합교육이 이루어지는 학교의 경우에는 특수교사가 참여할 것을 권장한다. • 통합교육 실행 및 개선을 위해 교사 간 협력 지원, 초 · 중학교 교육과정과 특수교육 교육과정을 연계할 수 있는 자료 개발 및 보급, 관련 연수나 컨설팅 등을 제공한다.

출처: 양명희 외(2023), p. 59.

3. 통합교육을 위한 성공 전략

성공적인 통합교육을 위한 시작은 통합교육이 가진 본질적 의미를 이해하고 이를 바탕으로 현장에서 실행할 수 있는 필수적인 요건에 대해 이해하는 것이다. 이를 위해서는 성공적 혹은 효과적 통합교육이란 어떠한 것을 뜻하는지 알아야 하며, 그 시작은 통합교육에 내포된 개념에 대해 충분히 이해하고 구체적으로 실천할 수 있는 방향을 정리하는 것이다. 여기서는 현재 통합교육과 관련된 주요 이슈와 쟁점을 통합교육 개념 정립, 통합교육 인식과 지원, 교사 전문성 등 세 가지 측면에서 살펴보고, 효과적인 통합교육을 위해 필요한 전략은 무엇인지 살펴보고자 한다.

1) 통합교육 관련 이슈 및 쟁점

(1) 통합교육 개념 정립

앞서 제시한 바와 같이 통합교육의 개념 및 수준에 대해서는 연구자들마다 다소 다른 해석과 차이를 가지며, 이에 따라 통합교육에 대한 개념 정립과 실행의 방향에 대해서도 다른 방향을 제시하기도 한다. 이와 관련하여 이소현과 박은혜(2022)는 다음과 같은 두 가지 시사점을 제시하였다. 첫째, 장애학생과 비장애학생의 요구를 모두 만족하는 적절한 하나의 교육적 배치를 지원하기는 쉽지 않다. 즉, 교육 프로그램 효과성 측면에서 모든 아동에게 동일하게 적용되고 효과적인 교육 프로그램을 찾기란 쉽지 않다. 둘째, 교육의 장소보다 교육의 내용인 교육과정과 교수 방법의 질이 더 중요하기 때문에, 교육적 배치에 대한 결정으로 교육성과를 비교하기보다는 배치 후에 어떠한 교육 내용과 방법이 제공되었는지를 더욱 중요시해야 한다. 다시 말해, "통합교육의 철학적 이념과 성과론적 결과를 함께 고려"(이소현, 박은혜, 2011, p. 49)해야 한다고 지적한다.

성공적인 통합교육을 지원하고 실행하기 위해서는 '통합교육'이 지닌 개념이 구체화되어야 하고, 이를 통해 실행의 구체적인 방향도 제시할 수 있을 것이다.

(2) 통합교육 인식과 지원

「2020 특수교육 실태조사」(국립특수교육원, 2020)에 따르면, 전체 16,455명의 특수교육대상자들 중 64.3%가 일반학교에서 특수학교로 전학을 간 경험이 있다고 응답하였으며,

표 2-9 특수교육대상자 전학 경로 (단위: 명, %)

구분	전체	전학 경로	
		일반학교 → 특수학교	특수학교 → 일반학교
전체	16,455 (100.0)	10,584 (64.3)	5,871 (35.7)
남자	11,526 (100.0)	7,417 (64.4)	4,109 (35.6)
여자	4,929 (100.0)	3,167 (64.3)	1,762 (35.7)

출처: 국립특수교육원(2020).

특수학교에서 일반학교로 전학을 간 경우가 35.7%라는 점에서 이는 거의 두 배에 가까운 수치이다(〈표 2-9〉 참조).

이러한 결과는 일반학교라는 통합환경에서 부모들은 일반교육과정이 특수교육대상자에게 적합하지 않은 것으로 판단하였으며, 이와 동시에 또래 비장애학생들과 교육적 통합 및 사회적·정서적 통합에 어려움을 겪었던 것으로 짐작할 수 있다. 이는 일반학교에서 특수교육대상자들은 소위 '적절한 교육'을 경험하지 못하였으며, 현재 우리나라의 통합교육 환경이 다소 주류화 개념의 통합에 머물러 있음을 보여 주는 결과이기도 하다(강종구, 2019).

이상의 통계에서도 엿볼 수 있듯이 현재 우리나라의 통합교육은 특수교육대상자 개개인의 다양하고도 독특한 필요를 충족시키기 위해 여전히 다양한 과제를 안고 있으며, 다수의 연구에서 장애아동을 위해 이상적인 교육환경이라고 언급하는 '완전통합'에 이르는 것은 여전히 많은 노력을 필요로 하는 것으로 볼 수 있다(강종구, 2019; 이소현, 박은혜, 2022). 통합교육 환경이 장애학생의 학업 및 사회성 발달에 필요한 환경임에도 불구하고(Westling & Fox, 2009), 다수의 부모가 일반학교에서 특수학교로 전학을 선택하게 된 원인들은 다음과 같이 살펴볼 수 있다. 먼저, 다수의 연구 및 보고서에서 통합학급의 물리적 환경을 구성하는 데에 필요한 기본적 요소들이 갖추어지지 않았으며, 교수·학습적 지원이 미비한 상태라고 지적하고 있다(김희진, 박재진, 2018; 남보람 외, 2020). 장애학생이 일반교육과정에 접근하기 위해 장애특성에 따른 교수·학습적 지원이 필요하며, 이러한 지원을 위한 선행 조건은 물리적·환경적 지원이다. 하지만 여전히 장애학생들의 일반학교나 교실에서 물리적 여건이 충분히 갖추어지지 않아 수업 또는 놀이 활동

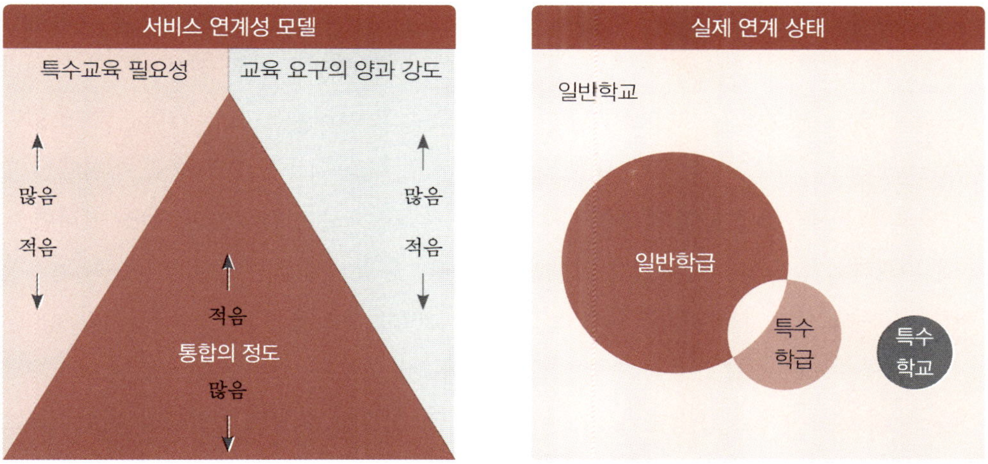

[그림 2-2] 우리나라 현재의 특수교육과 일반교육 간 관계

출처: 이대식(2020).

에 충분히 참여하지 못하는 등 학습권이 제한되는 현실적 어려움에 부딪혀 있는 것으로 나타났다(한국청소년정책연구원, 2023). 또한 장애학생의 학습 지원에 필수적인 보조공학(assistive technology) 및 교수공학(instructional technology) 등이 상대적으로 충분히 갖춰져 있는 특수학교의 환경에 대한 선호도가 높을 수 있으며, 이는 통합학급에 소속된 장애학생 지원을 위한 공학적 지원과 이를 위한 재정적 지원 또한 필요하다는 것을 시사한다(육주혜 외, 2004).

이대식(2020)은 우리나라의 특수교육 현황과 발전 방향에 관한 담론에서 우리나라가 여전히 특수교육과 일반교육 이원적 체제로 '장소 중심의 분리'가 된 상황에 대해 지적하고 있다. 우리나라는 현재 장애학생이 일반교육과정에 접근할 수 있도록 하는 통합교육을 지향하지만 여전히 일반교육과 특수교육은 장애학생이 어디에서 수업을 받느냐의 여부로 분리되어 있다. 특수교육은 장소의 개념이 아니라 개별 아동에게 적합한 교육을 제공하는 개념으로 인식되어야 하지만 현재 우리나라의 특수교육 상황은 장애학생이 교육을 받는 장소와 교육적 배치 자체에 치우쳐 있는 것으로 보고된다([그림 2-2] 참조).

(3) 전문성 및 자질 향상

통합교육의 성공 여부는 통합교육의 철학적 근거를 이해하고 실제에 옮길 수 있는 현장 전문가의 역할에도 크게 영향을 받는다(Brownell et al., 2012). 하지만 성공적이고 효과적인 통합교육을 위해 필수적이라 할 수 있는 일반교육과정 및 특수학교 교육과정을 충분히 이해하고 적용하는 것은 쉽지 않으며, 이는 일반교사의 전문성뿐만 아니라 특수교사의 전문성이 동시에 요구되는 작업이므로 그 어려움은 더욱 커질 수밖에 없다(Brownell et al., 2014). 특히 교육과정 및 교육내용의 수정과 조정 등을 충분히 이행할 수 있는 교사의 시간과 전문성이 부족하다는 점이 지속적으로 지적되어 왔으며, 이러한 어려움은 통합교실을 운영하는 일반교사뿐만 아니라 통합교실을 지원하고 특수학급을 운영하는 특수교사에게서도 발견된다(Bettini et al., 2016).

「2020 특수교육 실태조사」(국립특수교육원, 2020)에 따르면, 일반교사에게 필요한 교내연수 주제로 특수학급 관리자의 50% 이상이 가장 필요한 주제로 통합교육 지원이라고 답하였다. 이러한 결과는 현재 일반학교의 통합교실에서 일반교사들이 느끼는 어려움을 직접적으로 나타낸 것이며, 실제로 다수의 연구에서도 통합교육의 실행에 대해 일반교사들이 많은 어려움을 느끼는 것으로 보고하고 있다.

일반 학교 또는 교실에서 장애학생이 일반교육과정에 접근하기 위한 가장 기본적인 전제는 장애특성에 따른 적절한 교수·학습적 지원이며 이러한 과정에는 교사의 지식과 전문성이 중요한 역할을 한다. 따라서 통합교육을 이행하기 위해 교사들의 역량을 향상시킬 수 있는 다양한 연수 기회 및 통합교육 운영 교사들을 위한 행정적·재정적 지원 또한 겸비되어야 할 것이다.

2) 효과적인 통합교육 실행 전략

통합교육의 가치는 장애학생이 사회에 나아가기에 앞서 학교 속에서 또래 아동과 함께 교육과 상호작용의 기회를 가지고, 이를 통해 이후 소속될 사회에서도 자연스러운 연결, 즉 자연스럽게 통합되는 발판을 마련하는 데에 있다. 이러한 통합교육 이면의 긍정적 철학과 가치에도 불구하고 통합교육이 지향하는 '완전통합'은 여전히 다양한 과제를 안고 있으며, 현장 교사들과 교육환경은 체계적이고 내실화 있는 지원을 필요로 한다.

통합교육은 장애학생 교육을 위한 도달 목표가 아니라 장애학생 교육을 위한 도구이며, 더 나은 삶을 추구하는 과정이다. 이와 같은 통합교육의 철학적·실제적 개념이 통합교육이 효과적으로 실행되기 위한 요건으로 UNICEF는 다음의 일곱 가지를 필수 요소로 제시하고 있다(UNICEF, 2017).

성공적 통합교육을 위한 일곱 가지 필수 요소
• 교육 행정 담당 기관과 전문가들의 지원 • 통합교실을 담당하는 교사와 소속된 학생들을 위한 지원 • 다양성 및 통합적인 학습에 대한 존중 • 모든 학생에 대한 높은 기대 • 안전하고 포용적인 환경 • 장애학생, 부모, 학교 및 관련 기관들의 파트너십 • 통합교육 상태와 현황을 지속적으로 점검하는 시스템

출처: UNICEF(2017)를 요약 · 발췌함.

성공적 통합이 이루어지기 위해 고려되어야 할 사항은 다음과 같다.

첫째, 특수교육을 지원하는 법과 제도의 정비 및 이를 시행하는 교육 행정 담당 기관과 학교 전문가들의 지원이 필요하다. 다수의 연구들에서 통합교육에 대한 학교장의 인식이 통합교육의 성공 여부 및 학교 프로그램 운영의 성패에 영향을 미치는 것으로 보고하고 있으며, 학교 행정가들의 지원이 통합 학급의 일반교사와 특수학급 교사의 교실 운영과 수업 실제에도 긍정적인 영향을 가져오는 것으로 보고하고 있다.

둘째, 통합교실을 담당하고 있는 일반교사 및 특스교사를 위한 적극적인 지원이 필요하다. 선행 연구에서 학교 업무가 많은 교사는 상대적으로 적은 시간을 수업 계획에 쓸 수밖에 없으며, 이는 학생 성취와도 부정적으로 연결된다. 이러한 업무 지원 외에도 교사들이 통합교육 환경에서 교수적 수정, 평가 조정 등에서 역량을 발휘할 수 있는 가이드라인과 연수 기회들이 지속적으로 제공되는 것이 필요하다.

셋째, 통합교육이 지니는 교육적 가치와 통합교육에 참여하는 장애학생 및 비장애학생에게 주어지는 긍정적인 영향에 대해 인식하고 실천하는 것이 필요하다. 선행 연구에서 통합교육은 특수교육대상학생뿐만 아니라 또래(비장애) 학생들에게도 긍정적인 영향을 미치는 것으로 나타났으며, 모두를 포함하는 학습(inclusive learning) 기회를 제공하는 과정에서 학생들은 각자의 다양성이 수업에 발현될 수 있는 기회를 가질 수 있게 된다(김동일 외, 2019).

넷째, '모든 학생은 학습이 가능하다'라는 믿음과 함께 장애학생의 학습에 대한 잠재성 및 발전가능성에 대한 인내가 필요하다. 통합교육에서 강조하는 것은 교수 · 학습 조정 및 평가 조정 등을 통해 장애학생의 참여 기회를 최대한 보장하는 것이며, 이러한 조정의 기본적 전제는 학생의 저성취는 '학습을 못해서'가 아니라 '학습할 기회를 갖지 못해서'이다. 즉, 학생이 충분히 학습하고 자신의 능력을 평가받을 수 있었는지를 재고하는 과정을 통해서 학생의 성취 또한 향상될 가능성을 지니게 된다(Zigmon et al., 2009).

다섯째, 통합교육이 실현되기 위해서는 장애학생들이 통합된 일반 교실의 '공간'이 안전하고 포용적인 환경이어야 한다. '안전'의 의미는 장애학생이 수업 활동 및 또래 관계 활동 등을 하는 데에 있어서 안전할 수 있는 환경을 지칭하는 동시에, 사회·정서적으로도 소속감과 안정감을 느끼는 환경일 수 있어야 하는 것을 뜻한다(Brownell et al., 2012). '포용적인 환경'은 장애학생이 자신의 장애특성으로 인해 학습 참여 기회나 수업 활동 기회를 갖지 못하는 환경이 아니라, 다양한 활동에 충분히 참여할 수 있는 기회를 가질 수 있는 환경을 의미한다.

여섯째, 통합교육의 핵심은 '협력'에 있다. 일반교사와 특수교사 간의 협력적 관계를 넘어서, 부모–교사 간의 협력적 관계, 교사–학생 간의 협력적 관계, 교사–행정가 간의 협력적 관계 등, 통합교육의 가치를 이해하고 학교에서 긍정적으로 그 가치가 발현되기 위해서는 다양한 관계자의 파트너십이 필요하다.

일곱째, 통합교육이 일어나고 있는 공간(교실, 학교 등), 통합교육을 제공하는 과정(교육과정, 교육내용 등), 교육과정을 전달하는 교사 등에 대한 지속적이고 체계적인 컨설팅과 코칭(coaching)이 필요하다. 통합교육의 성패 여부는 교육과정에 대한 이해, 교수적 수정의 적용, 학급 경영 전략 등에 달려 있으며, 교사는 이와 관련한 가이드라인, 지침, 전략 사례 등에 대해 충분히 숙지하고 현장에서 전달할 수 있는 전문성이 필요하다(Benedict et al., 2016). 이러한 전문성은 교사의 지식뿐만 아니라 이러한 지식을 현장과 학생에 맞게 전략적으로 수정하고 전달하는 지식에 의해서 가능하며, 계속적인 연수 기회 등을 통해서 발전시키는 것이 필요하다(Park et al., 2023).

논의할 문제 SPECIAL EDUCATION

1. 주류화 개념의 통합과 포함 개념의 통합이 지니는 차이점에 대해 설명해 보시오.
2. '통합교육' 용어의 변천과 철학적 흐름이 어떠한 연관을 지니는지 정리해 보시오.
3. 성공적인 통합교육을 위해 갖추어야 할 요건에 대해 논의해 보시오.

참고문헌

강종구(2019). 비판이론을 통한 국내 통합교육 개념 및 현실에 대한 고찰. **예술인문사회 융합 멀티미디어 논문지, 9**(2), 321-329.

교육부(2023). 2023 특수교육 연차보고서.

국립국어원(1999). 표준국어대사전.

국립특수교육원(2020). 2020 특수교육 실태조사.

국회도서관(2022. 10.). 장애인 탈시설화: 한눈에 보기. 국회도서관 팩트북.

김동일, 고은영, 고혜정, 김우리, 박춘성, 손지영, 신재현, 연준모, 이기정, 이재호, 정광조, 지은, 최종근, 홍성두(2019). **특수교육의 이해**. 서울: 학지사.

김희진, 박재진(2018). 영유아교육 보육기관 통합평가지표의 물리적 환경 평가에 대한 분석: 미국과 호주의 평가 지표와 비교. **유아교육 · 보육복지연구, 22**(4), 61-87.

남보람, 장영선, 송경신, 박은혜(2020). 지체장애 유아 통합교육을 위한 물리적 환경준비도 체크리스트 개발 및 내용타당화 연구. **유아특수교육연구, 20**(3), 33-56.

대한특수교육학회(1995). **한국특수교육 100년사**. 도서출판 특수교육.

양명희, 고은, 김정연, 이대식, 이태훈(2023). **특수교육학개론**. 서울: 학지사.

오욱찬, 김성희, 오다은(2019. 12.). 탈시설 장애인의 지역사회 정착 경로에 관한 연구. 한국보건사회연구원, 22-23.

육주혜, 남윤석, 정동일(2004). 특수학급 학생 교육을 위한 공학 실태와 지원 방안. **특수교육저널, 5**(3), 353-376.

이대식(2020. 3.). 한국 특수교육의 현황과 발전 방향. 웹저널: 교육을 바꾸는 사람들 (https://21erick.org/column/2078/).

이대식, 김수연, 이은주, 허승준(2018). **통합교육의 이해와 실제**. 서울: 학지사.

이소현, 박은혜(2011). **특수아동교육**. 서울: 학지사.

이소현, 박은혜(2022). **특수아동교육**(3판). 서울: 학지사.

이유훈, 김형일, 정동영, 정희섭(2023). **특수교육 교육과정**. 서울: 교육과학사.

정대영(2006). 통합교육의 개념과 쟁점 고찰, **통합교육연구, 1**(1), 1-21.

Benedict, A. E., Park, Y., Brownell, M. T., & Bettini, E. F. (2016). When knowing isn't enough: Understanding teachers' pedagogical content knowledge for teaching reading fluency to students with specific learning disabilities. *Journal of Postdoctoral Research, 4*(7), 5-15.

Bettini, E. A., Crockett, J. B., Brownell, M. T., & Merrill, K. L. (2016). Relationships between working conditions and special educators' instruction. *The Journal of Special Education,*

50(3), 178-190.

Bettini, E. F., Gurel, S., Park, Y., Leite, W., & Mcleskey, J. (2019). Principals' qualifications in special education and students with and at risk for disabilities' reading achievement Growth in Kindergarten. *Exceptionality: A Special Education Journal, 27*(1), 18-31.

Bettini, E., Jones, N., Brownell, M., Conroy, M., Park, Y., Leite, W., Crockett, J., & Benedict, A. (2017). Workload manageability among novice special and general educators: Relationships with emotional exhaustion and career intentions. *Remedial and Special Education, 38*(4), 246-256.

Brown, R., & Andrews, J. (2014). Special Education. In The Canadian Encyclopedia. https://www.thecanadianencyclopedia.ca/en/article/special-education

Brownell, M. T., Smith, S. J., Crockett, J. B., & Griffin, C. C. (2012). *Inclusive Instruction: Evidence-Based Practices for Teaching Students with Disabilities. What Works for Special-Needs Learners Series*. Guilford Publications.

Brownell, M. T., Lauterbach, A. A., Dingle, M. P., Boardman, A. G., Urbach, J. E., Leko, M. M., & Park, Y. (2014). Individual and contextual factors influencing special education teacher learning in literacy learning cohorts. *Learning Disability Quarterly, 37*(1), 31-44.

Coates, R. D. (1989). The regular education initiative and opinions of regular classroom teachers. *Journal of learning disabilities, 22*(9), 532-536.

Francisco, M. P. B., Hartman, M., & Wang, Y. (2020). Inclusion and special education. *Education Sciences, 10*(9), 238.

Friend, M., & Bursuck, W. D. (2012). *Including students with special needs: A practical guide for classroom teachers* (6th ed.). Upper Saddle River, NJ: Pearson.

Gage, N. A., Lierheimer, K. S., & Goran, L. G. (2012). Characteristics of students with high-incidence disabilities broadly defined. *Journal of Disability Policy Studies, 23*(3), 168-178.

Mastropieri, M., & Scruggs, T. (2007). *The inclusive classroom: Strategies for effective instruction* (3rd ed.). Upper Saddle River, N.J.: Pearson Education Inc.

Nirje, B. (1996). The Normalization Principle and Its Human Management Implications. *The International Social Role Valorization Journal, 1*(2), 19-23.

Park, Y., Kim, B., Koh, H., & Martin, M. (2023). Lessons from an Integrative Review of Special Education Research on Pedagogical Content Knowledge in South Korea. *International Journal of Disability, Development and Education, 70*(7), 1275-1295.

Rothstein, L. (2000). *Special education law* (3rd ed.). New York: Longman.

Skrtic, T. M., Harris, K. R., & Shriner, J. G. (2005). *The context of special education practice today*. In T. Skrtic, K. R. Harris, & J. G. Shriner (Eds.), *Special education policy and practice: Accountability, instruction and social changes* (pp. 1-28). Denver, CO: Love.

UNICEF (2017). Including children with disabilities in quality learning: What needs to be done? https://www.unicef.org/eca/sites/unicef.org.eca/files/IE_summary_accessible_220917_brief.pdf.

Westling , D., & Fox, L. (2009). *Teaching students with severe disabilities* (4th ed.). Upper SaddleRiver, New Jersey: Merrill Prentice Hall.

Will, M. C. (1986). Education children with learning problems: A shared responsibility. A report to the secretary. Washington, D.C.: U.S. Department of Eduction.

Wolfensberger, W. P., Nirje, B., Olshansky, S., Perske, R., & Roos, P. (1972). The principle of normalization in human services.

Wolfensberger, W. (1980). Research, empiricism, and the principle of normalization. *Normalization, social integration, and community services*, 117-129.

Zigmond, N., Kloo, A., & Volonino, V. (2009). What, where, how? Special education in the climate of full inclusion. *Exceptionality, 17*, 189-204.

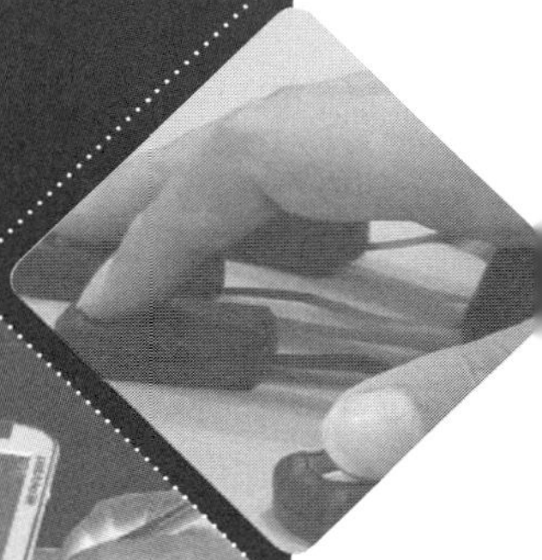

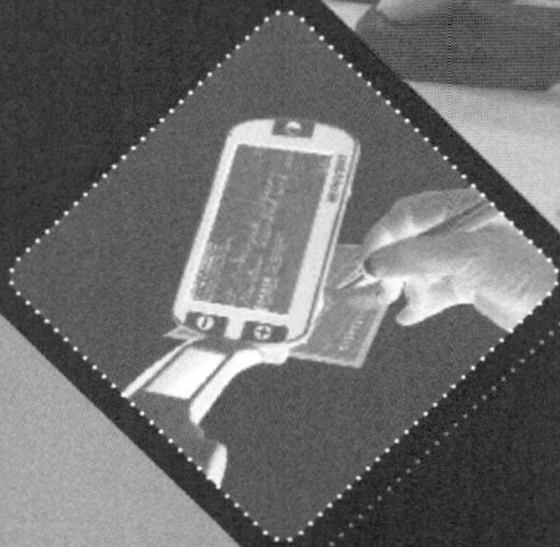

제 03 장

특수교육 교육과정의 이해

학습목표

1. 2022 개정 특수교육 교육과정을 이해한다.
2. 개별화교육계획의 목적, 구성 절차, 구성 요소를 이해한다.
3. 통합교육을 위한 교육과정 편성 · 운영과 지원 내용을 이해한다.

SPECIAL EDUCATION

1. 특수교육 교육과정의 이해

우리나라의 국가 교육과정은 정부(교육부장관)가 고시하는 법률 문서라고 볼 수 있다. 따라서 국가 교육과정은 실질적으로는 법적 구속력을 가지며, 학생을 위한 교육에 결정적인 역할을 한다. 특히 장애학생을 위한 교육과정은 학생의 배치 형태, 장애유형, 장애 정도에 따라 일반교육과정, 기본교육과정 등을 적용하게 된다. 학교 현장에서 주로 접하게 될 교육과정의 개념과 교육과정 유형별 내용을 소개한다.

1) 교육과정의 수준

교육과정은 주도하는 주체 위계(예: 중앙정부, 시 · 도 교육청, 학교)에 따라 국가 교육과정, 지역 교육과정, 학교 교육과정으로 구분한다(교육부, 2024a). ① 국가 교육과정은 현행「초 · 중등교육법」등 관계 법령에 근거하여, 교육과정의 기준과 내용에 관한 기본적인 사항을 국가 수준에서 결정하여 고시한 일반적 기준을 말한다. ② 지역 교육과정은

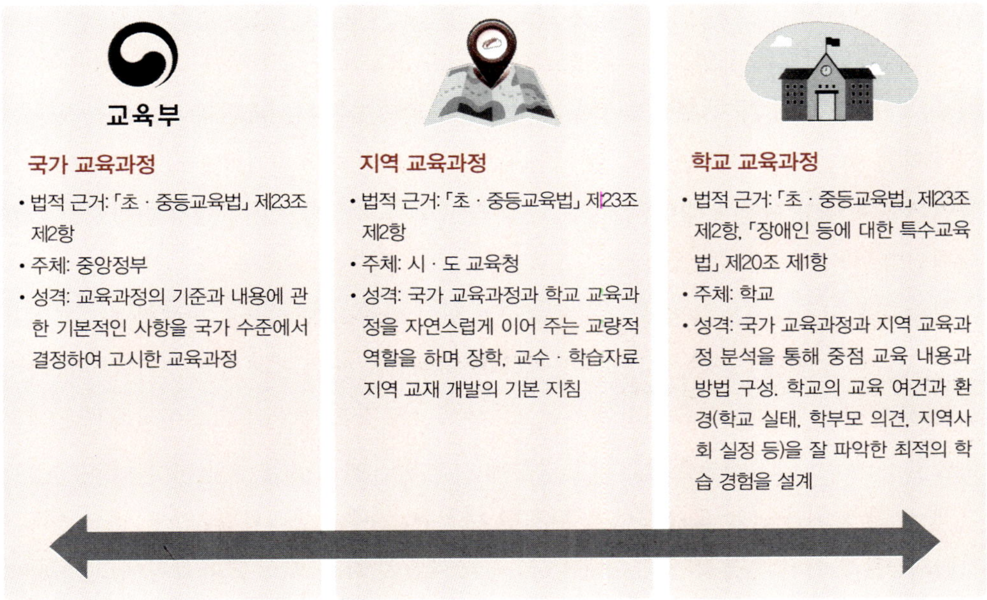

[그림 3-1] 교육과정의 수준과 위상

출처: 교육부(2024a).

「초 · 중등교육법」 제23조 제2항에 따라 개발되는 교육과정이며, 지역의 특수성, 교육의 실태, 학생 · 교원 · 주민의 요구와 필요 등을 반영하여 교육청 단위의 교육 중점내용을 설정하고, 학교 교육과정 개발을 위한 시 · 도 교육청 수준 교육과정 편성 · 운영 지침을 담고 있다. ③ 학교 교육과정은 국가 교육과정과 지역 교육과정을 분석하여 계획을 수립하고 중점 교육 내용과 방법을 구성한 것을 의미한다. 일반적으로 학생 실태와 요구, 교원 조직과 교육 시설 · 설비 등 학교 실태, 학부모 의견 및 지역사회 실정 등 학교의 교육 여건과 환경 등을 잘 파악하여 학생에게 최적의 학습 경험을 설계한다.

2) 2022 개정 교육과정의 주요 변화

교육부는 2021년 11월 24일,「2022 개정 교육과정의 총론 주요사항」을 발표하였다(교육부, 2021a). 2022 개정 교육과정은 2015 개정 교육과정의 인간상, 핵심역량, 교육목표의 큰 틀을 바탕으로 디지털 전환, 기후환경 변화 및 학령인구 감소 등 미래 사회 변화에 적극적으로 대응할 수 있는 기초 소양과 역량을 함양하여 '포용성과 창의성을 갖춘 주도적인 사람'으로 성장할 수 있도록 우리 교육의 체제를 혁신한다는 취지를 가진다. 또한 2022 개정 교육과정은 ① 미래 사회가 요구하는 역량 함양이 가능한 교육과정 개발, ② 학습자의 삶과 성장을 지원하는 맞춤형 교육과정 개발, ③ 지역 · 학교 교육과정 자율성 확대 및 책임교육 구현, ④ 디지털 · 인공지능(AI) 교육환경에 맞는 교수 · 학습 및 평가 체제 구축 등 네 가지 개정 방향을 제시하였다. 이번 개정은 '국민과 함께하는 교육과정'이라는 비전 아래 대국민 의견 수렴 체계와 협력적 관리체계(거버넌스)를 구축하고 그동안의 교육과정 개정에 대한 국가적 · 사회적 요구를 적극적으로 반영하는 방향으로 개정되었다.

특수교육 교육과정은 특별한 교육적 요구가 있는 학생, 일반적으로 장애학생에게 적용되는 교육과정을 일컫는다. '2022 개정 특수교육 교육과정'은 제시된 특수교육 교육과정의 개선 방향은 ① 기본교육과정의 개선, ② 통합교육 강화 및 특수교육대상학생에 대한 맞춤형 교육 지원, ③ 특수학교의 고교학점제 적용 방안에 중점을 두고 개정되었다.

'2022 개정 특수교육 교육과정'은 디지털 대전환, 기후 · 생태환경, 인구 구조 변화의 가속화, 미래 사회의 불확실성 증대 등 교육 내외적 변화를 학교 교육과정에 반영하여, 학생이 '포용성과 창의성을 갖춘 주도적인 사람'으로 성장하는 데 중점을 두고 개정되었다. 미래 사회 변화 대응 역량 및 기초 소양 함양 교육 강화, 학생의 삶과 성장을 지원하는 학습자 맞춤형 교육과정 체제 마련, 지역과 학교 교육과정 자율성 확대 및 책임교육 구현, 디지털 · AI 교육환경에 맞는 교수 · 학습 및 평가 체제 구축, 장애정도가 심한 학생의 장애특성과 교육적 요구 반영, 통합교육 확대에 따른 초 · 중등학교 및 특수교육 교육과정 연계 강화를 주요 개정 방향으로 설정하고 있다.

'2022 개정 특수교육 교육과정'은 '2015 개정 특수교육 교육과정'과 비교하여 기본교육과정의 성격과 편제 부분에 큰 변화가 있었다. 첫째, 특수교육 교육과정 고유의 정체성을 나타낼 수 있도록 '2022 개정 특수교육 교육과정'은 "기본교육과정은 발달지체를 포함한 지적장애, 중도중복장애 등을 지닌 특수교육대상자를 대상으로 장애특성 및 교육적 요구 등을 고려한 맞춤형 교육과정으로 편성 · 운영한다."라고 정의하고 적용 대상을 구체적으로 명시하였다(교육부, 2021b). '2015 개정 특수교육 교육과정'은 기본교육과정의 성격을 공통 교육과정 및 선택 중심 교육과정을 적용하기 어려운 학생을 대상으로 편성 · 운영하는 것으로 규정하였다(교육부, 2014). 하지만 이러한 규정은 기본교육과정을 초 · 중등 교육과정의 내용을 단순화하거나 낮은 수준인 대안적인 성격으로 보는 관점이라고 할 수 있다. 둘째, '2022 개정 특수교육 교육과정'에서는 기본교육과정을 교과(군) 교육과정, 창의적 체험활동 교육과정, 일상생활 활동 교육과정으로 편제하였다. '2015 개정 특수교육 교육과정'과 비교하여 '2022 개정 특수교육 교육과정'은 생활 기능 중심 교육과정을 강화하는 일상생활 활동 교육과정을 신설함으로써 특수교육대상학생의 생활적응 능력을 함양하는 데 중점을 두고 있다.

3) 특수교육 교육과정 유형과 적용 대상

특수교육 교육과정은 초 · 중등학교 교육과정을 근간으로 장애학생의 교육적 요구의 보편성과 특수성을 반영한 교육과정을 말한다. '2022 개정 특수교육 교육과정'은 내용적으로 총론 및 교과(군) 교육과정으로 구성되어 있다. 특수교육 교육과정 총론은 초 · 중등학교 교육과정 총론의 내용에 특수교육 관련 내용을 추가 또는 수정해 구성되었다. 기본교육과정은 특수학교에서만 편성할 수 있으며, 일반학교에 배치된 장애학생의 경우 기본교육과정을 편성할 수 없다. 단, 일반학교에 배치된 장애학생의 경우, 장애학생의 개별적 교육 요구에 따라 기본교육과정에 따른 교과용 도서를 활용할 수 있다. 특수교육 교육과정의 유형에 따른 성격과 적용 대상은 〈표 3-1〉과 같다.

표 3-1 특수교육 교육과정 유형 및 적용 대상

교육과정 유형	성격	대상
유치원 교육과정	• 일반 유치원 교육과정(누리과정)을 바탕으로 하는 교육과정	• 3~5세 연령 아동
특수교육 공통 교육과정	• 일반교육 보편성을 바탕으로 편성·운영되는 교육과정 • 장애영역별 특성(예: 시각·청각·지체장애)을 고려하여 일부 교과(국어, 체육, 미술 등)를 보완한 교육과정	• 시각·청각·지체장애 초·중학생
특수교육 선택 중심 교육과정	• 고등학교 1~3학년 과정에서 일반교육의 보편성을 바탕으로 편성·운영되는 교육과정 • 장애학생의 특성을 고려하여 일부 공통 과목(공통국어 1, 공통국어 2)과 특수교육 전문 교과(예: 직업·생활, 이료)를 추가로 편제한 교육과정	• 공통 과목: 청각장애 고등학생 • 특수교육 전문 교과(직업·생활): 고등학교 재학 중인 특수교육대상학생 중 선택 중심 교육과정의 직업·생활 관련 교과 선택을 희망하는 학생 • 특수교육 전문 교과(이료): 시각장애 특수학교에 재학 중인 고등학교 특수교육대상 학생 중 선택 중심 교육과정의 이료 관련 교과 선택을 희망하는 학생
기본교육과정	• 공통 교육과정 및 선택 중심 교육과정에 참여하기 어려운 장애학생의 교육적 지원을 위해 편성·운영되는 교육과정	• 지적장애나 자폐성장애를 중심으로 운영하는 특수학교에 재학 중인 초등학교 1학년부터 고등학교 3학년까지의 학생 • 시각·청각·지체장애 특수학교 재학생 중 중복장애로 그 정도가 심한 학생

출처: 교육부(2024a), p. 110.

4) 2022 개정 특수교육 교육과정 중 유치원 교육과정

유치원 교육과정은 3~5세 연령별 누리과정을 근간으로 편성·운영한다. 하지만 장애아동의 특성에 따라 조기 중재를 목적으로 하는 특수교육 서비스를 제공하는 것이 필요하다. '2022 개정 특수교육 교육과정'에서 제시하는 유치원 교육과정의 성격은 다음과 같다.

유치원 교육과정은 3~5세 유아를 위한 국가 수준의 공통 교육과정이다.

가. 국가 수준의 공통성과 지역, 기관 및 개인 수준의 다양성을 동시에 추구한다.
나. 유아의 전인적 발달과 행복을 추구한다.
다. 유아 중심과 놀이 중심을 추구한다.
라. 유아의 자율성과 창의성 신장을 추구한다.
마. 유아, 교사, 원장(감), 학부모 및 지역사회가 함께 실현해 가는 것을 추구한다.

「2022 개정 특수교육 교육과정 총론 해설」(교육부, 2024a)에 따르면, 유치원 교육과정은 국가 수준에서 제시되는 공통 기준을 바탕으로 지역, 기관 및 개인 수준의 특성을 반영하여 다양하게 운영하는 교육과정이며, 몸과 마음이 건강하고, 자주적이고, 창의적이며, 감성이 풍부하고 더불어 사는 사람으로 성장하는 전인적 발달을 강조한다. 또한 유아의 건강과 행복, 놀이를 통한 배움의 가치를 최대한 존중하여 유치원 교육과정을 운영한다. 유아는 스스로 자신의 선택(자신이 할 수 있는 일, 하고 싶은 일을 선택), 그 결정에 대해 책임지는 경험을 하면서 자율성을 기른다. 호기심을 가지고 자신 주변 세계를 탐색하고 탐구하며 자신만의 방식으로 놀이를 변형하고 창조하면서 창의성 기르기를 강조하는 교육과정의 성격을 가진다.

5) 2022 개정 특수교육 교육과정 중 공통 교육과정

공통 교육과정은 일반학교에서 통합교육을 받는 학생들에 대한 교육과정의 편성·운영 사항을 구체화하여 실효성을 제고하고자 한 교육과정이다. 장애학생의 독특한 학습 요구를 반영하여 공통 교육과정에 대한 접근을 최대화할 수 있도록 하는 교육과정이다. 따라서 '2022 개정 특수교육 교육과정' 중 공통 교육과정은 일반 초·중등학교 공통 교육과정에 따른다. 다만, 특수학교에서는 시각·청각·지체장애 학생에게 국어, 체육, 미술에 한하여 이 교육과정을 활용할 수 있다. 창의적 체험활동 시간을 활용하여 시각장애인 자립생활(초·중), 농인의 생활과 문화(초·중), 점자(초·중·고), 수어(초·중·고)를 활용할 수 있다. 공통 교육과정(특수교육 공통 교육과정)에 구성된 과목은 국어(청각장애), 체육(시각장애), 체육(지체장애), 미술(시각장애), 시각장애인 자립생활(초·중), 농인의 생활과 문화(초 · 중), 점자(초 · 중 · 고), 수어(초 · 중 · 고)로 구성되어 있다.

6) 2022 개정 특수교육 교육과정 중 선택 중심 교육과정

선택 중심 교육과정은 고등학교 1~3학년 학생의 과목 선택권을 확대하고 학생의 적성과 진로, 흥미와 관심에 따른 맞춤형 교육을 지원하는 교육과정이다(교육부, 2024a). 선택 중심 교육과정에서 교과는 보통 교과(공통 과목, 선택 과목), 전문 교과, 특수교육 전문 교과로 구분된다.

(1) 선택 중심 교육과정(공통 과목)

보통 교과는 공통 과목과 선택 과목으로 구성된다. 그중 공통 과목은 '2022 개정 특수교육 교육과정' 선택 중심 교육과정을 운영하는 청각장애 특수학교에서 사용할 수 있는데, 일반 고등학교의 교육과정 내용을 그대로 활용하면서 청각장애 특성과 교육적 요구를 반영하고, 적합한 지원이 포함된 [별책 2]의 '공통국어(청각장애) 1' '공통국어(청각장애) 2' 교과 교육과정을 활용할 수 있다.

(2) 선택 중심 교육과정(특수교육 전문 교과)

'2022 개정 특수교육 교육과정 선택 중심 교육과정'에서 특수교육 전문 교과는 특수교육대상학생이 특수교육 전문 직업, 생활 적응 및 기초 직무 능력을 함양할 수 있는 전문

표 3-2 2022 개정 특수교육 교육과정의 특수교육 전문 교과

2022 개정 교육과정		
교과(군)	과목	
직업 · 생활	직업준비 안정된 직업생활 기초작업기술 I 기초작업기술 II 정보처리 농생명 외식서비스 사무지원	대인서비스 직업현장실습 시각장애인 자립생활 농인의 생활과 문화 직업과 자립 사회적응

이료 (시각장애 학교)	해부 · 생리 병리 이료보건 안마 · 마사지 · 지압 전기치료	한방 침구 진단 이료실기실습 이료임상

출처: 교육부(2022).

교과로 구분 · 고시되어 있다. 특수교육 전문 교과는 특수교육대상학생이 재학하는 모든 교육 배치 환경에서 장애특성 및 교육적 요구를 고려하여 개설할 수 있다. 따라서 특수학교뿐만 아니라 일반학교에 재학 중인 특수교육대상학생의 적성과 진로 설계에 적합한 과목을 개설할 수 있다. 〈표 3-2〉는 특수교육 전문 교과에 포함되는 교과(군)와 과목을 제시한다.

7) 2022 개정 특수교육 교육과정 중 기본교육과정

기본교육과정은 특수학교에 재학 중인 특수교육대상학생의 장애 특성 및 요구 등을 고려하여 실생활과 연계된 내용의 학생 맞춤형 교육과정이다(교육부, 2024a). 기본교육과정은 지적장애나 자폐성장애 학생이 재학 중인 특수학교의 초등학교 1학년부터 고등학교 3학년까지의 학생을 위해 편성 · 운영되며, 시각 · 청각 · 지체장애 특수학교 재학생 중 중복장애로 그 정도가 심한 학생에게 편성 · 운영할 수 있다. 본 교육과정은 ① 교과, ② 창의적 체험활동, ③ 일상생활 활동으로 편성된다. 기본교육과정의 학년군은 공통 교육과정과 동일하며 초등학교는 1~2학년군, 3~4학년군, 5~6학년군으로 구분되고, 중학교와 고등학교는 1~3학년군으로 구분된다.

각 학교(급)별 '2022 개정 특수교육 기본교육과정' 편제는 [그림 3-2]와 같다.

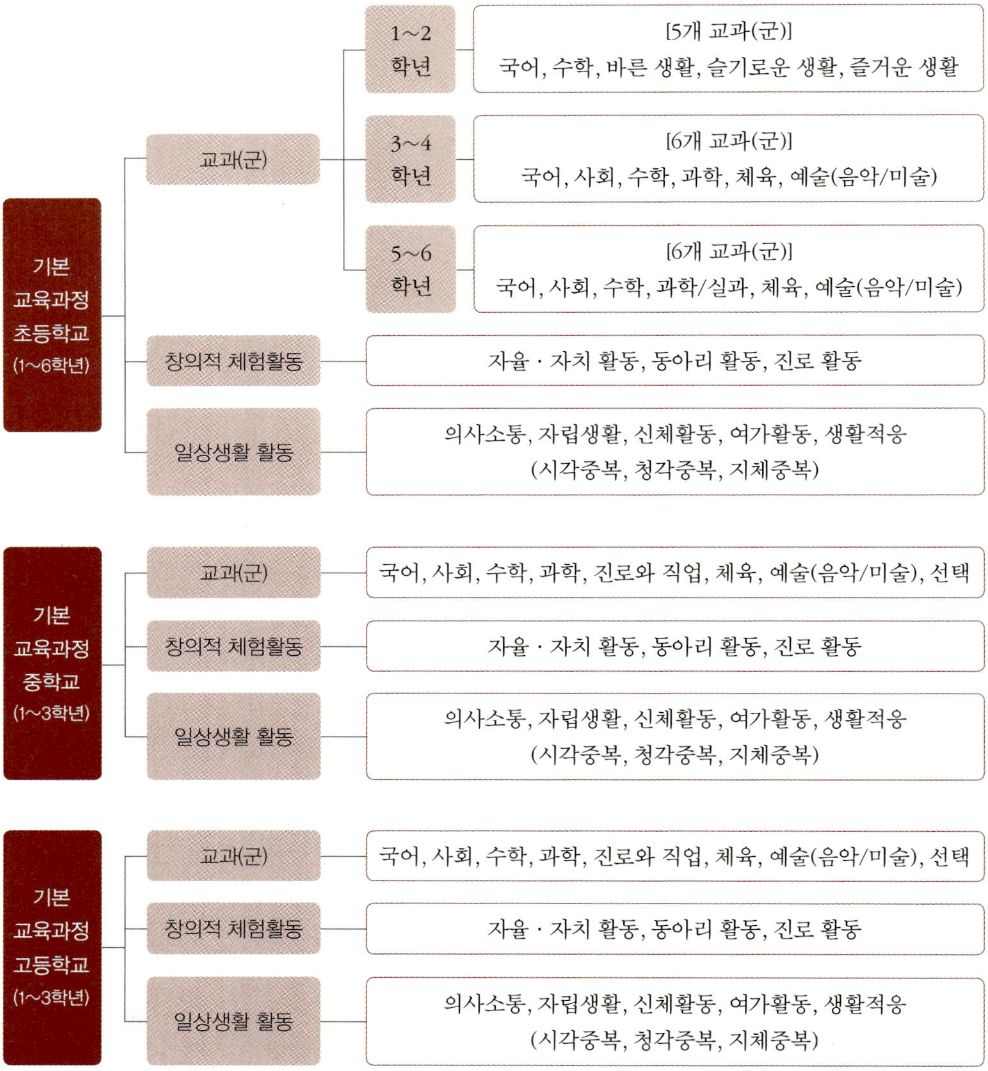

[그림 3-2] 2022 개정 특수교육 기본교육과정 초 · 중 · 고등학교 편제

출처: 교육부(2024a), pp. 224, 259, 274.

(1) 교과(군)

'2022 개정 특수교육 기본교육과정'의 교과(군) 교육과정은 특수교육대상학생의 삶의 질을 높이는 데 필요한 자립 활동과 지역사회에 적응하고 사회통합에 필요한 내용으로 구성되어 있다. 이에 교과(군)의 내용은 기초 학습 기능, 생활 기능을 익히고, 나아가 미래의 진로 및 직업 생활 적응에 필요한 능력을 기르는 내용으로 구성하며 교과 내 또는 교과 간 연계 지도 방법 등을 조정하여 운영할 수 있다.

(2) 창의적 체험활동

창의적 체험활동은 교과와 상호 보완적 관계를 가진 체험활동 중심 비교과 교육과정을 의미한다. 창의적 체험활동을 통해 학생들의 자율적 선택과 참여를 독려하여 급변하는 신산업사회에 대응하고 사회 구성원으로서의 역량을 함양할 수 있도록 하고 있다. '2022 개정 특수교육 기본교육과정'의 창의적 체험활동은 자율 · 자치 영역, 동아리 영역, 진로 영역의 3개로 구성되어 있다. ① 자율 · 자치 영역은 자신의 의견과 권리를 표현하고 삶에서 직면하는 문제를 해결하고 실천할 수 있는 내용을 담고 있으며 자치활동과 적응활동으로 구성한다. ② 동아리 영역은 개개인의 소질과 자질을 계발 · 신장하고 여가를 효과적으로 활용할 수 있는 내용을 담고 있으며, 예술 · 문화 · 스포츠 활동, 생활실습활동, 단체 · 봉사 활동, 정보통신기술 활동으로 구성한다. ③ 진로 영역은 자기 자신에 대한 이해를 바탕으로 흥미와 적성을 파악하여 자신의 진로를 지속적으로 탐색 · 개발할 수 있는 내용을 다루고 있으며, 자기 이해 활동, 진로 인식 및 탐색 활동, 진로 체험 및 계획 활동으로 구성한다.

(3) 일상생활 활동

'2022 개정 특수교육 기본교육과정'의 가장 큰 변화는 특수교육대상학생의 독립적인 삶을 위한 생활적응 능력을 신장하기 위해 일상생활 활동을 교육과정의 영역으로 신설한 것이다. 특수교육의 궁극적인 목표는 개인의 안녕과 사회 참여를 통한 삶의 질 향상에 있으며, 이를 위해 발달의 각 영역에서 전반적이고 지속적인 생활 기능 중심의 교육이 필요하다. 이러한 취지에 따라 '2022 개정 특수교육 교육과정'에서는 다양한 생태학적 환경 맥락 속에서 필수적인 생활 기능 역량을 함양하고 교육과정 편성 · 운영의 자율성을 바탕으로 학생 맞춤형 교육을 실현하기 위한 목적으로 일상생활 활동을 신설하였다.

일상생활 활동에서는 특수교육대상학생에게 우선적으로 요구되는 생활 기능을 의사소통, 자립생활, 신체활동, 여가활동, 생활적응(시각 · 청각 · 지체중복)으로 구성하였다. ① 의사소통 영역은 주변 환경과 적극적으로 상호작용할 기회를 제공하고, 기능적으로 소통하는 능력을 길러 의사소통의 즐거움을 느끼도록 하는 영역이다. ② 자립생활 영역은 자신에 대한 이해와 소중함을 인식하여 신변 자립에 필요한 기본 생활 습관을 형성하고, 자신의 건강과 안전을 도모하며 삶의 주체로서 자신의 삶을 가꾸는 능력과 태도를 기르는 영역이다. ③ 신체활동 영역은 감각 정보를 활용한 신체 움직임으로 신체 조절 능력과 기본 운동 능력을 신장하고, 생활 속에서 신체활동을 즐겁게 실천하는 영역이다. ④ 여가활동 영역은 학생에게 여가활동의 참여 경험을 제공함으로써 일상의 즐거움을 발견하고 행복한 삶을 영위하기 위한 영역이다. ⑤ 생활적응(시각중복) 영역은 학생이 잔존 시각과 다양한 감각을 활용하여 자신을 둘러싼 환경을 이해하고 탐색하는 활동으로 독립적인 삶에 필요한 기초 기능과 능력을 기르는 영역이다. ⑥ 생활적응(청각중복) 영역은 학생이 잔존 청력과 청각 정보를 보완하거나 대체하는 감각 정보를 활용하여 타인과 소통하면서 의미 있는 관계를 형성하고, 공동체에서 기대되는 규범과 역할을 실천함으로써 변화하는 환경에 적응하는 능력과 태도를 기르는 영역이다. ⑦ 생활적응(지체중복) 영역은 학생이 일상생활에 필요한 기초 동작, 자세 조절, 기초 의사소통 기술에 대한 활동을 수행함으로써 사회적 요구에 자발적으로 대처하는 기본 능력을 기르기 위한 영역이다.

2. 개별화교육계획의 이해

개별화교육계획(Individualized Education Plan: IEP)은 장애학생의 능력을 계발하기 위해 제공되는 교육과 지원을 포함하는 문서로서 실행 계획과 과정, 결과에 대한 평가에 대하여 기록한 내용을 포함하고 있다(국립특수교육원, 2019). 실제로, 개별화교육계획은 특수교육대상자를 위한 종합적인 교육계획서 또는 교육과정의 역할을 하는 교육적 문서이다. 개별화교육계획은 학생에게 필요한 교육뿐만 아니라 장애와 관련된 각종 지원 방안을 포함하는 종합적인 교육 지원 계획으로 교과, 비교과, 특수교육 관련 서비스, 행동지원, 전환지원 등의 내용으로 구성될 수 있다. 특수교육대상학생 개인의 개별화교육을 위해 필요한 ① 교육 및 생활 지원 계획의 수립과 운영, ② 평가와 관련된 제반 사항을 기록한 개인별 문서인 동시에 ③ 실행 및 과정을 기록한 성장과 변화에 관한 개인별 기록으로 포트폴리오로서 의의를 지닌다.

1) 개별화교육계획의 법적 근거와 구성 요소

「장애인 등에 대한 특수교육법」에서는 개별화교육의 정의, 개별화교육지원팀의 구성 및 역할에 대해 명시하고 동법 시행규칙에서 개별화교육지원팀 구성 방법과 개별화교육

「장애인 등에 대한 특수교육법」(약칭: 「특수교육법」)

[시행 2023. 4. 19.] [법률 제18992호, 2022. 10. 18., 일부개정]

제2조(정의)

7. "개별화교육"이란 각급학교의 장이 특수교육대상자 개인의 능력을 계발하기 위하여 장애유형 및 장애특성에 적합한 교육목표 · 교육방법 · 교육내용 · 특수교육 관련 서비스 등이 포함된 계획을 수립하여 실시하는 교육을 말한다.

제22조(개별화교육)

① 각급학교의 장은 특수교육대상자의 교육적 요구에 적합한 교육을 제공하기 위하여 보호자, 특수교육교원, 일반교육교원, 진로 및 직업교육 담당 교원, 특수교육 관련 서비스 담당 인력 등으로 개별화교육지원팀을 구성한다.

② 개별화교육지원팀은 매 학기마다 특수교육대상자에 대한 개별화교육계획을 작성하여야 한다.

③ 특수교육대상자가 다른 학교로 전학할 경우 또는 상급학교로 진학할 경우에는 전출학교는 전입학교에 개별화교육계획을 14일 이내에 송부하여야 한다.

④ 특수교육교원은 제1항부터 제3항까지의 규정에 따른 업무를 수행하기 위하여 각 업무를 지원하고 조정한다.

⑤ 제1항에 따른 개별화교육지원팀의 구성, 제2항에 따른 개별화교육계획의 수립 · 실시 등에 관하여 필요한 사항은 교육부령으로 정한다.

「장애인 등에 대한 특수교육법 시행규칙」(약칭: 「특수교육법 시행규칙」)

[시행 2022. 7. 21.] [교육부령 제269호, 2022. 6. 29., 일부개정]

제4조(개별화교육지원팀의 구성 등)

① 각급학교의 장은 법 제22조 제1항에 따라 매 학년의 시작일부터 2주 이내에 각각의 특수교육대상자에 대한 개별화교육지원팀을 구성하여야 한다.

② 개별화교육지원팀은 매 학기의 시작일부터 30일 이내에 개별화교육계획을 작성하여야 한다.

③ 개별화교육계획에는 특수교육대상자의 인적사항과 특별한 교육 지원이 필요한 영역의 현재 학습 수행 수준, 교육목표, 교육내용, 교육방법, 평가계획 및 제공할 특수교육 관련 서비스의 내용과 방법 등이 포함되어야 한다.

④ 각급학교의 장은 매 학기마다 개별화교육계획에 따른 각각의 특수교육대상자의 학업 성취도 평가를 실시하고, 그 결과를 특수교육대상자 또는 그 보호자에게 통보하여야 한다.

계획의 구성 요소 등에 대해 명시하고 있다. 다음은「장애인 등에 대한 특수교육법」과 동법 시행규칙에서 다루고 있는 개별화교육계획과 관련된 내용이다.

특수교육대상자의 인적사항과 특별한 교육 지원이 필요한 영역의 현재 학습 수행 수준, 교육목표, 교육내용, 교육방법, 평가계획 및 제공할 특수교육 관련 서비스의 내용과 방법 등에 포함되는 내용은 〈표 3-3〉과 같다.

표 3-3 개별화교육계획 구성 요소와 포함되어야 하는 내용

구성 요소	설명	포함 내용
인적사항	• 학생에 관한 기본 정보 • 학교교육에 필요한 기타 정보 • 개인정보 수집 · 이용에 관한 고지와 동의서 필요	• 이름, 성별, 생년월일, 학교급, 배정학급 구분, 학년-반, 주소, 연락처 등 • 보호자명, 주양육자, 학생과의 관계 • 장애 유형 및 정도, 특성 • 개별화교육계획의 시작일과 종료일 • 장애인등록 여부, 통학수단, 통학시간, 순회교육 지원 여부 • 학생의 흥미 및 강점, 약점 내용, 보호자의 희망사항, 기타 사항 • 진단평가 영역, 도구명, 검사 결과, 평가
현재 학습 수행 수준	• 특수교육대상자의 교육적 요구에 대한 수준을 분명하게 보여 줄 수 있도록 기술	• 개별화교육계획 수립 교과목 또는 생활 지원영역에 관한 평가 정보 • 교육목표와 관련된 출발점 행동 수준
교육목표	• 학기 단위의 목표설정 • 필요한 경우 하위 목표로 월별 교육목표를 설정 • 학생을 고려하여 적절한 수와 규모로 세분화	• 학기 동안 달성해야 하는 장기 목표 • 월별 교육목표의 형태의 단기 목표
평가계획	• 목표 성취를 확인할 수 있는 증거로서 평가계획을 수립 • 매 학기 초 개별화교육계획을 수립할 때 학기 목표에 근거하여 수립 • 평가계획은 학생의 학습 과정과 향상 정도를 파악할 수 있는 평가 방법과 평가 초점의 내용을 포함	• 평가 방법의 계획 • 평가 초점에 대한 계획

교육내용 및 교육방법	• 현재 학습 수행 수준을 토대로 학기 목표 및 월별 교육목표에 도달하기 위한 과정에서 학생들이 경험해야 하는 교육내용 • 교사가 교육내용을 교수하는 과정을 구체적이고 상세하게 기술한 교육방법	• 구체적인 교수전략과 교육내용을 결합한 내용 • 교수 자료 및 매체, 교수 집단 등을 활용한 교수 · 학습 방법
특수교육 관련 서비스	• 특수교육 관련 서비스 담당 인력으로부터 학생의 특수교육 관련 서비스의 내용과 방법, 평가에 관련된 자료를 제공받아 기술	• 학생에게 제공되는 서비스명, 시작일과 종료일, 장소, 참여 요일 및 시간, 특기사항 등

출처: 국립특수교육원(2019), pp. 20-28을 재구성함.

2) 개별화교육계획의 수립

일반적으로 개별화교육계획은 개별화교육지원팀이 개발하고 승인한다(국립특수교육원, 2019; 대구광역시교육청, 2022). 개별화교육지원팀은 특수교육대상학생의 교육적 요구에 적합한 교육을 제공할 수 있도록 보호자, 특수교사, 일반교사, 진로 및 직업교육 담당교사, 특수교육 관련 서비스 담당자 등으로 구성된 팀을 말한다. 개별화교육지원팀은 매 학기의 시작일부터 30일 이내에 개별화교육계획을 작성하여야 한다. 개별화교육지원팀 구성원은 개별화교육계획의 수립, 실행, 평가에 참여하고 협력적 지원팀으로서 역할을 수행한다. 구성원의 일반적 역할로서 개별화교육팀장은 학교장 또는 교감(특수학교의 경우 학교장의 권한을 위임받은 부장 교사)이 담당하며, 개별화교육계획의 수립과 실행, 평가와 관련하여 학생의 교육 및 생활 지도에 관하여 관리 · 감독한다. 특수교육교원은 「장애인 등에 대한 특수교육법」 제22조 제4항에 따라 개별화교육계획 업무를 주로 담당한다. 개별화교육지원팀의 구성 형태와 구성원은 〈표 3-4〉와 같다.

일반적으로 개별화교육계획의 목표 및 평가계획 단계, 교육내용 및 방법 설정과 실행 단계, 평가 단계를 통해 개별화교육계획 수립이 이루어진다(국립특수교육원, 2019).

① **목표 및 평가계획 단계**: 학교 교육과정을 토대로 학생별 개별화교육계획의 유형 결정, 교과(영역)의 선정, 현재 학습 수행 수준에 근거한 교육목표의 결정 및 구조화, 교육목표에 따른 평가계획을 수립하는 단계

표 3-4 개별화교육지원팀의 구성 형태와 구성원

<table>
<tr><th colspan="2">유형</th><th>기본 구성원</th><th>선택 구성원</th></tr>
<tr><td rowspan="6">교육적 배치에 따른 구분</td><td>특수학급 설치학교</td><td>• 개별화교육지원팀장
• 특수교육교원
• 일반교육교원
• 보호자</td><td rowspan="6">• 부담임교사
• 교과전담교사
• 보건교사
• 상담교사
• 영양교사
• 학교의 진로 · 직업교육 담당 교원(전문가)
• 행정실장
• 특수교육 관련 서비스 담당 인력
• 시 · 군 · 구 주민센터 사회복지사
• 학생의 기타 가족
• 교육(지원)청 특수교육 담당자
• 방과후 교실 강사
• 돌봄교실 강사
• 학교 담당 경찰</td></tr>
<tr><td>특수학급 설치학교
(순회교육대상자)</td><td>• 개별화교육지원팀장
• 특수교육교원
• 일반교육교원
• 순회교사
• 보호자</td></tr>
<tr><td>특수학급 설치학교
(순회학급 설치학교)</td><td>• 개별화교육지원팀장
• 특수교육교원(순회학급 교사)
• 일반교육교원(담임교사/교과담당 교사)
• 보호자</td></tr>
<tr><td>특수학급 미설치교
(순회교육대상자)</td><td>• 개별화교육지원팀장
• 순회교사
• 특수교육 업무 담당 일반교육교원
• 일반교육교원(담임교사/교과담당 교사)
• 보호자</td></tr>
<tr><td>특수학급 미설치교</td><td>• 개별화교육지원팀장
• 특수교육 업무 담당 일반교육교원
• 일반교육교원(담임교사)
• 보호자</td></tr>
<tr><td>특수학교</td><td>• 개별화교육지원팀장
• 특수교육교원(담임교사)
• 보호자</td></tr>
</table>

출처: 국립특수교육원(2019), pp. 48-51.

② **교육내용 및 방법 설정과 실행 단계**: 개별화교육계획에 근거하여 교육내용과 방법을 선정하고 이를 토대로 수업을 실행하는 단계

③ **평가 단계**: 학생의 학습 과정과 학습 종료 이후의 결과를 평가하는 단계

〈표 3-5〉는 개별화교육계획 수립 과정에 따른 단계별 내용을 구체적으로 설명한다.

표 3-5 개별화교육계획 수립 과정의 세부 단계별 내용

단계	세부 단계	내용
목표 및 평가계획 단계	학생의 교육적 요구 사정	• 학생의 장애 유형 및 특성, 선호도 및 흥미, 보호자의 요구, 생활연령에 근거한 과제의 중요성, 긴급성, 학교 및 주변 여건 등에 관한 정보를 종합적으로 고려한 교육적 요구의 평가 • 학생에게 필요한 교육적 요구의 우선순위 결정 • 학교 교육과정이 학생의 교육 및 생활 지원 요구의 충족 여부 판단
	개별화교육계획의 유형 결정	• 학교 교육과정이 학생의 교육적 요구를 충족시킬 수 있다고 판단된 경우, 개별화교육계획은 '학교 교육과정에 준함' 등으로 간단히 기술 • 학교 교육과정이 학생의 교육적 요구를 충족시킬 수 없다고 판단된 경우 다음의 두 가지 유형 중 1개 또는 2개 선택 • 학교 교육과정에 근거한 '교과 중심 개별화교육계획' • 학생의 일상생활 요구를 반영한 '생활 지원 중심 개별화교육계획'
	개별화교육계획 수립 교과 및 영역의 선정	• 교과 중심 개별화교육계획: 교과에 관한 특별한 요구가 있거나 학교 교육과정에 참여하기 힘든 경우, 교과 중심 개별화교육계획 수립 • 생활 지원 중심 개별화교육계획: 생활 지원 영역을 토대로 학생에게 필요한 우선적인 지원 영역을 선정하고 개별화교육계획 수립 • 개별화교육계획의 수립 교과목이나 생활 지원 영역의 수는 개별화교육지원팀에서 협의하여 결정
	현재 학습 수행 수준의 파악	• 개별화교육계획에 포함될 교과목 및 지원 영역별로 현재 학습 수행 수준을 파악하여 기술
	교육목표의 결정 및 구조화	• 교육목표는 학기 단위로 개발 • 각 교육목표별로 하위 목표를 개발 • 목표 간의 위계나 계열성을 고려하여 구조화
	평가계획의 수립	• 학생이 학습하거나 도달해야 할 평가 초점이나 평가 준거를 설정 • 학습하는 과정이나 학습이 종료된 이후에 나타나게 될 수행의 증거를 선정하여 기술

교육내용 및 방법 설정과 실행 단계	교육내용의 구성	• 설정된 교육목표와 이를 평가하기 위한 평가계획에 부합할 수 있도록 교육내용 결정 • 교과 중심 개별화교육계획: 교육과정의 성취기준, 교과서의 단원 계획에 근거하여 교육내용 구성 • 생활 지원 중심 개별화교육계획: 필요한 지원 영역에 따라 학생의 현재 수준을 분석하여 구성
	교육방법 및 수업 활동의 구성, 수업 실행	• 교육방법 및 수업 활동의 구성은 학생이 교육내용을 학습할 수 있도록 교사가 수업시간에 제공할 다양한 교육활동 내용 결정과 실행
평가 단계	과정 및 결과의 평가 기록	• 학습 결과뿐만 아니라 학생이 학습하는 과정에서 보여 준 다양한 오류와 성공 과정과 결과를 질적으로 기술하여 평가 • 사전에 설정한 평가 준거를 사용하여 평가 • 각각의 교육목표의 내용을 타당하게 반영할 수 있는 평가 준거를 개발하여 사용

출처: 국립특수교육원(2019), pp. 29-32를 재구성.

〈표 3-6〉은 생활 지원 중심 개별화교육계획(일부)의 예시이다.

표 3-6 생활 지원 중심 개별화교육계획(일부) 예시

2020학년도 학기별 개별화교육계획(일부)

성명		김○○	과정 /학년반	○○고등학교/3학년 2반	담임	박○○
학기	영역	현행 수준	학기목표		담당교사	
1 학기	의사 소통	질문을 하면 고개를 움직여 의사를 표현함. 원하는 사물을 손으로 가리킴.	• 원하는 사물을 단어 또는 의사소통판을 이용하여 표현할 수 있다. • 요구를 몸짓으로 표현할 수 있다. • 친구, 선생님과 간단한 인사를 할 수 있다.		장○○	

월별 학기별 개별화교육계획(일부)

학기	영역	월	교육목표	교육 내용	교육방법	담당교사
1 학기	의사 소통	3–4	• 원하는 사물을 의사소통판을 이용하여 표현할 수 있다. • 간단한 단어로 자신의 의사를 표현할 수 있다.	• 나와 주변 사람 실물 · 상징 알기 • 집과 학교에 있는 물건 실물 · 상징 알기 • 음식, 장소, 활동을 나타내는 실물 · 상징 알기 • 원하는 대상을 의사소통 판에서 찾기 • 원하는 대상을 의사소통 판에서 찾아 가리키기 • 긍정의 의미를 "네"로 표현하기 • 부정의 의미를 "아니요"로 표현하기	• 직접교수 • 모방–행동교육 전략 • 과제 분석을 통한 일상생활훈련 • 보완대체의사소통을 이용한 교수	장○○
		5–6	• 요구를 몸짓으로 표현할 수 있다. • 친구, 선생님과 간단한 인사를 할 수 있다.	• 원하는 대상을 손으로 가리키기 • 자신의 상태를 몸짓으로 표현하기 • 친구에게 손을 흔들어 인사하기 • 선생님에게 고개를 끄덕여 인사하기	• 개별화교육과 과제 분석을 통한 일상생활훈련	장○○

월	영역	평가계획
3–4	의사소통	원하는 사물을 의사소통판을 이용해 표현할 수 있는가? 긍정, 부정의 의미를 단어로 표현할 수 있는가?
5–6	의사소통	자신의 요구를 몸짓으로 표현하는가? 친구, 선생님과 간단한 인사를 주고받는가?

※ 학교에 따라 개별화교육계획을 월별, 기간별, 학기별로 유연하게 수립하고 운영함.

출처: 국립특수교육원(2019).

3. 통합교육을 위한 교육과정 운영

「2024 특수교육 통계」(교육부, 2024b)에 따르면, 전체 특수교육대상학생의 73.7%가 일반학교에 배치되어 있다. 이에 따라 통합교육 맥락에서 특수학급에 배치된 학생들의 교육적 요구가 더욱 다양해지고 있으며, 학생 맞춤형 교육을 위한 교육과정 지원을 확대하는 것이 중요하다. 일반학교에 배치받은 특수교육대상자의 교육과정은 기본적으로 해당 학년군의 편제와 시간 배당을 따르며, 특수교육대상자의 능력, 수준, 특성을 고려한 개별화교육계획을 수립 · 실시하여야 한다. 「2022 개정 특수교육 교육과정 총론」과 「2022 개정 특수교육 교육과정 총론 해설」(교육부, 2024a)에서 제시하고 있는 내용을 정리하면 다음과 같다.

1) 일반학급 및 특수학급에 배치된 특수교육대상자의 교육과정 편성 · 운영

일반학교에 배치받은 특수교육대상자를 위해 학교는 학생에 대한 개별화교육계획을 수립하여 운영하며, 해당 학년군의 교육과정을 따르는 것을 원칙으로 한다(교육부, 2024; 교육부, 세종시교육청, 2017). 구체적으로, 일반학급 및 특수학급에 배치된 특수교육대상자의 교육과정 편제와 시간(학점) 배당은 통합교육의 철학과 원칙을 학생들에게 보장해 주기 위해 해당 학년군의 교육과정을 따른다. 하지만 장애 유형 및 정도에 따라 초 · 중등학교 교육과정을 그대로 적용하거나 해당 학년군의 초 · 중등학교 교육과정을 조정해 운영할 수 있다.

특수학급의 교육과정 조정 방법은 ① 교과 내 혹은 교과 간 교육과정 재구성, ② 교육 내용의 난이도 조정, ③ 내용의 소재 조정, ④ 자료나 정보의 표현 방식 조정, ⑤ 특수교육 교육과정의 교과(군) 내용과의 연계 등으로 이루어질 수 있다(교육부, 2024a; 전라남도교육청, 2014). '특수교육 교육과정의 교과(군) 내용과의 연계'란 초 · 중등학교 일반교육과정의 교과 내용, 성취기준과 유사하거나 관련이 깊은 내용, 성취기준을 포함하고 있는 특수교육 교육과정의 교과 내용을 활용하는 방식을 말한다. 즉, 일반교육과정의 일부를 특수교육 교육과정의 교과(군) 내용과 연계하거나 대체하여 운영할 수 있으며, 이 경우 생활 기능 및 진로와 직업교육, 현장 실습 등으로 운영할 수 있다. 대체할 영역과 내용은 학생의 장애 특성 및 정도를 반영하여 학교가 정하는데, 특수교육대상학생의 교육과정 운영에 관한 사항은 학생의 교육적 요구를 반영하여 '학교 교육과정 위원회'의 자문을 받아 학교장이 결정한다. '학교 교육과정 위원회'에는 교육과정의 합리적 설계와 효율적 운영을 위해 교원, 교육 전문가, 학부모 등이 참여하며, 학교의 특색 있는 교육 실천 방안을 모색하여 학교장이 교육과정 운영에 관한 의사결정을 하는 데 자문 역할을 하는 조직이다.

2) 통합교육 상황에서의 교육과정 편성 · 운영을 위한 지원

일반학교에 배치받은 특수교육대상자를 위한 성공적인 통합교육을 실행하기 위해 일반교사와 특수교사가 서로 특수교육대상자에 대해 공유된 책무성을 가지고 있어야 한다(교육부, 2024a; 교육부, 세종시교육청, 2017). 공유된 책무성을 통해 일반교사와 특수교사는 교육과정 편성 · 운영에 있어서 전문적인 협력팀으로서의 역할을 수행할 수 있다. 통합교육을 실시하는 학교는 교육과정 편성 · 운영 과정에서 '학교 교육과정 위원회'에 특수교사가 포함될 수 있도록 권장한다. 학교 교육과정 수립 단계에서부터 특수교사와 통합학급 교사가 협의할 수 있도록 하여, 시 · 도 교육청과 학교는 특수교육대상자를 위한 수업 방법과 평가에 관하여 논의할 수 있도록 지원한다. 이를 통해 특수교육대상학생에 대한 교육 계획 수립 및 운영에 관하여 통합학급 교사와 특수학급 교사 간 체계적인 협의가 가능해진다.

단위학교의 통합교육 실행 및 개선을 위해 시 · 도 교육청은 초 · 중등학교 교육과정과 특수교육 교육과정을 연계할 수 있는 자료를 개발하고, 교원 연구회 활동(예: 교사 전문적 학습공동체)을 지원한다. 또한 통합교육 교육과정의 충실한 설계와 운영을 위한 교원 연수나 컨설팅을 제공하도록 노력한다. 그뿐만 아니라, 통합교육 역량을 키울 수 있도록 일반학교의 교원에 대하여 장애공감문화 조성을 위한 장애 인식 및 이해 교육, 특수교육 관련 교육, 교육과정 조정 방안, 교수적 지원 방안(예: 학습보조기기 사용) 등의 내용을 다루는 연수를 실시한다.

논의할 문제 SPECIAL EDUCATION

1. 2022 개정 특수교육 교육과정의 편성 구분을 알아보시오.
2. 개별화교육계획의 수립 과정을 정리해 보시오.
3. 성공적인 통합교육을 위하여 교육과정을 재구성하고 적용하는 내용을 정리해 보시오.

참고문헌

교육과학기술부(2009). 2009 개정 교육과정 총론 해설(초등학교). 세종: 교육과학기술부

교육부(2014a). 2015 개정 특수교육 교육과정 총론. 세종: 교육부.

교육부(2014b). 2015 개정 특수교육 교육과정. 서울: 교육부.

교육부(2021a). 2022 개정 교육과정의 총론 주요사항. 세종: 교육부.

교육부(2021b). 2022 개정 특수교육 교육과정 총론. 세종: 교육부.

교육부(2024a). 2022 개정 특수교육 교육과정 총론 해설. 세종: 교육부.

교육부(2024b). 2024 특수교육통계. 세종: 교육부.

교육부, 세종시교육청(2017). 초 · 중등학교 통합교육 실행 가이드북 I(공통편). 세종: 교육부.

국립특수교육원(2019). 개별화교육계획 운영 가이드북. 충남: 국립특수교육원.

대구광역시교육청(2022). 특수교육대상 학생(유아) 중심, 수업 중심 개별화교육계획 운영 가이드북. 대구: 대구광역시교육청.

법제처 국가정보법령센터(2023). 장애인 등에 대한 특수교육법.

전라남도교육청(2014). 통합학급 및 특수학급운영 길라잡이. 전남: 전라남도교육청.

제 04 장

통합교육과 교수 · 학습 방법

학습목표

1. 통합환경의 교수 · 학습을 지원하기 위한 대표적인 접근을 이해한다.
2. 교수적 수정의 유형 및 개별 학생에게 적합한 수정 방법을 이해한다.
3. 통합교실의 평가 수정(또는 조정) 방법 및 대안적 평가에 대해 이해한다.

SPECIAL
EDUCATION

1. 통합교육을 위한 교수 · 학습의 주요 원리

가장 기본적인 의미의 통합교육은 장애학생 또는 특수교육대상자를 일반학교 교실(regular classrooms) 환경에서 교육하는 것을 의미한다. 하지만 현재 우리가 지향하는 통합교육은 단순한 물리적 배치 이상의 의미를 가지며, 교육과정, 교수 내용 및 교수법, 평가, 그 외 학습 활동과 자료 접근성 등 학교와 교실 수준에서 장애학생의 수업 활동 기회를 최대한 보장하고 지원하는 모든 활동과 지원을 의미하는 통합교육을 추구한다(Mitchell, 2008).

통합교육 환경에서 제공하는 교수 · 학습의 전달은 다음의 세 가지에 의해 결정되어야 한다(Brownell et al., 2012). 첫째, 통합교실에서 장애학생을 위해 제공된 바 있는 수업의 효과성(teaching effectiveness)에 대한 인식으로, 장애학생을 위해 교수 · 학습 전략은 효과가 있다는 증거(evidence)가 있는 수업 전략이나 중재 프로그램을 선택하고 적용하는 것이다. 둘째, 이러한 수업을 계획하고 실행할 때에 개별 아동의 특성을 충분히 반영하는 것이다(Mitchell, 2008). 특히 읽기, 쓰기, 수학 등의 학업 기술 영역뿐만 아니라 장애학

표 4-1 통합환경의 장애학생을 위한 교수 · 학습 원리

- **개별적으로 계획된 교수**(Individually planned instruction): 교수목표, 교수 방법, 교수자료 및 교수 환경은 학생이 학습하는 데에 필요한 것이 무엇인가에 근거하여 선정되고 적합화되어야 한다.
- **개인에게 특성화된 교수**(Specialized instruction): 학생의 학습 목표 성취를 위해 다양한 학습자료와 보조공학(assistive technologies)을 포함하는 교수적 수정이 적용되어야 한다.
- **집중적 교수**(Intensive instruction): 과제분석 및 성취 준거 수정을 통해 수업 내용은 학생의 수준에 맞게 구체적이고 명확하게 제시되어야 하며, 학생은 이를 통해 반복적이고 지속적인 학습 기회를 가질 수 있어야 한다.
- **목표지향적 교수**(Goal-directed instruction): 교수목표는 명확히 제시되어야 하며, 개별 학생은 주어진 목표를 향해 수업 활동에 참여할 수 있어야 한다.
- **연구기반 교수**(Research-based instruction): 효과적 교수 방법과 자료들은 연구에 기반하여 선정되고 사용되어야 한다.
- **학생 수행에 근거한 교수**(Instruction guided by student performance): 수업의 효과성을 위해 학생의 수행 여부는 자주 평가되어야 하며, 필요할 경우 교사의 수업은 수정을 해야 한다.

출처: Heward (2009).

생의 독립적인 생활에 필요한 의사소통, 사회성 및 직업 기술 영역 등에서도 학습을 촉진하기 위한 효과적인 중재를 선정하고 아동에 맞게 수정하는 것이 필수적이다. 셋째, 수업의 효과성에 대한 증거와 아동의 특성을 바탕으로, 일반교사와 특수교사가 가진 각자의 전문성을 통하여 교육과정 및 교육내용에 대한 수정과 수업 실행을 협력적으로 진행하는 것이다. 휴어드(Heward, 2009)는 통합교육 환경에서 장애학생을 위한 교수 · 학습의 계획과 실행은 〈표 4-1〉과 같은 주요 원리에 근거하여 진행되어야 한다고 제안하였다.

이 장에서는 통합교육 환경 속의 장애학생의 학습 접근성을 높이는 데에 필수적인 개념들이라 할 수 있는 교수적 수정, 증거기반 실제 등의 개념 및 구체적 사례 등에 대해 알아본다.

2. 통합학급의 교수적 수정

교수적 수정(instructional adaptation)이란 일반학급에서 일어나는 교수 · 학습 환경과 내용을 특수교육대상자가 최대한 수업에 참여할 수 있도록 교수 · 학습 상황뿐만 아니라 자료의 제시 및 학생의 반응 양식 등을 수정하고 보완하는 것을 뜻한다(박승희, 1999). 교수적 수정과 혼용되어 사용되는 용어들로는 적응 교수(adaptive instruction), 교수 적합화(정주영, 2001) 등이 있다. 신현기(2004)는 '교수 적합화'라는 용어를 사용하며 "다양한 교육적 요구를 가진 학생의 수행 향상과 수업 참여의 범위와 양을 확장시키기 위해 교수 환경, 교수 집단, 교수 내용, 교수 방법, 평가 방법 등을 포함하는 교육의 전반적인 환경을 조절하고, 수정하는 모든 과정"(신현기, 2004)이라고 정의하였다. 이들 용어는 다양하게 번역되어 국내에서 사용되고 있지만, 일반학급에서 특수교육대상자의 학습 참여를 최대화하고 이에 따른 성취 기회를 경험하기 위해 학생의 개별적 특성 및 요구를 반영하여 교수 · 학습 및 평가 과정을 실현하는 과정이라는 점에서 유사한 의미를 지닌다. 다음에서는 교수적 수정 또는 교수 적합화의 이해에 필요한 수정(modification)과 조정(accommodation) 개념을 살펴본 후, 교수적 수정의 특성 및 하위 유형들에 대해서 살펴본다.

1) 수정과 조절(조정)

한국통합교육학회(2005)는 교육과정과 교수 · 학습 활동을 학생의 특성과 학습목표에

표 4-2 '수정'과 '조정' 개념 및 특성 구분

구분	수정	조정
의미	• 교육과정 기대 및 목표 수준을 변경 • 교육과정 내용이나 개념적 난이도 수준 변경	• 교육과정을 제시하기 위해 교수 · 학습 과정 혹은 평가 절차를 변경 • 교육과정 목표 도달을 위한 대안적 전략 사용
기본 가정	• 학생이 교육과정상 학년 목표에 도달하기 어려움	• 학생이 교육과정상 학년 목표에 도달하는 것이 가능함
교사 역할	• 학생의 특성 및 과제 난이도에 따라 전체적인 성취기준이나 목표 재설정 • 장애학생에게 일반학생들과 다른 유형의 교육과정 제공 가능 • 일반학급 교사가 사용하기에 다소 부담 • 일반교사의 교육과정 지식과 특수교사의 전문적 지원을 통합 · 협력 필요	• 교수 전달, 학생의 수행방법, 평가 방법을 변경 • 학생의 특성 및 과제에 따라 교수 내용이나 방법을 달리하는 학생이 목표나 기준점에 도달할 수 있도록 전략을 제공 • 개인차에 따른 효과가 다름 • 수정에 비해 교사의 부담이 상대적으로 적음 • 장애학생이 포함된 일반학급 · 일반교사가 사용하기에 용이
대상 학생	• 주로 중등도(moderate)나 중도(severe) 장애학생에게 적용	• 일반학급에 재학 중인 학습장애 및 행동장애 학생에게 도움 • 경도 지적장애 학생에게도 도움 제공

출처: 한국통합교육학회(2005), pp. 167-168 요약 및 보완.

맞게 적합화하는 과정에서 사용되는 '수정'과 '조절(또는 조정)'이라는 두 용어는 그 의미가 구분되어야 한다고 지적한다. 〈표 4-2〉는 교육과정에서 '수정'과 '조정'이 어떻게 다른지 그 의미를 제시한다.

이상에서 제시한 수정과 조절(또는 조정)의 구분되는 개념에 근거하여, 한국통합교육

"교수 적합화(curricular adaptation 또는 instructional adaptation)란 다양한 교육적 요구를 지닌 학생들의 수행 향상과 수업 참여의 범위와 양을 확장시키기 위하여 교수 환경, 교수 집단, 교수 내용, 교수 방법, 평가 방법을 포함하는 교육의 전반적인 환경을 조절(accommodation)하는 과정(process)이다. 이는 반응해 줌(responsive)으로써 적응(adaptive)할 수 있도록 제공되는 유관적(continent) 교수 과정으로 이해될 수 있다."(한국통합교육학회, 2005, p. 171)

학회(2005)는 교수 적합화를 다음과 같이 정의하였다.

이 장에서는 박승희(1999, 2003)와 이유훈 등(2023)에서 제시한 '교수적 수정' 용어를 사용하여 통합학급에서 적용될 수 있는 수정 및 조정을 통칭하였다.

2) 교수적 수정 유형

통합학급에서 활용 가능한 교수적 수정의 유형은 학자들마다 다르게 분류하고 있으나, 공통적으로는 어떻게 학습 정보가 제시되는가, 학생들은 어떻게 반응하는가, 교실 및 수업 환경은 어떠한가, 교수 · 학습 및 과제 완성을 위한 시간은 얼마나 제공되는가 등을 고려한 형태로 살펴볼 수 있다. 여기서는 박승희(1999, 2003)와 이유훈 등(2023)에서 제안한 교수적 수정의 주요 다섯 가지 요소인 교수 환경 수정, 교수 집단 수정, 교수 방법 수정, 교수 내용 수정, 평가 방법 수정을 중심으로 살펴본다.

(1) 교수 환경 수정

학생들은 학습에 도움이 되는 환경에서 더 효과적으로 학습할 수 있으며, 교사는 모든 학생이 학습 과제를 효과적으로 완료할 수 있는 환경에 대해 아는 것이 필요하다. 특히 감각장애가 있는 학생의 경우 교실에서 산만한 소리를 제거하거나 방해 요소를 차단하는 것을 고려할 수 있으며, 학생들이 스스로 독서 또는 그림 그리기 등을 할 수 있는 공간을

표 4-3 교수 환경 수정 영역별 예시

영역	교수 환경 수정
물리적 환경	• 교사와 상호작용이 용이하도록 앞줄 중앙에 배치함 • 학습 활동 시 또래지원이 용이한 아동과 짝이 되게 함 • 학습 활동 시 불필요한 소음을 줄여 줌 • 모둠 활동 시 또래와 상호작용을 원활히 할 수 있는 자리에 배치 • 장애아동의 접근성과 안전을 위해 교실을 1층에 배치
심리 · 사회적 환경	• 월 1회 장애인식개선 활동(비디오, 영화, 체험활동) • 장애아동의 학급활동 참여를 위해 학급 내 역할 부여하기 • 장애아동에게 일부 수정된 규칙 적용하기 • 장애아동의 참여를 위해 모둠 활동 시 협력적 과제 부여하기 • 교사가 모든 구성원에게 동등한 배려와 관심 갖기

출처: 최세민 외(2010), p. 175 〈표 1〉 교수 환경 수정.

마련하는 것도 교수 환경 수정에 해당된다(Mitchell, 2008). 교수 환경 수정은 크게 물리적 환경 수정과 심리 · 사회적 환경 수정으로 나눌 수 있으며 각 예시는 〈표 4-3〉과 같다.

(2) 교수 집단 수정

교수 집단(instructional grouping) 수정은 교육내용과 학습목표에 가장 적합한 수업 활동을 진행하기 위해 학생들의 집단(또는 모둠) 크기를 다르게 설정하는 것을 뜻한다. 통합교실에서 활용 가능한 교수 집단의 대표적인 형태는 다음과 같다(전병운, 이지선, 2014; Vaughn et al., 2001).

① **전체 학급 교수**: 교사가 전체 학급 학생들에게 같은 학습 내용을 동시에 전달하는 수업이며, 모든 학생이 같은 학습 활동에 참여
② **교사 주도적 소집단 교수**: 교사가 중심이 되어 주로 5~6명의 소집단 학생들을 교수하는 것으로, 전체 학급 교수보다 학습 촉진(prompting) 또는 피드백 등을 제공
③ **협동학습 집단**: 교사가 학습목표에 따라 협동학습 모형을 설정하고, 그에 따라 2~6명의 학생이 집단 내 공동 목표를 향해 협력하는 형태
④ **학생 주도적 소집단 교수 혹은 또래 파트너**: 주어진 프로젝트나 과제를 완수하게 위해 학생들이 함께 학습하며, 개별 학생들은 주도적으로 자기 과제를 완수하는 것이 필요
⑤ **또래 교사 혹은 다른 연령의 학생 교사**: 특정 과제에 대해 같은 반 또래 혹은 상급 학년 학생의 지도를 받는 형태
⑥ **일대일 교수**: 장애학생이 한 명의 교사로부터 지도를 받으며, 전체 학급 교수나 교사 주도적 소집단 교수를 통해 학습 내용의 충분한 이해가 이루어지지 않았을 경우 사용하는 경우가 많음
⑦ **자습**: 전체 학급 교수 또는 소집단 교수를 통해 제시된 과제를 혼자서 독립적으로 학습하는 형태

이와 같은 교수 집단의 다양한 형태는 수업의 목표와 교육 내용에 따라 다양하게 활용할 필요가 있으며 장애학생의 주요 어려움 영역이 인지 · 학업적 측면인지 정서 · 행동적 측면인지도 고려 대상이 되어야 한다(Vaughn et al., 2001). 하지만 현실적으로 특수학급에서 개별 장애아동의 모든 반응과 교육적 요구를 반영하는 교수 집단을 구성하는 것은

어려우며, 장애학생의 참여를 촉진하는 보완적인 접근이 필요하다(정세민, 2010). 예를 들어, 전체 학급 교수가 진행되는 중에도 또래와 짝이 되어(peer pairing) 간단한 활동을 수행하거나, 학생 주도적 소집단 수업에서 협동학습을 활용하여 참여도를 높일 수 있다.

(3) 교수 방법 수정

교수 방법의 수정은 교수활동의 수정, 교수전략의 수정, 교수자료의 수정 세 가지로 나눌 수 있다. 교수활동의 수정은 교육과정에서 제시된 학습 목표 및 주제를 학생의 특성 및 차시를 고려하여 편성하는 것을 뜻한다(Mercer & Mercer, 2005; Mitchell, 2008).

교수활동의 수정은 크게 다음의 네 가지로 나눌 수 있다.

① 과제 단계와 편성 조절
② 과제 양 조절
③ 과제 난이도 조절
④ 과제 수행 방법 조절

과제 단계와 편성 조절은 학습 목표를 위해 주요 과제를 과제 분석에 따라 작은 단계로 나누어 단위 차시에 적합하게 편성하는 것을 뜻한다. 과제 양 조절은 과제의 양을 학생의 특성에 맞게 단순화하여 제시하는 것을 뜻하며, 과제 난이도 조절은 과제를 좀 더 쉽게 또는 구체적으로 수정하는 것이다. 그리고 과제 수행 방법 조절은 과제를 활동 중심적 혹은 아동의 경험 중심적으로 수정하여 아동의 참여를 최대화하는 활동 등으로 수정 내용을 구성하는 것을 포함한다.

교수전략(instructional strategies)의 수정에는 다음과 같은 유형이 사용될 수 있다.

① 수업 형태의 수정
② 행동지원 전략 사용
③ 보조공학의 활용
④ 정보 제시 및 반응 양식의 수정

수업 형태의 수정에서는 장애학생의 수업 참여 기회를 증진하고 흥미를 반영할 수 있도록 활동 중심 수업(예: 게임, 역할놀이 등을 활용), 학생의 경험에 기반한 수업 또는 지역사회 자원을 활용한 수업 등의 형태를 활용한다. 행동지원 전략은 학생의 문제행동에 대해 아동의 행동이 어떠한 기능을 지니는지 파악하고 아동의 문제행동이 감소될 수 있도록 강화를 비롯한 다양한 행동지원 전략을 활용하는 것을 뜻한다. 또한 장애학생의 언어 및 인지 특성을 반영한 보조공학을 활용한 수업도 교수전략으로 활용 가능하며, 아동의 감각 특성 및 선호하는 학습 양식에 대한 정보를 바탕으로 교사의 정보 제시 방법 및 아동의 반응 양식 등을 수정할 수 있다.

교수자료(instructional materials)의 수정은 교육과정에서 제시하는 필수적인 내용을 제시하고 학습 목표에 이르는 과정을 지원하기 위해 보완 자료(supplementary materials)를 제시하는 것을 뜻한다. 교수자료의 수정은 다음과 같이 진행될 수 있다.

① 교과서 또는 학습지 지시문 수정
② 학습 분량 및 제시하는 정보의 양 수정
③ 제시 정보 강조 및 삭제/제외
④ 추가 또는 보완 자료 제시

교과서 또는 학습지 지시문 수정은 장애학생이 교과서 또는 학습지의 지시문을 이해할 수 있도록 명료화하거나 단순화해서 제시한다. 학습 분량 수정은 한번에 너무 많은 분량의 학습지를 제공하지 않도록 자료를 낱장으로 나누어 제시하거나 한 페이지에 제시되는 문제의 수를 줄여 주는 것을 뜻한다. 또한 과제 해결이나 문제 풀이에 중요하다고 생각되는 부분을 강조하거나 필요 없는 정보를 제외시킬 수 있다. 과제를 해결하기 위해 처음 등장하는 용어들이나 선수 학습을 통해 필요한 배경지식 등을 정리하여 제공하면 장애학생이 해당 차시의 학습을 좀 더 쉽게 이해할 수 있다.

(4) 교수 내용 수정

교수 내용 수정은 통합교실의 장애학생의 학습 특성에 적합하게 일반학교 교육과정의 내용을 수정하고 보완하는 것을 의미한다. 존스턴(Johnston, 2011)은 교수 내용의 수정이 일반학교 교육과정인 '핵심 교육과정(core curriculum)'을 중심으로 장애학생의 교육적 요구에 따라 제공되는 '보완 교육과정(supplementary curriculum)'을 통해 교수 내용의 수정이 필요하다고 주장하였다. 이러한 주장의 기본 전제는 통합교실의 장애학생을 위한 교육과정은 또래 학생들과 함께할 수 있는 핵심 교육과정에 최대한 접근할 수 있는 기회를 보장할 수 있도록 해야 한다는 것이다. 즉, 장애학생을 위해 핵심 교육과정의 교육 내용 자체를 변화시키기에 앞서 핵심 교육과정에 최대한 접근할 수 있는 수단과 방법을 수정하는 것을 뜻한다.

표 4-4 교수 내용 수정의 다섯 가지 단계

단계	교수 내용	수정 방법
1단계	• 같은 활동 • 같은 교수 목적 • 같은 교수자료	• 대상 학생의 IEP 목표가 일반학급에서 일반교육과정에서 다루어질 수 있음 • 일반교육과정에 어떠한 수정도 요구되지 않음 • 대상 학생이 감각장애가 있다면 점자, 보청기, 수어 등 사용 가능함
2단계	• 같은 활동의 좀 쉬운 단계(교수 목적 수정) • 같은 교수자료	• 대상 학생은 또래 학생과 비교하여 선수 단계의 교육과정에 참여함 • 같은 활동을 사용하지만 대상 학생의 교수 목적은 서로 다름 • 대상 학생의 반응 양식이 수정될 수 있음(예: 읽기 대신 듣기, 쓰기 대신 말하기 등) • 2단계에서의 교수는 1단계보다 더욱 개별화됨
3단계	• 같은 활동 • 다른 교수 목적 • 다른 교수자료	• 또래 친구와 같은 활동을 유지하지만 그 활동에 동등하게 참여하기 위해서는 교수 목적과 교수자료가 수정되고, 변화됨. 개별화의 정도는 3단계에서 더욱 강해지지만, 대상 학생은 학습을 위해 또래 집단과 같은 책상이나 테이블에서 물리적으로 함께함
4단계	• 같은 주제 • 다른 교수 목적 • 다른 과제	• 대상 학생은 주제 면에서 또래들이 학습하고 있는 것과 연관이 있는 학급 공통 교육과정에 참여함. 장애학생을 위한 초점은 일반학급의 교육과정 안에 삽입될 수 있는 IEP의 핵심적인 목표와 목적들(예: 사회성, 의사소통, 운동성, 인지)을 개발하는 것임. 교수는 고도로 개별화되며, 대상 학생은 교수를 받기 위해 또래들과 함께 책상에 앉아 있거나, 그렇지 않을 수도 있지만 같은 학급 내에 있음
5단계	• 다른 주제 • 다른 활동	• 5단계의 수정은 기능성(functionality)과 장애학생의 일상적인 생활의 적응에 초점을 둠. 대상 학생의 IEP 목표와 목적은 학급 공통 교육과정과 직접적으로 연관되지 않으며, 일반학급의 다른 학생의 활동과는 독립적으로 다루어짐. 교수는 고도로 개별화되고, 대상 학생은 교실 안에서나 교실 이외의 장소에서 학습함

출처: 박승희(1999), pp. 43-44 발췌 및 수정.

(5) 평가 방법 수정

통합학급 내에서 장애학생의 학업 성취 및 행동 영역의 평가는 평가 자체에서 그치는 것이 아니라 교사의 수업을 계획하고 IEP 목표를 선정하는 데에 기초적인 정보를 제공한다. 특히 장애학생 평가 시에 평가 방법과 도구가 가진 편향(test bias)으로 인해 학생이 지니고 있는 현재 학습 수준이 충분히 평가되지 못하는 상황 또한 발생할 수 있다(Schwartz et al., 2021). 따라서 평가를 계획할 때는 학생들의 언어 및 의사소통 능력(듣기, 말하기, 읽기, 쓰기 등)뿐만 아니라 신체, 정서, 대근육 및 소근육 수준 등을 총체적으로 파악하여 평가 방법을 조정하는 것이 필요하다(Brownell et al., 2012).

평가 조정은 크게 평가 환경, 평가 도구, 평가 방법 측면에서 조정이 가능하며, 각 평가 환경은 평가 공간과 시간, 평가 도구는 평가 자료와 보조 인력, 평가 방법은 제시 방법과 응답 방법에 따라 조정 방법이 달라진다. 〈표 4-5〉는 장애학생을 위한 평가 조정 전략을 나타낸다.

표 4-5 장애학생을 위한 평가 조정 전략

구분	영역	조정 방법
평가 환경	평가 공간	독립된 방 제공
	평가 시간	시간 연장, 회기 연장, 휴식 시간 연장
평가 도구	평가 자료	시험지 확대, 점역, 녹음
	보조 인력	수어 통역사, 대필자, 점역사, 속기사 제공
평가 방법	제시 방법	지시·해석해 주기, 소리 내어 읽어 주기, 핵심어 강조하기
	응답 방법	손으로 답 지적하기, 보기 이용하기, 구술하기, 수어로 답하기, 컴퓨터로 답하기, 시험지에 답 쓰기

출처: 정동영 외(2010): 이유훈 외(2023), p. 511 재인용.

이상에서 통합학급 내 장애학생을 위한 교수적 수정에 대해 다섯 가지 영역을 통해 살펴보았다. 〈표 4-6〉은 각 영역의 교수적 수정이 초등학교 사회과 수업에서 어떻게 재현될 수 있는지 그 적용 사례를 나타낸다.

표 4-6 통합학급 수업 참여를 위한 교수적 수정 적용 사례

영역	교수적 수정 적용 사례
교수 환경	• 쓰레기분리수거 차량 관찰에 집착하는 경향을 고려해 창가와 떨어진 가운데로 자리를 배치함 • 양쪽에서 또래 친구들과 상호작용하며 학습에 집중하도록 자리를 가운데 자리로 배치함 • 학습목표를 제시할 때, 기본문장 낱말카드를 칠판에 부착하도록 역할을 부여함
교수 집단	• 모둠별 조사 자료를 바탕으로 마인드맵 작성 시 띄어쓰기 오류에 대한 또래 교사를 지원함 • 읽기 자료를 통한 학습과 앱으로 문제를 풀 때에는 교사가 일대일로 피드백을 제공함 • 목록표에 있는 키워드를 검색하는 모둠 내 역할을 맡게 하여 모둠활동에 참여하게 함
교수 방법	• 개념적 지도 유형의 그래픽 조직자 정리 자료를 제공하여 제시되는 사회문제가 촌락의 문제인지 도시의 문제인지 범주화하도록 함 • 읽기 자료를 발표할 때에는 '끊어서 반복 읽기 전략'을 사용하여 사전에 문장을 의미 단위로 구분(/)하여 띄어 읽기를 하도록 함 • 모둠별 결과물을 공유 · 발표할 때, 교사는 주요개념에 표시를 해 핵심 내용의 이해를 돕도록 함
교수 내용	• 그래픽 조직자를 보면서 학습 내용을 자신의 말로 정리하여 요약해 보는 활동으로 수정함 • 육하원칙에 따라 핵심 어휘가 빈칸으로 된 문제해결 방안 활동지에 들어갈 내용을 채우도록 함 • 글로 제시된 촌락과 도시의 문제 상황에 대한 시각적 자료(예: 그림, 사진 등)를 보고, 핵심 낱말 혹은 한 문장으로 설명하도록 함
평가 방법	• 학생의 수준을 고려하여 별도의 난이도 수정이 이루어진 문제를 앱으로 제시하여 평가하거나, 보기에서 고르기, 질문하여 낱말 혹은 문장 수준으로 답하기, 키워드 찾기, 빈칸 채우기와 같이 구체적인 방법을 정함 • '촌락과 도시의 문제 상황에 대한 사진이나 그림을 보고 적절한 문제해결 방법을 연결할 수 있다/낱말 수준으로 말할 수 있다/촌락과 도시 중 어느 문제인지 구분할 수 있다' 등 구체적인 기준을 수정된 학습목표와 일관되도록 수정함 • 학습목표 도달에 대한 정도로서 여러 가지 중 몇 개 이상, 낱말 혹은 문장으로, 수행 비율 등을 제시하고, 글/사진/질문/키워드/심플 마인드맵 등의 학습의 조건을 구분하여 추가함

출처: 서효정, 박윤정(2019), p. 12.

3. 통합학급의 증거기반 교수 · 학습

교사는 자신이 사용하거나 다른 사람에게 추천하는 교수 · 학습 전략에 대해 과연 그 전략이 어떠한 연구 증거를 지니는지 아는 것이 필요하다. 즉, 교사는 통합교실 내의 장애학생을 위해 효과가 있는 것으로 입증이 된 전략을 찾는 방법뿐만 아니라 교실 특성과 학생 특성에 맞게 적절히 수정하고 적용하는 경험 또한 필요하다. 다음에서는 통합학급에서 활용 가능한 증거기반 교수 · 학습 전략에 대해 알아보기 위해, 증거기반 교수의 개념 및 구체적인 전략의 종류들에 대해 살펴본다.

1) 증거기반 교수 개념

특정 중재나 프로그램을 지칭하는 대표적인 용어인 '증거기반(evidence-based)' 또는 '연구기반(research-based)'은 '선행 연구를 통해 효과가 있는 것으로 입증된' 중재나 프로그램이라는 뜻으로 사용된다. 유사한 표현으로는 '경험적으로 지지되는(empirically supported)' 또는 '경험적으로 입증된(empirically proven)'이 있으며, 이들 용어는 공통적으로 "학생의 학업 성취에 의미 있는 영향을 미치며, 수준 높은 연구들에 의해 입증된" (Cook & Odom, 2013, p. 136)이라는 의미를 지닌다. 특히 2004년 개정된 미국 「장애교육법(Individuals with Disabilities Education Improvement Act: IDEIA)」에서 학생의 (학습)장애 여부를 결정할 때에 교사가 제공한 수업이 '과학적이며, 연구에 기반한 수업(scientific, research-based instruction)'이었는지 확인하고, 이러한 수업에도 학생이 반응하지 않았을 경우 학습장애로 적격성 여부를 판단하도록 하여, 증거 또는 연구 기반 교수는 학생의 수행(반응)을 판단하는 데 전제조건이 된다(Smith, 2003). 정리하자면, 높은 수준의 연구 설계와 연구 실행을 거친 선행 연구들에서 효과적인 것으로 알려진 충분한 증거가 있는 중재나 프로그램들을 '증거기반 교수' 혹은 '연구 기반 교수'라 할 수 있으며, 수업에 대한 장애학생의 반응 여부를 판단하는 기본적 전제조건이 된다. 증거기반 교수를 선정하고 활용하는 과정에 대해 간단히 도식화하면 [그림 4-1]과 같다.

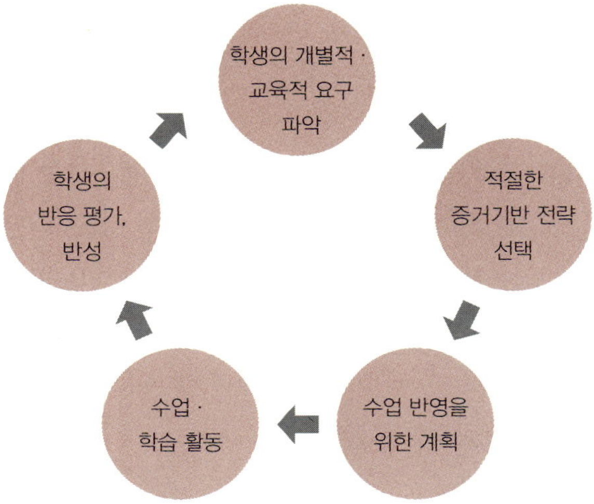

[그림 4-1] 증거기반 교수 선정과 실행 과정
출처: U.S. Office of Elementary and Secondary Education(https://oese.ed.gov

2) 증거기반 교수전략 예시

증거기반 교수는 장애학생의 장애특성, 연령, 학업 및 정서, 행동상의 어려움을 나타내는 영역 등에 따라 다르다. 따라서 모든 학생에게 효과적일 수 있는 증거기반 교수를 찾고 선정하기보다는 장애학생의 개별적 특성에 근거하여 기존의 연구와 다양한 사례를 통해 효과적일 것으로 예상되는 중재나 프로그램을 찾는 것이 필요하다. 해티(Hattie, 2009)는 통합교육 환경에서 활용 가능한 대표적인 증거기반 전략으로 협동학습, 또래교수, 형성평가와 피드백, 직접교수, 메타인지 전략, 기능적 행동 분석 등을 제시하였다. 이들 중 본 장에서는 협동학습, 또래교수, 직접교수, 형성평가와 피드백 네 가지 증거기반 교수에 대해 다루고자 한다.

(1) 협동학습

협동학습(cooperative learning)이란 다양한 학생의 특성에 기반하여 동질적 혹은 이질적 모둠을 구성하고 구성원 간의 긍정적 상호작용을 통해 학업 성취뿐만 아니라 사회성 및 문제해결력을 향상시키는 것을 목적으로 하는 학습 방법이다(정광조, 신태섭, 2016; Kyndt et al., 2013; Slavin, 1990). 특수교육대상자를 협동학습의 구성원으로 포함하는 다수의 국내외 연구에서 협동학습은 학업 능력 향상과 같은 인지적 측면뿐만 아니라 사회성 및 또래 간 상호작용 능력의 향상과 같은 정의적 측면에서도 긍정적인 효과가 있다고 보고한다(이희정, 2016; Johnson, Johnson, Roseth, & Shin, 2014; Madden & Slavin, 1983; Sencibaugh & Sencibaugh, 2016).

협동학습은 서로 다른 학습 능력 및 특성을 가진 학생들로 소집단을 구성한 후 공동의 목표와 과제를 부여하여 구성원들이 계획과 실행에 이르는 전 과제에서 협력하게 함으로써 주어진 과제를 해결하는 과정이자 방법이다. 따라서 협동학습의 과정과 방법에 대해 바라보는 관점에 따라, 그 개념 및 모형은 학자들마다 다소 차이가 있으나 성공적인 협동학습은 다음과 같은 공통적인 여덟 가지의 원리를 지닌다(Sharan, 1994; Slavin, 1995).

• 긍정적 상호의존성	• 개별적 책무성	• 이질적 모둠 구성
• 협력적 기술	• 균등한 참여	• 동시적 상호작용
• 모둠의 자율성	• 가치로서의 협력	

첫째, 모둠의 구성원은 모둠 내에서 서로 긍정적으로 의존하고 도와주는 긍정적 상호의존성(positive interdependence)을 지닌다. 예를 들어, 공동의 목표를 성취하기 위해 각 팀원이 성취해야 할 내용을 명시하고, 각 구성원이 모둠 내에서 꼭 필요한 존재임을 인식한다. 둘째, 각 구성원은 개별적 책무성(individual accountability)을 가지고 소속된 모둠에 기여한다. 긍정적 상호의존성이 각자의 역할을 인식하고 서로 지원하는 것을 의미한다면, 개별적 책무성은 개별 구성원이 목표 학습을 했는지의 여부뿐만 아니라 모둠 전체가 목표 학습을 이해하고 성취했는지의 여부를 뜻한다. 셋째, 이질적 모둠 구성(heterogeneous grouping)을 원칙적으로 한다. 학습 능력, 성(gender), 인종, 모국어, 기질적 측면에서 다른 모둠 구성원들을 통해 다른 관점과 생각을 공유할 수 있도록 한다. 넷째, 효과적인 과제 해결 과정을 위해 협력적 기술(collaborative skills)을 필요로 한다. 대표적인 협력적 기술로는 도움 요청하기, 이유에 대해 설명하기, 예의를 갖추어 이의 제기하기, 다른 사람의 이해 정도를 확인하기, 주의 깊게 듣기, 자신의 차례 기다리기 등이 있다. 다섯째, 협동학습에서 모든 구성원은 과제 해결을 위해 균등한 참여(equal participation)를 하는 것이 필요하며, 이는 모둠 구성원들이 목표로 하는 학습을 성취하는 데에 필수적인 요건이라 할 수 있다. 여섯째, 교사 주도적인 수업에서는 학생의 발언 기회가 다소 제한적이지만 모둠 활동을 주로 하는 협동학습에서는 동시적 상호작용

(simultaneous interaction)이 가장 핵심적인 특징이며, 다양한 상호작용을 통해 과제의 질 또한 향상될 수 있다고 본다. 일곱째, 교사가 주도하고 교사가 주는 과제를 순서적으로 따르는 학습이 아니라 모둠의 구성원들이 민주적으로 의사결정을 하고 과제 해결을 위한 대안을 제시하는 모둠의 자율성(group autonomy)이 필요하다. 여덟째, 협동학습 내에서 행해지는 모든 행위를 가치로서의 협력(cooperation as a value)의 과정으로 이해하고, 학교 학습뿐만 아니라 나아가 다양한 상황과 사회에서 협력의 가치를 존중하고 이행할 수 있도록 한다.

협동학습은 학습 과정을 이해하는 관점과 협동학습을 구조화하는 방식에 따라 다양한 모형이 제안되어 왔으며, 이들 모형은 크게 집단 간 협동과 경쟁 여부에 따라 집단 간 협동을 중심으로 하는 모형(학생 팀 학습, Student Team Learning: STL 모형)과 집단 간 경쟁을 중심으로 하는 모형(협동적 프로젝트, Cooperative Project: CP 모형) 두 가지로 나눌 수 있다. 협동을 증진하는 STL 모형은 모둠 성취 분담, 모둠 게임 토너먼트, 지그소우 II, 모둠 보조 개별학습 등을 포함하며, 경쟁을 지원하는 CP 모형은 지그소우 I, 집단 탐구, 자율적 협동학습 등을 포함한다. 또한 협동학습이 과제를 중심으로 하는지, 보상을 중심으로 하는지, 교과를 중심으로 하는지의 여부에 따라 과제중심모형(예: 지그소우, 집단탐구, 자율적 협동학습), 보상중심모형(예: 모둠 성취 분담, 모둠 게임 토너먼트), 교과중심모형(예: 모둠 보조 개별학습) 등으로 나눌 수 있다(정문성, 2002). 여기서는 대표적인 협동학습 모형 여섯 가지에 대해 간략히 살펴본다(〈표 4-7〉).

표 4-7 협동학습 모형 및 특징

구분[1]	협동학습 모형	특징
□ 경쟁 □ 과제	지그소우 (Jigsaw) I	• 4명으로 구성된 한 모둠에서 각 구성원은 과제를 할당받는다. • 교실 전체의 다른 모둠 전문가들과 만나서 학습하고, 다시 자신의 모둠으로 돌아가는 형태이다. • 보상보다는 과제 해결에 초점을 두고 개인별 형성평가를 바탕으로 개별 보상을 제공한다. • 수업 절차 ① 모집단 활동 ② 전문가 활동 ③ 모집단 재소집

□ 협동 □ 과제	지그소우 (Jigsaw) II	• 지그소우 1 모형보다 상호의존성이 높으며, 더 높은 협력 수준을 요구한다. • 개인별 형성평가에서 향상된 점수를 총합하여 모둠의 전체 점수를 산출한다. • 수업 절차 ① 교과서 단원에서 네 가지 기본 주제 선정 ② 소모둠 구성, 소모둠 이름 정하기 ③ 소모둠 내에 전문가 용지 배포, 주제 할당 ④ 모둠 내에서 소주제 선택과 분업 ⑤ 단원 읽기 후 주제별 전문가 모임과 토론 ⑥ 소모둠 복귀, 단원 전체 학습 ⑦ 소모둠 학습 후 평가, 소모둠 점수 공개
□ 경쟁 □ 과제	집단 탐구 (GI)	• 2~6명의 이질적 구성원으로 모둠을 구성하고, 주어진 과제 해결을 위해 각 구성원의 책임을 결정한다. • 과제 완성 후 교실 전체에 공유하고 피드백을 받는다. • 수업 절차 ① 하위 주제와 소모둠 조직 ② 탐구계획 수립 및 역할 나누기 ③ 소모둠별 탐구 실행 ④ 발표 및 평가
□ 경쟁 □ 과제	자율적 협동학습 (Co-op Co-op)	• 학급에서 정한 전체 학습주제를 모둠을 통하여 학급 전체가 해결하는 것을 목표로 한다. • 교사가 제시한 주제에 대해 여러 가지 소주제를 나누고, 자신이 원하는 소주제의 모둠에 참여한다. • 개인의 선택을 중시하되, 이익은 공유한다는 관점을 가지는 독특한 형태의 협동학습이다. • 수업 절차 ① 학습주제 소개 및 학생중심 학급 토론 ② 소모둠 구성을 위한 하위 주제 선택 ③ 하위 주제별 소모둠 구성 ④ 하위 주제 정교화, 소주제 선택과 분업 ⑤ 개별학습, 소주제 준비 및 발표 ⑥ 소모둠별 발표 준비 ⑦ 활동 평가와 반성

□ 협동 □ 보상	모둠 성취 분담 (STAD)	• 주어진 과제를 함께 학습하지만 퀴즈는 따로 본다. • 전문가 집단 활동은 없으나 모둠 구성원 모두가 학습 내용을 함께 이해할 수 있도록 협력한다. • 개인 점수는 모둠의 성적에 기여하며, 성적이 좋은 개인이나 모둠에게는 강화를 제공한다. • 수업 절차 ① 교사의 수업 안내 ② 소모둠 구성 및 학습 ③ 활동 평가 ④ 소모둠 점수 게시 및 활동 보상
□ 협동 □ 보상	모둠 게임 토너먼트 (TGT)	• STAD와 절차가 비슷하나, 학습 활동을 게임처럼 진행한다. • STAD는 개별 퀴즈 점수 향상을 위해 학습하는 반면, TGT는 토너먼트 게임 성적을 위해 학습한다.
□ 협동 □ 교과	모둠 보조 개별학습(TAI)	• 모둠의 구성원들은 개별화된 과제를 각자의 방법과 속도대로 학습하고, 필요시 다른 구성원의 과제를 체크한다. • 학습 활동을 점검하기 위해 개별적 시험을 치르며 개별 보상과 협동보상을 혼합하는 형태이다. • 수업 절차 ① 소모둠 구성 ② 진단평가를 통해 개별 과제 부여 ③ 개별적 학습 및 상호 ④ 소모둠 학습 ⑤ 교수 ⑥ 소모둠 점수와 보상

1) 첫 번째 구분은 경쟁중심/협동중심; 두 번째 구분은 과제중심/보상중심/교과중심

(2) 또래교수

또래교수(peer tutoring)에서는 통합학급(inclusive classroom)에서 학습자들끼리 짝을 지어 그 짝으로부터 보완 설명과 피드백을 주고받는 형태의 학습으로 보통 또래 교수자와 또래 학습자로 구성되어 한 팀을 이룬다. 또래교수는 또래 교수자뿐만 아니라 또래 학습자 모두 인지 및 정서적 효과를 가지는 것으로 보고된다. 또래 교수자의 경우 또래 교수를 위해 학습 내용을 이해하기 위한 반복과 숙달의 과정을 거치게 되고, 이를 통해 체계적으로 전달하는 방법에 대한 경험을 함으로써 학습 이해도가 더욱 향상될 수 있다. 또래 학습자 또한 자신에게 맞게 전달된 학습 내용을 더욱 효과적으로 이해할 수 있고,

전체 학생을 대상으로 한 수업보다 학습 활동에 더욱 깊이 몰두할 수 있다. 또한 또래 학습자는 일대일 학습 상황에서 더욱 정확한 학습에 대한 반응도(responsiveness)를 나타낼 수 있게 된다. 특히 또래교수는 또래 교수자와 학습자 모두 서로에 대한 존중 및 적절한 상호작용을 할 수 있는 기회를 제공할 수 있다는 점에서 인지적 측면뿐만 아니라 사회 · 정서적 측면에서도 그 효과가 보고되고 있다. 선행 연구들을 통해 밝혀진 또래교수가 가지는 이점은 다음과 같이 요약할 수 있다.

- 주어진 학습 과제에 몰입(engagement)하고 참여(participation)하는 시간이 증가한다.
- 학습 과제에 대한 이해도 및 반응 정도를 수시로 확인할 수 있다.
- 학업 성취에 대한 즉각적인 피드백 및 오류 수정(error correction)이 가능하다.
- 과제 이탈 및 주의 산만 등과 같은 행동 문제들이 감소된다.
- 읽기 및 수학 등의 기초학습능력 형성에 도움이 된다.
- 학습뿐만 아니라 놀이 참여, 학교 규칙 이해, 학교 적응 등과 같은 사회적 기술 향상에도 효과적이다.
- 또래 교수자는 학업 성취, 자존감 향상, 장애에 대한 이해의 경험을 한다.
- 또래 학습자는 학습 참여 기회가 향상되며 사회적 상호작용의 기회를 가진다.

또래교수는 크게 ① 상급학년 또래교수, ② 동학년 또래교수, ③ 학급 전체 또래교수 등으로 나뉠 수 있다. 상급학년 또래교수는 한 학년 이상 높은 학생이 또래 교수자로 참여하며, 예를 들어 초등학교 3학년과 초등학교 1학년이 짝을 지어서 학습 및 학교생활 적응에 도움을 주는 형태를 뜻한다. 동학년 또래교수는 보통 같은 학급 내에서 또래 교수자와 또래 학습자를 선정하여 또래교수를 진행하게 되며, 이 경우 또래 교수자의 역할은 '교사처럼' 행동하는 것이 아님을 명확히 알려 주도록 한다. 학급 전체 또래교수의 경우, 두 명이 짝지어 앉아 왼쪽의 학생이 교수자가 되고 오른쪽의 학생이 학습자 역할을 하고, 이후 역할을 번갈아서 하여 학급 전체 학생이 교수자의 역할과 학습자의 역할을 모두 경험할 수 있도록 하는 형태이다.

(3) 직접교수

직접교수라는 용어는 교육 관련 문헌에서 다양한 방식으로 사용되어 왔으며, 읽기나 수학 학습을 위한 프로그램이 아니라 다양한 학습 내용의 적용이 가능한 수업 모델에 가까운 개념이다(Rosenshine, 2008). 용어에서 알 수 있듯이 직접교수는 교사가 직접적 · 주도적으로 학습 목표를 향해 수업을 시작하고, 가르칠 기술을 세분화하여 단계적으로 가르치기 위해 계획하고 설계된 수업이며, 일대일 또는 소집단 지도를 통해 학습 목표를 성취하는 것을 강조한다(Carnine, 2006).

직접교수는 소위 대문자로 표기되는 DI(Direct Instruction)와 소문자로 표기되는 di(direct instruction)로 구분될 수 있다. DI는 직접교수(di)의 한 형태로 오리건 대학교에서 개발한 DISTAR(Direct Instructional System for Teaching Acceleration Remediation) 프로그램에 사용되는 주요 교수 방법을 말하며, 교사 주도적인 스크립트의 활용과 아동의 능력에 기반한 교수 집단 구성(ability grouping) 등이 특징적이다(Ryder et al., 2006). 소문자로 표기되는 직접교수(di)는 교사 주도의 수업 안내로 시작하여 학생이 독립적으로 과제를 수행하도록 하는 일련의 수업 과정을 지칭하는 용어이며, 그 과정은 교사의 설명(demonstration: “I do”), 교사 지도에 따른 학생 수행(guided practice: “We do”), 학생의 독립적 수행(independent practice: “You do”)이 순차적으로 진행된다(Swanson, 2011). 해티(Hattie, 2009)는 직접교수의 성공적 실행을 위해 다음의 7가지 요건을 제시하였다.

- 교사는 학습 의도(목표)를 명확히 해야 한다. 즉, 학생들이 학습해야 하는 구체적인 지식, 이해 또는 기술에 대해 명확히 설명해야 한다.
- 교사는 학습의 성공 여부를 평가하기 위한 명확한 기준을 수립해야 한다.
- 교사는 학생이 학습 과제에 집중할 수 있도록 참여를 유도해야 한다.
- 교사는 개념 설명을 위해 필요한 정보를 제공하고, 예시를 통해 과제를 모델링하며, 학생이 올바르게 수행할 수 있는지를 확인하여 이해도를 점검해야 한다.
- 교사는 필요에 따라 개별적 피드백을 제공하고 수정한다.
- 교사는 핵심 내용을 복습하고 아동의 학습 여부를 확인한다.
- 교사는 학생들이 학습 내용을 다양한 상황에 적용하고 일반화할 수 있도록 안내해야 한다.

(4) 형성평가와 피드백

형성평가(formative assessment)와 피드백(feedback)은 학생의 필요에 따라 학습 상태를 최적화하고 교수적 수정을 하기 위해 학생에 대한 정보를 수집하는 과정이다(Mitchell, 2014). 형성평가는 교사들이 학습 중간에 학생의 성취도를 높이기 위해 정보를 수집하는 것으로, 보통 한 차시 수업 후 또는 소단원 수업 후에 실시된다. 형성평가는 주로 교사가 제작하는 경우가 많으며 주요 목적은 학생의 이해 여부를 판단함과 동시에 교사의 다음 수업을 계획하기 위한 정보를 모으는 것이다.

피드백은 학습자가 얼마나 성공적으로 주어진 과제를 수행하였는지 알 수 있을 뿐만 아니라, 다음 수업에서 어떻게 학습 결과를 향상시킬 수 있는지를 보여 주는 데이터를 확보하기 위해서 시행된다(McLesky, 2017). 이러한 과정을 통해 학습자는 더 나은 학습을 향한 동기를 부여받는 기회를 가지게 되고, 교사는 학생에게 적합한 수업을 제공하기 위한 정보를 수집하게 된다.

피드백은 교사가 학생에게 피드백을 제공하는 방식에 따라 유보적 피드백, 종착적 피드백, 과정적 피드백으로 나눌 수 있으며(Anderson et al., 1971), 피드백 제공 주체에 따라 내적 피드백과 외적 피드백으로 구분될 수 있다(Cole & Chan, 1987). 〈표 4-8〉에서는 피드백의 유형에 따른 피드백 제공 방식에 대해 간략히 제시한다.

피드백의 주된 목적은 학습 목표(기대)와 학습자의 현재 이해 수준 사이에 나타나는 격차(discrepancy)를 줄이는 것이다. 즉, 교사는 학생이 어떠한 상황과 판단에 의해 오류

표 4-8 피드백 유형에 따른 방법

구분방식	유형	방법
피드백 제공 방식	유보적 피드백	학습자에게 오류를 수정할 기회를 제공하여, 교사가 피드백 제공을 유보하는 피드백
	종착적 피드백	학습자의 오류를 발견하는 즉시 교사가 정답을 가르쳐 주는 피드백
	과정적 피드백	학생이 정답을 찾아낼 수 있도록 교사가 유도하는 피드백
피드백 제공 주체	내적 피드백	과제를 완성하는 과정에서 개인 스스로 평가되는 피드백(자기 평가)
	외적 피드백	과제 완성 과정 및 성취에 대해 다른 사람에 의해 제공되는 피드백 • 적극적 피드백 vs 소극적 피드백 • 강화 vs 벌 • 의도된 피드백 vs 의도되지 않은 피드백 • 평가적 피드백 vs 비평가적 피드백 • 언어적 피드백 vs 비언어적 피드백 • 교정적 피드백(corrective feedback)

를 보이는지에 대해 이해해야 하며, 적절한 피드백 유형과 피드백의 내용을 결정해야 한다. 효과적인 피드백은 시기적절하고 명시적이어야 하며, 무엇보다 학습자의 능력 자체보다는 학습자가 어떠한 전략을 사용하였는지에 초점을 맞추는 것이 필요하다(Mitchell, 2014). 예를 들어, 학생의 오답률보다 오답에 이르게 된 학생의 상황과 사용 전략을 파악하는 것이 필수적이다.

3) 다층지원체계

다층지원체계(Multi-Tiered Systems of Supports: MTSS)는 다양한 학생의 학업과 정서 · 행동적 어려움들을 예방하고 중재하기 위해 제안된 모델로, 전체 학급 학생들을 대상으로 한다. 특히 교실에서 장애 여부와 상관없이 개별 학생의 어려움을 선별하고 학업과 행동적 측면에서 지속적인 문제가 발견되기 전 예방을 목적으로 하는 시스템이므로, 개별적이면서도 예방적인 성격이 강하다(Wackerle-Hollman et al., 2021). 통합 학급 내에서 학생의 학업적 어려움은 내면적 혹은 외현적 정서 · 행동 문제와 동반되는 경우가 다수이며, 이와 관련하여 학업 영역을 위한 중재반응모형(Response to Intervention: RTI)과 정서 · 행동 영역을 위한 긍정적 행동 지원 모형(Positive Behavioral Interventions and Supports: PBIS)으로 분리하여 제시하기보다는 두 모형을 일관성 있게 통합하여 적용하자는 데에서 출발한 접근 체계이다(Eagle et al., 2015). MTSS는 장애학생 혹은 장애위험학생이 일반교육과정에 최대한 접근하며 통합된 학급 내에서 학습뿐만 아니라 사회 · 정서적 지원을 제공할 수 있도록 하는 총체적인 지원 시스템이다(Freeman, Miller, & Newcomer, 2015).

MTSS는 일반적으로 세 가지 단계로 구성되며, 1단계는 보편적 지원 단계, 2단계는 추가적 지원 단계, 3단계는 집중적 지원 단계이다. 보편적 지원 단계는 모든 학생에게 제공되는 지원으로 일반(핵심) 교육과정(General Core Instruction)과 사회정서학습(Social Emotional Learning: SEL) 등을 제공하여 모든 학생이 학업적 그리고 정서 · 행동적으로 지원받을 수 있는 단계이다. 추가적 지원 단계는 1단계의 지원 과정을 통해서도 학업 및 정서적으로 어려움을 나타내는 학생들(대략 전체 학생의 10%에 해당)을 위한 지원을 제공하는 단계로 핵심 교육과정에 추가 · 보완적인 중재(supplementary, targeted interventions)를 제공하는 단계이다. 마지막 집중적 지원 단계는 1단계와 2단계의 지원 과정을 통해서도 지속적인 어려움을 보이며, 집중적 그리고 개별적(또는 소집단) 지원을 필요로 하는 학생들(대략 전체 학생의 3~5%)을 위한 지원 단계이며, 이 단계에서는 사례 관리나 특화된 중재 또는 프로그램을 계획하고 제공한다(Sailor et al., 2021).

4. 통합학급의 평가 지원

평가는 학생에 관한 정보를 수집하여 최적의 학습 경험을 제공하기 위한 의사결정의 과정이다. 즉, 평가는 학생의 학습 수준을 파악하기 위한 방법이기도 하며, 학습 목표와 수업 내용을 결정하기 위한 도구이기도 하다(McLaughlin & Lewis, 2005). 따라서 평가는 그 자체가 목적으로 그치기보다는 의사결정을 위한 수단적이고 도구적인 의미가 강하며, 교사는 양질의 평가를 통해 학생에 대한 수업 계획뿐만 아니라 전반적인 지원을 위한 정보를 얻는 것이 중요하다(McLeskey, 2017). 하지만 통합 학급에서는 장애학생에 대한 평가 기회를 갖는 것이 상대적으로 어려우며, 자주 평가를 시행하거나 개별화된 평가를 진행하는 것이 쉽지 않다. 다음에서는 통합 학급에서 장애학생을 평가하기 위한 방법과 대안적 평가 접근들에 대해 알아본다.

1) 평가 조정

국립특수교육원(2016)에 따르면, '평가 조정'은 다음과 같이 정의될 수 있다.

> 평가 조정이란 평가의 본래 목적을 해치지 않는 범위 내에서 문항의 제시형태, 반응형태, 검사시간, 검사환경 등을 조정하는 것과 같이 평가 전, 중, 후에 이루어지는 일체의 노력을 의미한다(국립특수교육원, 2016, p. 6).

평가 조정의 주 대상은 (1) 특수학급에 입급된 특수교육대상학생과 (2) 완전통합된 장애학생으로, 일반교육 환경에서 실시되는 정규평가를 통해 학생의 성취 여부를 충분히 파악할 수 없거나 장애특성으로 인하여 평가 상황에 참여하기 어려운 경우에 평가 조정을 실시한다.

평가 조정을 위한 법적 근거로는 「장애인 등에 대한 특수교육법」 제4조, 제21조, 제28조 및 동법 시행규칙 제4조를 들 수 있으며 구체적인 내용은 〈표 4-9〉와 같다.

표 4-9 평가 조정의 법적 근거

법 구분	내용
「장애인 등에 대한 특수교육법」	**제4조(차별의 금지)** 국가, 지방자치단체, 각급학교의 장 또는 대학의 장은 제28조에 따른 특수교육 관련 서비스 제공에서의 차별 및 대학의 입학전형 절차에서 장애로 인하여 필요한 수험 편의의 내용을 조사 · 확인하기 위한 경우 외에 별도의 면접이나 신체검사를 요구하는 등 입학전형 과정에서의 차별 등 장애인의 특성을 고려한 교육시행을 목적으로 함이 명백한 경우 외에는 특수교육대상자 및 보호자를 차별해서는 아니 된다.
	제21조(통합교육) 특수교육대상자를 배치받은 일반학교의 장은 교육과정의 조정, 보조 인력의 지원, 학습보조기기의 지원, 교원연수 등을 포함한 통합교육계획을 수립 · 시행하여야 한다.
	제28조(특수교육 관련 서비스) 각급학교의 장은 특수교육대상자의 교육을 위하여 필요한 장애인용 각종 교구, 각종 학습보조기, 보조공학기기 등의 설비를 제공하여야 한다.
「장애인 등에 대한 특수교육법 시행규칙」	**제4조(개별화교육지원팀의 구성 등)** 개별화교육계획에는 특수교육대상자의 인적사항과 특별한 교육 지원이 필요한 영역의 현재 학습수행수준, 교육목표, 교육내용, 교육방법, 평가계획 및 제공할 특수교육 관련 서비스의 내용과 방법 등이 포함되어야 한다.

다음의 〈표 4-10〉에서는 통합교실 내에서 적용 가능한 평가 조정의 유형을 제시한다.

표 4-10 평가 조정 유형

구분	의미	방법
평가 구성상의 조절	통합교실 내에서 장애학생이 공정한 평가 기회를 제공받을 수 있도록 평가를 개발하고 구성하는 것	
	문항 지시문 제시 방법 조절	① 지시문 읽어 주기 ② 지시문 짧고 간단하게 단순화하기 ③ 지시문에 답하는 방법 예시 제공하기 ④ 중요단어 밑줄 치기 또는 굵게 표시하기 ⑤ 문단을 구성하는 각 문장을 한 줄씩 독립적으로 기술하기 ⑥ 각 문장에서 하나의 지시만을 제공하기 ⑦ 학생의 지시문에 대한 이해 정도 점검하기 ⑧ 모든 문제의 위쪽에 지시문 배치하기 ⑨ '잘못된' '아닌' '틀린'과 같은 단어의 사용을 지양하기 ⑩ 익숙하지 않은 단어 정의를 문제 옆에 제시하기

	문항 반응 양식 조절	① 답안지 양식 개별화하기 ② 보기를 제공하여 기억 돕기 ③ 오지선다형이나 사지선다형의 경우 항목 수 줄여서 제공하기
	문항 제시 구조 조절	① 시각적 지각에 곤란이 있는 학생들을 위해 인쇄체 문제지 제공하기, 활자 크기 조절하기 ② 동일 유형의 문제들을 한 장의 시험지에 함께 제시하기 ③ 동일 유형의 문항들끼리 군집화하여 제시하기 ④ 동일 주제의 문항들끼리 군집화하여 제시하기 ⑤ 답안지를 따로 제공하지 않고, 문제지의 각 문제 옆에 답을 쓸 수 있는 공간 제공하기 ⑥ 통합교실 내의 또래들과 다른 문제지를 이용하지 않기 ⑦ 각 문항에 대한 배점 비율을 제시하여 문제의 중요성 인식하도록 하기 ⑧ 문제지 쪽번호 제시, 몇 장의 문제지에 몇 문항이 있는지 일러 주기 ⑨ 시각적 방해를 줄이기 위해 백지보다는 미색지 이용하기
평가 운영상의 조절	학생들이 평가를 수행하는 동안 제공되는 운영상의 지원	
	평가 기술 사전 교수	① 장애학생에게 평가를 대비하여 공부할 내용과 공부 방법에 대한 안내서 제공하기 ② 연습 문제 제공하기 ③ 평가 전에 일대일 교수 제공하기
	평가 장소 변경	① 통합교실이 아닌 다른 장소에서 평가에 참여할 수 있도록 허락하기 ② 대안적 평가 장소 마련하기
	평가 시간 추가 제공	① 학생의 장애특성, 학습 자료 등에 따라 시간을 추가로 제공하기
점수 부여상의 조절	통합교실 내에서 장애학생에게 불리하게 점수가 부여되지 않도록 점수 부여 체제를 수정하거나 조절	
	점수 부여 체제의 다원화 및 차등화	① 평가 방식을 다르게 하여 점수 부여하기 ② 점수 부여 체제를 차등화하기 ③ 부여 점수의 의미를 다르게 설정하기
	점수 부여 기준 달리 적용	① 채점 비율을 다르게 하기 ② 점수 부여 계약을 맺거나 수정된 교육과정 적용하기 ③ 향상 수준 정도에 따라 점수 부여하기 ④ 부분 점수 제공하기 ⑤ 재시험 기회를 제공하여, 재시험 결과를 기초로 점수 부여하기

	대안적 방법	① 수행 과정 기술하기 ② 상징이나 신호체계를 이용하여 점수 부여하기
	IEP 수행 수준에 근거한 방법	① IEP에 기재된 학생의 장단기 목표를 준거로 하여 점수 부여하기

출처: 정주영, 신현기(2001), pp. 144-146 요약 및 정리.

2) 대안평가

장애학생의 성취 여부는 크게 정규평가, 평가 조정, 대안평가 세 가지를 통해서 파악할 수 있다(강종구, 2009). 대안평가란 평가내용 구성, 운영, 점수 부여 등의 방법을 통해 평가 조정을 제공하여도 학년 수준의 정규평가에 참여하기 어려운 장애학생을 위해 개발된 평가유형으로, 크게 학년 수준 학업 성취기준에 기초한 대안평가, 수정된 성취수준에 기초한 대안평가, 대체 성취기준에 기초한 대안평가로 나눌 수 있다.

통합교실의 장애학생을 위한 대안평가는 크게 체크리스트(checklists), 구조화 및 비구조화된 관찰(observation in structured and unstructured settings), 수행평가(performance assessments), 학생 성과 샘플들(samples of student work), 포트폴리오(portfolios) 등(Roeber, 2002)을 통해 실시될 수 있으며 각 방법은 〈표 4-11〉과 같다. 이와 같은 대안평가는 한 방법만 사용할 수도 있으며, 평가 목적과 영역에 따라 두세 가지를 병행하여 함께 사용할 수도 있다.

표 4-11 장애학생을 위한 대안평가 유형

유형	방법 및 장 · 단점
체크리스트	• 교사의 기억에 근거하여 특정 과제나 활동에 대해 성공/실패, 수행 빈도 또는 횟수, 수행에 대한 간단한 점수(예: 잘함-보통-미흡, 1~5점 등)를 부여 - 장점: 빠른 점수 부여가 가능, 점수 수치화를 통한 성적 작성과 보고가 수월함 - 단점: 신뢰성이 다소 떨어짐

관찰	• 특정 과제나 활동이 수행 여부를 다양한 환경에서 평가하는 것이 가능 • 관찰과 체크리스트를 병행하여 사용하는 경우가 많음 • 비구조화된 관찰: 자연스러운 교실 환경에서 목표 학업 기술이나 목표행동을 계속하여 관찰(on-going observation) • 구조화된 관찰: 특정 상황에서 목표 학업 기술이나 행동이 발생하는지 여부에 초점을 두는 관찰 – 장점: 특정 상황에 따른 수행 여부 판단 가능, 수치화를 통한 성적 작성과 보고가 수월함 – 단점: 신뢰성이 다소 떨어짐
수행평가	• 특정 학습목표를 성취하기 위해 제시되는 학습 과제에 대한 학습 과정과 결과를 평가함 • 학생의 과제 자체를 일대일로 평가(one-on-one assessment)하는 경우가 많음 – 장점: 지필고사를 통해 평가하기 어려운 학생의 강점 및 약점을 파악하는 데 도움 – 단점: 시간이 다소 많이 소요되며, 특정 과제에서만 수행평가가 가능함
성과 샘플링	• 특정 학습 기술이나 지식, 교과 내용과 직결되는 학습 결과물 중에서 대표적인 결과물(artifacts)을 선정하여 평가함 – 장점: 학생의 결과물 자체가 평가 대상이 되므로 학생의 현행 수준을 제시하는 데 용이함 – 단점: 학습 결과물을 만들지 못하는 경우 평가 적용이 어려우며, 변화 과정의 파악이 어려움
포트폴리오	• 수업이 진행되는 동안 만들어진 학습 결과물을 지속적이고 체계적으로 모아서 학생 작품집을 만들며, 이를 총체적으로 평가함 – 장점: 시간을 두고 지속적으로 모인 학생의 결과물들이 평가 대상이 되므로 학생의 변화 과정을 파악할 수 있음 – 단점: 시간이 다소 많이 소요되며, 점수화 또는 수치화가 어려움

출처: Roeber (2002). Synthesis Report 요약 · 정리.

논의할 문제

SPECIAL EDUCATION

1. 통합 학급에서 교수 · 학습을 계획하고 실행하는 데에 필요한 원리들을 설명해 보시오.

2. 다층체계모형에서 증거기반 교수(EBPs)가 중요한 까닭에 대해 논의해 보시오.

3. 통합 학급에서 평가 조정을 통한 장애학생 성취 평가 방향에 대해 설명해 보시오.

참고문헌

강종구(2009). 대안평가의 특성 및 효용성에 대한 탐구. **시각장애연구, 25**(4), 127-146.

국립특수교육원(2017). **초등학교 1~2학년 통합교육 교수 · 학습 자료**. 충남: 국립특수교육원.

국립특수교육원(2018). **초등학교 3~4학년 통합교육 교수 · 학습 자료**. 충남: 국립특수교육원.

국립특수교육원(2019). **초등학교 5~6학년 통합교육 교수 · 학습 자료**. 충남: 국립특수교육원.

김윤옥(2007). 통합교육에서 학습장애 학습부진 학생에 대한 직접교수의 주요 원리와 적용효과 간 비교. **학습장애연구, 4**(1), 45-67.

박승희(1999). 일반학급에 통합된 장애학생의 수업의 질 향상을 위한 교수적 수정의 개념과 실행 방안. **특수교육학 연구, 34**(2), 29-71.

서효정, 박윤정(2019). 초등 사회과 통합학급 수업을 위한 예비 특수교사의 교수적 수정 적용 사례 분석. **특수교육교과교육연구, 12**(3), 1-25.

신현기(2004). (교육과정의 수정과 조절을 통한) **통합교육 교수적합화**. 서울: 학지사.

이유훈, 김형일, 정희섭, 정동영(2023). **특수교육 교육과정**(제4판). 경기: 교육과학사.

전병운, 이지선(2014). 통합교육 상황에서의 교수적 수정에 대한 실험연구의 경향 분석. **학습장애연구, 11**(3), 155-185.

정광조, 신태섭(2016). 국내 장애 학생 대상 협동학습 연구의 효과 분석: R을 이용한 메타분석(Meta-Analysis)을 중심으로. **특수교육, 15**(4), 181-203.

정주영(2001). 경도 장애 초등학생의 통합교육 방법으로서 교수적합화에 대한 이론적 접근. **정서 학습장애연구, 17**(2), 251-282.

정주영, 신현기(2001). 초등학교 통합교실의 장애 학생을 위한 평가적합화에 대한 교사 인식. **교육과정평가연구, 4**(1), 143-159.

최세민, 강경숙, 유장순, 김희규(2010). 통합교육 장면에서 초등학교 사회교과의 교수적 수정 및 적용방법. **교육연구, 48**, 169-194.

한국통합교육학회(2005). (교사를 위한 특수교육입문) **통합교육**. 서울: 학지사.

Anderson, R. C., Kulhavy, R. W., & Andre, T. (1971). Feedback procedures in programmed instruction. *Journal of Educational Psychology, 62*(2), 148-156.

Brownell, M. T., Billingsley, B. S., McLeskey, J., & Sindelar, P. T. (2012). Teacher Quality and Effectiveness in an Era of Accountability: Challenges and Solutions in Special Education?. *In Handbook of leadership and administration for special education* (pp. 269-289). Routledge.

Carnine, D. W. (2006). Teaching struggling and at-risk readers: A direct instruction approach. *Merrill Prentice Hall*.

Cole, P., & Chan , L. (1987). *Teaching Principles and Practice*, Sydney: Prentice Hall.

Cook, B. G., & Odom, S. L. (2013). Evidence-based practices and implementation science in special education. *Exceptional children, 79*(2), 135-144.

Eagle, J. W., Dowd-Eagle, S. E., Snyder, A., & Holtzman, E. G. (2015). Implementing a multi-tiered system of support (MTSS): Collaboration between school psychologists and administrators to promote systems-level change. *Journal of Educational and Psychological Consultation, 25*, 160-177.

Freeman, R., Miller, D., & Newcomer, L. (2015). Integration of academic and behavioral MTSS at the district level using implementation science. *Learning Disabilities: A Contemporary Journal, 13*(1), 59-72.

Hattie, J. (2009). *Visible learning: A synthesis of 800+ meta-analyses on achievement*. New York: Routledge.

Heward, W. L. (2009). *Exceptional children: An introduction to special education* (9th ed.). Upper Saddle River, NJ: Prentice Hall.

Johnson, D. W., Johnson, R. T., Roseth, C., & Shin, T. S. (2014). The relationship between motivation and achievement in interdependent situations. *Journal of Applied Social Psychology, 44*(9), 622-633.

Johnston, P. H. (2011). Response to intervention in literacy: Problems and possibilities. *The Elementary School Journal, 111*(4), 511-534.

Kyndt, E., Raes, E., Lismont, B., Timmers, F., Cascallar, E., & Dochy, F. (2013). A meta-analysis of the effects of face-to-face cooperative learning. Do recent studies falsify or verify earlier findings? *Educational Research Review, 10*, 133-149.

Leko, M. M., Brownell, M. T., Sindelar, P. T., & Kiely, M. T. (2015). Envisioning the future of special education personnel preparation in a standards-based era. *Exceptional Children, 82*(1), 25-43.

Madden, N. A., & Slavin, R. E. (1983). Effects of cooperative learning on the social acceptance of mainstreamed academically handicapped students. *The journal of special education, 17*(2), 171-182.

McLeskey, J., Council for Exceptional Children, & Collaboration for Effective Educator Development, Accountability and Reform (2017). *High-leverage practices in special education. Arlington*, VA: Council for Exceptional Children.

Mercer, C. D., & Mercer, A. R. (2005). *Teaching students with learning problems*. Merrill Publishing Co.

Mitchell, D. (2008). Inclusive education. *Education that fits: Review of international trends in the education of students with special educational needs, Education Counts Publications*.

Mitchell, D. (2014). *What really works in special and inclusive education: Using evidence-based teaching strategies* (2nd ed.). Abingdon, Oxon: Routledge.

Roeber, E. (2002). Setting Standards on Alternate Assessments. Synthesis Report.

Ryder, R. J., Burton, J. L., & Silberg, A. (2006). Longitudinal study of direct instruction effects from first through third grades. *The Journal of Educational Research, 99*(3), 179-192.

Sailor, W., Skrtic, T. M., Cohn, M., & Olmstead, C. (2021). Preparing teacher educators for statewide scale-up of multi-tiered system of support (MTSS). *Teacher Education and Special Education, 44*(1), 24-41.

Scheuermann, B. K., & Hall, J. A. (2009). **긍정적 행동지원: 행동중재를 위한 최신 이론과 실제**. (김진호, 김미선, 김은경, 박지연 공역), 서울: 시그마프레스. (원저는 2007에 출판).

Schwartz, A. E., Hopkins, B. G., & Stiefel, L. (2021). The effects of special education on the academic performance of students with learning disabilities. *Journal of Policy Analysis and Management, 40*(2), 480-520.

Sencibaugh, J. M., & Sencibaugh, A. M. (2016). An analysis of cooperative learning approaches for students with learning disabilities. *Education, 136*(3), 356-364.

Sharan, S. (2002). Differentiating methods of cooperative learning in research and practice. *Asia Pacific Journal of Education*, *22*(1), 106-116.

Sharan, S. E. (1994). *Handbook of cooperative learning methods*. Greenwood Press/ Greenwood Publishing Group.

Slavin, R. E. (1990). Research on cooperative learning: Consensus and controversy. *Educational leadership, 47*(4), 52-54.

Slavin, R. E. (1995). *Cooperative Learning: Theory, Research, and Practice* (2nd ed.). Englewood Cliffs, NJ: Prentice Hall.

Slavin, R. E., & Karweit, N. (1984). Mastery Learning and Student Teams: A Factorial Experiment in Urban General Mathematics Classes. *American Educational Research Journal, 21*, 725-736.

Smith, A. (2003). Scientifically based research and evidence-based education: A federal policy context. *Research and Practice for Persons with Severe Disabilities, 28*(3), 126-132.

Swanson, H. L. (2001). Searching for the best model for instructing students with learning disabilities. *Focus On Exceptional Children, 34*(2), 1-15.

Swanson, H. L. (2011). Dynamic testing, working memory, and reading comprehension growth in children with reading disabilities. *Journal of learning disabilities, 44*(4), 358-371.

Vaughn, S., Hughes, M. T., Moody, S. W., & Elbaum, B. (2001). Instructional grouping for reading for students with LD: Implications for practice. *Intervention in school and clinic, 36*(3), 131-137.

Wackerle-Hollman, A., Spencer, T. D., Artman-Meeker, K., Kelley, E. S., Durán, L., & Foster, M. E. (2021). Multi-tiered system of supports in early childhood: Identifying gaps, considerations for application, and solutions. *Early Childhood Research Quarterly, 56*, 201-212.

제 05 장

통합교육과 협력

학습목표

1. 협력의 중요성과 협력팀 구성원의 역할을 이해한다.
2. 일반교사와 특수교사의 협력 실행방안을 이해한다.
3. 통합교육을 위한 협력교수의 유형과 실행절차를 이해한다.

SPECIAL EDUCATION

1. 협력적 접근

협력의 정의는 “공동의 목표를 향해 두 명 이상의 사람들이 함께 일하는 것”(Snell & Janney, 2005)으로, 다양한 전문가 간의 협력적 접근은 장애학생의 교육 성취에 긍정적 영향을 미친다. 성공적인 협력적 접근이 이루어지기 위해서는 팀 구성원이 협력하여 학생에게 적절한 목표를 결정하고, 다양한 전문가의 능력과 지식을 상호 존중하고, 전문성을 함께 공유하는 자세가 필요하다. 각 구성원 모두는 동등하게 중요하다는 것을 인지하고 합의된 결정을 내리기 위해 협력해야 하며 모든 구성원이 책임을 갖고 책무성을 다하고자 노력해야 한다.

1) 협력적 접근의 개념과 중요성

장애학생의 통합교육을 위한 협력적 접근은 ‘다양한 영역의 전문가들이 장애학생의 개별적 요구를 함께 진단하여 계획을 수립하고, 전문가들이 공동으로 계획을 실행하고, 학생의 변화와 성취를 함께 평가하는 일련의 과정을 함께하는 것’이다. 국내 통합교육이 확대되면서 장애아동의 교육적 성과가 특수교사 또는 일반교사 혼자만의 역할이 아니라는 점이 인식되고 있으며, 이에 따른 협력적 접근의 필요성이 더욱 강조되고 있다. 특수교사와 일반교사가 서로 협력하여 교수 적합화를 계획하고, 특수교사와 일반교사의 협력적 자문과 협력교수를 통하여 실행하고 평가하는 과정을 통해 장애학생의 성공적인 통합교육을 이루어 낼 수 있을 것이다.

미국 특수교육협회(Council for Exceptional Children: CEC, 2020)에서 제시한 ‘특수교사가 갖추어야 하는 지식과 기능’, 미국 신규 교사 진단 및 지원 컨소시엄(Interstate New Teacher Assessment and Support Consortium: InTASC)에서 제시한 ‘핵심 교사 기준항목’에서는 특수교사 수행능력 표준으로 협력을 강조하고 있다(전병운, 2022). 국내에서도 특수교육 지원인력이 증가하고 특수교육지원센터를 중심으로 통합된 장애학생에게 각종 관련 서비스를 제공하도록 법적으로 명시하는 등의 정책적인 변화는 교사뿐 아니라 특수교육 지원인력, 관련 서비스 제공자를 포함해 좀 더 규모가 큰 협력팀 구성이 가능해졌으며(이소현, 박은혜, 2024), 「국내 제6차 특수교육발전 5개년 계획」(교육부, 2022)에서는 특수교사와 통합학급 교사의 협력적 역할 모형 발굴을 위한 정다운 학교 운영 확대와 함께 장애학생의 다면적인 요구에 부응하기 위한 전문가와의 협력 실행의 중요성을 강조하고 있다.

특수교사는 성공적인 통합교육을 위해서 일반교사를 포함한 다양한 전문가와의 협력을 실천하려는 노력을 해야 하며, 일반교사도 특수교사와의 협력의 중요성을 인지하고 구체적인 협력 방법을 이해해야 한다.

2) 협력팀 구성원의 역할

장애학생의 통합교육을 위해서는 많은 전문가가 책임 있는 역할을 수행하고 협력관계를 유지해야 한다. 특수교사와 일반교사는 교실 내에서 협력교수를 통해 협력하기도 하지만 서로에게 역할방출을 통해 자신의 전문 영역에 대한 지식과 정보를 전달하고, 상담 및 자문을 제공하는 협력적 자문을 통해 장애학생을 지원한다. 협력팀 구성원의 노력에 따라 장애학생을 위한 통합교육의 질이 좌우되므로 협력팀은 지속적으로 협력관계를 유지할 필요가 있다.

협력팀의 구성원으로는 학생 자신, 특수교사, 일반교사, 가족, 지원인력, 관련 서비스 제공자 등이 있다. 협력팀 구성원은 지속적인 협력을 통해 장애학생의 특성과 요구를 반영한 교육활동을 수행해야 한다. 장애학생을 교육하는 일반교사와 특수교사가 밀접한 협력체계를 잘 유지할 수 있느냐의 여부는 장애학생의 통합교육 성과에 중요한 열쇠가 된다. 각 구성원의 역할과 책임은 〈표 5-1〉과 같다.

표 5-1 협력팀 구성원의 역할과 책임

구성원(전문가)	역할과 책임
장애학생	• 협력팀의 핵심 구성원으로서 자신의 요구를 표현하고 협력팀에 협조
가족	• 교육팀의 중요한 구성원으로서 학생에 대한 많은 정보를 가지고 있고, 팀 회의에 참석하여 학생의 평가, 교육계획 과정에 참여
특수교사	• 학생의 IEP 개발 및 실행 책임, 직접교수를 통한 장애학생 지도, 일반교사 및 치료사와 전문성 및 기술 공유 • 부모와 학교 관계자 간 연결 역할, 지원인력의 슈퍼바이저, 팀의 코디네이터, 장애학생의 옹호자

일반교사	• 일반교육과정 관련 중요 정보를 팀에 전달 • 장애학생이 학급 수업, 활동에 참여하고 비장애학생과 상호작용하도록 지원 • 학생의 진보 평가, IEP팀의 구성원으로서 학생의 일반교육과정 참여와 관련한 토의 및 결정에 참여
관련 서비스 제공자	• 신체적 기능(자세 잡기 및 자세 바꾸기, 이동성, 소근육운동 기술 등)과 의사소통 지원과 관련한 정보 제공 • 교육과 치료의 통합을 위한 역할
지원인력	• 일상적 학급 운영에 중요 역할, 문제행동을 보이는 학생 지원, 비장애 또래와의 상호작용 촉진, 식사하기, 화장실 이용 지원
간호사	• 교사에게 학생의 의학적 요구에 대한 정보를 제공, 처치 담당 • 도뇨관 삽입과 흡인, 위루관 섭식 등의 처치 책임 • 안전 및 응급 절차 개발, 학생의 건강 관련 문제와 요구에 관심

출처: 박은혜, 김정연, 표윤희(2023), p. 68 수정 발췌.

3) 협력적 팀 모델

다양한 전문가가 장애학생을 위한 지원을 협력적으로 제공하기 위해 팀을 구성하고 운영하는 방법은 학생 교육의 질과 교육성과에 영향을 미친다. 일반적인 팀 모델로 다학문적 팀 모델, 간학문적 팀 모델, 초학문적 팀 모델이 있으며(Cloninger, 2004; Effgen, 2005; Orelove, Sobsey, & Silberman, 2004), 팀 모델은 다학문적−간학문적−초학문적 팀 모델 순으로 점점 더 확고한 협력체계가 구축된 모델로 발전하였다(박은혜, 김정연, 표윤희, 2023).

다학문적 팀 모델(multidisciplinary team model)에서는 각자의 전문 영역에서 학생을 진단 및 평가하고 독립적으로 중재를 계획하고 실행한다. 이 모델에서는 학생을 위해 지원을 제공하는 팀 구성원들 간에 만나고 협의하는 일은 거의 없다.

간학문적 팀 모델(interdisciplinary team model)에서는 학생을 지원하는 팀 전문가 중 일부 전문가가 프로그램을 제공하기 위해 함께 학생을 평가하고 중재를 계획하기도 한다. 그러나 팀 전문가가 각자 학생을 위한 중재를 실행하거나 지원을 제공한다.

초학문적 팀 모델(transdisciplinary team model)에서는 각자의 전문 영역에서 원형진단(다양한 전문가가 팀을 이루고 함께 학생을 진단하는 방법으로 교사가 촉진자로서 학생의 움직임과 행동을 유도해 내면 팀 구성원은 학생의 행동을 관찰하면서 각 전문 영역에 대하여 평가함)을 통해 협력적으로 학생을 진단 · 평가하고, 역할방출(다양한 전문가가 자신의 전문 영역에 관한 기술과 정보를 팀 구성원에게 알려 주어 이를 수행함)을 통해 교사는 더욱 효과적으로 교육을 제공한다.

2. 통합교육을 위한 협력적 접근

장애학생의 통합교육 효과를 제고하고, 이들에게 최선의 교육을 제공하기 위해서는 핵심 팀 구성원인 특수교사와 일반교사, 지원인력의 소통과 협력이 뒷받침되어야 한다. 장애학생의 성공적인 통합교육을 위해서는 팀 구성원 간 협력적인 문제해결과 공유된 책임감이 필수적이며, 협력을 효과적으로 실행하기 위해 역할을 명확히 하고 지속적이면서도 공식적인 협력 시간 확보, 수시로 의사소통할 수 있는 장을 마련하는 것이 필요하다.

지속적인 소통과 긍정적인 관계 형성이 밑받침되지 않으면 협력적 접근의 실행에는 제한이 따른다. 교육 현장 일선에서 장애학생 교육을 위해 노력하는 모든 일반교사, 특수교사, 지원인력은 협력을 통한 혜택이 우리의 학생들에게 온전히 돌아감을 익히 알고 있으므로 서로 간의 부단한 노력을 통해 소통에 기반한 진정한 협력을 해야 할 것이다.

1) 특수교사와 일반교사의 협력

특수교사와 일반교사 간의 협력 및 원활한 의사소통은 통합교육의 성공적인 실행을 위해 중요한 요소로 강조되고 있다(김주혜, 김정은, 2021; Scruggs & Mastropieri, 2017). 특히 장애학생을 포함하여 다양한 교육적 요구를 가진 학습자가 증가함에 따라 일반교사와 특수교사가 학생의 다양한 요구에 반응하기 위해 협력교수를 통해 서로의 전문성과 책임을 공유하고 학생을 지도함으로써 학생의 수업 참여 증진뿐만 아니라 서로의 교사 효능감을 증진할 수 있다(이숙향, 이효정, 최하영, 채수정, 2017).

일반교사와 특수교사의 협력은 다양한 학습자의 교육적 성취를 이루기 위한 '모든 학생을 위한 통합교육'을 실행하는 것으로, 교육과정 통합을 촉진하고 장애학생 및 비장애학생 수업 참여의 양과 질을 최적화할 수 있다. 특수교사와 일반교사의 실제적인 협력이 이루어지기 위해서는 장애학생 관리에 대해 특수교사가 중심이 되는 경향이 있으나 일반교사와 특수교사의 공동책임으로 보는 의식으로의 전환이 이루어져야 한다.

일반교사의 책임과 권한이 확대되고, 장애학생의 학습목표 도달과 행동 문제도 일반교사와 특수교사가 공동으로 협력하여 지원해야 한다. 협력교수를 통해 일반교사와 특수교사의 동료의식이 강화되고, 교육활동 협의과정을 통한 수업 성찰과 함께 교사의 성장 또한 기대된다(김수연, 이효정, 이희연, 최하영, 2016; 표윤희, 이희연, 김경양, 2017a, 2017b).

일반교사와 특수교사의 다양한 협력 방법에는, 첫째, 특수교사가 주간학습 안내에 교수적 수정사항과 생활지도 코멘트를 작성하여 일반교사와 소통하고, 둘째, 동학년 통합학급 담임교사, 교과전담교사, 특수교사가 정기적으로 모여 장애학생의 특성과 강점을 기반으로 한 수업지도 방법에 대하여 협의하고, 셋째, 통합학급에서 장애학생을 지도할 때의 어려운 점을 학습공동체 시간에 논의하고, 넷째, IEP 목표를 통합학급 수업에 적용하며 경험한 어려움에 대해 특수교사와 지속적으로 의사소통하고, 다섯째, 교사 동아리 모임 등의 자연스러운 상호작용 기회를 활용하여 협력하고, 여섯째, 학생의 수행이나 특수학급 활동 등에 대한 안내문을 보내거나 교내 메신저와 공유 애플리케이션을 의사소통 방법으로 활용하여 지속적으로 협력한다.

2) 특수교육 지원인력과의 협력

통합교육 환경에서 지원인력은 장애학생의 교수·학습 지원, 문제행동 지원, 이동 및 자기관리 지원 등의 역할과 통합수업 지원이라는 역할의 수행을 통해 통합교육의 질 제고에 기여하고 있다(표윤희, 홍정숙, 2022). 특수교사가 통합된 장애학생을 매번 따라다니며 지원하기에는 어려움이 있으므로 통합학급에서 학생을 지원하는 역할을 담당하는 지원인력의 역할은 매우 중요하다. 지원인력은 교육 현장에서 교사와 직접적으로 가장 빈번하게 협력하는 팀 구성원으로, 교사의 지시에 따라 교수·학습 활동, 신변처리, 급식, 교내외 활동, 등하교 등 장애학생의 교육 및 학교 활동에 대하여 지원하는 역할을 담당한다. 특수교사는 지원인력에게 통합학급에서 장애학생을 지원하는 방법에 대하여 교육하고, 지속적으로 감독하고 정기적으로 피드백을 제공하고, 지원인력과 긴밀한 협력관계를 유지하기 위해 노력해야 한다.

지원인력은 통합수업 지원을 통해 장애학생의 통합학급 수업 참여 확대, 또래와의 관계 증진, 특수교사의 업무 부담 경감 등에도 긍정적인 영향을 미치고 있다. 이 외에도 특수교육 지원인력의 존재는 통합학급 교사의 과다한 업무를 덜어 주고 심리적 부담감을 줄여 주는 등의 긍정적 효과도 있다. 그러나 지원인력의 밀착 지도로 통합학급에서의 장애학생과 비장애 또래 학생의 사회적 관계와 상호작용을 감소시킬 수 있다는 점, 통합학급 교사가 지원인력의 존재로 인해 장애학생에 대한 관심과 책무성을 덜 느끼고, 장애학생 지도에 소홀할 수 있다는 점 등이 부정적인 측면으로 지적되고 있으므로(이소현, 박은혜, 2024; Giangreco & Broer, 2005) 특수교사는 지원인력을 대상으로 하는 정기적인 연수 제공 및 협의를 통해 부정적인 측면을 최소화하려는 노력이 필요하다.

3) 관련 서비스 제공자와의 협력

특수학급의 장애학생을 위해 배치되는 특수교육지원센터의 치료사는 협력팀의 일원으로 치료와 교육적 접근의 통합을 위한 역할을 담당할 수 있다. 치료사가 일반학교에 방문하여 치료실이 아닌 교육 현장에서 치료 서비스를 제공하거나 교사와 부모에게 자문을 제공하여 치료 서비스가 교육과정 운영 중에 자연스럽게 통합될 수 있게 하는 모델이 강조되고 있다. 선행 연구에서는 교사와 치료사가 협력적 팀 접근 중재를 실행하여 장애학생의 개별화교육목표 성취 수준을 향상시켰음을 보고하였다(이소현, 박은혜, 2024; 표윤희, 2015, 2020).

4) 협력적 접근을 위한 계획 및 실행

협력이란 '두 사람 이상이 공유된 목표를 성취하기 위해 함께 일하는 것'으로, 이는 말처럼 쉽지 않으며 협력의 과정과 실행은 협력팀 구성원 모두의 많은 노력이 필요하다. 협력팀 구성원은 다음과 같은 구성 요소를 실행하려 노력하는 것이 필요하다(박은혜, 김정연, 표윤희, 2023; 이소현, 박은혜, 2024; Snell & Janney, 2005; Thousand & Villa, 2000).

첫째, 신념 및 가치를 공유한다. 팀 구성원은 장애학생을 교육하기 위한 최상의 방법을 공유해야 한다. 팀 구성원은 대화를 통해 생각을 공유하고, 의사소통을 통해 다양한 교육적 합의를 이끌어 낼 수 있어야 한다. 둘째, 팀의 구성원은 모두 각 영역에서의 전문성을 가지고 있으므로 각 전문 영역을 서로 인정하는 과정이 있어야 하고 학생 교육에 필요한 전문 영역에 대한 지식과 기술을 공유한다. 팀 구성원은 각 구성원의 정보와 전문성을 존중하며 각자의 전문성과 경험을 진단, 계획, 평가 시에 함께 공유하는 것이 필요하다. 셋째, 팀 구성원은 학생에게 가장 효과적인 방법을 이해하고, 각 구성원이 협력적 진단, 교육목표 및 계획 수립, 실행, 평가의 전 과정에 참여한다. 팀 구성원이 합의한 학생의 교육목표를 공유하고, 장애학생의 교육목표를 팀 구성원이 함께 수립하고 학생이 목표를 성취할 수 있도록 협력한다. 넷째, 각 전문 영역에 대해 팀 구성원 간 정보와 기술을 공유해야 하므로 역할방출을 통해 다른 전문 영역에 대하여 배우는 과정이 필요하다. 다섯째, 팀은 책임감을 공유한다. 각 구성원의 역할과 책임을 분명하게 제시하고 지속적인 대화와 문제해결 전략을 활용하여 어려움을 극복할 수 있도록 지원해야 한다. 여섯째, 협력을 위한 의사소통 기술을 익히고, 협력시간을 확보한다. 팀 구성원 간 만나서 계획할 수 있는 시간을 마련하기 위해 일과 중 일정 시간을 정해 회의를 하거나 온라인 회의를 통해 지속적으로 상호작용하고, 메일 및 다양한 공유 애플리케이션을 통해 의사소통한다. 무엇보다 구성원 간 긍정적인 상호의존관계를 형성하고, 책무성을 공유하는 것이 필요하다.

국내에서는 특수교육대상자가 있는 유치원, 초등학교, 중학교, 고등학교 중 신청학교를 대상으로 특수교사와 일반교사의 통합교육 협력 모형을 개발하고 우수사례를 발굴하기 위하여 정다운 학교를 운영하고 있다. 정다운 학교에서는 장애인권교육, 통합 방과후 활동, 동아리 활동, 스포츠클럽 운영, 교육과정 재구성 등을 통해 장애학생의 통합교육을 위한 협력적 접근을 실행하고 있으며 학교 관리자, 일반교사, 특수교사 등 교직원 전체가 협력하여 단위학교 차원의 통합교육을 활성화하고 내실화하려는 노력을 기울이고 있다.

3. 통합교육을 위한 협력교수

1) 협력교수의 개념

협력교수는 협동교수 또는 팀티칭이라고도 불리며, 두 명 또는 여러 명의 교사가 장애학생의 교육적 요구를 충족시키기 위해 함께 교수하는 것을 의미한다. 협력교수의 기본적 원리는 교사들이 모든 학생에 대한 교수적 책임을 공유하고, 정기적으로 의사소통하고, 동료장학 및 학습공동체 등의 형태로 서로를 지원하며 학생의 교육적 성취를 위해 적극적으로 노력하는 것이다.

협력교수를 통해 특수교사와 일반교사는 전문적인 지식과 교수 능력이 향상되고 장애학생의 수업 참여 촉진, 학업 능력 향상, 또래와의 상호작용 증가를 도모할 수 있으며 다양한 특성이 있는 장애학생의 최선의 교육적 성취를 이끌어 낼 수 있다.

2) 협력교수의 유형

협력교수는 협력의 정도 및 방식에 따라 교수–지원, 스테이션 교수, 평행 교수, 대안적 교수, 팀티칭, 교수–관찰 등 여러 가지 유형으로 구분할 수 있다(국립특수교원, 2018; 이대식, 김수연, 이은주, 허승준, 2018; 이소현, 박은혜, 2024; 이효정, 2018; Gargiulo & Bouck, 2021).

(1) 교수–지원

교수–지원(one teaching, one assisting)에서는 한 명의 교사가 전체적인 교수 활동을 주도하면서 수업을 진행하고, 다른 교사는 교실을 순회하면서 개별적인 지원이 필요한 학생을 지도한다. 이 유형은 수업 내용에 따라 교사의 역할이 바뀔 수 있다는 융통성이 있고 도움이 필요한 학생에게 개별적으로 지원을 제공할 수 있다는 장점이 있다. 그러나 개별적인 지원을 제공하는 교사는 보조자로 보일 수 있고, 교실을 순회하다 보면 학생의 주의가 산만해질 수 있으며, 과제를 스스로 해결하고자 노력하기보다는 교사가 와서 지원을 제공해 주기를 기다리므로 지원을 제공해 주는 교사에게 학생이 의존할 수 있다는 단점이 있다.

교수–지원 적용 예시

박 교사가 4학년 수학을 가르치는 동안 김 교사는 교실을 순회하며 수학 과제와 활동 참여에 도움이 필요한 학생들에게 지원을 제공한다.

(2) 스테이션 교수

스테이션 교수(station teaching)에서는 협력교수를 실시할 교사들이 교수할 내용을 나눠 학생이 학습할 수 있는 스테이션을 준비한다. 그리고 교사별로 스테이션을 정하고, 학생은 모둠을 구성하여 각 스테이션을 자연스럽게 이동하면서 모든 영역의 내용을 학습하는 유형이다. 교사들은 각자 자신의 스테이션에서 모둠별로 구성된 학생을 지도하고 모둠은 다른 스테이션으로 이동하며 모든 내용을 학습한다. 학생은 바뀌어도 교사는 자신이 맡은 교수 내용을 반복하여 지도한다. 스테이션 교수는 소그룹으로 진행되므로 학생의 주의집중을 유도할 수 있고, 장애학생의 경우 소그룹 속에 통합되어 수업에 참여할 수 있다는 장점이 있으나 단점은 학생들이 스테이션을 이동하며 수업에 참여하므로 이동 시간이 소요되고, 소음이 유발될 수 있다.

스테이션 교수 적용 예시

박 교사와 김 교사는 2학년 통합교과 시간에 '우리 마을 사람들이 함께 사용하는 장소와 시설물 찾아보기' 수업 내용을 '여럿이 사용하는 장소'와 '여럿이 사용하는 시설물'로 나누고 학생들도 두 모둠으로 나누었다. 박 교사가 '여럿이 사용하는 장소'에 대하여 한 모둠을 가르치는 동안 김 교사는 '여럿이 사용하는 시설물'에 대하여 다른 모둠에서 가르친다. 박 교사와 김 교사는 한 모둠을 가르친 후 다른 스테이션으로 이동하게 하여 모든 학생이 두 가지 수업 내용에 대하여 학습하도록 한다.

(3) 평행 교수

평행 교수(parallel teaching)는 협력교사가 함께 수업을 계획하고 학급 학생을 여러 수준의 학생이 섞인 이질적인 두 집단으로 나눈 후 각자 같은 내용을 동시에 각 집단에 교수하는 협력교수 유형이다. 학급을 두 집단으로 나누어 진행하므로 교사-학생 간 비율이 낮아 학생의 반응을 독려할 수 있다는 장점이 있고, 단점은 교수자가 다르므로 학생들은 동일한 수준의 내용을 성취하기 어려울 수 있고 교실이 소란스러울 수 있다는 점이다.

평행 교수 적용 예시

김 교사와 최 교사는 '우리 마을 사람들이 함께 사용하는 장소와 시설물 찾아보기' 수업 시 학생을 두 모둠으로 나누고 김 교사, 최 교사가 각 모둠에서 '여럿이 사용하는 장소'와 '여럿이 사용하는 시설물'에 대해 각각 동시에 지도한다.

(4) 대안적 교수

대안적 교수(alternative teaching)는 한 교사가 대부분의 학생이 포함된 대집단을 대상으로 전체적인 수업지도에 책임을 지고 가르치는 동안 다른 교사는 도움이 필요한 소집단의 학생에게 보충학습을 제공하거나 행동 문제를 지원하는 협력교수 유형이다. 보충지도를 위해 계속하여 소집단 수업에 참여하는 학생은 고립될 수도 있다는 단점이 있으나 보충학습이나 추가적인 행동 지원 등이 필요한 학생에게 지원을 제공할 수 있다는 장점이 있다.

대안적 교수 적용 예시

5학년 국어 수업시간에 박 교사가 보충학습과 행동 지원이 필요한 세 명의 학생을 지도하는 동안 김 교사는 박 교사가 지도하는 학생 세 명을 제외한 전체 학생을 지도한다. 세 학생의 학습 능력과 행동이 향상되면 대집단 수업으로 이동할 수 있다.

(5) 팀티칭

팀티칭(team teaching)은 협력교사들이 교육 계획 수립, 교수 실행, 평가의 전 과정에서 동등한 책임과 역할을 가지고 교수 활동을 공유하며 함께 수업을 진행하는 유형이다. 이때 교사는 번갈아 가며 학습 개념을 교수하거나 시범을 보이는 등의 다양한 역할을 수행한다.

팀티칭 적용 예시

6학년 사회 '생활 속의 경제생활' 수업시간에 박 교사와 김 교사는 토론을 번갈아 가며 이끌거나 박 교사는 설명하고 김 교사는 다른 역할로 교수에 참여한다.

(6) 교수–관찰

교수–관찰(one teaching, one observing)은 한 명의 교사가 전체 학급 학생을 가르치는 동안 다른 교사는 수업을 관찰하는 유형이다. 관찰하는 교사는 학생들의 참여, 개별학습, 기타 활동에 대한 자료를 수집할 수 있다. 관찰하는 교사는 한 명, 한 그룹의 학생, 전체 학급의 학생을 관찰할 수 있다. 교사는 이와 같은 방식의 협력을 통하여 자신의 교수 행동에 대한 피드백을 받을 수 있으므로 이러한 역할을 교대로 맡는 것이 필요하다.

교수–관찰 적용 예시

박 교사가 전체 학생을 대상으로 과학 수업을 진행하는 동안 김 교사는 체크리스트에 학생들의 학습 정도와 오개념에 대한 관찰내용을 작성한다.

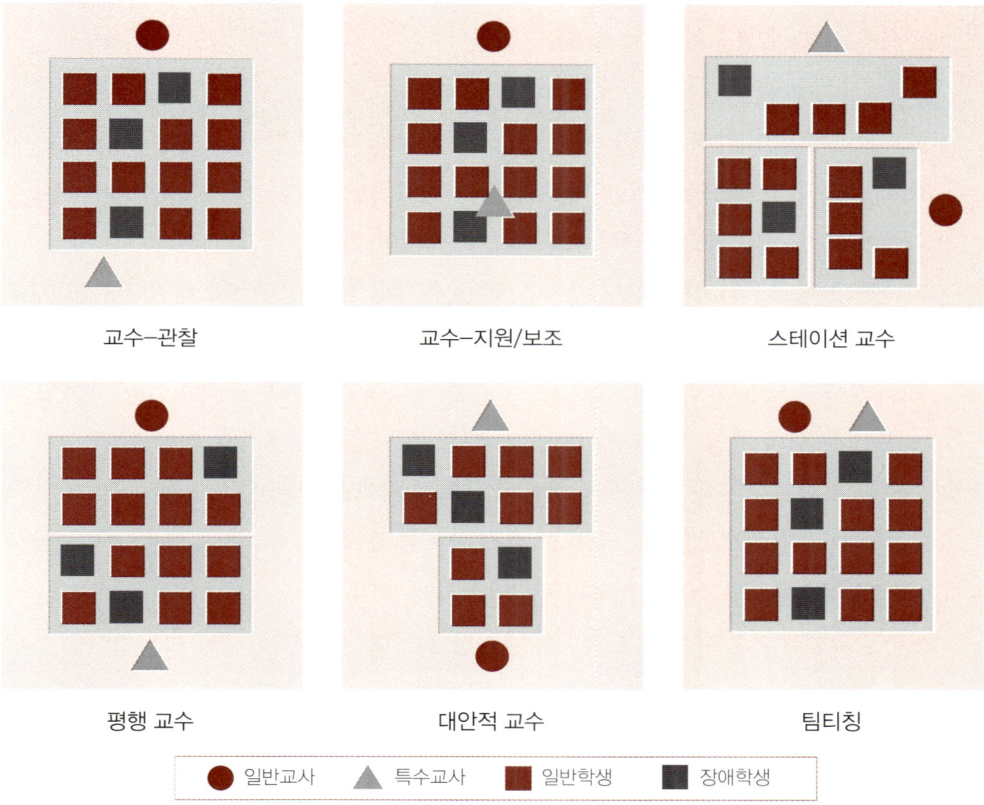

[그림 5–1] 협력 교수 유형

출처: Gargiulo & Bouck (2021). Special education in contemporary society: An introduction to exceptionality (7th ed.), p. 24: 이소현, 박은혜(2024), p. 115에서 재인용.

3) 협력교수 실행 및 어려움 해결 방안

장애학생을 위한 최선의 교육적 성취를 위해서 특수교사와 일반교사들은 장애학생과 비장애학생 모두에게 도움이 될 수 있는 협력교수를 계획하지만, 협력교수 실행은 단순하지 않다. 여기에서는 실제적인 협력교수 실행을 위한 방안, 절차, 효과에 대하여 살펴보고자 한다.

(1) 협력교수 실행 방안

효과적인 협력교수를 실행하는 방안을 제시하면 다음과 같다(이미숙, 구신실, 노진아, 박경옥, 서선진, 2016; 한국교육개발원, 2022).

- 협력교수에 있어 가장 기본이 되는 요소로, 신념과 가치관을 공유한다. 교사들은 서로의 교수적 철학과 신념을 이해하는 것이 협력교수에 필수적이다. 서로의 교수적 역할에 대한 신념 정도를 경험하고, 이를 이해해야 한다.
- 교사는 협력교수를 실행할 때 각자가 맡은 역할과 책임을 분명하게 인식하고 책무성을 가져야 하며, 동등한 관계를 인정해야 한다. 동등한 관계는 협력관계를 형성하고 유지하는 데 필수적이다. 어느 한 사람만 계속적으로 교수의 책임을 지고 주도하다 보면 교수의 책임이 편중될 수 있고, 다른 한 사람은 보조자의 역할만 할 수도 있으므로 협력교수 유형과 방법에 대하여 사전에 계획한다.
- 교실에서의 규칙에 대해 협의한다. 협력교수 관계 초기에 학생의 행동규칙 위반에 어떻게 대응할지를 협의하여 의견을 조정한다.
- 일반교사와 특수교사는 협력교수와 관련한 의견을 공유하기 위해 정기적인 교과별 모임, 동학년 모임, 학습공동체 등 다양한 모임을 통해 협력교수를 준비하고 실행한다. 교내 메신저나 밴드, 카페 등을 활용하여 비정기적인 의사소통의 통로를 마련하는 것이 필요하다.
- 교사는 의사소통 및 갈등해결 기술 등 협력기술을 습득해야 한다. 성공적인 협력교수를 위해서는 서로의 의견 교환과 조율하는 과정이 필요하며 그 과정에서는 각자의 생각과 의견의 차이가 있을 수 있기 때문이다. 협력하는 교사들은 지속적인 대화와 문제해결 전략을 활용하여 협력교수의 어려움을 극복할 수 있다.
- 교사는 각자의 정보와 전문성을 존중하고, 각자의 경험과 자료를 회의와 문서를 통

해 공유하며, 협력교수를 위한 준비, 계획, 실행, 평가의 과정에 함께 참여한다.

- 협력교수를 위한 사전준비가 필요하다. 일반교사와 특수교사는 협력교수를 진행할 교과목을 선정하고, 주간학습계획을 공유하고 협력교수의 역할을 분담하는 과정을 거친다. 또한 교사들은 장애학생의 IEP 목표 및 수업목표를 공유한다. 학생이 목표를 성취할 수 있도록 각자의 전문성과 자원을 협력적으로 제공하고 협력교수를 실행한다.
- 협력교수의 전 과정, 즉 협력교수를 계획하고 실행하고 평가하는 절차에서 교사가 전체 수업 활동과 내용에 공동의 책무성을 가지고 동등하게 참여한다.
- 교사 간 서로가 선호하는 피드백 양식을 파악하여 협력교수에 대한 긍정적 및 부정적 피드백을 제공한다.

(2) 협력교수 절차

협력교수를 실행할 때는 무엇보다 모든 교사가 열린 마음으로 상대방의 전문성을 인정하고, 동등한 관계를 형성하며, 전체 수업 활동과 내용에 대한 공동의 책무성을 가져야 한다. 여기에서는 협력교수의 준비, 계획, 실행, 평가 등 실행절차와 협력교수를 적용한 연구를 제시하고자 한다(김자경, 최승숙, 2011; 윤광보, 2010; 이대식, 김수연, 이은주, 허승준, 2018; 이소현, 박은혜, 2024).

① 협력교수 준비하기

협력교수를 실행하려는 교사는 우선 협력의 필요성과 중요성에 대하여 인식하며, 상호 신뢰관계를 구축하고 협력교수에 대한 철학을 공유한다. 또한 협력교수가 필요한 교과와 교육내용, 학생의 특성, 전반적인 환경적 요인과 관련한 구체적인 정보를 수집하고 분석하고 교환한다. 통합학급교사와 특수교사가 협력교수를 진행할 경우 특수교사는 통합학급 수업을 미리 관찰하고 협력교수를 진행할 교과 관련 장애학생의 IEP 목표를 확인한다.

② 협력교수 계획하기

협력교수 실행 전 준비 단계에서 수집한 정보를 바탕으로 교과내용, 수업목표, 주요 학습 활동 등에 대해 정보를 공유하고, 각 교사가 선호하는 협력교수 유형은 무엇인지, 장애학생이 보이는 행동 문제에 대하여 어떻게 지원할 것인지, 실행 가능한 협력교수 일정은 어떠한지 등 교수 전반에 관한 사항에 대하여 각자의 의견을 충분히 경청하고 공유한다. 이 단계에서는 구체적인 역할 분담을 계획하고 수업 진행에 필요한 자료를 함께 준비하고, 구체적인 협력교수 일정을 계획한다. 통합학급교사와 협력교수를 계획할 때는 주로 장애학생이 통합학급에 있는 시간 동안 협력교수를 실행할 시간을 정하고 특수학급교사가 통합학급으로 이동하여 협력교수를 실행한다.

③ 협력교수 실행하기

협력교수 계획에 근거하여 교수 · 학습지도안을 작성하고 어떠한 협력교수 유형으로 수업을 진행할지 결정한다. 수업을 진행할 때는 협력하여 작성한 지도안에 제시된 각 교사의 역할을 충실히 수행하며, 협력교수를 실행하면서 지속적으로 의견을 조정해 나가는 것이 적절하다.

④ 협력교수 평가하기

협력교수를 실행한 후에는 수업에 대하여 서로 의견을 교환하는 시간을 갖는다. 이를 통하여 지도안 내용과 실제 수업 내용을 비교하고 각 교사가 자신의 역할을 충실히 수행하였는지 점검한다. 협력교수 전 준비를 제대로 하였는지, 협력교수 실행 과정 중 전체적으로 협의가 잘 이루어졌는지, 적용한 협력교수 유형이 적절하였는지, 협력교수 시 두 교사의 교수 · 학습 활동과 활동 제시가 적절하였는지 등 이후 수업에서 보완해야 할 내용을 확인하고 다음 협력교수에 반영한다.

국내 협력교수를 적용하여 효과를 검증한 연구를 살펴보면 〈표 5-2〉와 같다(김나연, 이숙향, 2022; 김지민, 김주성, 이영선, 박은혜, 2023; 이지원, 이소현, 2023; 정정은, 2023; 한선영, 최하영, 2022).

표 5-2 협력교수를 적용하여 효과를 검증한 연구

저자	연구장소	연구참여자	중재	성과
김나연 외 (2022)	통합학급	초등 3학년 통합학급학생 20명	특수교사와 통합학급교사의 협력교수를 통해 예절프로그램 계획-실행-평가	장애학생과 통합학급 학생의 예절 수행과 친사회성 증진
김지민 외 (2023)	통합학급	초등 4학년 장애학생 1명	VSD를 활용한 협력적 팀 중심의 AAC중재	장애학생의 통합학급 수업 참여도와 의사소통 행동 증진

이지원 외 (2023)	통합학급	일반유아 17명, 발달지체 유아 1명	협력교수 기반 스킬스트리밍 교수	일반유아의 친사회적 행동, 장애유아의 전체적인 사회적 상호작용 발생률 증가
정정은 (2023)	통합학급	초등 5학년 통합학급학생 39명, 장애학생 2명	특수교사와 통합학급 교사의 협력교수 기반 메이커교육 프로그램 실행	장애학생과 통합학급 학생의 창의적 사고 역량과 사회적 역량 증진
한선영 외 (2022)	통합학급	초등 3학년 통합학급학생 38명, 장애학생 2명	보편적 학습설계 기반 도덕교과에서의 협력교수 실행	통합학급 학생의 사회적 지위와 학교생활만족도, 일반교사의 통합교육 효능감 증진

(3) 협력교수 실행의 어려움 해결 방안

협력교수의 성과에도 불구하고 현장에서 협력교스를 실행하는 데 어려움이 뒤따른다. 협력교수 상황에서 경험할 수 있는 어려움과 이를 해결하는 방안에 대하여 살펴보면 다음과 같다(이소현, 박은혜, 2024; 한국교육개발원, 2022).

첫째, 장애학생 및 협력교수에 대한 이해 부족과 교사들의 소극적인 태도이다. 일반교사나 특수교사 한쪽에서 협력교수에 대해 긍정적이라 하더라도 교육철학의 차이로 상대교사가 협력교수에 대해 부정적이거나 소극적인 태도를 보이면 협력교수에 걸림돌이 된다. 이런 경우에는 효과적인 의사소통 전략을 활용하여 지속적으로 논의하고, 공동의 교수 및 학습 목표를 설정하고, 학습 성과 관점에서 교수 전략이나 방법을 결정한다.

둘째, 협력교수에 대한 태도뿐만 아니라 두 교사 간 의사소통의 어려움 및 소통을 위한 시간 부족 또한 협력교수의 어려움이다. 일반교사와 특수교사가 교육과정 수정을 위한 의사소통 시간을 할애하기 어려우며 협력교수를 위한 별도의 시간 확보가 어렵다. 이런 경우에는 협력적인 활동을 지원하기 위한 G-suite 앱(구글 Docs, Hangouts 등)을 활용하거나 수업 시작 전과 후 또는 학교 정규 일과 전, 방과 후를 포함하여 사용 가능한 시간을 파악하고 활용한다.

셋째, 교과의 특성 및 난이도, 학교급별 특성 등 구조적인 문제와 관련하여 협력교수가 어려운 경우도 있다. 담임교사가 다수 교과를 지도하는 초등학교와 달리 중 · 고등학교의 경우 특수교사의 교과 전문성 부족으로 협력교수를 실행하기 어렵다. 이런 경우에는 일반교사가 특수교사에게 교육과정에 대하여 안내하고, 특수교사는 미리 교과 학습

목표와 주요 내용 및 전략을 살펴보고, 교재나 교수자료 등 필요한 자료를 파악하며 일반교사와 정기적인 회의를 진행하고 적극적으로 전문성을 개발할 수 있는 기회나 시간을 확보한다.

4) 협력교수의 성과

협력교수의 성과는 학생과 교사들에게 미치는 긍정적 영향이 있다(송명숙, 이숙향, 2019; 한국교육개발원, 2022). 협력교수는 장애학생에 대한 일반학생들의 태도와 행동에 긍정적인 변화를 가져온다. 일반학생뿐만 아니라 장애학생도 수업에 의미 있게 참여할 수 있는 기회를 얻게 되고, 수업 참여 및 효능감이 향상된다. 장애학생 외에도 특별한 지원을 요구하는 경계선급 학생과 우수 학생들의 필요를 고려한 과제 제시로 학급 내 학생들의 다양한 교육적 요구를 충족해 준다는 점이 협력교수의 성과로 볼 수 있다.

구체적으로 장애학생의 학업 증진, 문제행동 감소 및 수업 참여도 증가, 사회성 및 자아존중감 증진에 긍정적인 영향을 미칠 뿐만 아니라 비장애학생도 배려와 존중을 배우며 장애학생에 대한 인식과 태도에 변화를 보였으며, 학업 성취도 향상 및 긍정적 학급 분위기 조성에 영향을 미치는 것으로 나타났다. 즉, 협력교수는 장애학생과 비장애학생 모두에게 효과적인 방법으로 나타났다.

협력교수의 긍정적 효과로 일반교사의 경우 특수교사와 책임을 공유하며 수업 준비를 더욱 철저히 할 수 있고, 상대 교사의 수업방법을 보며 많은 것을 배울 수 있다는 점을 들 수 있다. 특수교사도 교수 방법의 향상 등 교수역량의 강화에 도움이 된다.

협력교수의 긍정적 영향은 모두가 인지하고 있으나 실행의 어려움이 존재하므로 체계적인 계획을 수립하여 협력교수를 실행에 옮기려는 실천적 의지가 중요하다.

논의할 문제 SPECIAL EDUCATION

1. 협력의 중요성과 협력팀 구성원의 역할을 설명해 보시오.
2. 협력교수의 유형별 적용사례를 논의해 보시오.
3. 협력교수의 효과와 어려움에 대하여 생각해 보고, 어려움을 최소화하는 방안에 대하여 논의해 보시오.

참고문헌

교육부(2022). 제6차 특수교육발전 5개년 계획.

국립특수교육원(2018). 수업개선원격연수자료집. 충남: 국립특수교육원.

김나연, 이숙향(2022). 협력교수를 통한 예절교육 프로그램이 초등학교 통합학급 학생들의 예절 수행과 친사회성 및 학급 분위기에 미치는 영향. 특수교육논총, 38(1), 81-110.

김수연, 이효정, 이희연, 최하영(2016). 모든 학생을 위한 통합교육 모델 연구. 경기: 경기도교육연구원.

김자경, 최승숙(2011). 경도 · 중등도 장애학생을 위한 교수전략. 서울: 학지사.

김주혜, 김정은(2021). 특수학급 교사의 통합교육 지원 역할에 대한 중요도 및 실행 수준 인식. 특수교육, 20(2), 127-147.

김지민, 김주성, 이영선, 박은혜(2023). VSD를 활용한 협력적 팀 중심의 AAC중재가 자폐범주성 장애 초등학생의 통합학급 수업참여도 및 의사소통 행동에 미치는 영향. 학습자중심교과교육연구, 23(18), 211-227.

박은혜, 김정연, 표윤희(2023). 지체장애학생교육(2판). 서울: 학지사.

송명숙, 이숙향(2019). 통합교육 실행을 위한 협력교수 중재 연구 동향 고찰. 통합교육 연구, 14(2), 1-26.

윤광보(2010). 특수교육 교과 교재연구 및 지도법. 경기: 양서원.

이대식, 김수연, 이은주, 허승준(2018). 통합교육의 이해와 실제(3판). 서울: 학지사.

이미숙, 구신실, 노진아, 박경옥, 서선진(2016). 특수교육학개론(2판). 서울: 학지사.

이소현, 박은혜(2024). 특수아동교육(4판). 서울: 학지사.

이숙향, 이효정, 최하영, 채수정(2017). 초 · 중등학교 통합교육 가이드북(공통). 세종: 교육부, 세종시교육청.

이아름, 이숙향(2023). 협력교수 기반 사회정서학습 프로그램이 특수학교 발달장애 고등학생의 사회정서적 역량 및 공동체 의식과 특수교사의 교사효능감에 미치는 영향. 정서 · 행동장애연구, 39(1), 385-414.

이영아, 박승희(2014). 협력교수를 통한 초등 통합 진로교육 프로그램이 통합학급 학생들의 진로성숙도와 학습동기에 미치는 영향. 특수교육, 19(1), 245-271.

이지원, 이소현(2023). 협력교수 기반 확장된 스킬스트리밍 교수가 일반 유아의 친사회적 행동 및 장애 유아의 사회적 상호작용에 미치는 영향. 특수교육, 22(4), 39-62.

이효정(2018). 통합교육: 일반교사와 특수교사를 위한 안내서. 서울: 학지사.

전병운(2022). 특수교사 역량 증진을 위한 교사양성 교육과정 방향 탐색. 2022 한국특수교육학회 동계학술대회 자료집, 3-13.

정정은(2023). 초등 통합학급에서 실시한 협력교수 기반 메이커교육 프로그램의 효과. 이화여자

대학교 대학원 박사학위청구논문.

표윤희(2015). 교사-물리치료사 간 협력적 팀 접근 중재 모델의 적용이 지체장애학생의 운동 · 일상생활능력 및 개별화교육목표 성취에 미치는 영향. **특수교육저널: 이론과 실천, 16**(3), 131-158.

표윤희(2020). 교사와 작업치료사 간 협력적 팀 접근 중재모델의 적용이 뇌성마비 학생의 시지각, 상지기능 및 일상생활능력과 개별화교육목표 성취에 미치는 영향. **특수교육학연구, 52**(1). 121-144.

표윤희, 이희연, 김경양(2017a). 일반교사의 중도 · 중복장애학생 통합교육 경험 및 지원요구. **특수아동교육연구, 19**(2), 295-322.

표윤희, 이희연, 김경양(2017b). 일반학교 중도 · 중복장애 특수학급 교사의 교육 경험 및 지원요구에 대한 질적 연구: 광역시를 중심으로. **지체 · 중복 · 건강장애연구, 60**(2), 33-61.

표윤희, 홍정숙(2022). 통합교육 환경에서의 특수교육 보조인력 제도 관련 특수학급 교사의 인식과 개선 방안. **특수아동교육연구, 24**(1), 75-103.

한경근(2022). 특수교육 주도 학교 변화를 위한 다차원적 특수교사 역량 강화 모형. **2022한국특수교육학회 동계학술대회 자료집**, 51-67.

한국교육개발원(2022). 시 · 도교육청 평가 주제별 심층 분석 · 진단 최종 보고서.

한선영, 최하영(2022). 보편적 학습설계 기반 협력교수가 통합학급 학생의 사회적 지위, 학교생활만족도 및 일반교사의 통합교육 효능감에 미치는 영향. **특수교육재활과학연구, 61**(4), 113-142.

Cloninger, C. J. (2004). Designing collaborative educational services. In F. P. Orelove, D. Sobsey, & R. K. Silberman (Eds.), *Educating children with multiple disabilities: A collaborative approach* (4th ed.). Baltimore: Paul H. Brookes.

Council for Exceptional Children (2020). 2020 Initial practice-based professional preparation standards for special educators. https://exceptionalchildren.org/standards/ initial-practice-based-professional-preparation-standards-special-educators.

Effgen, S. K. (2005). *Meeting the physical therapy needs of children*. Philadelphia: F. A. Davis.

Gargiulo, R. M., & Bouck, E. C. (2021). *Special education in contemporary society: An introduction to exceptionality* (7th ed.). Sage.

Giangreco, M. F., & Broer, S. M. (2005). Questionable utilization of paraprofessionals in Inclusive schools: Are we addressing symptoms or causes? *Focus on Autism and Other Developmental Disabilities, 20*(1), 10-26.

Matzen, K., Ryndak, D., & Nakao, T. (2010). Middle school teams increasing access to general education for students with significant disabilities: Issues encountered and activities observed across contexts. *Remedial and Special Education, 31*(4), 287-304.

Orelove, F. P., Sobsey, D., & Silberman, R. K. (2004). *Educating children with multiple disabilites: A trasdisciplinary approach* (4th ed.). Baltimore: Paul H. Brookes.

Scruggs, T, E., & Mastropieri, M. A. (2017). Making inclusion work with co-teaching. *Teaching Exceptional Children, 49*(4), 284-293.

Snell, M. E., & Janney, R. (2000). *Social Relationships and Peer Support.* Baltimore, MD: Paul H. Brooks Publishing Co.

Snell, M. E., & Janney, R. (2005). *Collaborative Teaming* (2nd ed.). Baltimore, MD: Paul H. Brookes.

Snell, M. E., Janney, R., & Elliot, J. (2000). *Collaborative Teaming.* Baltimore, MD: Paul H. Brooks Publishing Co.

Thousand, J. S., & Villa, R. A. (2000). Collaborative teams: A powerful tool in school restructuring. In R. A. Villa & J. S. Thousand (Eds.), *Restructuring for caring and effective education: Piecing the puzzle together* (2nd ed., pp. 254-291). Baltimore: Paul H. Brookes Publishing Co.

제 06 장

시각장애, 청각장애, 지체장애

학습목표

1. 시각장애의 개념, 특성, 통합교육을 위한 교육적 접근법을 이해한다.
2. 청각장애의 정의와 원인, 유형, 주요 특성, 통합교육지원을 이해한다.
3. 지체장애의 개념, 특성, 통합교육을 위한 교육적 접근을 이해한다.

SPECIAL EDUCATION

1. 시각장애

시각장애의 정의를 법적 · 기능적인 면에서 살펴보고 시각장애를 초래하는 원인에 대해서 살펴보고자 한다. 이후에 이러한 시각장애가 초래할 수 있는 학생의 특성을 살펴보고, 특성을 고려해서 통합교육을 촉진할 수 있는 교육적 접근법에 대해서 살펴보고자 한다.

1) 시각장애 개념

시각장애란 시력의 상실이나 감소로 인해 일상생활이나 학습에 상당한 어려움을 겪는 상태를 의미한다. 이는 완전한 시력 상실(맹인)부터 시력이 남아 있으나 정상 범위보다 현저히 낮은 경우(저시력)까지 포함하며, 이러한 상태는 시각 과제를 수행하는 데 있어 제한을 초래할 수 있다. 시각장애는 시각 기관의 기능 부족, 사용 가능한 시력의 정도, 그리고 일상 활동에서의 참여 수준이 서로 관련되어 정의될 수 있다(Corn & Koenig, 2002). 시각장애 정의는 법적 정의, 기능적 정의 측면에서 살펴볼 수 있다.

(1) 시각장애의 정의

① 법적 정의

우리나라에서는 「장애인복지법」 및 「장애인 등에 대한 특수교육법」이 명시하는 기준에 따라 시각장애의 법적 정의가 적용된다. 「장애인복지법」에서는 시각장애를 두 가지 범주인 시력장애와 시야결손장애로 나누어 분류한다. 시력은 안경이나 콘택트렌즈를 포함한 모든 형태의 시력 교정 방법을 통해 얻어진 교정 시력을 기반으로 하며, 이는 만국식 시력표와 같은 공식적으로 인정된 시력표를 사용하여 측정된다. 시야결손장애는 주로 시야의 범위를 측정하는 시야 검사를 통해 진단된다. 시야검사는 개인이 중앙 시점을 바라보고 있을 때 고정된 시선을 유지하면서 주변부 시야에서 볼 수 있는 가장 먼 지점을 측정한다.

「장애인 등에 대한 특수교육법」에서는 시각 과제 수행 능력을 기준으로 시각장애의 정도를 분류하고 있다. 동법 시행령 제10조(특수교육대상자의 선정)에 따르면 시각장애를 지닌 특수교육대상자 선정 기준은 다음과 같다.

> 시각계의 손상이 심하여 시각 기능을 전혀 이용하지 못하거나 보조공학기기의 지원을 받아야 시각적 과제를 수행할 수 있는 사람으로서 시각에 의한 학습이 곤란하여 특정의 광학기구 · 학습매체 등을 통하여 학습하거나 촉각 또는 청각을 학습의 주요 수단으로 사용하는 사람

② 기능적 정의

기능적 관점에서, 시각장애 학생은 그들의 학업 성취에 영향을 미치는 시각적 제한으로 인해 특별한 교육자료와 환경이 필요한 학생이라 할 수 있다. 이때 점자를 사용해야 하는 학생들은 맹(blind)으로 분류되며, 교정렌즈, 확대경, 망원경, 전자보조구 등을 이용해 인쇄된 자료를 읽을 수 있는 학생들은 저시력으로 분류된다. 대다수의 저시력 학생은 일반적인 인쇄 활자를 읽는 데 어려움이 없다. 저시력 학생에게 제공되는 시각보조기구의 목적은 손상된 시력을 복원하는 것이 아니라, 치료 후에 남은 시력을 최대한 이용할 수 있게 지원하는 데 있다. 저시력 상태의 학생들은 자신의 남은 시력을 활용해 학습할 수 있으며, 표준 크기의 문자로 읽고 쓰는 활동도 가능하다. 기능적 관점에서 볼 때, 시각장애 학생은 시각 기능의 결핍이나 손실로 인해 교육내용, 교육방법, 교육자료 및 교수환경에 있어 특별한 조정이나 추가적인 지원을 필요로 하는 학생으로 간주될 수 있다.

(2) 시각장애의 원인

특수교육 교사들은 시각장애의 다양한 원인에 대한 깊은 이해를 가질 필요가 있다. 이는 특정한 시각 문제가 발생하는 원인을 파악하고, 이에 따른 학습상의 어려움 및 필요한 지원의 성격을 정확하게 이해하는 데 도움이 되기 때문이다. 학생의 시각장애에 대한 정확한 이해는 부모나 학생과의 상담 시 어떤 주제를 다뤄야 할지 결정하는 데 도움을 주며, 학생에게 적합한 교수법 및 교육환경 조정을 가능하게 하며, 교육의 효율성 제고를 위한 전문가 협력에 도움을 줄 수 있다. 박순희(2018)와 이태훈(2018)이 제시한 대표적인 시각장애의 원인을 살펴보면 다음과 같다.

① 백내장

눈을 통해 물체를 볼 때, 그 형상은 먼저 수정체를 통과하여 망막에 이미지를 형성하고, 이후에 이 정보가 뇌로 전송되어 인식된다. 이 과정에서, 물체를 명확하게 보려면 수정체가 맑고 투명해야 한다. 백내장은 수정체의 탁해짐을 초래하여 시력 감소를 일으키

는 상태로, 사물을 볼 때 마치 안개가 낀 듯 흐리고 뿌옇게 보이게 만든다. 백내장의 종류와 발전 단계에 따라, 수정체 내의 탁해짐 위치와 심각도가 변할 수 있으며, 이는 시력 저하의 정도에 영향을 미친다. 대체로, 백내장은 질환의 진행이 정지되어 시력이 비교적 보존되는 경우가 많기 때문에, 적절한 교육적 지원을 제공하여 학생들이 수업에 참여하는 데 지장이 없도록 지원하는 것이 중요하다.

② 녹내장

녹내장은 안구 내부의 방수 유출 경로에 문제가 생겨 안구 내압이 증가하는 상태로, 이로 인해 시신경에 압력이 가해지거나 혈액순환에 문제가 발생해 시신경이 손상된 질환이다. 사람이 사물을 인식할 때, 시신경은 망막에서 수집된 시각 정보를 뇌로 전송하는 역할을 하는데, 시신경 손상 시 이 정보가 제대로 뇌에 도달하지 못해 사물의 일부가 보이지 않는 시야 손실이 발생하게 된다. 녹내장의 초기 단계에서는, 보통 시신경의 외곽 부분이 먼저 영향을 받기 때문에, 주변부 시야가 손상되어도 중앙 시력은 큰 타격을 받지 않아 시력 저하가 미미할 수 있다. 하지만 시신경의 손상이 외곽에서 중심으로 확대될 경우, 시야의 손실이 더욱 심각해지고, 결국에는 시력 감소가 뚜렷하게 나타난다. 따라서 녹내장 진단을 받았을 때는 약물 치료나 수술과 같은 방법을 통해 시신경의 추가 손상을 방지하는 관리가 매우 중요하다.

③ 망막 박리

망막 박리는 강한 머리 충격, 당뇨병, 미숙아 망막증 등과 같은 원인으로 인해 망막의 내부의 감각신경층과 외부 색소상피층 사이가 분리되어 발생하는, 심각한 시각장애를 초래하는 상태를 의미한다. 이 상태에서는 망막의 주변에서 시작해 중앙부(황반) 방향으로 진행되면서 시야가 점점 좁아지게 되고, 중심부까지 망막 박리가 이루어지면 시력 저하가 매우 심해진다. 이때 변시증이라 불리는 물체의 왜곡된 인식과 색각의 문제도 발생할 수 있어, 망막 박리가 발견되는 즉시 수술을 통하여 망막을 붙일 필요가 있다. 박리 부위가 작을수록 수술 성공률이 높아 대개 시력을 회복할 가능성이 커진다. 망막을 원래 상태로 복구하는 수술의 성공 여부는 박리의 원인과 범위에 따라 달라지지만, 가장 중요한 것은 초기 발견 후 즉각적인 수술로 망막을 붙게 하는 것이다.

④ 미숙아 망막병증

미숙아 망막병증은 출생할 때 망막이 완전히 발달하지 않은 상태에서 나타나며, 시력 감소, 근시, 난시, 그리고 사시와 같은 시각장애를 초래할 수 있다. 이 질환은 경과가 좋지 않아 망막 박리가 발생할 경우, 실명의 위험이 크게 증가한다. 또한 미숙아 망막병증이 있는 어린이는 시신경 위축, 피질 시각장애, 녹내장, 뇌성마비와 같은 다른 질환들을 동반할 수 있으므로, 이들 질환의 존재 여부를 함께 검사하는 것이 중요하다.

⑤ 황반변성

황반은 망막의 중심부에 위치하며, 카메라의 필름과 유사한 역할을 한다. 나이가 들거나 유전적 요인, 염증, 독소 등의 다양한 원인으로 인해 망막 내에 새로운 혈관이 생성됨으로써, 황반 주변을 손상시키고 결국 실명을 유발할 수 있는 질환이다. 황반변성으로 인한 중심 시야의 손상은 시력 저하를 가져올 수 있다. 사람이 물체를 볼 때, 물체의 상이 망막의 황반부인 중심와에 맺힐 때 가장 좋은 시력을 얻게 되는데, 망막의 주변부로 갈수록 시력이 떨어지기 때문에, 황반 손상은 중심 시력의 급격한 감소와 밝은 환경에서 물체와 색을 인식하는 능력의 저하를 초래한다. 따라서 황반변성이 있는 경우, 사물의 중심 부분이 보이지 않거나 이미지가 왜곡되어 보일 수 있다.

2) 시각장애의 특성

(1) 개념 발달

아동이 선천적으로 또는 영아기에 시각장애를 가질 경우, 이는 그들의 정보 수집 방식에 영향을 미치며, 결과적으로 개념 형성에 중대한 영향을 준다. 이 아동들은 시각을 제외한 다른 감각들로부터 정보를 수집하게 되는데, 이 과정에서 때때로 오개념을 형성하기도 한다. 촉각을 통해 구체적인 개념을 이해하는 데 도움을 줄 수 있지만, 촉각적 탐색만으로는 알 수 없는 정보가 여전히 존재한다. 게다가 촉각은 팔의 길이에 도달할 수 있는 범위 내의 사물만을 인식할 수 있어, 더 넓은 주변 환경에 대한 이해를 얻는 데는 한계가 있다. 또한 비장애아동이 경험하는 반복적인 모방과 관찰의 기회가 시각장애 아동에게는 상대적으로 부족하므로, 이는 동일 연령대의 일반 아동들에 비해 개념 발달이 지연될 수 있는 주된 원인 중 하나로 작용한다.

(2) 운동 기능 발달

비장애 유아는 관심 있는 물체를 바라보기 위해 머리를 들고, 좌우로 돌리는 등의 활동을 통해 목 가누기, 목 돌리기 등의 운동 발달을 이루게 된다. 반면, 시각장애가 있는 유아들은 이러한 움직임을 유도할 동기가 부족하여 운동 기술의 발달이 지연될 가능성이 있다. 또한 시각장애 아동들은 시각적 자극이 부재하기 때문에 주변 환경에 물체가 있다는 것을 직관적으로 인식하지 못하며, 이로 인해 물체를 향해 손을 뻗거나 그 방향으로 움직이려는 시도를 하지 않는다. 시각장애를 가진 아동들은 근 긴장도가 낮고, 자신의 몸이 공간 속에서 어떤 위치에 있는지 인지하는 신체공간감각이 부족하여, 자세가 불안정하고 걷는 방식이 부자연스러워질 수 있다. 따라서 어린 시절부터 시각적 자극을 대체할 수 있는 다양한 유형의 감각 자극을 통해서 운동 발달을 촉진시키고, 올바른 자세와 보행을 지도하는 것이 매우 중요하다.

(3) 사회성 발달

시각장애 아동은 시각적 특성으로 인해 사회적 상호작용에서 특별한 어려움을 겪는다. 첫째, 시각적인 신호를 인식하지 못함으로써, 그들은 미소나 눈 맞춤 같은 중요한 사회적 행동을 배우지 못하고, 이로 인해 사회적 상호작용에 있어 제한을 받거나 오해를 받는 경우가 발생한다. 둘째, 사회적 상호작용의 시작과 유지가 시각장애로 인해 더 어려워지며, 이는 또래의 관심이나 대화의 방향을 파악하기 어렵게 만든다. 일부 시각장애 아동은 눈 맞춤의 대안으로 신체 접촉을 시도할 수 있으나, 이는 때때로 일반아동에게 거부감을 줄 수 있다. 셋째, 비장애아동이 시각적 관찰과 모방을 통해 자연스럽게 배우는 사회성 기술을 시각장애 아동은 잘 학습하지 못하기 때문에 이들에게는 사회적 기술을 구체적으로 교수하기 위한 노력이 중요하다. 마지막으로, 시각장애 아동 중 일부는 스트레스나 무료함을 반응으로 보이는 자기 자극적 행동을 할 수 있으며, 이러한 행동은 사회적으로 부적절하게 여겨질 수 있고 습관화될 위험이 있어 적절한 교육이 필요하다.

3) 통합교육을 위한 교육적 접근

일반학급에 통합된 시각장애 아동을 위해서는 교육과정, 즉 교육내용 자체를 많이 수정해야 하는 경우보다는 학습 환경과 교수 방법 등에 있어서의 수정이 필요한 경우가 많다. 따라서 여기서는 시각장애 아동을 위하여 활용할 수 있는 교수 적합화 방법과 저시력 학생을 지원하기 위한 전략에 대해서 설명하고자 한다.

(1) 교수 적합화

시각장애 학생을 위한 교수 적합화 유형에는 교수 목표의 적합화, 교수 방법의 적합화, 교수 자료의 적합화, 교수 집단의 적합화, 교수 환경의 적합화, 교수 평가의 적합화가 있다.

교수 목표의 적합화는 교육과정과 학습 목표를 저시력 학생들의 특별한 필요와 능력에 맞게 조정하는 과정을 의미한다. 이는 모든 학생이 교육과정에 평등하게 참여하고, 자신이 가진 최대한의 잠재력을 발휘할 수 있도록 하는 데 목적을 둔다. 교수 방법의 적합화는 학생의 개별적인 필요와 능력에 맞춰 교수 방법을 조정해 주는 것으로 학생들에게 점자나 녹음 자료, 저시력 학생을 위한 확대 자료와 같은 대체 교육 자료 등을 준비해 주는 것이다. 교수 자료의 적합화는 시각장애 학생들에게 그림 및 사진과 같은 시각적 자료나 교육용 교구에 대한 접근을 지원함으로써 학생들이 자신의 남아 있는 감각을 이용할 수 있도록 하는 것이다. 교수 집단의 적합화는 시각장애를 가진 학생이 수업 활동에 보다 효과적으로 참여하고, 성공적으로 학습할 수 있도록 교수 환경을 수정하는 것이다. 교수 환경의 적합화는 통합학급에 있는 학생들을 위해서 조명, 자리 배치 등 학습 환경을 고려해 주는 것으로 교사가 넓은 책상을 마련해 점자 정보 단말기나 다른 학습 도구를 배치할 수 있도록 하거나 조절 가능한 독서대를 제공하여 학생들이 올바른 자세로 학습할 수 있도록 하는 것을 의미한다. 교수 평가의 적합화는 해당 학생들의 특수한 교육 요구와 능력을 반영하여, 평가 과정과 자료를 조정하는 것을 의미한다. 이는 시각장애 학생들이 평가 과정에서 공평한 기회를 갖고 자신의 실제 능력을 정확히 보여 줄 수 있도록 하기 위해 필수적이다.

(2) 저시력 지원

① 확대법

확대법은 저시력 학생들을 위한 지원 방법 중 하나로 시력과 시야 중 시력에 문제가 있는 학생에게 보다 효과적인 방법이다. 확대법은 학생들이 시각 자료를 더 쉽게 인식하고 이해할 수 있도록 도와주는 기술이나 도구를 사용하여 텍스트, 이미지, 또는 다른 학습 자료를 확대하는 방식이다. 이 방법은 저시력 학생들이 학습 자료에 접근하는 데 있어 독립성을 증진시키며, 교육 자료를 보다 효과적으로 활용할 수 있게 한다. 이를 통해 저시력 학생들은 학습 자료를 더욱 명확하게 볼 수 있게 되어, 학습 과정에서의 이해도와 참여도가 높아진다. 확대 도구의 선택은 학생의 구체적인 시각적 요구, 학습 환경, 그리고 선호도에 따라 달라질 수 있으며, 개별 학생에게 가장 적합한 도구를 제공하는 것이 중요하다. 이러한 지원을 통해, 저시력 학생들은 교육적 기회의 평등을 경험하고, 학업 성취도를 향상시킬 수 있다. 자료를 확대하는 방법에는 상대적 거리 확대법, 상대적 크기 확대법, 각도 확대법, 투사 확대법이 있다(이태훈, 2018).

② 저시력 기구 지원과 교육

저시력 학생을 위한 저시력 기구 지원은 저시력 학생들이 학습 자료를 보다 효과적으로 접근하고 이해할 수 있도록 설계된 다양한 보조 기술과 도구를 제공하는 것을 의미한다. 이러한 지원은 학생의 남은 시각 기능을 최대한 활용하여, 교육 자료와 활동에 더욱 적극적으로 참여할 수 있게 하는 것을 목적으로 한다.

저시력 기구를 지원했을 때 학생들에게 다양한 장점이 있다. 첫째, 저시력 학생의 교육적 접근성을 향상시킬 수 있다. 저시력 기구를 통해 교과서, 학습지, 디지털 자료 등 교육 자료에 보다 쉽게 접근할 수 있게 해 줌으로써, 학습의 기회를 공평하게 가지게 할 수 있다. 둘째, 저시력 학생의 독립성을 증진할 수 있다. 적절한 저시력 기구의 사용은 학생들이 다른 사람의 도움 없이도 자료를 읽고 학습할 수 있게 하여, 학생의 자립성과 자신감을 증진시킬 수 있다. 셋째, 학생의 학업 성취도를 향상시킬 수 있다. 예를 들어, 확대된 텍스트, 고화질 이미지, 조정 가능한 조명 등의 저시력 기구는 학습 내용에 대한 이해도를 높이고, 결과적으로 학업 성취도를 향상시킬 수 있다. 넷째, 저시력 학생의 사회적 참여를 촉진할 수 있다. 즉, 학교 환경에서의 적극적인 참여를 가능하게 함으로써, 사회적 기술과 상호작용을 발달시키는 데 도움을 줄 수 있다.

③ 시기능 훈련

시각장애 학생의 시기능 훈련은 이들의 잔존 시력을 최대한 활용하여 시각적 정보를 인식, 이해하고 처리하는 능력을 향상시키기 위한 교육적 접근이다. 이러한 학생들이 직면한 시각적 문제는 안질환과 정밀한 시각 평가를 통해 확인될 수 있다(이태훈, 2018). 시기능 교육의 주요 목적은 시각적 기술을 키우는 것으로, 특히 제한된 시야를 가진 학생들이 그들의 남은 시야를 더욱 효과적으로 활용할 수 있도록 지원한다. 이를 위해 학생의 시야 손상의 위치와 정도를 고려한 맞춤형 시각 기술을 선택하고 지도한다. 일반적으로 고시, 중심 외 보기, 추시, 추적, 주사 기술이 대표적인 활용기술이다.

2. 청각장애

1) 청각장애의 개념

(1) 청각장애의 정의

「장애인 등에 대한 특수교육법 시행령」에서는 청각장애를 다음과 같이 정의하고 있다.

> 청력 손실이 심하여 보청기를 착용해도 청각을 통한 의사소통이 불가능 또는 곤란한 상태이거나, 청력이 남아 있어도 보청기를 착용해야 청각을 통한 의사소통이 가능하여 청각에 의한 교육적 성취가 어려운 사람

즉, 청각장애(hearing impairment)는 농(deaf)과 난청(hard of hearing)을 포함한다. 농과 난청은 생리학적 관점에서는 청력 손실의 정도에 따라 어느 정도 들을 수 있는지를 기준으로 90dB 이상일 경우 농으로, 그보다 낮을 경우 난청으로 구분할 수 있다. 또한 청각장애는 청각을 통한 언어정보 이해와 처리 등과 관련하여 교육학적인 관점으로도 구분된다. 농은 심한 청력 손실로 청각을 통한 언어적 정보교환이 불가능하여 시각적 단서에 의존하는 의사소통 방법이 필요한 상태이고, 난청은 잔존 청력이 남아 있어 보청기 등을 활용하여 청각을 통한 의사소통이 가능한 상태이다.

한편, 「장애인복지법」에서는 청각장애는 신체적 장애 중 외부 신체 기능의 장애로 청력장애와 평형기능장애로 분류된다. 이때 평형기능이란 공간 내에서 자세 및 방향감을 유지하는 능력을 말한다. 이 중 청력장애에 대한 「장애인복지법 시행규칙」에 제시된 장애정도 기준은 〈표 6-1〉과 같다.

표 6-1 「장애인복지법 시행규칙」 상의 장애정도 기준

장애정도	장애 상태
장애의 정도가 심한 장애인	두 귀의 청력을 각각 80dB 이상 잃은 사람(귀에 입을 대고 큰 소리로 말을 해도 듣지 못하는 사람)
장애의 정도가 심하지 않은 장애인	1. 두 귀에 들리는 보통 말소리의 최대의 명료도가 50% 이하인 사람 2. 두 귀의 청력을 각각 60dB 이상 잃은 사람(40cm 이상의 거리에서 발성된 말소리를 듣지 못하는 사람) 3. 한 귀의 청력은 80dB 이상 잃고, 다른 귀의 청력을 40dB 이상 잃은 사람

(2) 청각장애의 원인

청각장애의 원인은 매우 다양하다. 고은 등(2015)은 청각장애의 원인으로 가족성에 의해 선천성·유전성 난청 증후군, 청각기관의 기형(외이도 폐쇄증), 약물과 외상, 전신질환 등을 제시하였다. 특히 중이염은 대표적인 귀 질환으로, 방치하면 난청이 올 수 있다.

또한 과도한 큰 소리에 단기간 노출되면 급성 소음성 난청이 발생할 수 있고, 강한 소음에 장기간 노출될 경우 만성 소음성 난청이 발생하며 이 경우 영구적인 청력 손실이 발생할 수 있다. 한편, 노화가 진행되면서 노인성 난청과 원인 불명의 난청이 발생할 수 있다.

(3) 청각장애의 유형

청각장애는 청력 손실의 유형과 손상 시기가 매우 중요하다. 청력 손실 정도에 따라 청각적 정보를 받아들이는 정도가 다르고 이에 따른 교육적 지원도 달라진다.

청력 손실 유형을 이해하기 위해서는 먼저 귀의 구조를 이해하여야 한다. [그림 6-1]과 같이 귀는 외이, 중이, 내이, 청각신경계로 구성된다. 외이는 중이를 보호하고, 외이도를 통해 소리를 전달하며 증폭시킨다. 중이는 고막, 이소골, 이관 등으로 구성되며 고막은 소리를 진동으로 바꾸고 이소골이 진동을 내이로 전달한다. 이관(유스타키오관)은 고막의 기압 유지를 담당한다. 내이는 와우(달팽이관)와 전정기관으로 구성되어 있고, 와우(달팽이관)는 진동을 소리 신호로 바꾸어 주며, 소리 신호는 청각신경계를 통하여 뇌까지 소리를 전달한다. 전정기관은 신체의 균형을 담당한다.

귀의 이상 부위와 관련하여 청각장애의 유형은 전음성 청각장애, 감음신경성 청각장애, 혼합성 청각장애, 중추청각처리장애로 분류할 수 있다.

전음성 청각장애(conductive hearing loss)는 외이와 중이의 이상으로 내이까지 전달되

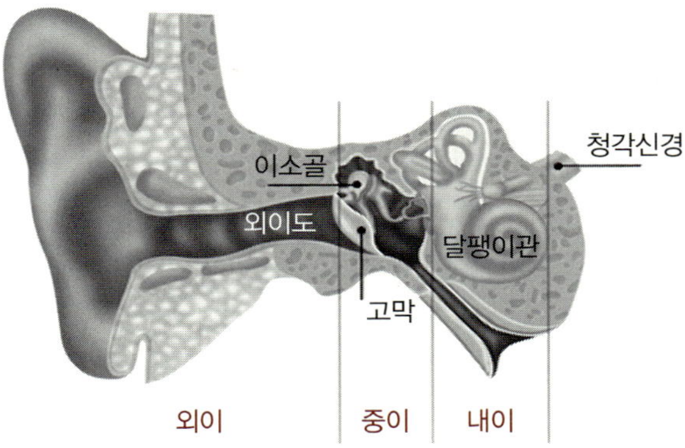

[그림 6-1] 귀의 구조

출처: 분당서울대학교병원-건강상식 그림 발췌(https://www.snubh.org).

는 소리의 양이 줄어든 경우로, 일반적으로 청력 손실의 정도가 심하지 않아 대부분 난청에 해당된다. 청력이 70dB을 넘지 않아 경도 또는 중등도의 청력 손실로 보청기를 착용하면 일반적인 대화가 가능한 경우가 많다.

반면, 감음신경성 청각장애(sensorineural hearing loss)는 내이나 청신경에 손상이 발생하여 청력 손실 정도가 심하고 청각적 의사소통에 어려움을 겪으며 농에 해당된다. 청신경이 기능할 경우 인공와우각 수술과 언어치료 및 청능훈련을 통해 언어습득을 기대할 수 있다.

혼합성 청각장애(mixed hearing loss)는 전음성과 감음신경성이 혼합된 상태로 나타나는 것으로 청력 손실이 크다. 중추청각처리장애(central auditory processing disorders)는 말초 청각기관이 정상이나 중추 청각신경계의 문제로 청각 정보를 지각하고 처리하는 데에 어려움을 보이는 것을 말한다.

한편, 청력 손실 시기에 따라 언어습득 전 청각장애와 언어습득 후 청각장애로 분류할 수 있다. 언어습득 전에 청력을 손실한 경우, 언어에 대한 경험, 정보가 없기 때문에 말소리에 대한 이해도가 낮을 수 있으며 언어와 의사소통 방법을 습득하는 것을 주된 교육목표로 둔다. 반면, 언어습득 후에 청력을 손실한 경우, 청각보조기기의 착용으로 의사소통이 가능할 수 있으며 발음이 왜곡될 수 있기 때문에 말소리의 명료성 강화를 중요시한다. 보통 언어습득 이후에 청력을 손실한 경우가 언어습득 이전에 청력을 손실한 경우에 비해 언어발달에 있어 긍정적인 예후를 보인다.

(4) 청각장애의 진단

청각장애를 진단하기 위해서는 청력을 측정한다. 청력의 단위는 데시벨(decibel: dB)을 사용하며 데시벨이 높다는 의미는 소리의 크기가 크다는 것을 의미한다. 정상적인 청력은 25dB 이하이며 농은 90dB 이상일 때를 말한다(Hallahan, Kauffman, & Pullen, 2023).

청력검사는 주로 병원이나 치료실에서 이루어지며 가장 많이 사용되는 검사로는 순음청력검사가 있다. 순음청력검사는 소리의 높낮이(Hz)와 강도(dB)를 변화시키면서 개인의 청력역치를 측정하는 방법이다. 이때 청력역치란 최초로 음을 탐지하는 수준을 말한다. 순음청력검사는 기도 청력검사와 골도 청력검사로 실시할 수 있다. 기도 청력검사는 이어폰을 끼고 외이와 중이를 통해 소리를 전달하여 순음청력을 측정하고, 골도 청력검사는 골도 이어폰을 사용하며 두개골을 통해 진동이 내이로 전해지게 하여 검사를 실시한다.

이 외에도 어음청력검사는 일상생활 속에서 많이 사용되는 단음절, 이음절 단어를 이용하여 언어 청취 및 이해 능력을 측정하는 방법이며, 나이가 어리거나 다른 장애로 인해 검사가 어려울 경우 놀잇감을 활용한 청력검사, 신체반사를 통한 검사 등이 사용된다.

2) 청각장애학생의 특성

(1) 인지적 · 학업적 특성

청각장애학생은 또래 건청학생과 비교하여 차이를 보이지 않으며 정상적인 지능을 가지고 있다고 보고된다(이규식 외, 2007). 인지 능력보다는 언어 능력에 영향을 받아 학업에 어려움을 보인다. 고은 등(2012)은 청각장애학생이 읽기와 쓰기 능력에 있어 문법, 비유 표현, 문맥 이해 및 문법적 규칙 습득에 어려움을 보이고, 읽기와 쓰기의 수준이 낮고 전반적으로 낮은 학업 성취를 보인다고 하였다.

주로 학업적 과제가 언어 능력을 기반으로 하고 있기 때문에 청각장애 학생이 수업 내용을 정확하게 듣지 못하는 상황은 학습 내용에 대한 심도 있는 이해를 어렵게 하여 전반적인 학업 성취에서 낮은 결과를 보이며, 이는 학생 스스로 한계를 느끼게 하고, 또는 학업을 포기하는 경향으로 이어진다(박미혜, 권순우, 2019).

(2) 언어적 특성

일반적으로 청력 손실이 클수록 말소리의 명료도가 낮다. 자신의 목소리를 피드백받지 못하여 발성 및 발화가 불분명하고 음성이 높고 큰 경향이 있으며, 억양이 결핍되어 있거나 비음이나 탁한 소리, 숨찬 소리를 내기도 한다. 말의 리듬에 있어서도 속도가 느리거나 비정상적인 음길이의 발음을 보이기도 한다(고은, 2017). 또한 발화 시 특정 음소를 생략, 대치하는 오류를 보이거나, 말의 강도와 억양 등을 잘 조절하지 못하여 말명료도가 떨어지고 다른 사람이 이를 이해하기 힘들어 소통상의 어려움을 겪을 수 있다(강영심 외, 2019).

한편, 어휘발달과 관련하여서도 추상적 단어 습득과 어휘발달에 어려움을 보이며, 언어발달 지체를 보인다.

(3) 심리 · 정서적 특성

청각장애학생은 사회적 관계 형성과 상호작용의 어려움을 보인다(박경란, 신은영, 2018). 타인 공감, 대인관계 형성과 유지, 자기 지시와 자기 통제 등의 전반적인 사회적 기술이 부족하다. 언어를 통한 의사소통은 사회정서발달과 타인과의 상호작용에 큰 영향을 미치기 때문에 나이가 많아질수록 관계 형성과 유지에 어려움을 보인다. 또한 청각장애학생은 또래에 비해 미성숙하거나 덜 사회적인 상태로 보이기도 한다(이소현, 박은혜, 2024).

특히 청각장애학생은 독특한 사회문화인 청각장애인 문화 또는 농문화(deaf culture)를 통해 다른 청각장애인들과 유대관계를 형성한다(이미숙 외, 2021). 수어를 사용할 경우 농문화가 형성되어 수어라는 언어를 사용하는 별개의 집단으로 간주하며 수어를 사용하는 집단과 공동체 의식을 형성하고 자아개념과 가치관을 수립하기 때문에 통합 상황에서의 건청학생들과의 소통이 어려울 수 있다.

3) 통합교육을 위한 교육적 접근

청각장애의 조기 진단과 청각보조장치의 발달 및 지원 확대 등으로 인하여 청력 손실이 매우 심한 경우를 제외하고는 청각장애학생의 상당수는 통합교육환경에 배치되어 일반학생과 동일한 환경에서 동일한 방식으로 수업에 참여하고 있다(이동화, 김자경, 2022). 그러나 청각장애학생의 독특한 학업적 · 정서적 요구를 고려한 지원 없이, 단순히 물리적 배치에 그칠 경우 청각장애학생은 학교생활 부적응, 정서적인 불안과 위축, 학교생활 전반에 어려움을 겪고 낮은 만족도를 보일 수 있다(권순우, 2012). 따라서 청각장애학생의 성공적인 통합교육을 위해서는 청력 손실의 정도, 의사소통 능력, 조기교육, 교육적 요구 등을 고려한 지원과 특수교사, 일반교사, 또래, 관련 전문가의 협력이 필수적으로 요구된다(한국청각언어장애교육학회, 2012). 청각장애학생의 성공적인 통합교육을 위한 학업적, 의사소통적, 심리적·정서적 지원을 구체적으로 살펴보면 다음과 같다.

(1) 학업적 지원

청각장애학생을 위하여 학업적 부분에서의 전문적인 학습지원이 필요하다.

첫째, 청각장애학생의 유형별로 적합한 교수전략과 학습자료가 제시되어야 한다. 학습자중심의 수업이 강조되면서 모둠 활동, 토의·토론 형태의 수업이 활발하게 이루어지고 있기 때문에 청각장애학생들도 다양한 수업 형식에 적극적으로 참여할 수 있는 구체적인 방안이 모색되어야 한다. 일반적으로는 청각장애학생의 학업을 돕기 위해서 짧고 간단하게 설명해 주거나 주요 내용을 반복 제시해 주는 것이 필요하다. 토의·토론 수업의 경우, 상대방의 입술과 얼굴이 잘 보일 수 있도록 교사 및 학생의 위치를 고려하여 U자형 또는 O자형으로 자리를 배치하여야 한다. 또한 조명이 적절해야 하며, 소음과 시각적 방해요소들은 제거해 주는 것이 필요하다. 모둠 활동에서도 청각장애학생이 참여할 수 있는 기회를 계속해서 제공해 주어야 한다.

한편, COVID-19로 인하여 온라인수업이 이루어지던 시기에 청각장애학생들은 수업 중 자막 없이 제공되는 영상과 멀티미디어 수업에 어려움을 토로하였다. 이에 청각장애학생을 위해 제공되는 학습자료에 자막을 삽입하거나 부연 설명을 담은 보충자료 등이 제시되어야 할 것이며, 농학생의 경우 전문적인 수어 통역 지원이나 대필 도우미가 지원되어야 할 것이다(최상배, 2012).

둘째, 평가에서 불이익을 받지 않도록 조정이 고려되어야 한다. 평가가 공평하고 공정하게 이루어질 수 있도록 여러 방안을 모색할 수 있어야 한다. 국어나 영어, 음악 교과의 듣기평가가 이루어질 시, 잘 들리는 귀가 교사를 향할 수 있도록 자리 배치, 스피커를 가까이 두기 등의 물리적 환경 조정을 고려하거나 대체 평가나 평가 기준 조정이 필요할 수 있다.

셋째, 학습보조기기 지원과 활용, 최적의 청취 환경 조성이 필요하다. 실제 청각장애학생은 통합환경에서 다양한 학습보조기기를 사용하고 있다. 대표적으로 보청기는 개인의 청력검사 결과를 기본으로 소리를 증폭시켜 청력 손실을 보상한다. 보청기는 난청의 정도와 유형, 학생의 연령 등을 고려하여 선택하여야 하며, 귓속형, 오픈형, 귀걸이형이 가장 일반적으로 사용된다. 보청기를 사용하는 학생이 있을 경우, 교사는 보청기가 개인

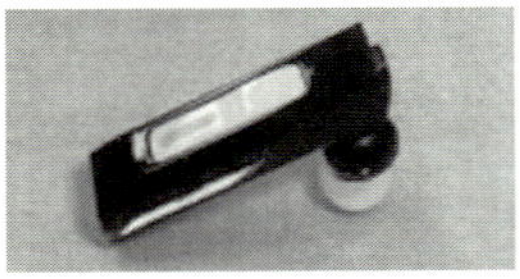		
초소형 음성증폭기	골전도 이어셋	소보로(실시간 자막표시)

[그림 6-2] 청각장애관련 보조기기 예시
출처: 서울시보조기기센터_보조기기_청각 중 사진 발췌(http://seoulats.or.kr).

에게 잘 맞추어져 있는지, 배터리가 충분한지 등을 점검하고 교실에 건전지를 여유 있게 준비해 두어야 한다. 또한 보청기를 사용하더라도 학생이 청각적 정보를 쉽게 이해할 수 있도록 소음이나 너무 큰 소리 등이 제시되지 않도록 유의하며 적절한 청취 환경을 만들어 주는 것이 필요하다. 이 밖에도 음성증폭기, 골전도 이어셋, 대화 시 실시간으로 자막이 표시되어 의사소통을 도와주는 보조기기인 소보로(SOVORO) 등을 활용할 수 있다([그림 6-2] 참조).

(2) 의사소통적 지원

청각장애학생은 듣기와 말하기에 어려움을 보이기 때문에 학생에게 가장 적합한 의사소통 방법으로 지원이 제공되어야 한다. 대표적인 의사소통 방법은 수어와 지문자, 구화와 큐드 스피치(cued speech) 등이 있다.

수어는 손짓과 몸짓, 얼굴 표정 등을 사용하여 의사소통하는 표현법으로 문법체계를 갖추고 있으며 하나의 언어로 인식된다. 수어는 농인들이 농문화 속에서 습득하는 자연수어와 각국의 언어문법에 맞게 인위적으로 만들어 낸 문법수어로 구분된다. [그림 6-3]

[그림 6-3] 수어 예시
출처: 문화체육관광부 국립국어원_수어소개 중 일부 그림 발췌(https://www.korean.go.kr).

참고문헌

강영심, 김기홍, 김자경, 여승수, 최진혁, 황순영(2019). **특수교육학개론-다양한 학습자와 함께하는 통합교육**. 서울: 학지사.

고은(2017). **청각장애아교육**. 서울: 학지사.

고은, 권주석, 김경숙, 이태수, 조홍중, 최혜승(2012). **예비교사를 위한 특수아동의 이해**. 전남: 전남대학교출판부.

고은, 권주석, 김우리, 이태수, 조홍중, 최혜승(2015). **특수교육의 이해**. 경기: 공동체.

권순우(2012). 통합교육 환경에서 청각장애학생의 학교생활 적응에 대한 질적 연구. **한국특수교육학회 학술대회 자료집**, 141-160.

김동일, 고은영, 고혜정, 김우리, 박춘성, 손지영, 신재현, 연준모, 이기정, 이재호, 정광조, 지은, 최종근, 홍성두(2019). **특수교육의 이해**. 서울: 학지사.

미국뇌전증재단(www. epilepsy.com)

박경란, 신은영(2018). 일반학급에 통합된 청각장애학생의 사회 · 정서적 특성. **한국청각 · 언어장애교육연구**, 9(1), 99-116.

박미혜, 권순우(2019). 청각장애학생의 통합교육에 대한 문제점과 개선 방향. **특수교육재활과학연구**, 58(3), 135-163

박순희(2018). **시각장애아동의 이해와 교육**. 서울: 학지사.

박은혜, 김정연, 표윤희(2023). **지체장애학생교육**. 서울: 학지사.

서중현, 유은정(2014). 청각장애학생의 통합교육에 대한 일반교사의 인식과 지원 실태 파악. **특수교육저널: 이론과 실천**, 15(2), 203-230.

양명희, 고은, 김정연, 이대식, 이태훈(2023). **특수교육학개론**. 서울: 북앤정.

이규식, 국미경, 김종현, 김수진, 유은정, 권요한, 강수균, 석동일, 박미혜, 김시영, 권순황, 정은희, 이필상(2007). **청각장애아교육**. 서울: 학지사.

이동화, 김자경(2022). 통합교육 환경에 배치된 청각장애 중고등학생의 학교생활 만족도와 교육적 요구. **한국청각 · 언어장애교육연구**, 13(3), 21-46.

이미숙, 한민경, 고혜정, 서보순(2021). **영유아교사를 위한 특수아동의 이해**(2판). 경기: 양서원.

이소현, 박은혜(2024). **특수아동교육**(4판). 서울: 학지사.

이태훈(2018). **시각장애 학생 교육 개론**. 서울: 도서출판 점자.

최상배(2012). 청각장애학생 통합교육 실태와 개선방안: 교육 수화통역을 중심으로. **특수아동교육연구**, 14(3), 55-77.

최연숙, 박원희(2012). 지식커뮤니티 기반의 청각장애아동 통합교육전략. **디지털정책연구**, 10(11), 579-588.

Best, S. J., Heller, K. W., & Bigge, J. (2010). *Teaching Individuals with Physical, or Multiple disabilities* (6th ed.). Pearson.

Bowe, F. (2000). *Physical, sensory, and health disabilities: An introduction*. Columbus, OH: Merrill.

Corn, A. L., & Koenig, A. J. (2002). Literacy for students with low vision: A framework for delivering instruction. *Journal of Visual Impairment & Blindness, 96*, 305-321.

Hallahan, D. P., Kauffman, J. M., & Pullen, P. C. (2023). *Exceptional Learners: An introduction for special education* (15th ed.). Pearson.

Ott, D. D., & Effgen, S. K. (2000). Occurrence of gross motor behaviors in integrated and segregated preschool programs. *Pediatric Physical Therapy, 12*(4), 164-172.

Rosenbaum, P., Paneth, N., Leviton, A., Goldstein, M., Bax, M., Damiano, D., Dan, B., & Jacobsson, B. (2007). A report: The definition and classification of cerebral palsy. *Developmental Medicine and Child Neurology, 49*, 8-14.

Schulze-Bonhage, A., Kurth, K., Carius, A., Steinhoff, B. J., & Mayer, T. (2006). Seizure anticipation by patients with focal and generalized epilepsy: A multicentre assessment of premonitory symptoms. *Epilepsy Research, 70*, 83-88.

제 07 장

지적장애, 자폐성장애, 발달지체, 두 가지 이상 중복된 장애

학습목표

1. 지적장애의 개념, 특성, 통합교육을 위한 교육적 접근법을 이해한다.
2. 자폐성장애의 개념, 특성, 통합교육을 위한 교육적 접근법을 이해한다.
3. 발달지체의 개념, 특성, 통합교육을 위한 교육적 접근법을 이해한다.
4. 두 가지 이상 중복된 장애의 개념, 특성 그리고 통합교육을 위한 교육적 접근을 이해한다.

SPECIAL EDUCATION

1. 지적장애

지적장애에 대한 포괄적 이해를 돕기 위해 지적장애의 정의와 지적장애 지원 체계, 평가 방법, 그리고 지적장애를 가진 학생들의 특성을 제시하고자 한다. 또한 통합교육을 위한 교육적 접근법을 통해 교육 현장에서 실질적으로 활용할 수 있는 방안을 제시하여, 지적장애에 대한 심도 있는 이해와 함께 실천적 지식을 얻을 수 있도록 구성하고자 한다.

1) 지적장애의 개념

(1) 지적장애의 정의

① 지적 능력에서의 제한성

지적 능력은 개인이 자신의 주변 환경과 사건들을 이해하고, 어떻게 행동해야 할지 결정하는 넓은 범위의 능력을 말한다(Gottfredson, 1997). 이에 '지능'이라는 용어는 개인이 복잡한 상황을 파악하고, 환경에 적응하며, 경험을 통해 배우고, 다양한 방법으로 추론하고 사고하며 의사소통하는 능력에서 나타나는 개별적 차이를 설명하기 위해 사용된다(Neisser et al., 1996). 지적장애를 조작적으로 정의하는 데 있어 핵심적인 요소 중 하나는 '지적 기능의 제한'이다. 지적장애의 진단을 위해서는 '지적 기능이 평균보다 심각하게 낮은 수준'으로 판단되어야 한다. 일반적으로, 지적 능력은 지능지수(intelligence quotient: IQ)로 측정되는데, '평균보다 심각하게 낮은 지능 수준'은 평균에서 약 2 표준편차 이하를 나타낸다(American Association on Intellectual and Developmental Disabilities: AAIDD, 2021).

② 적응 능력에서의 제한성

적응행동은 일상생활 능력뿐만 아니라 변화하는 삶과 환경적 요구에 대응하는 능력에도 영향을 미친다. 이는 여러 가지 기술이 서로 다른 특징을 가지고 결합된 다면적 구조를 지니고 있는 것이다. 즉, 적응행동은 다양한 기술로 구성되어 있으며, 이러한 기술들은 요인분석을 통해 세 가지 주요 그룹으로 나눌 수 있다. AAIDD(2021)에 따르면, 이러한 적응행동의 요인들은 일상생활을 위해 필요한 개념적 기술, 사회적 기술, 실제적 기

표 7-1 적응행동 기술의 세 가지 영역

구분	기술 내용
개념적 기술	문해력, 자기지시, 숫자 · 금전 · 시간에 대한 개념
사회적 기술	대인관계기술, 사회적 책임감, 자긍심, 속기 쉬움, 순진성, 사회적 문제해결, 규칙 및 법률 준수, 희생되는 것을 피함
실제적 기술	일상생활 활동, 직업 기술, 금전 사용, 안전, 건강관리, 여행/대중교통 이용, 전화 사용

출처: American Association on Intellectual and Developmental Disabilities(AAIDD)(2021).

술로 분류된다.

지적장애로 판별되기 위해서는 앞서 언급한 적응행동에서 심각한 제한을 보여야 한다. AAIDD(2021)에서는 심각한 적응행동의 제한성을 표준화된 적응행동 검사에서, 적응행동의 세 유형, 즉 개념적 적응행동, 사회적 적응행동, 실제적 적응행동 중 하나의 영역 점수나 이 세 가지 영역의 전반적 점수가 평균에서 약 2 표준편차 이하일 경우, 심각한 제한성이 있는 것으로 판단한다.

③ 장애의 발생 시기

장애의 발생 시기는 지적장애 진단을 통해 개인이 서비스, 지원, 혜택, 그리고 보호를 받을 수 있는 자격 여부를 결정하는 중요한 요소 중 하나로 볼 수 있다. 이는 장애가 시작되는 나이를 나타내며, AAIDD의 2021년 12차 개정에서는 이 나이를 22세 이전으로 정의하고 있고 이 시기를 발달기로 명시하고 있다. 이는 11차 개정판까지 장애 발생 시기를 18세 이전으로 정의하던 것에서 변경된 것으로, 이로써 22세가 되기 전까지의 시기를 지적장애가 시작될 수 있는 기간으로 명시하고 있다(박승희, 박윤희, 한선영 공역, 2022).

2) 지적장애의 특성

지적장애학생은 다양한 특성을 가지고 있는데 먼저 학습 특성에 대해 살펴보고자 한다. 학습 특성은 주의력, 기억력, 모방 및 일반화 능력 등 학습 과정에서 나타나는 주요 요소를 포함한다. 또한 지적장애인의 심리적, 사회적 및 행동적 특성을 살펴보고자 한다. 여기에는 개인의 동기, 통제 소재, 외부지향성 요인들이 포함되며, 이러한 특성이 지적장애인의 일상생활과 사회적 상호작용에 어떻게 영향을 미치는지에 대해 살펴보고자 한다.

(1) 학습 특성

① 기억 특성

사람의 기억 과정은 매우 복잡하며, 정보가 우리 뇌에 저장되고 재사용될 때 여러 단계를 거치게 된다. 사람의 기억 과정에는 감각 기억, 단기 기억(또는 작동 기억), 그리고 장기 기억으로의 전환 과정이 포함된다(조인수, 2005). 이러한 각 단계는 정보 처리와 저장에 중요한 역할을 한다. 감각 기억(sensory memory)은 주변 환경에서 오는 정보를 매우 짧은 시간(보통 수 초 이내) 동안 저장하는 기억의 첫 번째 단계이다. 단기 기억은 제한된 용량을 가지며, 감각 기억을 통해 들어온 정보를 약 20초 정도 동안 유지할 수 있다. 이 단계에서 정보는 반복이나 시연을 통해 더 오래 기억될 수 있다. 작동 기억(working memory)은 더 복잡한 인지 과정을 위해 단기 기억에서 정보를 활용하고 조작하는 과정으로, 문제해결이나 의사결정과 같은 고차원적 사고를 위해 필요하다. 장기 기억(long-term memory)은 기억된 정보가 시간이 경과한 후에도 회상되는 것으로 일반적으로 지적장애학생도 비장애학생과 비교했을 때 장기 기억의 손상 정도는 덜 손상되어 큰 차이는 없다고 알려져 있다.

② 주의력

지적장애인의 주의력 특성은 개인마다 다양하게 나타날 수 있지만, 일반적으로 다음과 같은 몇 가지 공통적인 특성이 있다. 첫째, 외부 자극 중에서 특정 자극에만 집중하고 다른 불필요한 자극을 배제하는 능력인 선택적 주의집중(selective attention) 능력이 부족하다. 둘째, 장시간 동안 특정 활동이나 작업에 계속해서 집중할 수 있는 능력인 주의 유지(sustained attention) 능력이 다소 부족하다(조인수, 2005).

③ 모방 및 일반화

지적장애학생은 다른 사람을 관찰하거나 모방하는 것을 통해서 학습하는 모방 능력이 부족하다. 모방 능력이 부족하게 되면, 모방을 통해 자연스럽게 새로운 기술이나 행동을 배우는 과정에 어려움을 겪을 수 있다. 예를 들어, 대부분의 아동은 부모나 또래의 사회적 행동을 자연스럽게 관찰하고 모방함으로써 기본적인 사회적 규칙과 의사소통 기술을 학습할 수 있는데 여기에는 눈 맞춤, 기본적인 인사, 차례 기다리기, 감사의 표현 등이 포함될 수 있다. 하지만 지적장애학생은 또래나 성인이 다른 사람과 소통할 때 사용하는 비언어적 신호, 언어적 신호를 모방하는 데 어려움이 있어 사회적 상황에서 적절한 행동을 하는 데 필요한 기술을 습득하고 적용하는 데 한계를 보일 수 있다. 또한 지적장애학생은 학습한 정보나 기술을 새롭고 다양한 상황에 적용하는 일반화 능력에 어려움을 보인다(신현기 역, 2006).

(2) 심리적 특성

① 동기

동기(motivation)는 개인이 특정 행동을 시작하고, 지속하며, 방향을 설정하는 내적 혹은 외적 원인이라 할 수 있다. 이는 개인이 목표를 향해 나아가게 하고, 필요와 욕구를 충족시키기 위해 자원을 동원하게 하는 핵심적인 요소이다. 지적장애를 가진 학생은 종종 학습에 대한 동기가 낮은 경우가 있고, 어려운 과제를 해결할 때 느끼는 만족감이 적고, 새롭거나 복잡한 과제에 대한 참여 의욕이 결여되어 있는 경우가 있다. 지적장애학생들이 이처럼 낮은 동기를 가지고 있는 경우는 그동안 살아오면서 경험해 온 실패의 경험과 관련이 있는데, 이를 학습된 무기력(learned helplessness)이라고 한다(박승희, 이숙향, 이희연, 이현주 공역, 2021).

② 통제 소재

통제 소재(locus of control)란 한 개인이 자신이 한 행동의 결과를 어떻게 지각하는가를 뜻한다. 내적 통제 소재를 지닌 사람들은 자신에게 일어난 긍정적이거나 부정적인 사건들의 결과를 자신의 선택과 행동의 직접적인 결과로 보는 경향이 있다. 반면, 외적 통제 소재를 가진 사람들은 자신에게 일어난 긍정적 혹은 부정적 사건들의 결과를 운이나 기회, 혹은 다른 사람들의 영향과 같은 외부적 요소의 결과로 여기는 경향이 있다(송준만 외, 2022).

③ 외부지향성

외부지향성(outer-directedness)은 문제를 해결할 때 자신의 내적인 인지 능력을 사용하기 이전에 외부에서 단서를 먼저 찾으려고 하는 것이다. 외부지향성을 가진 지적장애인은 문제 상황을 해결하기 위해 일반적으로 다른 사람에게 의존하는 경향이 크고, 상황적 혹은 외부 단서들을 길잡이로 삼는 경향이 크다(신현기 역, 2006).

3) 통합교육을 위한 교육적 접근

(1) 지적장애학생의 교육을 위한 교육과정 구성 및 운영의 전제

지적장애학생들을 효율적으로 교육하기 위해 전제되어야 하는 교육과정 구성 및 운영의 원리에 대해 살펴보고자 한다. 전제되어야 하는 원리에는, ① 궁극적 기능성 기준, ② 최소위험가정 기준, ③ 생활연령 적합성 기준, ④ 영수준의 추측이 있다(송준만 외, 2022; 신현기 역, 2006).

① 궁극적 기능성 기준

궁극적 기능성 기준(criterion of ultimate functioning)은 지적장애인이 성인이 되었을 때 비장애인과 함께 자신의 잠재력을 최대한 발휘해서 살아갈 수 있도록 하기 위한 교육을 해야 한다는 것이다. 이러한 교육을 통해서 개인이 사회적 · 직업적 · 가정적으로 최대한 생산적이고 독립적으로 살아갈 수 있도록 반드시 소유해야 할 역량들을 미리 가르쳐야 한다는 것이다.

② 최소위험가정 기준

최소위험가정 기준(criterion of the least dangerous assumption)은 지적장애학생들을 가르치는 교사가 결정적으로 해당 학생이 배울 수 없다는 증거가 있지 않는 한, 최소로 위험한 결과를 가져오는 교육적 판단을 해야 한다는 것이다(이정은, 강경숙, 김미선 역, 2009). 즉, 아무리 장애가 심한 학생의 경우에도 학업을 하고, 기술을 가르쳐서 실제로 비용 효과적이고 이득이 되는 교육적인 선택을 해야 한다는 것이다.

③ 생활연령 적합성 기준

지적장애학생의 경우 장애가 심한 경우 생활연령에 비해 정신연령이 많이 뒤처질 수 있다. 하지만 이런 경우에도 학생의 정신연령이 아니라 생활연령에 근거해서 가르칠 기술들을 선택해야 하고 학습의 과정, 도구 등도 생활연령에 적합한 내용으로 구성될 필요가 있다.

④ 영수준의 추측

영수준의 추측(zero degree of inference)은 지적장애학생이 교실에서 배운 기술을 실제 사회생활에서 일반화해서 사용하지 못할 수도 있다는 전제하에, 학생이 배운 기술을 여러 환경에서 일반화할 수 있도록 평가해 봐야 한다는 것이다(이정은 외 공역, 2009). 즉, 지적장애학생에게 기술을 가르칠 때는 학생이 기술을 배운 후에 자연스럽게 일반화해서 사용할 수 있을 것이라고 추측하지 말고 기술을 실제 사용할 환경에서 사용할 수 있는지 평가해 보고, 일반화가 어려운 경우에는 실제 지역사회 환경으로 가서 직접 가르칠 필요가 있다.

(2) 지적장애학생의 독립 생활을 위한 기술

지적장애학생들의 독립적인 지역사회 생활을 지원하기 위한 기술에는 다양한 기술이 있다. 이 중 우선순위를 고려하여, ① 자기결정 기술, ② 일상생활 기술, ③ 자기옹호 기술, ④ 대인관계 기술을 살펴보고자 한다.

① 자기결정 기술

지적장애학생을 가르칠 때는 교육 경험을 통해서 자기결정력을 증진할 수 있도록 할 필요가 있다. 자기결정 능력이란 개인이 자신의 삶에 대한 결정을 스스로 내리고, 자신의 행동을 선택하며, 이러한 결정과 선택이 자신의 목표, 욕구, 그리고 가치에 부합하도록 행동을 조절하는 능력을 말한다. 예를 들어, 지적장애학생이 하루 일정표의 활동을 선택할 수 있도록 하거나 협동학습 집단 내 파트너 선택, 간식 선택, 휴식시간 활동 선택을 통해서 자기결정의 경험을 많이 가질 수 있다면 지적장애학생도 차츰 자기결정 능력을 증진해 나갈 수 있을 것이다. 자기결정은 자율성(autonomous), 자기조절(self-regulation), 심리적 역량강화(psychological empowerment), 자아실현(self-realizing)의 네 가지 영역이 뒷받침되어야 한다(박승희, 이숙향, 이희연, 이현주 공역, 2021).

② 일상생활 기술

비장애인들은 대부분 일상생활을 하는 중에 자연스럽게 일상생활 기술을 습득하게 된다. 하지만 지적장애인들은 비장애인들처럼 스스로 연령에 맞는 일상생활 기술을 배우지 못한다. 지적장애인들의 일상생활 능력은 장애정도에 따라서 매우 다르게 나타나며, 독립적인 생활에 대한 의식을 가지고 계속적인 교육을 받은 대상자가 그렇지 않은 대상자에 비해 신체적 · 지적 능력에서 차이가 난다(오혜경, 백은령, 엄미선, 2000). 일상생활 수행능력은 기본적 기술을 요구하는 기본적 일상생활 활동과 더 진보된 문제해결 능력과 사회적 기술, 더 복잡한 환경적 상호작용을 요구하는 수단적 일상생활 활동으로 나눌 수 있다. 기본적 일상생활 활동에는 자기관리, 기능적 이동성, 성적 표현, 수면과 휴식 등이 포함되고, 수단적 일상생활 활동에는 의사소통도구 사용, 건강 관리 및 유지, 재정 관리, 음식 준비와 청소하기, 지역사회로의 이동성 등이 포함된다(송준만 외, 2022).

③ 자기옹호 기술

자기옹호(self-advocacy)는 개인이나 집단이 자신들의 욕구와 이익을 위하여 스스로 어떤 일에 대하여 주장하거나 실천하는 과정으로, 대표적인 지적장애인 자기옹호 조직인 피플 퍼스트(People First, 1996)는 자기옹호를 "자신을 위해 발언하고 일어서기, 자신의 권리를 위해 일어서기, 선택하기, 독립적으로 되기, 스스로 책임지기"로 정의하고 있다. 지적장애인들이 자기옹호를 하기 위해서는 의사소통 기능뿐만 아니라 자신에 대한 이해, 권리에 대한 이해, 리더십 네 가지 기술이 필요하다(Fiedler & Danneker, 2007; Test et al., 2005). 의사소통은 자신의 생각과 감정을 명확하고 적절하게 표현하는 능력을 의미하고, 자기지식은 자신의 강점, 약점, 필요, 욕구, 가치 및 목표에 대해 이해하는 것으로 자신에 대해 명확하게 인식하고, 자신의 감정과 행동을 더 잘 이해할 수 있도록 도와준다. 권리지식은 자신의 법적 권리와 사회적 권리를 이해하는 것으로 개인이 자신의 권리를 자신 있게 주장하고, 부당한 대우에 대해 적절하게 대응할 수 있도록 도와줄 수 있고, 리더십은 자기옹호 상황에서 자신뿐만 아니라 다른 이들의 권리와 요구를 대변할 수 있는 능력을 포함한다.

④ 대인관계 기술

지적장애인은 사회생활의 기초능력이라 할 수 있는 대인관계 기술이 매우 부족하기 때문에 대인관계를 시작하고 유지하는 데 어려움을 겪게 된다. 즉, 의사소통 능력의 부족, 집단활동에 참여하려는 동기 부족, 과다한 의존성 등 사회성 부족으로 대인관계에 어려움이 있으며, 이로 인하여 지역사회에서의 활동, 직장생활, 사회적 수용에 문제가 따르게 된다.

지적장애인의 대인관계 기술을 증진하기 위하여 학령기부터 전환교육 활동을 통하여 대인관계 기술 증진에 관심을 가져야 하며(전보성, 2005), 대인관계 증진을 위한 다양한 프로그램을 실시하여야 한다.

2. 자폐성장애

1) 자폐성장애의 개념

(1) 자폐성장애의 정의

자폐(autism)의 어원은 희랍어로 '아우타(auto)'에 해당하는 것으로 영어로는 'self'와 같다. 이는 '자기 혼자만의 세계에 스스로 갇혀 있다'라고 해석할 수 있다. 1943년 미국의 정신과 의사인 레오 캐너(Leo Kanner)가 자신이 맡고 있는 11명의 아동이 사람이나 상황에 대해 일반적인 방식으로 관계를 형성하지 못하는 사회적 손상, 비정상적인 언어, 한정되고 반복적인 관심을 보이는 특성의 아동에 대하여 '유아자폐'라는 용어를 처음 기술한 것으로 알려졌다. 캐너는 "그 어린이들은 종종 총명하며, 비범한 기억력을 가진 어린이들도 간간히 눈에 띈다."라고 기술했으며 '인지 능력에 영향을 미치지 않는 심각한 정서장애(emotional disturbance)'로 간주했다(Kanner, 1943).

우리나라에서 자폐는 「장애인 등에 대한 특수교육법」에 '자폐성장애(autistic disorder)'라는 용어로 규정하고 있으며, 법적 정의는 〈표 7-2〉와 같다.

표 7-2 자폐성장애의 정의

「장애인 등에 대한 특수교육법」(2016)	「장애인 복지법」(2016)
사회적 상호작용과 의사소통에 결함이 있고, 제한적이고 반복적인 관심과 활동을 보임으로써 교육적 성취 및 일상생활 적응에 도움이 필요한 사람	소아기 자폐증, 비전형적인 자폐증에 따른 언어ㆍ신체표현ㆍ자기조절ㆍ사회적응 기능 및 능력의 장애로 인하여 일상생활이나 사회생활에 상당한 제약을 받아 다른 사람의 도움이 필요한 사람

(2) 자폐성장애의 분류

2013년 이전에는, 자폐성장애를 다섯 가지 독립된 범주로 나누었지만, 미국정신의학협회(American Psychiatric Association: APA)의 개정된 『정신질환의 진단 및 통계 편람(Diagnostic and Statistical Manual for Mental Disorder: DSM-5)』에서는 자폐성장애를 한 가지 범주의 장애로 보고 있다. 아주 가벼운 상태의 자폐증부터 전형적이고 심각한 수준의 자폐증을 연속선상으로 보고 다양한 증상과 수준의 자폐증이 존재한다고 간주하였다.

사회적 의사소통 및 제한적이고 반복적인 행동을 나타내는 특성의 정도에 따라 심각도 수준을 〈표 7-3〉과 같이 3단계로 구분하여 제시하였다. 이러한 관점은 지적장애의 분류를 1992년 IQ 기준에서 지원의 강도 기준으로 변경한 것과 같은 맥락이라고 할 수 있다.

DSM-IV-TR(American Psychiatric Association: APA, 2000)에서 아스퍼거증후군, PDD-NOS, 소아기 붕괴성 장애의 진단명이 없어지고 새로 개정된 DSM-5에서는 자폐성장애(Autism Spectrum Disorder: ASD)로만 진단된다. 다만, 아스퍼거증후군, PDD-NOS, 전형적인 자폐를 폐지했지만, 언어장애와 사회적 장애를 포괄하는 사회적 의사소통장애 진단명을 신설했다. 기존의 소아기 붕괴성 장애와 레트증후군은 신경계 질환으로 범주에서 제외되었다. 또한 전반적 발달장애(Pervasive Developmental Disorder: PDD)라는 용어 대신, 자폐성장애를 진단 범주(category)의 새로운 용어로 공식적으로 사용하였으며 DSM-IV-TR에서는 자폐 증상이 만 3세 이전에 발현되어야 한다는 나이의 제한이 있었으나, DSM-5에서는 나이 기준을 유아기(early childhood)라고만 기술하고 있다. 기존에는 3세 이전이라는 시작 연령의 제시가 '자폐성장애'와 '소아기 붕괴성 장애'와 같은 퇴행성 신경질환을 감별 진단하는 데 중요한 진단기준으로 사용되었지만, DSM-5에서 이러한 연령 제한이 사라짐으로써 이전과 같이 전반적 발달장애의 하위 범주로 구분하던 범주적

표 7-3 자폐성장애의 심각도 수준

심각도 수준		사회적 의사소통	제한적이고 반복적 행동
3수준	매우 많은 도움과 지지가 필요함	언어적·비언어적 사회적 의사소통 기능의 사용에 대하여 심각한 장애, 타인과의 사회적 상호작용 상황에서 최소한의 제한적인 반응만 보임	행동의 경직, 변화를 극도로 어려워함. 다른 제한적/반복적 행동이 모든 영역에서의 기능을 현저히 방해함
2수준	상당한 도움과 지지가 필요함	언어적·비언어적 사회적 의사소통 기술의 현저한 결손. 적합한 도움이 있더라도 사회적 장애가 명백하고 사회적 의사소통의 제한적인 시작. 타인의 사회적 접근에 대해 감소되거나 비정상적인 반응	행동의 경직, 변화를 어려워함. 또는 다른 제한적/반복적 행동이 일반 사람이 보기에도 확실하게 흔히 나타나고 다양한 맥락에서 기능을 방해함. 큰 고통/어려움이 초점 또는 행동을 변화시킴
1수준	도움과 지지가 필요함	적합한 도움이 없다면, 사회적 의사소통의 결손은 뚜렷한 장애를 초래함. 사회적 상호작용을 시작하기 어려움. 타인의 사회적 접근에 대해 비전형적임	행동의 경직은 하나 또는 그 이상의 맥락에서의 기능을 심각하게 방해함. 활동 사이의 전환에 어려움이 있음

구분을 하지 않고, 모두 자폐성장애로 진단받으며, 공통된 행동 이상을 보이는 차원적 접근을 하고 있다.

(3) 자폐성장애의 판별

자폐성장애 아동의 교육에 있어 조기 발견과 진단이 빠른 조기교육과 중재로 이어져 이를 통해 이후 아동의 발달에 큰 영향을 준다는 점에서 매우 중요하다. 그러나 24개월 미만의 소아는 말과 행동 발달이 느린 만큼 자폐를 의심할 만한 지표를 발견하는 것이 쉽지 않다. 이러한 지연 진단 문제를 획기적으로 해결할 수 있는 기술들이 등장하고 있다. 유전자 혹은 혈액 검사 등을 통해 자폐성장애를 객관적으로 측정하고 평가할 수 있는 바이오마커(biomaker)와 마커스 자폐증 센터(Marcus Autism Center: MAC)가 개발한 최초의 바이오마커 기반 안구 추적 진단 기술 얼리포인트(EarliPoint)에 대한 미국 식품의약국(FDA)의 허가로 확인되었다(Jones et al., 2023). 관련 기술은 순간 행동을 수집해 클라우드 서버에 저장된 수천 가지 지표를 비교 분석해 자폐를 진단하는 방식으로 모든 과정에 걸리는 시간은 12분이다. 이러한 멀티모달 기반 진단 기술은 더욱 고도화될 것으로 예상된다. 이 밖에도 자기공명영상(DT-MRI)만으로 자폐증을 98%의 정확도로 잡아내는 인공지능(AI)을 발표하였다(북미영상의학회, 2023). 자폐증 뇌 영상 데이터 교환(Autism Brain Imaging Data Exchange-II: ABIDE-II)이라는 커뮤니티를 통해 얻은 24~48개월 사이 어린이 226명의 데이터를 이 인공지능에 대입해 성능을 평가하였으며, 적어도 100명의 자폐증 환아 중 97명 이상은 정확하게 자폐증이라고 진단하였다. 또한 예일대학교 연구진은 자폐증 진단을 받은 소년 13명(이 중 8명은 대두증을 앓고 있음)에게서 줄기 세포를 수집하여 실험실 접시에서 발달 중인 뇌의 작은 3차원 복제물인 뇌 유기체를 만들었다. 이후 이들의 뇌 발달을 아버지와 비교한 결과, 자폐증과 대두증이 있는 아이들은 아버지에 비해 흥분성 뉴런의 과도한 성장을 보인 반면, 다른 자폐 아동들은 동일한 유형의 뉴런이 부족한 것으로 나타났다. 이는 특정 유형의 뉴런 성장을 추적하여 자폐증을 조기에 진단하고, 기존 약물 치료가 효과적인 자폐증 사례를 식별하는 데 도움이 될 수 있음을 시사한다(Hathaway, 2023).

이상의 ICT 기술 기반 진단이 현저히 발전해 가고 있지만 DSM과 ICD는 여전히 자폐성장애를 진단하는 주요한 도구이다. ICD(International Classification of Diseases) 체계는 DSM-IV-TR과 마찬가지로 자폐성장애의 하위 유형을 구분하여 사용하고 있지만 DSM-5(American Psychiatric Association: APA, 2013)에서는 자폐성장애가 공식적인 진단

표 7-4 DSM-5의 자폐성장애 진단기준

A. 다양한 분야에 걸쳐 나타나는 사회적 의사소통 및 사회적 상호작용의 지속적인 결함으로 현재 또는 과거력상 다음과 같은 특징으로 나타난다.
1. 사회적-감정적 상호성의 결함(예: 비정상적인 사회적 접근과 정상적인 대화의 실패, 흥미나 감정 공유의 감소, 사회적 상호작용의 시작 및 반응의 실패)
2. 사회적 상호작용을 위한 비언어적인 의사소통 행동의 결함(예: 언어적 · 비언어적 의사소통의 불완전한 통합, 비정상적인 눈 맞춤과 몸짓 언어, 몸짓의 이해와 사용의 결함, 얼굴 표정과 비언어적 의사소통의 전반적 결핍)
3. 관계 발전, 유지 및 관계에 대한 이해의 결함(예: 다양한 사회적 상황에 적합한 적응적 행동의 어려움, 상상 놀이를 공유하거나 친구 사귀기가 어려움, 동료들에 대한 관심 결여)

현재 심각도를 명시할 것 〈표 2 참고〉

B. 제한적이고 반복적인 행동이나 흥미, 활동이 현재 또는 과거력상 다음 항목들 가운데 적어도 두 가지 이상 나타난다.
1. 상동적이거나 반복적인 운동성 동작, 물건 사용 또는 말하기(예: 단순 운동 상동증, 장난감 정렬하기, 또는 물체 튕기기, 반향어, 특이한 문구 사용)
2. 동일성에 대한 고집, 일상적인 것에 대한 융통성 없는 집착, 또는 의례적인 언어나 비언어적 행동 양상(예: 작은 변화에 대한 극심한 고통, 변화의 어려움, 완고한 사고방식, 의례적인 인사, 같은 길로만 다니기, 매일 같은 음식 먹기)
3. 강도나 초점에 있어서 비정상적으로 극도로 제한되고 고정된 흥미(예: 특이한 물체에 대한 강한 애착 또는 집착, 과도하게 국한되거나 고집스러운 흥미)
4. 감각 정보에 대한 과잉 또는 과소 반응, 또는 환경의 감각 영역에 대한 특이한 관심(예: 통증/온도에 대한 명백한 무관심, 특정 소리나 감촉에 대한 부정적 반응, 과도한 냄새 맡기 또는 물체 만지기, 빛이나 움직임에 대한 시각적 매료)

C. 증상은 반드시 초기 발달 시기부터 나타나야 한다(그러나 사회적 요구가 개인의 제한된 능력을 넘어서기 전까지는 증상이 완전히 나타나지 않을 수 있고, 나중에는 학습된 전략에 의해 증상이 감춰질 수 있다).

D. 이러한 증상은 사회적, 직업적 또는 다른 중요한 현재의 기능 영역에서 임상적으로 뚜렷한 손상을 초래한다.

E. 이러한 장애는 지적장애(지적발달장애) 또는 전반적 발달지연으로 더 잘 설명되지 않는다. 지적장애와 자폐성장애는 자주 동반된다. 자폐성장애와 지적장애를 함께 진단하기 위해서는 사회적 의사소통이 전반적인 발달 수준에서 기대되는 것보다 저하되어야 한다.

주의점: DSM-IV의 진단기준상 자폐성장애, 아스퍼거 장애 또는 달리 분류되지 않는 전반적 발달장애로 진단된 경우에서는 자폐성장애의 진단이 내려져야 한다. 사회적 의사소통에 뚜렷한 결함이 있으나 자폐성장애의 다른 진단 항목을 만족하지 않는 경우에는 사회적(실용적) 의사소통장애로 평가해야 한다. 다음의 경우 명시할 것: 〈표 2〉 참조
- 지적 손상을 동반하는 경우 또는 동반하지 않는 경우
- 언어 손상을 동반하는 경우 또는 동반하지 않는 경우
- 알려진 의학적 · 유전적 상태 또는 환경적 요인과 연관된 경우
- 다른 신경발달, 정신 또는 행동 장애와 연관된 경우
- 긴장증 동반(정의에 대해서는 다른 정신질환과 관련이 있는 긴장증의 기준을 참조)

출처: American Psychiatric Association (2013).

명으로 등장함과 동시에 모두 하나의 진단명으로 통합되었다.

현재까지 국제적으로 널리 알려진 자폐성장애를 진단하는 도구로 알려진 것은 '자폐증 진단 관찰 스케줄: ADOS'와 '자폐증 진단 면담 개정판: ADI-R'가 있다. 그러나 이러한 도구는 전문적으로 훈련받고 자격을 갖춘 평가자만 사용할 수 있어 국내에서의 사용은 여전히 제한적이다.

2) 자폐성장애의 특성

(1) 행동 특성

호너 등(Horner et al., 2005)에 따르면, 13~30%의 자폐성장애 학생이 치료를 요하는 수준의 문제행동을 보이며 이러한 문제행동에는 공격, 지시나 과제 거부, 자기 자극(자해), 상동행동(신체 및 음성), 감각 관련 문제(맛보기, 냄새 맡기, 기계적인 소리내기 및 듣기), 불안, 짧은 주의집중, 분노 등이 있다. 또한 자폐성장애 아동들은 움직임이나 특정한 단어 및 문장을 지속적으로 반복한다. 이러한 특징은 주로 상동적인 반복 행동으로 손을 계속 흔드는 것이나, 몸을 앞뒤로 흔들거나, 머리를 책상이나 벽에 박는 행동 등 다양한 형태가 있다. 이러한 반복적인 행동은 아동이 흥분하거나, 스트레스를 받았을 때나, 일상적인 상황에서 변화가 있을 때 더 쉽게 나타난다. 때로는 특정 활동이나 물건에 대한 지나친 관심으로 자동차의 바퀴를 계속 굴리거나 끈을 계속 돌리는 등의 행동을 보일 수도 있다. 상동행동은 아동마다 종류나 정도가 다르며 몸의 일부분을 반복적으로 움직이는 경우도 있고, 특정한 소리나 음악을 계속해서 듣는 경우도 있으며, 특정한 물건이나

촉감에 집착하거나, 맛이나 음식의 냄새를 계속해서 탐색하는 감각적 행동을 보일 수도 있다. 무언가를 계속 들고 다니거나, 특정한 물건에 대한 고집스러운 행동을 보이기도 한다. 또한 특정한 활동을 반드시 정해진 순서대로 해야 하거나, 특정한 경로로만 이동해야 하는 고집스러운 행동을 보일 수도 있다. 또한 시간표나 달력, 버스나 전철 노선에 지나치게 관심을 보이거나, 특정 책의 특정 구절을 계속 반복해서 말하는 등의 특성을 나타내기도 한다. 이러한 상동행동은 개별 아동에 따라 다양하게 나타나며, 폭넓게 나타날 수 있다.

(2) 의사소통 특성

대다수의 자폐성장애아동은 의사소통에 언어를 이용하는 능력이 제약되어 있다. 어떤 경우에는 유아가 처음에 일부 언어를 습득하더라도 이후에 언어습득이 더디거나 후퇴하는 경향을 보이며 이러한 현상은 일반적으로 만 2세 이전에 나타나며, 대개 언어 이해와 표현에 걸친 문제로 나타난다. 때로는 자폐성장애 유아도 언어를 사용하는 듯한 행동을 보이지만, 이는 사실 의사소통을 위한 언어 사용이 제한된 경우일 수 있다. 예를 들어, 자폐성장애 유아는 반복적으로 특정 단어를 외우거나 무의미한 소리를 내는 등의 행동을 하거나, 반향어의 일환으로 자신이 들은 말을 반복하거나, 2인칭이나 3인칭을 사용하여 자신을 표현할 수도 있다. 그 외에도 손가락으로 물건을 가리키거나, 얼굴 표정으로 감정을 표현하는 것이 어려울 수 있으며, 대답 대신 고개를 끄덕이는 등의 비구어적 의사표현도 쉽지 않다. 사회성이 발달한 고기능 자폐 아동조차도 타인에게 관심을 보이기보다 자신의 관심사에 몰두하는 경향이 있으며, 반복적인 행동을 자주 나타낸다. 이러한 특성은 결과적으로 구어뿐만 아니라 비구어적 표현을 활용한 대인관계 형성을 어렵게 만든다.

(3) 사회적 특성

자폐의 주요 증상 중 하나는 사회적 상호작용의 결함이며, 이는 아동마다 나타나는 시기와 정도가 일정하지 않다. 어떤 경우에는 출생 후 한 달도 지나지 않아 특이성이 나타날 수도 있고 자폐성 위험 아동은 보통의 양육자와의 상호작용에서도 눈을 맞추지 않거나, 안기는 것에 관심이 없으며, 안아 주려고 하면 몸이 경직될 수 있다. 또한 보통 또래와의 놀이를 즐기는 유아 단계에서도 또래들의 놀이에 관심을 보이지 않거나 놀이 그룹에 참여하지 않는 경우가 많다. 설령 참여하더라도 놀이에 지속적으로 몰입하지 못하고,

종종 자기만의 세계에 빠져 혼자 지내는 모습을 보인다. 이러한 사회적 상호작용의 결함은 자폐성장애 아동이 사회적 상황에 적절하게 반응하지 못하는 사회성 기능 결함으로 나타난다. 이들은 낯선 사람에게 과도한 불안을 느낄 수 있으며, 어른이나 또래의 긍정적인 말이나 미소에도 적절히 반응하지 못하는 경우가 많다. 이러한 어려움은 성장 후에도 지속될 수 있으며, 성인이 되어서도 실생활에서 다양한 사회적 도전에 직면하게 된다. 고기능 자폐 아동의 경우, 사회생활에서 큰 문제가 없는 것으로 보일 수 있지만, 협력 그룹놀이나 활동, 친구관계 형성, 감정을 읽거나 애정을 나타내는 능력 등에서 여전히 어려움을 겪으며 이러한 어려움들은 대인관계 형성과 비구어적 행동에 대한 소극적인 태도와 관련이 있다. 따라서 자폐성장애 아동이 다른 사람에게 먼저 다가오는 경우에도, 상대방에게 특별한 관심이 있기보다는 대체로 먹을 것을 원한다거나 화장실에 가야 하는 등의 간단한 욕구나 간지러움과 같이 타인이 주는 자극을 즐기기 위하여 접근한 것으로 볼 수 있다. 이와 같은 어려움은 자신의 경험을 타인과 공유하는 관심 공유 능력이 지체되었기 때문이며, 이는 대인관계의 어려움으로 이어져 성장 과정 전반에 영향을 미칠 뿐만 아니라, 성인이 되어서도 일정 수준까지 지속될 가능성이 높다. 따라서 자폐성장애 아동에게는 사회적 규칙과 방법을 기계적으로 학습할 수 있는 기회를 제공하는 것이 효과적이다.

(4) 지능 및 학업 성취

대부분의 자폐성장애아동은 인지 능력과 학습 능력에 많은 어려움을 나타내며, 새로운 학습, 기술을 습득하는 데 일반아동에 비해 더 많은 시간이 필요하다. 자폐성장애아동의 약 70~80%는 지적장애의 지능을 나타내지만 약 10%는 서번트증후군(savant syndrome)으로 특정 영역에서 천재적인 재능을 보이기도 한다. 1988년 개봉한 영화 〈레인맨(Rain Man)〉의 더스틴 호프만의 배역은 실제 킴 피크(Kim Peek)를 모델로 한 영화이다. 피크는 지능지수(IQ)가 65~75이지만 두 살 때부터 방대한 양의 정보를 기억할 수 있었을 뿐만 아니라 매우 빠른 속도로 책을 읽을 수 있는 특별한 능력을 가지고 있었다. 1만 권이 넘는 책 내용을 대부분 암기했지만 일상생활에서는 어린아이들도 간단히 할 수 있는 사소한 일도 혼자서 하지 못했다. 2010년 방영된 〈템플 그랜딘(Temple Grandin)〉의 실제 주인공(Mary T. G.)은 두 살에 자폐 진단을 받았고, 당시 그녀를 진단한 의사는 평생 보호시설에 있어야 하며 말을 하는 것이 불가능할 것이라고 예측했다. 하지만 그녀는 현재 미국 콜로라도 교수로 재직 중이며 그림으로 생각하는 자신의 재능을 살려 동물의 이동경로에 가

Kim Peek(1951~2009)	Mary Temple Grandin(1947~)

출처: 한국교육신문(https://www.hangyo.com/news/article.html?no=76240)

장 적합하고 효율적인 가축시설을 구축하였다. 이 시스템은 미국 농장의 60% 이상이 채택하였으며 현재도 지속적으로 확대 · 도입되고 있다.

(5) 감각적 특성

자폐성장애아동은 감각 자극에 대해 이상적인 반응을 보이는 경우가 있으며 소리, 빛, 특정 움직임, 맛, 냄새, 촉감 등 특정 자극에 지나치게 둔감하거나 지나치게 민감하게 반응한다. 이러한 아동들은 외부 자극을 뇌로 전달하거나 적절히 반응하는 데 어려움을 겪을 수 있으며 때로는 아픈 자극에도 반응하지 않거나, 특정 음에 귀를 막거나 빛을 두려워하기도 한다. 또한 특정 감촉에 민감성을 보이거나 특정 감각에 소스라치는 등의 반응을 보일 수 있다. 2019년에 개봉한 영화 〈증인〉의 주인공 지우는 남다른 감각을 가지고 있으며 그중 청력이 매우 뛰어나 살인사건 현장의 증인으로 법정에 나오게 된다. 이와 같이 자폐성장애를 가진 아동들의 대다수가 감각처리 문제를 가진다(Ben-Sassion et al., 2009). 또한 정상아동과의 감각처리 특성을 비교한 결과, 자폐성장애아동의 95%가 감각처리장애를 보이는 것으로 나타났다(Tomchek & Dunn, 2007).

이러한 감각 자극에 대한 이상적인 반응은 종종 자해행동으로 이어질 수 있다. 예를 들어, 손으로 바닥을 두드리는 소리에 집착하여 손에 상처를 입거나, 이를 자제하면 머리로 벽이나 바닥을 치는 행동으로 이어질 수 있으며, 이러한 비정상적인 감각 반응은 아동이 감각적 정보들을 잘못 해석하여 불안과 공포를 느끼거나, 특정 사물이나 현상에 대한 인식이 어려워 반응하지 않는 것으로 오해할 수 있다.

(6) 기타 특성

자폐성장애 아동들은 소꿉놀이와 같은 상상놀이 활동에서도 주된 특성을 보인다. 다양한 장난감 활용놀이에 무관심하며, 때로는 장난감 놀이를 수행할 때에도 장난감이 가지고 있는 목적이나 상상적 기능보다는 단순한 감각을 얻기 위한 수단으로 소꿉놀이를 한다. 예를 들어, 소꿉놀이에서 컵에 물을 따르는 행동을 할 때, 실제 상황을 상상하며 하는 것보다는 단순히 물을 따르고 붓는 행동을 즐기는 경우가 대부분이다. 자동차 놀이의 경우에도 마찬가지로, 자동차를 반복적으로 굴림으로써 바퀴가 돌아가는 시각적 추이를 즐기는 것이 아동에게 더 중요한 관심사일 수 있다. 더 발전된 상황에서는 자동차 소리를 내면서 자동차를 굴리거나, 블록을 이용하여 도로를 만들거나 건물을 짓고, 텔레비전에서 본 특정한 사람의 행동을 흉내 내는 경우도 있지만 이러한 놀이들도 자신이 습득하여 익숙해진 특정한 순서를 재연하거나 기계적으로 자신만의 놀이방법으로 진행하는 경우가 대부분이다.

3) 자폐성장애의 교육

자폐성장애(ASD)는 광범위하고 포괄적인 진단기준을 포함하며, 아동마다 또는 아동 개인 내에서도 연령과 기질에 따른 증상의 양상과 심각도가 매우 다양하다(Geschwind & Levitt, 2007). 이는 아동의 특성과 강점 및 증상에 맞춘 특화된 치료가 필요함을 의미한다. 최근 ASD 진단과 치료에 대한 인식 증대는 긍정적이지만, 동시에 가용한 정보의 급증으로 인해 보호자들이 아동에게 가장 적절하고 효과적인 치료를 선택하기가 더욱 어려워졌다(Ospina et al., 2008). 미국심리학회(American Psychological Association: APA)의 임상 소아 및 청소년 심리학 분과에서는 지속적으로 근거기반 치료 연구를 요약·정리하기 위해 노력해 왔다(Wong et al., 2015). 근거기반에 입각한 중재방법 및 치료를 요약하면 다음과 같다.

(1) 조기 집중 행동 개입(Early Intensive Behavioral Intervention: EIBI)

자폐성장애아동의 사회적 의사소통 문제와 행동 문제를 해결하기 위해서는 먼저 조기 중재가 필수적이다. 조기 중재는 아동의 발달을 적극적으로 지원하고 필요한 지원을 제공하여 장애를 최소화하는 데 중요한 역할을 한다. EIBI는 로바스(Lovaas)에 의해 개발된 모델(Lovaas, 1987)로, 어린 ASD 아동을 대상으로 성인이 주도하는 1:1 방식으로 진행되며, 매우 구조화된 환경에서 2년 이상 언어, 인지, 자조, 사회성 등 다양한 영역에서 치료를 제공한다. 클린트월과 아이케세스(Klintwall & Eikeseth, 2014)는 EIBI의 효과성을 조사한 5개의 연구를 분석한 결과, 주 25시간 이상 집중적으로 응용 행동분석(Applied Behavior Analysis: ABA) 치료를 실시한 경우 대조군에 비해 지능과 적응행동을 유의미하게 향상시켰음을 발견했다. 또한 만 3세 이전에 가능한 빨리 개입할 경우, EIBI를 받은 아동은 새로운 것을 점점 더 빠르게 학습할 수 있다고 밝혔으며 정상 발달 아동과의 발달 격차를 줄이는 것뿐만 아니라, 의사소통 능력과 기타 발달 영역에서도 개선이 가능하다고 보고한 바 있다(Klintwall, Eldevik, & Eikeseth, 2015; Zwaigenbaum et al., 2015).

(2) 사회성 기술 중재

단일 목표행동에 대한 효과성 고찰 연구 중, ASD의 핵심 증상인 사회 기술 관련 연구가 가장 많으며 대부분 응용행동분석(Applied Behav_or Analyis: ABA)을 활용하였다. ABA는 공동 관심(Kasari et al., 2012; Schertz & Odom, 2007), 사회적 상호작용(Jung et al., 2008; Owen-Deschryver et al., 2008), 사회적 개시(Gena, 2006; Ingersoll & Gergnas, 2007; Morrison et al., 2001; Nelson et al., 2007) 등 다양한 사회 기술 향상에 효과적인 것으로 나타났다. 시각적 단서를 이해하는 데 강점을 가진 자폐성장애학생들에게는 사회적 상황 이야기는 효과적이며 이 방법은 주요 사회적 문제해결 장면을 그림, 만화, 사진 등의 시각적 단서를 활용하여 전달함으로써 사회적 문제행동을 중재한다. 특히 학생들이 사회적 맥락을 이해하고 적절한 행동을 취할 수 있도록 돕는 데 효과가 있다. 모델링은 또 다른 중요한 중재방법으로, 이는 학생이 성공적인 행동을 수행하는 또래나 부모 등을 관찰함으로써 목표행동을 모방하도록 유도한다. 직접 모델링과 비디오 모델링이 있으며 비디오 모델링의 경우 사회적 상호작용이 어렵고 주의집중이 짧아 수업 참여에 어려움을 지닌 자폐성장애학생에게 효과적이며(김정민, 2012, 2014), 스마트폰과 태블릿을 활용하고 앱을 설계한 다음 이를 태블릿으로 연구대상에게 제공할 수 있어 시각적인 정보를 선호하는 자폐성장애학생에게 흥미와 동기유발이 가능한 자료를 함께 제공하면 효과적으로 지도할 수 있다(김정민, 임해주, 2013). 최근에는 국책사업의 일환으로 만들어진 VR 프로그램이나 메타버스 기반 사회성 프로그램으로 영유아부터 청소년과 성인까지 연구가 진행되고 있다(김영준, 2023; 김주연, 2022; 서일, 2020). 이러한 방법들을 통해 자폐성장애학생들이 사회적 기술을 향상시키고 통합교육환경에서 성공적으로 적응하도록 지원할 수 있다.

(3) 행동 지원 중재

앞서 살펴본 바와 같이 자폐성장애아동은 반복적이고 의미 없는 특이한 행동을 나타내기도 한다. 또한 공격성이나 충동성, 자해행동을 일으키기도 한다. 이러한 행동은 자신뿐 아니라 또래 그리고 가족에게도 부정적인 영향을 미친다. 따라서 아동 스스로 행동을 조절할 수 있도록 도움으로써 대인관계 증진에 기여할 수 있어야 한다. 현재까지 효과적인 근거기반 행동중재로 알려진 것으로는 선행사건 조작(ABI), 인지행동중재(CBI), 차별강화(DRA, DRI, DRO), 기능행동평가(FBA), 모델링, 중추적 대응훈련(PRT), 강화(R+) 등이 있다. 문제행동의 경우, 해당 문제행동이 발생하는 선행사건을 파악하여(FBA) 이를 적절히 조작하고(ABI), 부적절한 반응을 적절한 행동으로 대체하는(FCT, R+) 개입이 이루어질 때 그 효과가 높아진다(정경미 외, 2018). 이 밖에도 문제행동을 예방하고, 바람직한 행동으로 대처하는 데 효과적인 긍정적 행동 지원(Positive Behavior Support: PBS)이 있으며, 익숙한 일과들을 일관성 있게 제공하여 새로운 반응을 획득하거나 수행해야 하는 경우, 불안 행동을 줄일 수 있는 효과적인 중재방법에는 공동행동 일과(Joint Action Routines: JARs)중재가 있다. 이 방법은 일과를 계속적으로 반복함으로써 행동의 습득, 유지 및 일반화를 가능하게 하며, 언어적 촉구 없이 스스로 일과를 수행할 수 있는 기회를 제공하여 자기주도성을 강화시킬 수 있다.

(4) 의사소통 기술

자폐성장애의 의사소통의 특성에 따른 지도방안을 살펴보면 다음과 같다. 첫째, 자폐성장애아동은 외부 환경에 관심이 우선되거나 다른 사람의 존재를 인식하지 못하는 경우가 많아서 자신의 의사를 적절하게 전달하는 데 제약이 발생한다. 둘째, 자신을 부르는 소리에 반응하지 않는 특성을 자주 보이며 이는 사회적 상호작용 및 의사소통 능력의 결여와 관련이 있다. 눈을 맞추며 반응하도록 유도하기 위해 안전하고 다양한 감각 자극 놀이활동을 활용하거나 아동이 원하는 활동이나 매체로 보상을 제공하여 눈 맞춤을 유도할 수 있다. 셋째, 일반아동의 경우, 만 12~14개월 정도가 되면 자신이 원하는 것을 표현하기 위해 손이나 손가락으로 사물을 가리키는 방법을 사용한다. 하지만 자폐성 아동들은 일반 발달 아동과는 다르게 이러한 방법을 사용하지 않는 경우가 많다. 일방적인 지시보다는 아동이 원하는 것을 손가락으로 지적하여 의사를 표현할 수 있도록 기회를 제공하는 것이 중요하다. 마지막으로, 자발적인 눈 맞춤이나 손으로 가리키는 행동은 자발적인 의지의 형성에 의존한다. 그러나 자폐성장애아동의 사회적 상호작용 및 의사소통 결함은 자발의지 부족이 주요 원인이다. 따라서 자발의지 촉진을 위해 반복적인 학습을 통해 아동이 좋아하는 활동에서 기술을 활용할 수 있도록 지원해야 한다. 그리고 가족과 함께하는 감각 자극 놀이, 아동 중심의 발달놀이행동 지도, 의사표현기술 학습 등 다양한 방법이 필요하다.

효과적인 의사소통 중재방법으로는 먼저, 그림 교환 의사소통 체계(Picture Exchange Communication System: PECS)를 활용하는 것이다. PECS는 언어적 촉구 없이도 자발적인 의사소통을 유도하여 의사소통의 어려움으로 인한 다양한 문제행동을 줄일 수 있다. PECS를 통해 개별 상황에서의 일상생활 및 학교생활에서 충분한 의사소통이 가능해질 수 있다. 다음으로는 보완대체의사소통(Augmentative and Alternative Communication: AAC)으로 1950년대 말부터 언어 및 의사소통에 어려움을 겪는 자폐성장애인을 위한 도구와 전략으로 활용되어 왔다. AAC는 그림, 기호, 보드, 전자기기 등을 포함하며 최근에는 태블릿이나 스마트폰 애플리케이션을 활용한 의사소통 지원 기술이 많이 사용되고 있다. 이 밖에도 신체적 촉구, 시각적 촉구, 수화 등을 활용할 수 있다.

(5) 정보통신기술을 활용한 중재방안

가상현실(VR), 증강현실(AR), 로봇, 인공지능(AI) 등을 활용하여 자폐성장애아동의 사회적 상호작용, 학습, 행동 교정을 효과적으로 지원하고 있다. 예를 들어, VR을 활용한 사회적 상황 시뮬레이션은 자폐성장애아동이 안전한 환경에서 사회적 기술을 연습하는 데 매우 유용하며, 이러한 기술 기반 접근법은 자폐성장애아동의 사회적 기술 향상과 학습 동기 부여에 긍정적인 영향을 미치는 것으로 나타났다. 특히 AI 기반의 맞춤형 학습 프로그램과 로봇을 이용한 상호작용이 자폐성장애아동의 언어 및 사회적 능력 향상에 도움이 된다는 결과가 보고되었다(Scassellati et al., 2018; Grynszpan et al., 2014). 또한 AR 기술은 자폐성장애아동이 현실 세계에서 즉각적인 피드백을 받으면서 학습할 수 있는 기회를 제공하여, 그들의 적응행동을 개선하는 데 효과적이다(Ayres et al., 2020).

3. 발달지체

여기서는 발달지체의 정의 및 분류, 판별에 대해서 살펴본 후 발달지체의 특성과 통합교육을 위한 교육적 접근에 대해서 알아보고자 한다.

1) 발달지체의 개념

「장애인 등에 대한 특수교육법」에서는 발달지체를 "신체, 인지, 의사소통, 사회·정서, 적응행동 중 하나 이상의 발달이 또래에 비하여 현저하게 지체되어 특별한 교육적 조치가 필요한 영아 및 9세 미만의 아동"으로 정의하고 있다. 어떤 아동에게는 일반적인 장애범주를 사용하는 것이 시기상조일 수 있고, 특히 영유아기에 이루어지는 평가는 오류가 발생할 확률이 높으며, 일반적인 장애범주에 속하지 않더라도 특수교육을 받을 수 있도록 해야 한다는 취지에서 발달지체 영역이 「장애인 등에 대한 특수교육법」에 포함되었다. 발달지체 아동은 또래에 비해 인지, 언어, 운동, 자조기술, 사회·정서 등 다양한 분야에서 발달이 뒤떨어질 수 있으므로, 때로는 취학을 유예하기도 하고, 보육중심의 조기교육기관에 배치되어 보육서비스를 받기도 한다(정대영 외, 2012).

발달지체로 선정 배치를 받은 경우 법적 연령(9세)을 초과했을 시에는 선정 배치 절차에 따라 다시 특수교육대상자로 선정 배치를 받아야 한다.

2) 발달지체의 특성

발달지체는 학습장애, 정서 및 행동장애 등의 기타 장애와 대등한 또 다른 장애명 또는 장애영역으로 이해되어서는 안 되며, 발달상의 지체로 인하여 특수교육 적격성을 인정받아야 하는 어린 아동에 대해 사용하는 용어로 인식되어야 한다. 이러한 용어의 사용은 영역별로 장애를 구분하여 특수교육 적격성을 인정하는 제도하에서 장애 진단을 확정하기에는 아직 어린 영유아가 특정 장애로 진단되지 않고도 교육을 받을 수 있도록 한다.

발달지체 아동의 특성은 발달지체 아동이 발달영역에서 어느 정도에 위치해 있는가에 따라 다를 수 있다. 즉, 발달지체 아동은 어떠한 발달영역에 어느 정도의 지체가 이루어졌는지가 다르기 때문에 발달지체의 특성을 단정적으로 규정할 수 없다. 또한 이러한 발달영역은 서로 상호작용하면서 변화해 가기 때문에 발달지체 아동의 특성은 고정적이지 않고 시간이 흐르면서 변화해 간다고 볼 수 있다. 따라서 발달지체 아동의 특성은 개별 아동의 특성과 발달영역 간의 상호작용에 따라 유동적으로 변화하는 것으로 인식할 필요가 있다. 발달지체 아동은 다양한 측면에서 교육이 이루어져야 하는데, 기본 생활 습관을 촉진하고, 운동발달을 촉진하며, 인지발달, 언어발달 등 다방면에서의 지원이 요구된다. 또한 발달지체와 발달장애는 다른 용어로, 다음과 같이 의미의 차이를 살펴보자.

발달지체
• 신체, 인지, 의사소통, 사회 · 정서, 적응행동 중 하나 이상의 발달이 또래에 비하여 현저하게 지체되어 특별한 교육적 조치가 필요한 영아 및 9세 미만의 아동 • 현재 「장애인 등에 대한 특수교육법」에서 발달지체를 장애영역으로 포함하고 있어 특수교육대상자로 서비스를 받을 수 있음

발달장애
• 지적장애, 자폐성장애를 포괄하는 개념 • 어느 특정 질환 또는 장애를 지칭하는 것이 아님 • 해당하는 연령에 이루어져야 할 발달이 성취되지 않은 상태로, 발달 선별검사에서 해당 연령의 정상 기대치보다 25%가 뒤처져 있는 경우

3) 통합교육을 위한 교육적 접근

성공적인 통합교육을 위해 교사는 발달지체 아동의 특성에 대한 이해를 증가시키고, 발달지체 아동의 문제행동에 대한 중재 전략의 개발과 교수기술을 신장시키며, 교사 스스로 발달지체 아동에 대한 태도를 변화시키는 것이 중요하다(Center & Ward, 1987). 통합교육 프로그램의 계획 및 실행은 교사의 주도에 의해 이루어진다는 점에서 볼 때, 교사 자신부터 장애에 대한 올바른 인식과 긍정적인 태도를 가지고 있어야만 교실에서 진정한 의미의 장애이해교육을 실행할 수 있으며, 발달지체 아동의 적극적 참여를 지지할 수 있는 교육내용 및 교육활동을 개발할 수 있다(한민경, 이미숙, 2009). 나아가 발달지체 아동에 대한 교사의 긍정적 태도는 학급 전체가 발달지체 아동에 대해 수용적인 분위기를 형성한다는 점에서 더욱 중요하다(오승인, 정진자, 2008; 원계선, 정경희, 이진숙, 2006; 양진희, 2005; 이승연, 2007; 정채옥, 2006; Ramsey & Williams, 2003). 따라서 교사가 보여 주는 태도와 행동은 통합교육환경에 있는 발달지체 아동과 일반아동의 발달에 지대한 영향을 미치게 된다(한민경, 이미숙, 김인서, 2011).

(1) 발달지체 아동을 위한 교육환경 및 배치

발달지체 아동은 다양한 경로를 통해 장애의 가능성이 확인되어 진단을 의뢰하게 된다. 다양한 경로를 통해 장애 진단이 의뢰되고, 진단 결과에 따라 발달지체 아동은 특수교육대상자로 선정되어 적합한 교육환경에 배치된다.

발달지체 아동이 교육받는 환경은 매우 다양하다. 발달지체 아동 중 영유아는 일반 어린이집이나 유치원과 같은 통합교육환경(장애아 통합어린이집이나 통합유치원)의 일반학급에 배치되기도 하고, 통합교육환경 내의 특수학급에 배치되기도 한다. 장애의 정도가 심한 경우에는 유아특수학교 또는 특수학교 유치부에 배치되기도 한다. 발달지체 아동 중 학령기 아동의 경우에도, 일반학급, 특수학급, 특수학교 등 다양한 교육적 배치가 이루어진다. 물론 발달지체 아동을 어떠한 교육환경에 배치할 것인가에 대한 결정은 발달지체 아동의 장애정도와 특성, 그리고 부모의 요구에 의해 결정될 수 있지만, 발달지체 아동의 배치를 결정하는 데 있어서 가장 중요한 것은 발달지체 아동이 어떠한 교육환경에서 가장 적절한 교육을 제공받을 수 있는지에 대한 것이다. 특수교육에서는 통합교육을 강조하고 있으며, 이러한 통합교육은 최소제한환경(Least Restrictive Environment: LRE)이라는 특수교육의 원리에 기반하고 있다. 따라서 발달지체 아동의 교육환경 배치는 통합교육이냐 분리교육이냐라는 이분법적 논리에서 벗어나야 한다. 즉, 어떠한 교육환경에서 발달지체 아동이 가장 적절한 교육을 제공받을 수 있는가를 확인하여 발달지체 아동의 교육적 배치가 결정되어야 한다.

(2) 발달지체 아동을 위한 개별화교육

통합교육환경에서 발달지체 아동이 의미 있게 수업에 참여하기 위해서는 교육목표, 교수 방법, 교수 자료 등을 수정하여 제공하는 교수적 수정이 필요하다(박경옥, 2005). 발달지체 아동을 위한 활동 관련 교육과정의 수정 시에는 발달지체 아동의 발달 특성과 신체 특성을 고려하여 발달지체 아동의 참여가 가능하도록 하는 것이 중요하다. 또한 발달지체 아동을 위한 통합교육 프로그램을 구성하는 데 있어서, 또래의 역할은 무엇인지, 그리고 일반교사 및 특수교사의 역할은 무엇인지, 그리고 지원인력이 존재한다면 지원인력의 역할은 무엇인지를 명확하게 규정하여 발달지체 아동의 참여가 보다 활발하게 이루어질 수 있도록 해야 한다. 다양한 장애 유형과 정도를 가지고 있는 개별 발달지체 아동은 각기 다른 교육적 요구를 가질 수 있으며, 이들에게 제공되는 교육은 개별 발달지체 아동의 독특성에 기반하여 개별적으로 제공될 필요가 있다.

(3) 발달지체 아동을 위한 가족중심 접근

발달지체 아동을 위한 교육에서 중요한 특징 중의 하나는 부모의 참여를 강조하는 데 있다. 물론 교육에 있어서 부모의 참여가 중요하다는 것은 이미 강조되어 왔지만, 자녀의 연령이 어릴수록 부모 역할의 중요성은 보다 더 커지게 된다. 발달지체 아동에 대한 교육은 발달지체 아동의 가족과 별개로 생각할 수 없다. 특히 영유아 시기는 부모를 포함한 가족구성원과의 관계가 다른 생애주기에 비해 매우 밀접한 시기이므로, 발달지체 아동에 대한 교육을 제공할 때는 발달지체 아동의 특별한 요구뿐만 아니라 가족의 요구도 함께 고려하여 제공해야 한다. 즉, 발달지체 아동에 대한 교육은 발달지체 아동에게만 초점을 맞추는 것이 아니라, 그 가족을 대상으로 가족의 요구에 적합한 지원을 제공해야 한다. 발달지체 아동의 부모를 포함한 가족구성원에게 지원을 제공함으로써 가족이 발달지체 아동을 보다 잘 이해하도록 하고, 부모와 가족구성원이 발달지체 아동을 양육하고 교육하는 데 필요한 능력과 기술을 습득하도록 지원할 필요가 있다(조윤경 외, 2014). 따라서 발달지체 아동 가족에 대한 적절한 지원은 발달지체 아동의 발달이 보다 적합하게 이루어지도록 하는 데 기여할 수 있다.

이처럼 발달지체 아동의 교육에서는 가족중심 접근을 강조한다. 가족중심 접근은 발달지체 아동 가족의 무조건적인 참여를 강요하는 것이 아니라, 가족의 개별적인 선호도를 고려하여 발달지체 아동의 교육에 가족의 참여를 강조하는 접근 방법이다. 이를 위해 우선적으로 발달지체 아동 가족의 선호도에 대한 진단이 이루어져야 한다. 교사는 가족들이 정기적으로 발달지체 아동의 교육에 참여하는 것에 대해 의사를 표현할 수 있는 기회를 제공해 주어야 하고, 발달지체 아동의 부모가 다양한 방법으로 자녀의 교육에 참여할 수 있도록 선택적인 활동을 제공하는 것이 필요하다. 발달지체 아동의 가족에 대한 지원과 관련해서는 이후 제시되는 12장을 참고하기 바란다.

4. 두 가지 이상 중복된 장애

1) 두 가지 이상 중복된 장애의 개념

두 가지 이상 중복된 장애는 중도중복장애와 시청각장애를 포함하여 이르는 표현이다. 중도중복장애와 시청각장애에 대해 각각 살펴보도록 하자.

두 가지 이상 중복된 장애를 지닌 특수교육대상자

다음 각 목의 구분에 따른 장애를 지닌 사람으로서 제1호부터 제6호까지의 규정에 따른 특수교육대상자에 대한 각각의 교육지원만으로 교육적 성취가 어려워 특별한 교육적 조치가 필요한 사람

가. 중도중복(重度重複)장애: 다음의 구분에 따른 장애를 각각 하나 이상씩 지니면서 각각의 장애의 정도가 심한 경우. 이 경우 장애의 정도는 법 제14조 제1항에 따른 선별검사의 결과, 제9조 제4항에 따라 제출한 진단서 및 「장애인복지법 시행령」 제2조 제2항에 따른 장애의 정도 등을 고려하여 정한다.

1) 지적장애 또는 자폐성장애

2) 시각장애, 청각장애, 지체장애 또는 정서 · 행동장애

나. 시청각장애: 시각장애 및 청각장애를 모두 지니면서 시각과 청각에 의한 학습이 곤란하고 의사소통 및 정보 접근에 심각한 제한이 있는 경우

(1) 중도중복장애의 정의

중도중복장애의 정의는 앞서 제시된 「장애인 등에 대한 특수교육법」의 정의를 생각해 볼 수 있다. 이러한 장애인 등에 대한 특수교육법의 정의 이외에도, 중도중복장애는 다음과 같이 정의된다. 중도중복장애학생은 선천적 또는 발달적 측면에서 중도의 지적장애 또는 자폐성장애를 수반하고 인지, 운동, 감각, 행동 등의 영역에서 중복으로 한 가지 이상의 장애를 가지고 있어 교육적 성취를 하는 데 강도 높은 지원이 필요하며, 사회참여와 자립생활에 있어서 특별히 고안된 사회적 · 심리학적 · 의학적 측면 등에서 지속적이고 전반적인 지원을 필요로 한다(국립특수교육원, 2013). 중도중복장애학생은 특수교육적인 방식으로도 일상생활에 필요한 기본적인 기능 습득이 어려운 학생들로, 취업을 한다면 보호고용이 필요한 학생들로 볼 수 있다. 최근 국립특수교육원(2018)은 중도중복장애를 중도의 단일 장애가 있는 중도장애학생이거나 두 가지 이상의 장애가 함께 있는 중복장애학생이며, 학습, 정서 · 행동, 운동, 감각, 의사소통, 적응행동, 일상생활, 진로직업, 건강과 안정 등의 영역에서 개인 맞춤형 교육 지원이 필요한 사람이라고 정의하였다. 이러한 정의들의 공통점을 찾아보면, 장애의 정도가 심각하다는 것을 공통적으로 언급하면서, 중도중복장애학생은 다양한 측면에서 폭넓은 지원이 제공될 필요가 있다는 것을 제시하고 있다(이미숙, 2020). 즉, 이러한 관점은 개인이 가진 장애의 심각성에 초점을 맞추면서도, 중도와 중복의 장애로 인해 다른 장애에 비해 지원의 정도가 더 폭넓다는 것을 강조하는 것으로 이해할 수 있다. 중도중복장애학생은 일반적으로 인지적 및 신체적 어려움을 동시에 가지고 있으므로, 단일 장애를 가진 특수교육대상자와는 또 다른 특수교육적인 접근이 필요하다. 중도중복장애학생을 지도하기 위해서는 최소제한환경인 지역사회에서 학생이 미래에 일상적으로 수행하고 적응하는 데 필요한 기술을 발달

시킬 수 있도록 해야 한다. 또한 학생이 독립적인 생활을 하는 데 필요한 기술과 기능을 습득할 수 있도록 장기적이고 연속적인 서비스를 지원해 주어야 한다(박재국, 박순길, 이미숙, 임혜경, 한경임, 노선옥, 2018).

(2) 시청각장애의 정의

시청각장애는 시각장애 및 청각장애를 모두 지니면서 시각과 청각에 의한 학습이 곤란하고 의사소통 및 정보 접근에 심각한 제한이 있는 경우를 말한다.

〈표 7-5〉는 중도중복장애학생 및 시청각장애학생 현황을 나타낸 것이다.

표 7-5 중도중복장애학생 및 시청각장애학생 현황 (단위: 명)

구분	장애영역	시각장애	청각장애	지체장애	정서 · 행동장애	계
중도 중복장애	지적장애	49	53	587	11	700
	자폐성장애	4	5	15	11	35
시청각장애	시각장애		3			3

출처: 교육부(2024a), p. 23.

2) 두 가지 이상 중복된 장애의 특성

통합교육환경에 배치되는 특수교육대상자가 증가한다는 것은 통합교육환경에서 중도중복장애학생의 비율도 증가할 것이라고 예측할 수 있다. 두 가지 이상 중복된 장애를 지닌 학생의 증가와 함께 통합교육환경에 배치된 중도중복장애학생 및 시청각장애학생의 수도 증가되는 추세이다. 중도중복장애학생을 가르치는 교사는 중도중복장애학생을 교육하면서 많은 어려움을 호소한다. 이들은 중도중복장애학생의 경우 신체활동과 자립생활 기술 등에서 제한이 있기 때문에 이러한 기술을 가르치는 데 많은 시간이 소요되고, 계속되는 교육활동에도 불구하고 학생의 진보 정도가 미약하다고 주장한다. 따라서 이들의 통합교육을 지원하기 위한 교육환경의 변화뿐만 아니라 일반교사와 비장애학생의 인식 변화도 함께 요구된다.

중도중복장애학생의 특성을 공통적인 특성으로 구분하여 설명하기는 곤란하며, 어떤 장애가 중복되었는가에 따라 그 특성을 다양하게 설명할 수 있다. 이들은 특히 인지적 학업 수행에서의 특징이 두드러지며, 그 외에도 운동성 및 감각, 정서 및 사회 영역의 발달에 제한이 따른다. 여기서는 공통적으로 지적장애를 수반하고, 운동, 감각, 인지 및 정서・행동의 영역에서 한 가지 이상의 장애를 중복으로 가진 학생들의 특성을 살펴보면 다음과 같다.

(1) 인지 및 정보 처리의 어려움

학생의 인지 분포는 심한 인지적 결함을 나타내는 수준부터 가벼운 수준까지 다양한 분포를 나타내기 때문에 인지 능력이나 학업 성취도를 일반화시켜 말하기는 곤란하다. 다만, 일반 또래에 비해 지적 수준이 낮으며 학습 능력의 지체와 새로운 학습 욕구의 결여, 정보 수용 능력의 부족, 습득한 지식의 일반화 및 통합・조직하는 능력의 결함을 나타낸다. 이 학생들은 짧은 주의집중력과 기억력의 제한을 가지며 높은 의존성, 자신감과 자기통제력 부족, 표현력 결여, 미성숙한 행동 등 바람직하지 않은 정서적 특성을 나타낸다. 이로 인해 새로운 기술의 습득을 방해하며, 새로운 학습을 경험하고 활동에 참여하는 데 부정적 영향을 끼친다.

(2) 비전형적인 움직임 및 운동성

중도중복장애학생은 일상생활에서 불균형적이며 불필요한 움직임, 통제되지 않은 움직임, 제한된 범위의 동작, 힘과 속도가 감소된 움직임, 활동의 부족 등 운동성 관련 문제와 비전형적인 움직임의 특성을 보인다. 운동 기능 면에서는 근육의 협응이 어렵고 자세의 불균형, 비정상적인 근육긴장도, 관절의 굴곡, 비정상적인 운동 패턴을 보이며, 신체 일부의 신경근육계의 마비나 경직, 상실로 인해 소근육 운동, 대근육 운동, 눈과 손의 협응 능력 등 운동 기능의 결함이 나타날 수 있다(곽승철 외, 2019).

(3) 감각 손상

중도중복장애학생 중에서 소수는 감각 손실을 보인다. 초기 학습은 시각적 기능에 큰 영향을 받게 되는데, 감각 손상은 학습뿐만 아니라 일상생활과 활동 참여 정도에 영향을 줄 수 있다. 시각 또는 청각의 문제가 있는 경우 사물이나 개념 인식의 어려움이 발생된다. 활동의 많은 부분이 사물이나 그림을 시각적으로 응시하거나 추적하기 등 시각의 조절 능력이 요구되므로 시각적 결함을 가지고 있는 경우에는 활동 참여가 어려울 수 있으며, 청각적 결함이 있는 경우에는 말로 한 이야기의 순서를 기억할 수 없는 등 감각 손상으로 인해 정보 수용의 어려움이 있다.

(4) 의사소통의 어려움

의사소통은 말과 언어를 통해 표현하는 것이 가장 효과적이지만 중도중복장애학생의 경우 의사소통의 문제로 인해 자신의 생각이나 의견, 감정, 요구 등을 표현하는 데 어려움이 있다. 의사소통의 어려움은 지적장애, 감각장애, 지각장애 등의 수반 장애로 인해 나타나기도 하지만, 발달 초기의 운동, 사회적·인지적 발달 및 놀이 경험의 부족으로 인해 언어습득 이전의 비언어적인 몸짓 등의 언어 전 행동을 발전시키지 못하므로 의사소통 기술의 습득을 방해한다.

(5) 피로 및 인내력 부족

발달 초기의 중요한 시기에 장애로 인한 진단과 치료에 대부분의 시간을 할애하여 적절한 발달 과정에서 긍정적인 경험을 충분히 접하지 못한다는 것은 학생의 정서적인 안정감에 심각한 영향을 줄 수 있는 요인이다. 이러한 특성은 신체장애로 인한 또래와의 상호작용 기회의 부족과 사회적 행동을 학습할 기회의 제한, 활동의 제한 등이 이유가 될 수 있으며, 결과적으로는 사회적 기술의 습득을 방해하고 사회적 관계를 형성하는 데 부정적인 영향을 끼치는 요소가 된다.

(6) 건강 요인

대부분의 중도중복장애학생은 학습과 생활을 방해하는 건강 관련 문제를 가진다. 건강 요인은 고통과 불편함에서 약물 부작용, 건강 문제에 기인한 잦은 결석까지 다양하다. 고통으로 결석할 수도 있고 주의집중력이 더 부족해질 수도 있다. 활동 참여나 집중을 방해하는 피로감은 발작 장애를 가진 학생들이 복용하는 많은 항경련제 약물의 흔한 부작용이다. 이러한 약물 효과는 적절한 정보에 주의집중하는 것을 방해할 수 있으며, 정보 처리 속도를 감소시켜 인지력에 영향을 미치기도 한다.

(7) 행동 및 정서적 기능

중도중복장애학생은 학업 성취에 영향을 미치는 행동 또는 정서 관련 문제를 가질 수 있다. 학생들은 분노, 우울증, 절망감 같은 행동을 보일 수도 있다. 예를 들어, 중도중복장애학생 중 외상성 뇌손상을 가진 학생은 매우 공격적일 수 있다. 듀센형 근이영양증을 가진 학생은 정서적 문제로 가장 흔한 증상 중의 하나인 우울증이 증가할 위험이 있다. 중도 또는 최중도의 지적장애를 가진 학생은 자기 자극 행동 또는 자해 행동을 보일 수 있으며, 일부는 임상적인 정신의학적 문제를 가질 수 있다. 이러한 신체적 · 의료적 문제로 인해 부적절한 학습 경험과 결핍 등으로 학습 활동 및 성취에 영향을 받게 된다.

3) 통합교육을 위한 교육적 접근

중도중복장애학생이 통합교육환경에서 효과적인 교육적 성과를 얻기 위해서는 단지 이들을 통합교육환경에 배치하는 것으로는 충분하지 못하다. 즉, 통합교육 프로그램이 중도중복장애학생의 특별한 요구를 충족시키기 위해 구조화되어 있지 않다면, 중도중복장애학생은 통합교육환경에서 사회적 · 발달적 성과를 얻을 수 없게 된다. 중도중복장애학생이 가능한 최대한으로 비장애학생들과 동일한 환경에서 교육받을 수 있도록 하여야 하며, 개별화교육계획(Individualized Education Program: IEP)은 중도중복장애학생의 특별한 요구를 충족시키기 위해 효과적으로 구안되어야 한다. 무엇보다도, 통합교육의 효과를 극대화하기 위해서는 통합교육 프로그램의 질을 높이는 것이 매우 중요하다.

근래에는 통합교육 환경에서 중도중복장애학생의 집중적인 지원을 위해 중도중복장애 특수학급을 설치하여 운영하는 사례도 있다. 중도중복장애 특수학급은 일반학교 내에서 중도중복장애학생만을 위한 특수학급으로 기능적 생활중심 교육과정 등 중도중복장애학생의 특성에 적합한 교육과정을 운영하고, 1대1 비율의 인력이 지원되고 있다(표윤희, 이희연, 김경양, 2017). 하지만 통합교육 현장의 대부분은 중도중복장애학생만을 대상으로 하는 특수학급보다 일반학교 특수학급에서 중도중복장애학생이 다양한 장애정도의 학생들과 함께 교육받는 경우가 더 많다.

(1) 중도중복장애학생 통합교육의 의미

교육 현장에서 통합의 실제 대상은 장애학생 중 경도의 장애를 가진 학생이 대부분이다. 중도중복장애학생의 경우는 그들이 가진 장애의 심각성으로 인해 일반교육환경으로부터 제외되어 온 것이 사실이다. 이는 많은 교사와 전문가들이 경도의 장애를 가진 학생들은 일반교육환경에 보다 쉽게 통합되어 교육받을 수 있다고 생각하지만, 중도의 장애를 가진 학생의 경우는 특수학교 중심의 분리교육을 떠올린다. 하지만 모든 장애학생이 일반교육환경에서 또래들과 함께 학습하고 생활할 수 있는 권리를 가지고 있음을 생각해 볼 때, 중도중복장애학생에게도 당연히 통합교육이 고려되어야 한다(이미숙, 구신실, 노진아, 박경옥, 서선진, 2016). 단지 장애의 정도가 심각하다고 하여 무조건 분리교육만을 강조한다면 그것 또한 하나의 모순일 수 있다. 만약 중도중복장애학생이 통합교육을 통해 긍정적인 성과를 가질 수 있다면, 교사와 부모는 중도중복장애학생에게도 통합교육의 기회를 제공해야 한다.

일반적으로 교사와 부모들은 중도중복장애학생의 경우 특별한 교육 프로그램과 환경을 가지고 있는 분리된 교육기관에서 교육을 받는 것이 중도중복장애학생의 발달에 도움이 될 것이라는 생각을 한다. 즉, 교사와 부모들은 경도 또는 중등도 장애학생의 경우만 통합된 교실에서 여러 가지 자극을 제공받고 사회적 상호작용의 기회를 가질 수 있다고 생각한다. 하지만 교사나 부모가 일반적으로 인식하는 중도중복장애학생에게는 통합교육환경보다 분리교육 환경이 보다 적합할 것이라는 견해나 결과에 반대되는 연구결과가 존재한다. 많은 연구는 중도중복장애학생의 통합교육에 대한 이점으로, 중도중복장애학생이 사회적·의사소통적·발달적 이익을 얻을 수 있었다고 보고하였다(안영주, 김수연, 2014). 또한 중도중복장애학생은 통합교육을 통해서 의미 있고 건설적인 또래 관계 및 우정관계를 배우고 발달시킬 수 있다.

(2) 중도중복장애학생을 위한 일상생활 활동 교육과정

일상생활 활동은 장애정도가 심한 학생을 대상으로 하는 교육과정이다. 최근 특수교육대상학생 중 장애정도가 심한 학생의 수가 증가하는 추세지만 교육 현장에서는 국가수준 교육과정과 학교 현장 요구 간의 차이로 인해 학생 맞춤형 교육과정을 설계하고 운영하는 데 어려움이 있었다. 또한 학생의 요구에 따른 생활 적응 능력을 집중적이고 실제적으로 교육하는 데 제약이 있었다. 이러한 어려움을 해결하기 위하여 일상생활 활동 교육과정도 특수교육대상학생에게 우선적으로 요구되는 생활 기능을 의사소통, 자립생활, 신체활동, 여가활동, 생활적응(시각중복, 청각중복, 지체중복)으로 구성하여 국가 수준 교육과정으로 편성한다. 일상생활 활동은 학생의 잠재 능력을 계발하여 자신과 주변 환경을 이해하고, 현재와 미래의 삶에 필요한 생활적응 능력을 함양하며, 능동적인 사회 구성원으로서 지역사회 속에서 더불어 살아가는 태도를 기르는 것을 목표로 한다.

(3) 물리적 및 교수적 환경의 수정

물리적 및 교수적 환경을 수정하는 것은 중도중복장애학생이 학습에 참여할 수 있도록 하며, 중도중복장애학생의 성과나 목표를 달성할 수 있도록 돕는다. 교사는 모든 학생들이 교실 환경에 접근할 수 있도록 모든 장소와 자료를 물리적으로 수정해야 한다.

중도중복장애학생들은 그들이 가진 장애의 정도에 따라서 다양한 조정을 필요로 한다. 따라서 교사는 중도중복장애학생의 건강, 안전, 의사소통, 자세, 이동을 위해 어떠한 설비들이 필요한지를 알고 있어야 한다. 특히 장애학생을 비장애학생 옆에 앉도록 하는 것은 자연적인 상호작용의 기회를 제공한다. 그리고 통합교육환경의 교육과정은 모든 학생들의 개별적인 요구를 충족시킬 수 있도록 설계되어야 한다. 중도중복장애학생이 비장애학생과 동일한 활동에 참여하는 데 어려움을 보인다면, 교사는 프로그램을 수정할 수 있다. 울프와 홀(Wolfe & Hall, 2003)은 장애학생이 통합교육환경에서 이익을 얻기 위해서는 교육과정을 수정하는 것이 필요하다고 하였는데, 이를 위해 교사는 중도중복장애학생의 요구에 적합하도록 규칙을 변경하거나, 자료를 수정하고, 의미 있는 통합을 지속할 수 있는 다양한 지원을 제공할 수 있다고 하였다. 교사는 프로그램을 수정할 때 중도중복장애학생에게 연령에 적합한 활동 및 자료를 제공하여야 한다는 것을 명심해야 한다.

(4) 사회적 상호작용과 의사소통 기술의 활성화

중도중복장애학생과 비장애학생의 사회적 상호작용과 의사소통 기술을 향상시키도록 하여야 한다. 교사는 중도중복장애학생과 비장애학생 모두에게 상호작용 기술을 가르쳐야 하며, 중도중복장애학생과 비장애학생 모두에게 활동을 어떻게 시작하는지, 또래의 접근에 어떻게 반응할 것인지를 가르쳐야 한다. 비장애학생은 장애학생의 상호작용을 위한 모델 역할을 할 수 있다. 장애학생과 비장애학생의 상호작용을 활성화시키기 위해서, 교사는 이들의 관계를 중재하고 안내할 수 있어야 하며, 지속적으로 중도중복장애학생과 비장애학생의 상호작용을 관찰하여야 한다. 이처럼, 교사는 중도중복장애학생이 의사소통의 방법을 가지고 있는지 그렇지 않은지를 파악하는 것이 중요하다. 예를 들어, 어떤 중도중복장애학생은 의사소통을 위해 손짓, 몸짓, 눈 맞춤, 그림, 사물, 또는 구어를 사용한다. 특히 손짓이나 몸짓은 중도중복장애학생들에게 일반적이고 자연적인 의사소통의 수단이다. 통합환경에서 손짓을 사용하는 것은 중도중복장애학생들이 단지 구어를 사용할 수 없다는 이유로 의사소통에서 쉽게 제외되지 않도록 해야 한다. 또한 교사는 비장애학생들에게 장애학생이 사용하는 의사소통의 수단을 이해할 수 있도록 가르쳐야 한다. 만약 비장애학생이 중도중복장애학생의 의도와 행동을 이해할 수 없다면, 비장애학생은 중도중복장애학생에게 놀이나 활동을 제안하고 그들의 요구에 응답하는 데 어려움을 갖게 될 것이다.

중도중복장애학생은 수용언어와 표현언어에서 어려움을 가질 뿐만 아니라 기능적 언어를 습득하는 데에도 어려움이 있기 때문에, 이들의 의사소통 능력을 촉진시키기 위해 보완대체의사소통(Augmentative and Alternative Communication: AAC) 도구를 활용할 수 있다. 보완대체의사소통은 구어로 의사를 표현하는 데 어려움이 있는 학생에게 구어를 보완하거나 대체할 수 있는 그림이나 글자 등을 활용한 의사소통판이나 음성출력장치를 장착한 의사소통판 등을 이용하여 의사소통을 지원하도록 하는 것이다(김동일 외, 2010). 의사소통에 어려움을 경험하는 중도중복장애학생은 이러한 보완대체의사소통 도구를 활용하여 의사소통을 보다 원활하게 할 수 있다.

논의할 문제 SPECIAL EDUCATION

1. 현재 활용되고 있는 지적장애의 진단기준이 적절하다고 생각하는지, 현재 진단에 사용되는 평가 도구들이 지적장애의 진단 및 이해에 효과적인지 생각해 보시오.
2. 통합교육이 지적장애학생들의 학업 성취와 사회적 통합에 미치는 영향을 논의하고, 효과적인 통합교육을 실행하기 위한 전략에는 무엇이 있을지 생각해 보시오.
3. 지적장애인들의 자기결정 기술, 자기옹호 기술을 증진할 수 있는 방안에 대해 생각해 보시오.
4. 자폐성장애에 있어서 조기 중재가 중요한 이유가 무엇인지 생각해 보세요.
5. 최근의 자폐성장애인의 사회적 통합을 촉진하기 위한 방안에는 무엇이 있는지 논의해 보시오.
6. 자폐성장애학생의 성공적인 통합교육이 되기 위한 조건은 무엇이라고 생각하는가?
7. 통합학급에 장애로 의심되는 영유아가 발견될 시, 특합학급 교사가 해야 할 역할에 대해 설명해 보시오.
8. 두 가지 이상 중복된 장애의 특성을 생각해 보고, 중도중복장애학생과 시청각장애학생을 위한 교육방법에 대해 논해 보시오.

참고문헌

곽금주(2021). **K-WISC-V 이해와 해석**. 서울: 학지사.

김동일, 박희찬, 김정일(2017). **지역사회적응검사-2판(CISA-2)**. 서울: 인싸이트.

김영준(2023). KAIST 등, 자폐성장애 직장적응 돕는 VR개발, 전자신문 https://www.etnews.com/20221230000056

김정민(2012). 비디오 모델링 중재가 아스퍼거 아동의 발표행동과 자기효능감에 미치는 영향. **특수아동교육연구, 14**(4), 377-402.

김정민, 김경화(2014). 앱 기반 비디오 자기관찰이 자폐성 장애학생의 수업참여행동에 미치는 효과. **정서·행동장애연구, 30**(2), 361-385.

김정민, 임해주(2013). 자폐 스펙트럼 장애 아동의 사회성 중재에 대한 국내·외 단일 대상 연구 메타분석. **정서·행동장애연구, 29**(4), 311-339.

김주연(2022. 6. 27.), 뉴다이브-이화여대, 메타버스 발달장애 치료프로그램 개발키로. 청년의사. https://www.docdocdoc.co.kr/news/articleView.html?idxno=2024445

박승희, 박윤희, 한선영 역(2022). **AAIDD 12판 지적장애 정의, 진단, 분류, 및 지원체계.**(Schalock, R. L., Luckasson, R., & Marc J. Tassé, M. J. 저). 서울: 교육과학사.

박승희, 이숙향, 이희연, 이현주 역(2021). **지적장애인 교육 학교급별 교수전략**. (Gargiulo, R. M., & Bouck, E. C. 저). 경기: 교육과학사.

서일(2020. 9. 29.). 두브레인, '30분게임' 발달장애 AI진단 "디지털 치료까지". 바이오스펙티이터. http://www.biospectator.com/view/news_view.php?varAtcId=11435

송준만, 강경숙, 김미선, 김은주, 김정효, 김현진, 이경순, 이금진, 이정은, 정귀순(2022). **지적장애 학생교육**. 서울: 학지사.

신현기 역(2006). **정신지체**. (Taylor, R. L., Richards, S. B., & Brady, M. P. 저). 서울: 시그마프레스.

오혜경, 백은령, 엄미선(2000). 정신지체장애인 자립생활실천모델 개발을 위한 기초연구. **재활재단논문집, 9**, 4-59.

이정은, 강경숙, 김미선 역(2009). **중도장애**. (Collins, B. C. 저). 서울: 학지사.

전보성(2005). 대인·사회적 기능 중심의 전환교육 활동이 정신지체학생의 사회적 능력과 지역사회 적응기술에 미치는 효과. 대구대학교 대학원 박사학위논문.

정경미, 신나영, 진동주, 정은선(2018). 자폐스페트럼장애(ASD)의 근거기반치료. *Korean Journal of Clinical Psychology, 37*(4), 656-670.

조인수(2005). **정신지체아교육**. 경북: 대구대학교 출판사.

American Association on Intellectual and Developmental Disabilities(AAIDD) (2021). *Intellectual disability: Definition, classification, and system of support* (12th ed.).

Washington, DC: Author.

American Psychiatric Association (2013). *Diagnostic and statistical manual of mental disorders* (5th ed.). Washington, DC: American Psychiatric Publishing.

Ayres, K. M., Mechling, L. C., & Sansosti, F. J. (2020). The use of augmented reality technology in the treatment of autism spectrum disorders: A systematic review. *Research in Autism Spectrum Disorders, 72.*

Ben-Sassion, A., Hen, L., Fluss, R. et al. (2009). A meta-analysis of sensory modulation symptoms in individuals with autism spectrum disorders. *Journal of Autism and Developmental Disorders, 39,* 1-11.

Fiedler, C. R., & Danneker, J. E. (2007). Self-advocacy instruction: Bridging the research-to-practice gap. *Focus on Exceptional Children, 39*(8), 1-20.

Gena, A. (2006). The effects of prompting and social reinforcement on establishing social interactions with peers during the inclusion of four children with autism in preschool. *International Journal of Psychology, 41*, 37-41.

Geschwind, D. H., & Levitt, P. (2007). Autism spectrum disorders: Developmental disconnection syndromes. *Current Opinion in Neurobiology, 17,* 103-111.

Gottfredson, L. S. (1997). Mainstream science on intelligence: An editorial with 52 signatories, history and bibliography. *Intelligence, 24*(1), 13-23.

Grynszpan, O., Weiss, P. L., Perez-Diaz, F., & Gal, E. (2014). Innovative technology-based interventions for autism spectrum disorders: A meta-analysis. *Autism, 18*(4), 346-361.

Hathaway, B. (2023). Yale scientists reveal two paths to autism in the developing brain. Yale News.

Horner, R. H., Carr, E. G., Halle, J., McGee, G., Odom S. L., & Wolery, M. (2005). The use of single-subject research to identify evidence-based practice in special education. *Exceptional Children, 71,* 165-180.

Ingersoll, B., & Gergans, S. (2007). The effect of a parent-implemented imitation intervention on spontaneous imitation skills in young children with autism. *Research in Developmental Disabilities, 28*, 163-175.

Jones, W., Klaiman, Ch., Richardson, S. et al. (2023). Eye-Tracking-Based Measurement of Social Visual Engagement Compared With Expert Clinical Diagnosis of Autism. *JAMA Network Open, 6*(9), 1-17.

Jung, S., Sainato, D. M., & Davis, C. A. (2008). Using high-probability request sequences to increase social interactions in young children with autism. *Journal of Early Intervention, 30,* 163-187.

Kanner L.(1943). Autistic disturbances of affective contact. *Nervous Child, 2*, 217-250. Radiological Society of North America. (2023). Retrieved from RSNA website.

Karst, J. S., & Van Hecke, A. V. (2012). Parent and family impact of autism spectrum disorders: A review and proposed model for intervention evaluation. *Clinical Child and Family Psychology Review, 15,* 247-277.

Klintwall, L., & Eikeseth, S. (2014). Early and intensive behavioral intervention (EIBI) in autism. In V. B. Patel, V. R. Preedy, & C. R. Martin (Eds.), *Comprehensive guide to autism.* New York, NY: Springer

Klintwall, L., Eldevik, S., & Eikeseth, S. (2015). Narrowing the gap: Effects of intervention on developmental trajectories in autism. *Autism, 19,* 53-63.

Lovaas, O. I. (1987). Behavioral treatment and normal educational and intellectual functioning in young autistic children. *Journal of Consulting and Clinical Psychology, 55*, 3-9.

Morrison, L., Kamps, D., Garcia, J., & Parker, D. (2001). Peer mediation and monitoring strategies to improve initiations and social skills for students with autism. *Journal of Positive Behavior Interventions, 3,* 237-250.

Neisser, U., Boodoo, G., Bouchard, T. J. Jr., Boykin, A. W., Brody, N., Ceci, S. J., Halpern, D. F., Loehlin, J. C., Perloff, R., Sternberg, R. J., & Urbina, S. (1996). Intelligence: Knowns and unknowns. *American Psychologist, 51*(2), 77-101.

Nelson, C., McDonnell, A. P., Johnston, S. S., Crompton, A., & Nelson, A. (2007). Keys to play: A strategy to increase the social interactions of young children with autism and their typically developing peers. *Education and Training in Developmental Disabilities, 42*, 165-181.

Ospina, M. B., Seida, J. K., Clark, B., Karkhaneh, M., Hartling, L.,Vandermeer, B., & Smith, V. (2008). Behavioural and developmental interventions for autism spectrum disorder: A clinical systematic review. *PloS One, 3.* E3755.

Owen-Deschryver, J. S., Carr, E. G., Cale, S. I., & Blakeley-Smith, A. (2008). Promoting social interactions between students with autism spectrum disorders and their peers in inclusive school settings. *Journal of Positive Behavior Interventions, 23*, 15-28.

People First (1996). *Speak out for equal rights workbook two*. London, UK: Equal People Course Book.

Scassellati, B., Admoni, H., & Mataric, M. (2018). Robots for use in autism research. *Annual Review of Biomedical Engineering, 14,* 275-294.

Schertz, H. H., & Odom, S. L. (2007). Promoting joint attention in toddlers with autism: A parent-mediated developmental model. *Journal of Autism and Developmental Disorders,*

37, 1562-1575.

Test, D., Fowler, C., Wood, W., Brewer, D., Eddy, S. (2005). A conceptual framework of self-advocacy for students with disabilities. *Remedial and Special Education, 26*, 43-54.

Tomchek, S. D., & Dunn, W. (2007). Sensory Processing in Children With and Without Autism: A Comparative Study Using the Short Sensory Profile. *The American Journal of Occupational Therapy, 61*(2), 190-200.

Wehmeyer, M. L. (1996). Student self-report measure of self-determination for students with cognitive disabilities. *Education & Training in Mental Retardation & Developmental Disabilities, 31*(4), 282-293.

Wong, C., Odom, S. L., Hume, K. A., Cox, A. W., Fettig, A., Kucharczyk, S., . . . Schultz, T. R. (2015). Evidence-based practices for children, youth, and young adults with autism spectrum disorder: A comprehensive review. *Journal of Autism and Developmental Disorders, 45*, 1951-1966.

Zwaigenbaum, L., Bauman, M. L., Choueiri, R., Kasari, C., Carter, A., Granpeesheh, D., . . . Natowicz, M. R. (2015). Early Intervention for Children With Autism Spectrum Disorder Under 3 Years of Age: Recommendations for Practice and Research. *Pediatrics, 136*, S60-S81.

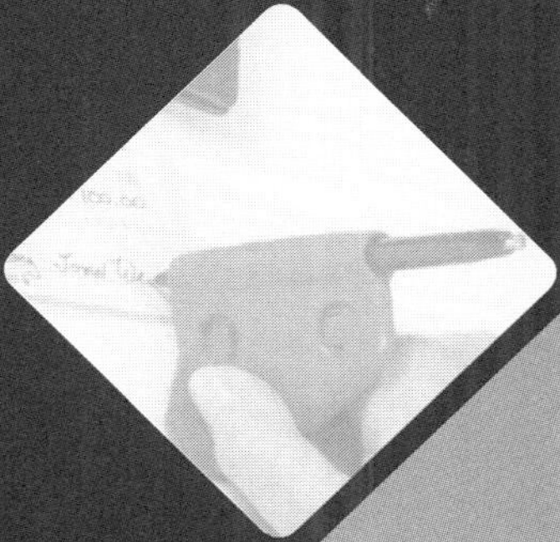

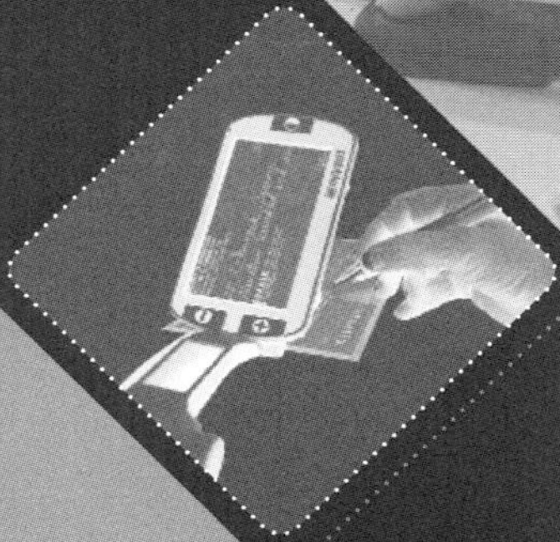

제 08 장

학습장애, 정서 · 행동장애, 건강장애, 의사소통장애

학습목표

1. 학습장애의 개념, 주요 특성, 통합교육지원을 이해한다.
2. 정서 · 행동장애의 개념과 특성 그리고 통합교육을 위한 교육적 접근을 이해한다.
3. 건강장애의 개념, 특성, 통합교육을 위한 교육적 접근을 이해한다.
4. 의사소통장애의 정의와 분류, 아동의 특성, 교육 지원에 대해 설명할 수 있다.

SPECIAL EDUCATION

1. 학습장애

1) 학습장애의 개념

(1) 학습장애의 정의

1963년 미국의 의사이자 교육자인 커크(Kirk) 박사가 '학습장애(learning disabilities)'라는 진단명을 제안한 이후, 학습장애에 대한 정의와 진단 방법에 대한 논의는 현재도 계속해서 진행 중이다. 다양한 정의 가운데 대표적인 국내 · 외 정의를 살펴보면 다음과 같다.

먼저, 국외의 학습장애 정의 중 미국의 「장애인교육법(IDEA)」(2004)의 정의는 다음과 같다. 이 정의에서는 학습장애는 기본 심리처리과정의 문제로 학업 영역에서 어려움을 보이며, 포함되는 장애로 미소뇌기능장애, 난독증 등을 제시하였고, 포함되지 않는 배제 요소를 제시하였다.

> '특정학습장애'란 구어나 문어 형태의 언어를 이해하고 사용하는 것과 관련된 기본 심리처리들의 하나 혹은 그 이상에서의 장애를 지칭하며, 이는 듣기, 사고하기, 말하기, 읽기, 쓰기, 철자 혹은 수학적 계산 능력의 결함으로 나타난다. 이 용어는 지각장애, 뇌손상, 미소뇌기능장애, 난독증 그리고 발달적 실어증과 같은 상태들을 포함한다. 그러나 이 용어는 시각이나 청각장애, 운동장애, 지적장애, 정서장애 또는 환경적 · 문화적 · 경제적 불리함이 일차적으로 작용하여 초래된 학습의 어려움은 포함하지 않는다.

한편, 학습장애공동협의회(Natioanl Joint Committee on Learning Disabilities: NJCLD, 1988)에서는 학습장애를 다음과 같이 정의하였다. 이 정의는 미국의 「장애인교육법」과 달리, 학습장애가 일생을 통해 나타난다는 점과 학업에서의 어려움뿐 아니라 사회적 상호작용에 어려움을 보인다는 점을 제시하였다.

> 학습장애는 듣기, 말하기, 읽기, 쓰기, 추리 혹은 산수 능력의 습득과 사용에 현저한 어려움을 보이는 이질적인 장애 집단을 지칭하는 포괄적인 용어이다. 이 장애들은 각각의 개인에게 내재되어 있는 것으로, 중추신경계의 기능장애에 의한 것으로 가정되며, 일생을 통해 나타날 수 있다. 자기조절행동, 사회적 지각 그리고 사회적 상호작용에 문제점들이 나타날 수 있으나, 이것만으로 학습장애가 성립되지는 않는

다. 학습장애는 다른 장애 상태(예: 감각 손상, 지적장애, 사회적 행동 · 정서장애) 혹은 환경적인 영향(예: 문화적 차이, 불충분하거나 바람직하지 못한 교수, 심인성 요인)과 동시에 나타날 수 있으나, 그러한 상태나 영향의 직접적인 결과로 나타나는 것은 아니다.

한편, 『정신질환의 진단 및 통계 편람(DSM-5)』(American Psychiatric Association: APA, 2014)에서는 학습장애의 명칭을 '특정학습장애(specific learning disabilities)'로 변경하였으며, 정상 수준의 지능(70 +/-5 이상)을 가지고 있으나, 학습 기술을 배우고 사용하는 데 있어서의 어려움을 보이며, 적절한 개입을 제공함에도 불구하고 단어 읽기, 읽기 이해, 철자 쓰기, 작문, 수 감각, 단순 연산 암기 및 연산 절차, 수학적 추론 영역에서 한 가지 이상의 학습 곤란 증상이 적어도 6개월 이상 지속적으로 보이는 아동으로 정의하였다. 단, 지적장애, 시청각 결함, 또는 다른 신경학적 장애, 심리사회적 문제, 언어 문제, 부적절한 교수로 발생하는 학업 어려움을 배제요인으로 제시하였다(김동일 외, 2019).

국내의 학습장애 정의는 「장애인 등에 대한 특수교육법 시행령」에 다음과 같이 제시되어 있다. 이 정의는 앞서 살펴본 정의에 비해 매우 포괄적으로 제시되어 명시적이지 않으며, 배제요인을 따로 규정하고 있지 않다.

학습장애를 지닌 특수교육대상자란 개인의 내적 요인으로 인하여 듣기, 말하기, 주의집중, 지각, 기억, 문제해결 등의 학습 기능이나 읽기, 쓰기, 수학 등 학업 성취 영역에서 현저하게 어려움이 있는 사람

이상과 같이 학습장애는 아직까지 명확하게 합의된 정의는 없으나 학습장애를 정의하는 각 나라별, 기관별 정의에 의하면 학습장애는 개인의 내적 원인에 의해, 학업 영역에서의 이질적 특성과 어려움을 보이며, 일생을 통해 일어날 수 있다는 점과 배제요인을 고려해야 한다는 점 등이 공통된 정의 요소로 포함되고 있음을 알 수 있다.

(2) 학습장애의 원인

학습장애의 원인으로 의학적, 유전적, 환경적 요인 등이 다양하게 제시된다. 조산, 당뇨병, 뇌막염, 임신 중 태내 산소 부족 등과 같은 의학적 요인으로 학습장애가 발생할 수 있으며, 직계가족관계와 일란성 쌍둥이와 이란성 쌍둥이 연구를 통해 가계성 유전으로

인해 학습장애가 발생할 확률이 높다는 것을 알게 되었다.

최근에는 자기공명영상(MRI), 양전자 방사 단층 촬영(PET-scan) 등의 의학기술 발달로 뇌연구 영역이 확장되어 신경생리학적 측면에서의 연구가 활발하게 수행되고 있다. 학습장애의 원인인 뇌구조의 차이로 좌반구와 우반구의 비대칭, 뇌량(corpus callosum)의 크기, 소뇌의 비정상적 신경세포 등을 제시하기도 한다(김애화, 김의정, 김자경, 최승숙, 2012). 또한 뇌기능 활성화 차이가 발생하며 읽기 과제를 수행함에 있어 읽기장애를 가진 사람은 일반인과 달리, 활성화되어야 하는 뇌 영역이 활성화되지 않거나, 전혀 다른 뇌 영역이 활성화된다는 연구결과를 보인다고 하였다.

(3)학습장애의 유형

일반적인 학습장애의 유형은 가장 어려움을 보이는 영역이 무엇인가에 따라 [그림 8-1]과 같이 나눌 수 있으며, 이는 미국의「장애인교육법」에서 제안하고 있는 것으로 읽기장애, 쓰기장애, 수학장애, 구어장애, 사고장애로 나눌 수 있다. 한편, 우리나라의「장애인 등에 대한 특수교육법 시행령」에서는 학습장애를 학습기능에서의 어려움이 있는 유형과 학업 성취 영역에서 현저한 어려움을 보이는 유형으로 나누었다. 학습 기능은 듣기, 말하기, 주의집중, 지각, 기억 등을 말하며, 학업 성취 영역에는 읽기, 쓰기, 수학이 포함된다.

한편, 난독증은 학습장애의 대표적인 하위 유형이다. 난독증은 듣고 말하는 데 어려움이 없으나, 단어를 정확하게 읽지 못하거나 철자 인지가 어려운 증상을 말한다(김용욱, 우

[그림 8-1] 학습장애의 하위 유형

출처: 김애화, 김의정, 김자경, 최승숙(2012), p. 35 표를 재구성.

정한, 신재한, 2015). 미국의 DSM-5에서는 난독증을 특정학습장애 중 하나라 하였고, 국제난독증협회(2002) 역시, 난독증은 신경학적 원인으로 인한 특정학습장애라고 정의하며 난독증이 학습장애의 한 유형임을 명확히 제시하고 있다.

(4) 학습장애의 진단

학습장애의 진단과 관련하여서도 여전히 논란이 계속되고 있다. 명확하게 합의된 정의가 도출되지 않았기 때문에 진단판별방법 역시 계속 논의되고 있다. 이 장에서는 가장 많이 사용되고 있는 능력-성취 불일치 모델과 중재반응모델에 대해 살펴보고자 한다.

① 능력-성취 불일치 모델

'학습장애'는 평균 이상의 지적 능력을 보이지만 학업에서는 기대한 만큼의 성취를 보이지 못한다는 '능력(잠재력)과 성취 간 불일치(discrepancy model)' 개념이다. 예를 들어, 지적 능력이 IQ 100이고 4학년 학생이라면 그 학생에게 4학년의 학업 성취 수준을 기대하지만, 학습장애학생이라면 1학년의 낮은 학업 성취를 보이게 되고, 이 경우 그 학생의 능력에 비해 예상치 못한 학업 성취에서의 불일치가 발생했다고 보는 것이다. 불일치 진단 모델에서는 학생의 능력을 지능지수로 나타나는 지적 능력, 즉 학생의 잠재력으로 보고, 학업 성취는 표준화된 학업성취검사의 결과로 보았다. 그러나 1977년 이후부터 학습장애 여부를 진단하기 위한 방법으로 각광을 받아 왔던 능력-성취 불일치 모델은 불일치 정도를 결정하기 위한 지능검사와 학업 성취 수준 간의 상관 관계 문제, 지능만으로 학생의 잠재 능력을 단정할 수 없다는 점과 진단 결과의 일관성 부족 문제 등이 제기되었다(김동일, 홍성두, 2005). 무엇보다 아무런 중재의 개입 없이 불일치가 명확하게 나타나도록 학생이 실패할 때까지 기다린다(wait to fail model)는 윤리적인 문제 등을 나타내며 2000년 이후 많은 비판을 받게 되었다(Cortiella, 2007).

② 중재반응모델

미국에서는 「장애인교육법」(IDEA, 2004)을 개정함으로써, 학습장애를 진단할 때 중재반응(Responsiveness to Intervention: RTI)모델을 활용할 수 있도록 권고하였다. 중재반응모델이란 학습장애를 판별하고 진단하기 위한 능력-성취 불일치 모델의 대안적인 방법으로서, "교수 환경에서 제공되는 다양한 교육적 중재에 대한 학습자의 반응을 연속적으로 평가하여 학습장애를 진단하는 방법"(Vaughn & Fuchs, 2003)이라고 할 수 있다. 능력-

성취 불일치 모델에 대한 대안으로 제시된 중재반응모델은 학습장애학생을 진단하고 교육하는 데 혁신적이고 매우 교육적인 접근이라고 할 수 있다(Fuchs, Fuchs, & Hollenbeck, 2007). 즉, 학습장애 위험군학생을 조기에 선별하여 조기 중재를 실시하고, 중재에 대한 학생 반응에 따라 학습장애 적격성을 결정하는 모델로 선중재–후진단이 이루어지는 조기 발견과 교육을 강조하는 모델이라 할 수 있다.

중재반응모델은 다층적인 체계(multi-tier system)를 기본으로 하는 교육 서비스 전달 모델(Wonder-McDowell, Reutzel, & Smith, 2011)로 교수 효과성에 대한 증거를 기반으로 하고 있다. 아동이 효과적인 중재에 적절히 반응하지 못하여 또래의 아동들보다 현저히 낮은 성취 수준과 느린 진전도를 보일 경우, 학습장애로 진단하게 된다. 일반적으로 연속적 배치 단계(Tier Program)에 의해 이루어지며, I단계(Tier I)는 일반교육, II단계(Tier II)는 집중/보충교육, III단계(Tier III)는 학습장애아동에 대한 특수교육적 접근을 나타낸다(Vaughn & Fuchs, 2003). [그림 8–2]는 3단계 연속적 배치 단계와 구체적 내용을 제시한 것이다.

I단계는 일반아동의 학습 능력보다 낮은 성취 수준과 느린 성장속도를 보이는 학생을 탐색하는 단계이다. 이 단계에서는 표준화 검사를 실시하여 또래에 대한 아동의 현재 수준을 확인한다. 또래들의 수준보다 낮을 시 일반교사가 검증된 교수 · 학습 방법으로 일정 기간 가르치게 된다. I단계에서 검증된 증거기반 중재에 반응을 보이지 않는 대략 하위 20~25%의 아동은 II단계에 배치된다. II단계에 배치된 아동은 현재의 학습능력과 특성 등을 고려한 지원교육을 받게 된다. 여기에서 지원교육이란 읽기, 쓰기, 셈

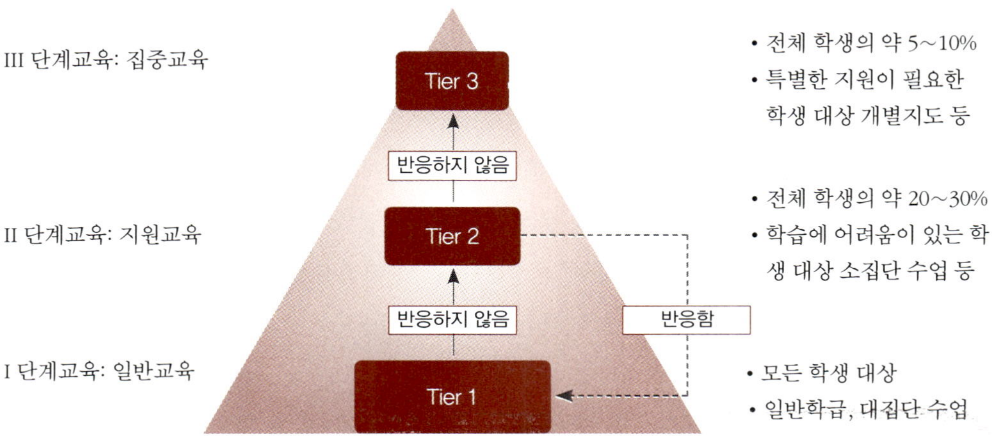

[그림 8–2] 3단계 연속적 배치 단계

하기와 같은 기초학습기능의 습득 및 발달에 초점을 둔 체계적이고 과학적인 프로그램을 말한다. 만약 이들 중 지원교육이 제공되었음에도 불구하고 적절한 월 진전도를 나타내지 않고 '중재-저항'을 보이는 아동은 학습장애 발생 고위험성(at-risk) 아동으로 선별되어 III단계에 의뢰된다. 즉, II단계에서 고위험성 아동으로 진단될 경우, 아동은 III단계의 특수교육 지원 서비스에 의뢰되며, 이들에게 제공되는 중재가 곧 '개별화교수'라 할 수 있다.

2) 학습장애의 특성

(1) 인지적 · 학업적 특징

학습장애학생은 기억, 지각, 주의집중 등 인지적 과정에 결함을 보인다. 특히 학습장애아동의 1/3 정도는 주의집중에 문제를 보인다. 이들의 주의집중 형태를 보면, 쉽게 주의가 산만해지고 선택적으로 주의를 집중해야 하는 상황에서 특히 어려움을 보인다.

또한 학습장애는 주요 학업 영역에서 현저한 어려움을 보인다. 학습장애학생 중 일부는 읽기, 쓰기, 수학과 같은 특정 학업 영역에서 어려움을 보이기도 하지만, 학년이 올라가면서 전반적으로 모든 과목에서 낮은 성취를 보일 가능성이 크다.

가장 많은 학습장애학생이 어려움을 보이는 학업 영역은 읽기이다. 읽기는 학업 능력뿐 아니라 삶 전체에 영향을 미치는 중요한 능력으로, 생활을 위한 기능을 하고, 일상적 여가 활동을 수행하는 데 중요한 수단이 되기도 하고, 전문적 지식 습득을 위한 도구 역할을 하게 된다(김동일, 이대식, 신종호, 2003). 학습장애학생은 음운인식, 음운기억, 빠른 이름대기, 읽기해독, 읽기유창성 등에 어려움을 보인다. 또한 어휘에 있어서도 낮은 수준을 보이며 읽기이해 중에서도 특히 추론과제에 어려움을 보인다.

쓰기 영역에서도 학습장애학생은 어려움을 보이는데, 특히 음운처리과정을 힘들어하는 학생은 철자오류를 보이고, 한글의 특성상 읽는 소리와 쓰는 철자가 달라 표기 처리에 어려움이 있어 올바르게 철자하지 못한다. 작문에 있어서는 맞춤법과 띄어쓰기 오류를 많이 보이며 전체적인 쓰기 기술과 문장 사용에서 어려움을 보이며 다양한 어휘를 사용하지 못한다. 기본적인 문장산출 기술과 쓰기에 대한 지식, 쓰기를 계획하고 수정하는 능력이 부족하다.

수학 영역에서 학습장애학생은 수 감각, 수학의 기본 개념 이해와 연산, 수학문장제 문제해결력에서 낮은 성취를 보인다. 수학 학습에 어려움을 겪는 학생들은 반복적인 계산만을 되풀이하는 수학 학습에 익숙하여 기계적으로 지식을 재생하며, 단기 기억력이 부족하다(Geary, 1994; Swanson & Beebe-Frankenberger, 2004). 학습장애아동은 연산문제를 해결함에 있어서 불완전한 수 세기, 계산상의 오류, 장기 기억 인출의 실패 등으로 사칙연산에서 어려움을 보이고, 특히 덧셈에 비해 뺄셈에서 낮은 정답률을 보이며, 나눗셈에 상당히 취약한 특징을 보인다. 또한 받아올림과 받아내림에서의 오류, 곱셈에서의 '0' 처리의 어려움 등으로 인하여 연산문제를 성공적으로 해결하지 못하는 경우가 많다(고혜정, 김동일, 2014). 또한 수학문장제 문제에서 제시되는 정보를 정확하게 파악하는 데 어려움이 있으며, 실생활과 수학 지식을 연결하는 데 있어 이해력이 부족하다(Jitendra & Xin, 1997; Smith, 1994).

(2) 심리적 · 정서적 특성

학습장애학생은 사회적인 측면에서 대인관계가 원만하지 못하다(김자경, 2002; 조용태, 2000). 사회적 단서와 비구어적 단서를 잘 이해하지 못하거나 미성숙한 모습을 보인다. 사회적 지각능력의 부족으로 인하여 타인의 표정, 몸짓, 미묘한 사회적 정보를 정확하게 이해하고 인식하지 못하게 됨으로써 적절한 반응을 할 수 없으며, 더 나아가 사회적 관계를 형성하고 지속하는 데 어려움을 경험한다(김동일, 고혜정, 조재은, 김은삼, 조영희, 2015).

많은 학습장애학생이 정서 · 행동상의 결함을 보인다. 학습장애학생은 일반학생보다 두드러진 행동 문제를 보이고, 산만하거나 과잉행동과 충동성을 보이기도 한다. 사회적 기술이 부족하며 동료들에게 쉽게 거절당하고, 사회적으로 수용되지 못하는 경우가 있다(김동일 외, 2015). 정서적인 측면에서는 행동 이전에 자신의 사고와 문제해결 과정 및 결과에 대해 생각하는 반성적 사고가 부족하고, 충동적인 경향이 많으며, 전반적으로 인내심이 약하고 지나치게 흥분하거나 감정과 반응의 변화가 심하게 나타나기도 한다.

3) 통합교육을 위한 교육적 접근

학습장애학생에게 적절한 교육을 제공하기 위한 하나의 방법은 존재하지 않으며, 개별 학생이 가진 특성에 맞추어 교육을 제공할 필요가 있다. 또한 학습장애는 한 단어로 정의하기 어려운 이질적인 집단이며, 이러한 이유로 정신의학, 교육학, 뇌신경학 등 다양한 전문분야의 융합적 접근과 학습장애인의 생애주기를 고려한 접근이 요구된다.

(1) 학업 지원

학습장애학생의 학업 영역별 어려움은 매우 다양하게 나타나며, 대표적으로 적용할 수 있는 교수적 지원전략에는 직접교수법이 있다. 직접교수는 교사의 주도적인 수업에 기초하고 있지만 수업 내용의 조직적이고 계열적인 구성과 수업시간 전반에 걸친 교사와 아동 간의 상호작용이 심도 있게 고려되었을 때 더욱 높은 효과를 기대할 수 있다. 직접교수는 '교사의 시범－구조화된 연습－비구조화된 연습'의 총 3단계로 구성될 수 있다. 또한 학생이 독립적으로 과제를 수행할 수 있도록 그래픽조직자를 활용하거나 자기주도적 학습을 할 수 있도록 자기평가, 자기강화 등의 자기관리 기술을 가르칠 수 있다.

대표적인 학업 영역인 읽기, 쓰기, 수학 영역에서의 구체적인 학업 지원 내용은 다음과 같다.

① 읽기 지도

학습장애학생의 읽기를 지도하기 위해 음운인식훈련, 파닉스교수법 등을 활용하여 읽기해독을 도울 수 있다. 부분으로 되어 있는 낱자소리를 전체로 합쳐서 글을 읽도록 하는 합성파닉스, 전체 글자를 각각의 낱자로 나누어 보는 분석파닉스 교수법을 적용할 수 있다.

한편, 학습자의 읽기이해를 돕기 위해서는 글의 구조를 파악하고 중심내용을 찾아볼 수 있다. 특히 글의 유형에 따라 글의 구조를 파악하는 것이 내용 이해에 큰 도움을 줄 수 있는데, 이야기글의 경우 이야기문법요소(주인공, 배경, 주요 사건, 결말 등)를 찾아 이야기 지도를 그려 보게 하여 전체적인 글의 흐름과 내용을 파악하도록 할 수 있다(김우리, 고혜정, 김동일, 2013). 설명글의 경우 서술식, 열거식, 비교－대조 구조를 이루고 있으므로, 중심내용과 세부내용을 구분하여 그래픽조직자를 활용하여 내용을 구조화시킬 수 있다. 또한 글을 읽기 전 글의 제목이나 그림 등을 보고 앞으로 무슨 일이 일어날지를 생각해 보는 예측하기, 주요 내용에 대한 질문하기, 요약하기, 모르는 어휘와 이해되지 않는 내용을 문맥에 따라 유추해 보는 문맥분석전략, 이야기의 내용을 그림이나 이미지 등으로 그려 보게 하는 심상 만들기 전략 등의 다양한 교수전략을 활용하고 지원할 수 있다.

② 쓰기 지도

쓰기는 우선 바르게 철자할 수 있도록 음운변동현상을 이해하고 한국어의 어법에 맞게 표기처리하는 표기처리교수법을 활용하여 집중적이고 반복적으로 지도하도록 한다.

자기 점검표

스스로 점검해보아요!			
	네	아니요	수정하기!
1. 언제 있었던 일인지 썼나요?			
2. 어디서 있었던 일인지 썼나요?			
3. 누가 했는지 썼나요?			
4. 무엇을 했는지 썼나요?			
5. 어떻게 했는지 썼나요?			
6. 왜 그것을 했는지 썼나요?			
☆ 글을 완성했나요?			

[그림 8-3] 육하원칙에 따라 작문하기 자기 점검표 예시 자료

또한 작문을 지도하기 위해 쓰기 전, 쓰기 중, 쓰기 후 활동까지 쓰기의 전반적인 과정과 각 과정에서 해야 할 과제들을 체계적으로 가르치는 과정중심 글쓰기 교수법(process approach to writing instruction)을 적용할 수 있다. 또한 [그림 8-3]과 같이 육하원칙에 따라 글을 작성하고 이를 스스로 점검해 보는 자기조절전략을 사용할 수 있다. 이 외에도 또래와 협동하여 글쓰기(peer assistance writing), 워드프로세서를 활용한 글쓰기 전략 등을 사용할 수 있다.

③ 수학 지도

수학은 내용의 위계적 성격이 강하기 때문에 초기 수학인 수 감각 및 수 개념을 다양한 방식으로 익히도록 하며, 어림할 수 있는 기회를 많이 제공할 수 있어야 한다. 연산의 경우 자릿수, 올림과 내림 등의 해결해야 할 수학적 개념을 이해해야 하기 때문에, 점선, 색깔과 같은 시각적 단서를 활용할 수 있다. 문장제의 경우 문제를 해결하는 데 도움이

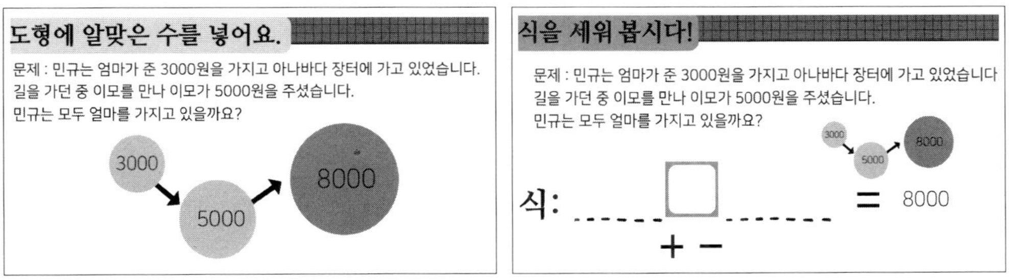

[그림 8-4] 시각적 표상도식전략 예시 자료

되는 핵심 단어를 찾아서 핵심 단어들과 해당 연산을 연결시키는 방법을 통해 식을 세우고 문제를 해결하는 핵심어 활용전략(이태수, 홍성두, 2007)을 적용하거나, [그림 8-4]와 같이 문제에 제시된 여러 가지 단서를 그림이나 구체적 사물 및 도식을 활용하여 명제적 정보를 시각적 이미지로 변화시키는 시각적 표상도식전략을 사용할 수 있다. 또한 문제 해결을 위해 계획을 세우고 답을 예측하고 수학적 계산을 한 후, 이를 검토하는 일련의 과정을 따라 적용하는 인지-초인지 전략을 적용할 수 있다(Montague, 1997).

(2) 심리적 · 정서적 지원

학습장애학생은 계속되는 학업 실패의 경험이 자신에 대한 부정적인 태도를 형성하여 학업에서의 자신감과 독립심이 매우 부족하다(Montague & Applegate, 1993). 낮은 자기 존중감, 실패에 대한 두려움, 낮은 동기, 부정적인 귀인 행동을 보이며 쉽게 좌절하기도 한다(김동일, 이대식, 신종호, 2016). 학습장애학생은 가정과 학교에서 점차 관심과 기대 밖의 대상이 되어 간다. 따라서 교사는 학생의 노력에 대한 긍정적인 피드백을 제공하고 학생에 대한 높은 기대수준을 표현하고 지지적인 관계를 형성하여, 학생들의 동기를 높여 줄 수 있어야 한다. 또한 상담자는 이 학생들이 경험하는 심리적 문제들을 같이 이야기하고 필요할 때 도움을 제공해 주는 정서적 후원자의 역할을 수행하도록 한다.

또한 학습장애아동에게 자기기록, 자기평가, 자기강화와 같은 자기관리 기술을 가르침으로써 자기주도적으로 학습할 수 있는 기회를 제공하고(Learner, 2006), 전반적인 학교생활에 있어서도 주도적이고 자립적인 자세를 취할 수 있도록 지원하고 격려하여야 한다.

2. 정서 · 행동장애

정서 · 행동장애란 정서장애(emotional disability)와 행동장애(behavioral disability)가 합쳐진 용어이다. 이러한 정서 · 행동장애라는 용어를 대신하여 정서장애, 때로는 행동장애라는 용어를 동등한 의미로 사용하기도 하지만, 정서 · 행동장애라는 용어가 보다 적절한 용어로 폭넓게 사용되고 있다. 여기서는 정서 · 행동장애의 개념과 특성 그리고 통합교육을 위한 교육적 접근에 대해 살펴보고자 한다.

1) 정서 · 행동장애의 개념

(1) 정서 · 행동장애의 정의

학자마다 정서 · 행동장애의 정의를 조금씩 다르게 사용하고 있지만, 여기서는 폭넓게 받아들여지고 있는 정서 · 행동장애의 몇 가지 정의에 대해 살펴보자.

먼저, 「장애인 등에 대한 특수교육법 시행령」(2023)에서는 정서 · 행동장애를 지닌 특수교육대상자의 선정 기준을 통해 〈표 8-1〉과 같이 정의하고 있다. 이처럼 정서 · 행동장애를 어느 한 가지로 정의하기보다는 다섯 가지 특성 중 한 가지에 해당할 때 정서 · 행동장애로 정의하고 있다.

표 8-1 정서 · 행동장애를 지닌 특수교육대상자의 선정 기준

장기간에 걸쳐 다음 각 목의 어느 하나에 해당하여, 특별한 교육적 조치가 필요한 사람
가. 지적 · 감각적 · 건강상의 이유로 설명할 수 없는 학습상의 어려움을 지닌 사람 나. 또래나 교사와의 대인관계에 어려움이 있어 학습에 어려움을 겪는 사람 다. 일반적인 상황에서 부적절한 행동이나 감정을 나타내어 학습에 어려움이 있는 사람 라. 전반적인 불행감이나 우울증을 나타내어 학습에 어려움이 있는 사람 마. 학교나 개인 문제에 관련된 신체적인 통증이나 공포를 나타내어 학습에 어려움이 있는 사람

세계적으로 널리 받아들여지고 있는 정서 · 행동장애의 정의로는 미국의 「장애인교육진흥법(IDEIA)」의 정의를 들 수 있다(〈표 8-2〉 참조). 이 법에서는 '정서장애'라는 용어를

표 8-2 미국의 「장애인교육진흥법(IDEIA)」의 정의

① 정서장애는 오랜 시간 동안 아동의 교육적 성취에 불리한 영향을 미칠 정도로 다음의 특성들 중 한 가지 이상을 보이는 상태를 의미한다.
  가. 지적 · 감각적 또는 건강상의 요인으로 설명할 수 없는 학습의 어려움을 지님
  나. 또래 및 교사들과 만족스러운 관계를 형성하거나 유지하는 능력의 결함을 지님
  다. 일반적인 상황에서 부적절한 행동이나 감정을 나타냄
  라. 일반적으로 전반적인 불행감이나 우울한 느낌을 보임
  마. 개인 또는 학교 문제와 관련하여 신체적 통증이나 심한 공포감을 나타냄

② 정서장애는 조현병을 포함하며, 정서장애로 판명되지 않은 사회적 부적응을 보이는 아동에게는 적용되지 않는다.

사용한다.

(2) 정서 · 행동장애 정의상의 문제

① 행동 기준의 문제

연령에 따라 기대하는 행동은 달라지게 된다. 학생의 행동은 학생의 나이와 상황에 따라 다를 수 있기 때문에, 이러한 행동은 정상이고 이러한 행동은 비정상이라고 이야기하기 어렵다. 그리고 학생은 어떤 상황에서는 문제행동을 보이지만, 또 다른 상황에서는 문제행동을 보이지 않을 수 있다.

② 사회문화적 규범이나 기대의 차이

사회규범을 어기는 경우 정서 · 행동적으로 일탈된 사람으로 간주하게 되는데, 사회마다 규범과 기대가 다르기 때문에 어느 한 가지의 규범이 맞다고 할 수 없으며, 이는 사회마다 정서 · 행동장애를 구분하는 데 어려움을 갖게 한다.

③ 측정상의 문제

정서 · 행동장애를 측정하기 위한 명확한 검사가 존재하는 것은 아니다. 특정한 검사도구를 사용한다고 해서, 정서 · 행동장애의 정의가 무엇인지 정확하게 알려 주는 것은 아니다.

2) 정서·행동장애의 분류 및 특성

정서 · 행동장애는 한 가지로 정의되는 것이 아니기 때문에, 그 유형과 특성이 다양하게 나타난다. 외현화된 행동으로는 주의력결핍 과잉행동장애(Attention Deficit Hyperactivity Disroder: ADHD), 품행장애, 반항성장애 등이 있으며, 내면화된 행동으로는 불안장애, 기분장애, 그 외에도 조현병과 틱장애 등이 정서 · 행동장애 범주에 포함된다. 하지만 주의력결핍 과잉행동장애와 같이 정서 · 행동장애의 특성을 나타내는 학생들 중에는 행동적 특성이 발달기 동안에 나타나는 특성과 유사한 측면이 있어, 특수교육을 제공받기 위한 특수교육대상자로 선정되는 데에 어려움이 있다.

정서 · 행동장애는 외현화된 행동 문제와 내면화된 행동 문제 두 가지로 나누어 볼 수 있다. 외현화된 행동은 외부적으로 문제행동이 표출되는 것을 의미하며, 내면화된 행동은 내부적으로 위축된 행동을 보이는 것이다. 여기서는 외현화된 행동의 대표적인 예로 주의력결핍 과잉행동장애, 품행장애, 반항성장애에 대해, 내면화된 행동의 대표적인 예로 불안장애와 우울장애, 양극성장애에 대해, 그리고 기타 장애로서 조현병과 틱장애에 대해 살펴보기로 한다.

다음에 제시되는 장애가 반드시 정서 · 행동장애를 지닌 특수교육대상자로 선정되는 것은 아니며, 대표적인 행동 특성을 설명하는 것으로 이해하는 것이 적합하다.

(1) 외현화된 행동

① 주의력결핍 과잉행동장애

주의력결핍 과잉행동장애(Attention Deficit Hyperactivity Disorder: ADHD)는 ADHD로 널리 알려져 있으며, ADHD는 주의집중이 어렵고 충동적이며 과잉행동을 나타내는 특성을 보인다. DSM-5에서는 ADHD의 진단기준으로, 주의력결핍에 해당하는 아홉 가지 증상 중 여섯 가지 이상이 6개월 이상 지속되거나, 과잉행동 및 충동성에 해당하는 아홉 가지 증상 중 여섯 가지 이상이 적어도 6개월 이상 지속되는 경우라고 하였다. DSM-5에서 제시하는 ADHD의 진단기준은 〈표 8-3〉과 같다.

표 8-3 DSM-5의 ADHD 진단기준

A. 개인의 기능이나 발달을 저해하는 부주의 및 과잉행동-충동성의 지속적 패턴이 나타나며, 다음 1항과 2항 중 하나 이상에 해당해야 한다.

1. 부주의: 다음 증상 가운데 여섯 가지(또는 그 이상의) 증상이 6개월 이상 발달 수준에 맞지 않으며, 사회적 · 학업적 · 직업적 활동에 직접적으로 부정적인 영향을 미친다.
   참고: 증상은 반항행동, 저항, 적대성 또는 과제나 수업의 이해 실패가 단독으로 나타나지 않음. 후기 청소년과 성인(17세 이상)에게는 다섯 가지 이상의 증상이 나타나야 함.
   a. 흔히 세부적인 면에 면밀한 주의를 기울이지 못하거나 학업, 직업 또는 다른 활동에서 부주의한 실수를 저지른다(예: 세부적인 면을 간과하거나 놓침, 일을 정확하게 하지 못함).
   b. 흔히 일을 하거나 놀이를 할 때 지속적으로 주의를 집중할 수 없다(예: 강의, 대화 또는 오랜 시간의 독서 중에 초점을 유지하기 어려움).
   c. 흔히 다른 사람이 직접 말할 때 경청하지 않는 것으로 보인다(예: 분명한 방해요인이 없을 때조차도 마음이 딴 곳에 있는 것 같음).
   d. 흔히 지시를 완수하지 못하고, 학업, 잡일, 작업장에서 임무를 수행하지 못한다(예: 과제를 시작하지만 금방 초점을 잃어버리거나 쉽게 옆길로 샘).

e. 흔히 과업과 활동을 체계화하지 못한다(예: 계열적인 과제를 잘 다루지 못함, 자료와 소유물을 잘 정돈하지 못함, 일을 체계적으로 하지 못함, 시간 관리를 잘 못함, 기한을 맞추지 못함).

f. 흔히 지속적인 정신적 노력을 요구하는 과업에 참여하기를 피하고 싫어하며 저항한다(예: 학업 또는 숙제, 후기 청소년이나 성인의 경우에는 보고서 준비, 문서 작성, 장문의 논문 검토).

g. 흔히 과제나 활동을 하는 데 필요한 물건들을 잃어버린다(예: 학습 자료, 연필, 책, 도구, 지갑, 열쇠, 서류, 안경, 휴대전화).

h. 흔히 외부의 자극(후기 청소년이나 성인의 경우에는 관련 없는 생각을 포함하여)에 의해 쉽게 산만해진다.

I. 흔히 일상적인 활동을 잊어버린다(예: 잡일하기, 후기 청소년과 성인의 경우에는 전화 회신하기, 비용 지불하기, 약속 지키기).

2. 과잉행동과 충동성: 다음 증상 가운데 여섯 가지(또는 그 이상의) 증상이 6개월 이상 발달 수준에 맞지 않으며, 사회적 · 학업적 · 직업적 활동에 직접적으로 부정적인 영향을 미친다.

참고: 증상은 반항행동, 저항, 적대성 또는 과제나 수업의 이해 실패가 단독으로 나타나지 않음. 후기 청소년과 성인(17세 이상)에게는 다섯 가지 이상의 증상이 나타나야 함

a. 흔히 손발을 가만히 두지 못하거나 의자에 앉아서도 몸을 움직거린다.

b. 흔히 앉아 있도록 요구되는 교실이나 다른 상황에서 자리를 떠난다(예: 자리에 앉아 있도록 요구되는 교실, 사무실이나 작업장 또는 다른 상황에서 제자리를 떠남).

c. 흔히 부적절한 상황에서 지나치게 뛰어다니거나 기어오른다(청소년 또는 성인에게서는 주관적인 좌불안석으로 제한될 수 있음).

d. 흔히 조용히 여가활동에 참여하거나 놀지 못한다.

e. 흔히 '끊임없이 활동하거나' 마치 '모터에 의해 작동되는 것'처럼 행동한다(예: 레스트랑이나 모임에서 오랫동안 조용히 있지 못하거나 불편해함, 다른 사람들에게 가만히 있지 못한다거나 따라잡기 어렵다고 인식될 수 있음).

f. 흔히 지나치게 수다스럽게 말한다.

g. 흔히 질문이 채 끝나기도 전에 성급하게 대답한다(예: 다른 사람의 말을 가로채서 함, 대화할 때 차례를 기다리지 못함).

B. 몇 가지의 부주의나 과잉행동–충동성 증상이 12세 이전에 나타난다.

C. 몇 가지의 부주의나 과잉행동–충동성 증상이 두 가지 이상의 상황에서 나타난다(예: 가정, 학교 또는 작업장에서, 친구나 친척과의 관계에서, 다른 활동에서).

D. 이러한 증상이 사회적 · 학업적 · 직업적 기능을 방해하거나 그 질을 저하시킨다는 명백한 증거가 있다.

E. 이러한 증상이 조현병이나 다른 정신증적 장애의 경과 중에만 나타나는 것이 아니며, 다른 정신장애에 의해 더 잘 설명되지 않는다(예: 기분장애, 불안장애, 해리성장애, 인격장애, 약물중독이나 금단).

출처: American Psychiatric Association (2013).

② 품행장애

품행장애(conduct disorder)란 다른 사람의 기본적 권리를 침해하고 나이에 맞는 사회적 규범 및 규칙을 위반하는 지속적이고 반복적인 행동양상이다. 예를 들어, 사람과 동물에 대한 공격성, 재산의 파괴, 사기 또는 도둑질, 심각한 규칙 위반 행동이 장기간 지속되는 것이다.

③ 반항성장애

반항성장애(defiant disorder)는 적대적 반항장애(oppositional defiant disorder)라고도 불리며, 자주 짜증을 내거나, 어른과 다투거나, 어른의 요구나 규칙을 무시 또는 거절하거나, 의도적으로 사람을 귀찮게 하거나, 자신의 실수나 잘못된 행동을 남의 탓으로 돌리거나, 다른 사람에게 쉽게 짜증을 내거나, 화를 내거나 분개하거나, 원한이나 앙심을 품는 등 거부적 · 적대적 · 도전적 행동양상이 지속적으로 나타나는 경우이다.

(2) 내면화된 행동

① 불안장애

불안장애(anxiety disorder)는 불안이나 공포로 인해 일상생활이나 학업생활에 영향을 주는 것으로, 이러한 불안장애에는 범불안장애, 공포증, 섭식장애, 공황장애, 선택적 함묵증 등이 포함된다.

② 우울장애와 양극성장애

우울장애(depressive disorder)는 우울한 기분이나 감정이 오랫동안 지속되어 생활의 흥미를 잃고 일상생활이나 학업생활에 부정적인 영향을 미친다. 양극성장애(bipolar disorder)는 일명 조울증이라고 불리는데, 조울증은 조증과 울증이 반복적으로 나타나는 것으로 이는 우울증보다도 치료에 더 많은 어려움이 따른다.

(3) 기타 장애

외현화된 행동이나 내면화된 행동으로 분류되지 않는 기타 장애로서 조현병과 틱장애가 있다.

① 조현병

조현병(schizophrenia)은 집중력 저하, 긴장, 불안, 부적절한 감정표현, 망상, 환각, 공포감, 이상한 언어 사용 등의 증상을 나타내는 정신적으로 혼란스러운 상태를 의미한다.

② 틱장애

틱장애(tic disorder)는 신체의 특정 부위를 반복적으로 움직이는 운동틱과 특정한 소리나 말을 표현하는 음성틱이 있다. 틱장애의 대표적인 장애는 투렛증후군으로, 이는 운동틱과 음성틱이 함께 나타나는 경우이다.

3) 통합교육을 위한 교육적 접근

학교 현장에서는 학생들이 나타내는 정서 · 행동적인 문제를 지도하고 대처하는 데 교사들은 많은 어려움을 경험하고 있다(김연수, 2016; 박명화, 2018; 양명희, 2012). 학생이 학교 현장에서 나타내 보이는 이러한 정서 · 행동 문제는 학생과 학생 사이의 관계뿐만 아니라 학생과 교사의 관계에서도 부정적 결과를 낳게 된다(박명화, 2018; 장미순, 김진호, 2014; 한홍석, 박주연, 2011). 교사들은 공격적 행동을 보이는 학생으로 인해 심리적이고 정서적인 어려움을 경험하지만, 이러한 행동을 제시하고 중재하는 과정에서 신체적인 상해를 입기도 한다(김동일, 고혜정, 이윤희, 2012; 김영한, 2010; 김재철, 2011; 박명화, 2018; 이도은, 2014). 물론 이러한 경우들에는 정서 · 행동장애로 진단받은 특수교육대상자도 있지만, 진단이 이루어지지 않은 학생도 존재한다(박명화, 2018). 따라서 교사는 학생들이 정서 · 행동적인 문제를 해소하도록 행동지원을 계획하고 실행하여야 하고, 학습동기를 높여 효율적인 학습이 이루어질 수 있도록 학생을 지원할 책무를 가지고 있다(박명화, 2018; Scheuermann & Hall, 2012). 학생들이 이러한 행동적 · 학습적 지원을 제공받을 수 있도록, 교사는 학생의 행동지도에 대한 전문성을 갖출 필요가 있다. 또한 교사는 정서 · 행동장애학생의 자아실현을 위해서는 특별한 교육적 요구에 맞는 학습지도를 받을 권리를 보장해 주고, 그러한 권리를 누릴 수 있도록 교사는 전문성을 갖추어야 한다.

정서 · 행동장애학생의 교육을 위해서는 다각도의 노력이 필요하나, 정서 · 행동장애학생의 행동 문제와 의사소통 문제, 그리고 사회성 문제를 우선적으로 해결하는 것이 필요하다. 정서 · 행동장애학생은 그것이 외현화된 것이든 내면화된 것이든 행동 문제를 보인다는 공통적인 특징이 있다. 정서 · 행동장애학생은 상동행동, 공격행동, 자해행동 등의 문제행동 특성을 보이는 것이 일반적이기 때문에, 이러한 문제행동을 감소시키고 바람직한 대체행동 기술을 가르치는 데 초점을 두어야 한다. 따라서 이러한 정서 · 행동장애학생을 지도하기 위해서는 우선적으로 이들이 보이는 행동 문제를 다루는 것이 필요하다. 이러한 행동 문제를 다루기 위해서는 학생이 왜 행동 문제를 보이는지를 파악해야 하고, 행동 문제를 감소시키고 바람직한 행동을 증가시키기 위해 학생에게 적합한 개별화된 행동 지원을 제공하는 것이 필요하다. 정서 · 행동장애학생을 위한 문제행동의 관리 전략으로서는 학습 참여를 방해하는 장애물을 감소시키거나 제거하고, 학생이 독자적으로 활동을 수행할 수 있도록 학습 보조도구나 자료를 제공하여 참여를 격려하도록 하는 등의 전략을 사용할 필요가 있다. 또한 정서 · 행동장애학생의 사회성 기술을 향상시키기 위해서는 사회적 상황 이야기, 역할놀이 및 대본 쓰기(스크립트), 모델링(시범 보여 주기) 등의 방법을 활용해 지도할 수 있다. 여기서는 문제행동 지도를 위한 대처 및 예방 방안에 대해 살펴보도록 한다.

(1) 환경 조정을 통해 문제행동 예방하기

환경을 구조화하여 의미 있고 유용한 활동에 참여하게 하고, 타인과의 상호작용에 있어서 부정적이기보다 긍정적인 것을 더 많이 경험하게 하며, 적절한 행동에 대한 인정과 강화를 자주 받을 수 있게 해 주어서 문제행동을 예방한다.

(2) 장애학생의 문제행동에 대한 대처방안에 대해 가족과 상담하기

가족들이 문제행동을 다루도록 하는 것은 문제행동이 왜 발생하는지, 문제행동을 유지하는 것은 무엇인지, 발생률을 감소시키기 위해서는 일과와 환경을 어떻게 구성해야 하는지를 이해하도록 돕는다. 문제 상황을 다루도록 가족을 돕는 것은 교사와 가족 간의 연계를 통해 문제행동 대처에 대한 가족의 두려움과 부담을 줄이고 학생에게 반응할 수 있는 다른 방법을 제시해 줄 수 있게 되며, 가정과 교육 현장이 일관성을 갖고 행동에 대해 대처하도록 한다.

(3) 문제행동을 체계적이고 적극적인 방법으로 다루기

문제행동은 계속 방치해서는 안 되고, 문제행동에 대한 적극적이고 구체적인 대처방안을 계획하고 실행 · 평가해야 한다. 문제행동에 대한 방치는 학습을 방해하고, 사회적 기술의 발달을 저해하며, 반사회적 반응을 촉진해, 연령에 적절하지 않은 행동을 계속해서 허용하게 한다. 따라서 교사 및 가족은 문제행동을 적극적으로 중재할 수 있도록 체계적인 방법으로 접근해야 한다.

3. 건강장애

건강장애는 2005년 특수교육대상자로 포함된 이후 관심을 받기 시작했으며 2024년 기준 1,979명의 건강장애학생이 교육을 받고 있다(교육부, 2024). 건강장애학생은 만성질환으로 인해 지속적인 치료가 필요하고, 완치되었더라도 정상적인 학교생활을 지속하는 데 많은 어려움을 경험하므로 교육 지원 시 개별 학생의 다양한 특성을 고려하여 접근한다.

건강장애학생의 학습권을 보장하고, 건강장애학생의 특성과 건강 상태를 고려한 학습 및 건강 지원을 제공하고, 치료 종료 후 학생이 학교에 복귀하여 성공적으로 학교생활에 적응할 수 있도록 지원을 제공하기 위해 건강장애의 개념, 특성, 통합교육을 위한 교육적 접근에 대하여 살펴보고자 한다.

1) 건강장애의 개념

건강장애학생은 만성질환으로 인해 지속적인 치료가 필요하며, 오랜 투병생활로 인해 학교생활과 학업수행에 어려움이 있다. 건강장애학생에게 적절한 교육을 제공하기 위해 가장 기본적으로 알아야 할 건강장애의 정의와 '건강장애'로 불리고 있는 다양한 만성질환에 대하여 살펴보고자 한다.

(1) 건강장애의 정의

건강장애는 치료를 위해 병원에 장기 입원한 경우, 건강상의 이유로 학교에 가지 못하고 가정에 있는 경우, 학교에 다니고 있으나 지속적인 건강 관리가 필요한 경우 등을 포함한다.

건강장애는 2005년 특수교육대상자에 추가되며 건강장애학생 지원을 위한 법적 근거가 마련되었다. 「장애인 등에 대한 특수교육법 시행령」에서는 건강장애를 다음과 같이 정의하고 있다(「장애인 등에 대한 특수교육법 시행령」[시행 2023. 4. 19.] [대통령령 제33406호, 2023. 04. 18., 일부개정]).

> 만성질환으로 인하여 3개월 이상의 장기입원 또는 통원치료 등 계속적인 의료적 지원이 필요하여 학교생활 및 학업수행에 어려움이 있는 사람

만성질환에는 소아암, 심장장애, 신장장애, 소아천식, 제1형 당뇨 등이 포함되며, 재생불량성빈혈과 혈우병과 같은 희귀난치성 질환도 포함된다. 만성질환이 있다고 하여 모든 학생이 건강장애로 선정되는 것은 아니다. 지속적인 관리가 필요한 만성질환이라도 학교에 정상적으로 출석할 수 있으면 건강장애로 선정되지 않는다. '3개월 이상'의 기준은 연간 수업일수 중 3개월 이상이며, 이는 연속적이지 않아도 된다. 건강장애는 원인 질환과 질병의 정도, 발병 시기 등이 다양하며 융통성 있는 교육적 지원이 필요한 영역이다. 우리나라에서는 건강장애에 대한 구체적인 병명을 제시하지 않고 있으며, 개별 학생의 의료적 진단 및 교육적 진단을 고려하여 선정하도록 되어 있다(박은혜, 김정연, 표윤희, 2023).

(2) 건강장애의 분류

건강장애는 질환에 따른 선정이 아닌 의학적 진단과 교육적 진단을 통해 선정되므로 명확한 정의나 범위를 제한하기 어려우며 소아암, 신장장애, 심장장애, 소아천식, 제1형 당뇨 외에도 다양한 희귀난치성 질환이 포함될 수 있다.

① 소아암

소아암은 국내 건강장애학생 중 가장 높은 비율을 차지하는 질환으로 아동기와 청소년기에 발생하는 암을 말한다. 소아암은 백혈병, 뇌종양, 림프종, 신경모세포종 등으로 분류되고 증상은 매우 다양하다(교육부, 인천광역시교육청, 2017).

소아암의 치료는 일반적으로 화학요법을 사용하며, 방사선치료, 골수이식수술을 시행할 수 있다. 화학요법과 방사선치료의 부작용은 다양하며 감염, 빈혈증, 피로, 메스꺼움, 구토, 탈모증상, 설사, 변비, 감정의 변화 등이 나타날 수 있고(박은혜 외, 2023), 치료 과정으로 인해 장기적 또는 단기적으로 인지와 사회 · 정서 및 행동에서의 문제가 발생할 수 있다. 특히 수량적 기술, 소근육 운동, 시각과 운동의 협응에 어려움을 겪는다고 보고하고 있다(Bowe, 2000). 소아암 학생에게는 자신의 질병을 지속적으로 관리하고 조절하고 건강관리 수칙을 실행하면서 다양한 활동에서의 참여도를 높이기 위한 자기관리 능력이 요구된다.

대부분의 소아암 학생은 병원에 입원해서 항암치료를 받을 때 외에는 일반학교에 다닐 수 있고 힘든 운동과 과격하게 부딪히는 운동 외에는 무리하지 않으면서 모든 활동에 참여할 수 있다. 그러나 면역력이 약한 학생의 경우 감염관리가 필수적이므로 개인 건강과 위생을 철저히 지키도록 한다. 이들은 신체적 및 정신적 스트레스를 받을 수 있으므로 심리 및 정서적 지원 또한 필요하다. 최근 의학과 과학의 발달로 완치 가능성이 높아졌으나 완치 이후에도 재발 가능성을 배제할 수 없으므로 정기검진을 통한 지속적인 관리가 필요하다.

② 신장장애

신장장애는 신체 내의 노폐물을 제거하고 조절하는 신장의 기능 이상으로, 학생이 일상생활과 학교생활을 지속하는 데 어려움을 초래한다. 신장장애는 혈액투석이나 복막투석을 지속적으로 받아야 한다. 이러한 장기간에 걸친 투석 치료 과정은 학생의 신체적 피로와 집중력 부족으로 이어지고 학교 출석과 학습에 부정적 영향을 미치며 신체적 · 심리적 문제를 유발한다(김정연, 2020).

신장장애는 꾸준한 식이요법이 필수적이며, 염분과 단백질 섭취를 줄이는 것이 필요하다. 이러한 식이요법은 식욕부진과 함께 성장장애를 가져올 수 있으며, 신장장애학생이 복용하는 약물의 부작용으로 외모에 변화가 있을 수 있다. 신장장애학생은 구토, 집중력 장애, 근력 저하, 면역기능 저하, 빈혈 증상 등을 보일 수 있으므로 관심과 지원이 필요하다.

교사는 신장장애학생이 피곤하지 않도록 활동량을 조절해 주고 정서적 적응을 위해 감정을 잘 표현하도록 관심과 지원을 제공해야 한다. 잦은 입원과 통원치료로 학생은 결석이나 조퇴를 하게 되는 경우가 많아 학업 결손에 대한 부담과 걱정이 크므로 이에 대한 지원이 필요하다(교육부, 인천광역시교육청, 2017).

③ 심장장애

심장장애는 심장의 기능 부전으로 인하여 일상생활 정도의 활동에도 호흡곤란 등의 장애가 있어 일상생활 활동에 현저한 제한을 받는 질환을 말하며, 선천성 심장병, 심부전, 부정맥 등이 포함된다(교육부, 인천광역시교육청, 2017).

심장질환을 가지고 있는 학생들 대부분은 학교생활을 할 수 있으며, 모든 일상적인 활동에 참여할 수 있다. 하지만 청색증이 심한 학생은 추위에 잘 적응하지 못하므로 추운 날

씨에 야외나 운동장에서 진행되는 수업 활동은 특별한 조치가 필요하고, 개인적인 건강상태에 따라 호흡 곤란이 심한 학생은 정규 수업 중이라도 힘들어하면 휴식을 취하게 한다. 심장장애학생은 자신의 신체적 한계를 잘 알고 있으므로 교사는 학생과의 대화로 체력을 고려하여 참여 수준을 정하는 것이 필요하나 모든 학생이 체육 수업이나 신체 활동을 하지 못하는 것은 아니므로 힘든 운동을 제외한 적당량의 운동은 필수적이다(김정연, 2020).

④ 소아천식

소아천식은 호흡기 증상을 일으키는 알레르기 질환 중 하나로, 숨 쉴 때 들어오는 여러 가지 자극 물질에 대한 기관지의 과민반응으로 나타나는 소아기 만성질환이다. 소아천식은 기관지와 기도점막에 염증이 생겨 부어오르면서 기관지가 좁아지고, 기침과 가래로 인해 호흡 곤란이 발작적으로 나타난다(김정연, 2020).

소아천식을 보이는 학생은 호흡의 문제와 천식 발작 등 신체적인 증상으로 인해 스스로 위축되어 또래와 거리감을 두고 고립되기 쉬우며, 약물 사용으로 인한 부작용, 반복된 천식 증상으로 인한 심리적인 어려움도 경험하게 된다. 또한 천식 자체가 직접적으로 학습에 문제를 일으키는 것은 아니지만, 질병으로 인해 결석하거나 학습에 집중할 수 없어 새로운 기술과 정보 습득에 제한을 보인다. 천식은 만성적이고 치료 시 증상이 일시적으로 호전되었다가도 재발할 수 있으며, 치료 중이라도 더 악화되어 입원할 수도 있으므로 장기적인 지원이 필요하다.

⑤ 제1형 당뇨

제1형 당뇨는 인슐린이 부족하거나 기능에 이상이 발생하는 만성질환으로 적절한 혈당 상태 관리를 위해 혈당 검사를 하고 인슐린 주사를 지속적으로 맞아야 한다. 제1형 당뇨는 혈액 속에 많은 양의 당이 존재하지만 세포 내에 당이 부족하므로 세포 내의 에너지 부족과 조직의 영양소 저장의 결핍으로 인해 학생은 심한 공복감을 느끼게 되어 많은 양의 음식물을 섭취하게 된다(Bowe, 2000).

제1형 당뇨는 적정 영양 수준을 고려한 식사가 일정한 양과 함께 규칙적으로 이루어져야 하며, 매일 꾸준한 운동을 필요로 하는 등 철저한 자기관리를 필요로 하는 질환이다. 제1형 당뇨는 완치가 불가능하여 일생 동안 질병을 조절해야 하며, 다른 만성질환에 비해 질병관리를 조금이라도 소홀히 할 경우 합병증 발생에 대한 우려, 불안과 스트레스를 받을 수 있으므로 상담 제공 등 학생에게 심리적 지원을 제공하는 것이 매우 중요하다.

2) 건강장애의 특성

건강장애의 개념, 분류와 함께 건강장애학생의 특성을 이해해야 어떠한 교육을 제공해야 할지 구체적인 계획을 수립하고, 적절한 중재를 제공할 수 있다. 건강장애학생의 인지 및 학업 특성, 신체 및 건강 특성, 심리 및 정서 특성에 대하여 살펴보고자 한다.

건강장애학생의 만성질환은 치료 과정에서 학업 결손이 발생하고 지속적으로 건강을 관리하고 유의해야 할 사항이 많으므로 학습 및 활동 참여를 제한하여 학업 성취에 부정적인 영향을 미친다. 인지 및 학업에서의 어려움은 질병 자체에 기인하는 경우도 있고, 만성질환으로 인해 질환을 치료하는 과정에서 다양한 변화와 예측할 수 없는 문제로 야기되기도 한다. 제1형 당뇨의 경우 질병 자체의 문제로 학업 수행에 집중하지 못하며, 소아암의 경우 화학요법과 방사선 치료로 인해 인지 능력이 손상되어 집중력을 유지하기 어렵다. 또한 기억력이 줄어들며, 정보를 기억해 내고 문제를 해결하는 데 어려움을 느낀다(박은혜 외, 2023).

건강장애학생의 신체 및 건강 특성으로는 질병과 치료 과정으로 인한 체력 저하, 질병 치료의 부작용으로 인한 외모 변화, 만성질환으로 인한 통증과 신체적 고통을 들 수 있다. 지속적인 치료 과정을 거치며 만성적 피로감을 호소하며 전반적으로 기력이 감퇴하여 수업 집중과 학업 수행에 지장을 준다. 장기입원과 정기적인 통원치료는 학생을 지치게 하고 질병으로 인한 면역력 저하는 신체 활동에 부정적 영향을 미친다. 소아암을 가진 학생의 경우 탈모로 인해 또래의 놀림을 받을 수 있으며 이러한 외모의 변화는 자존감을 떨어뜨리는 원인이 된다(김정연, 2020).

건강장애학생은 심리 및 정서적으로 우울감, 좌절감과 불안감, 공격성, 심리적 위축과 고립 등을 경험한다. 오랜 투병 생활과 치료로 인해 달라진 외모로 우울감을 느끼고, 죽음에 대해 두려움을 느끼기도 하며 학습에 대한 자신감이 떨어지고 좌절감을 경험하며 치료 과정에서의 어려움과 신체적 고통으로 감정을 억제하지 못해 공격적 성향을 드러내기도 한다. 장기간의 병원생활은 또래와의 사회적 관계 유지에도 부정적 영향을 미쳐 심리적으로 위축되고 고립감을 느끼게 한다.

3) 통합교육을 위한 교육적 지원

건강장애학생은 학교생활 중 질환의 발병으로 교육적 및 의료적 진단을 거쳐 선정되므로 다른 장애 유형과 달리 교육지원 측면에서 고려해야 할 독특한 사항이 있다. 이들은 만성질환으로 인해 학업적 · 신체적 · 심리적 어려움을 겪고 있으므로, 개개인의 교육지원의 우선순위를 파악하여 건강 관리와 동시에 교육 요구에 맞는 가치 있는 학습 활동과 지도 방법 등의 교육지원을 제공하여 효율적인 교육이 이루어지도록 해야 한다. 건강장애학생의 특성과 요구를 고려한 학습 지원, 신체 및 건강 지원, 심리 및 정서 지원과 함께 학교복귀 지원에 대하여 살펴보고자 한다.

(1) 학습 지원

건강장애학생의 학습 지원을 위해서는 가장 기본적으로 모든 학교의 학습 활동에 가능한 한 많이 참여하도록 해야 한다. 체육활동, 쉬는 시간, 학교 밖에서의 활동, 과외활동, 현장학습 등을 포함하여 학생이 학교 활동에서 배제되는 것을 최소화해야 한다. 그러나 건강장애학생은 치료로 인한 건강상의 문제와 약물 부작용 등을 보이므로 교사는 융통성 있게 지도해야 함을 유념한다. 건강장애학생은 수술과 치료를 위해 장기간 입원하거나 통원치료를 받아야 하므로 학업 결손이 생길 수밖에 없는데, 건강장애로 선정되면 병원학교, 원격수업, 순회교육을 이용하여 학업을 유지할 수 있다.

① 병원학교

건강장애학생은 장기입원이나 통원치료로 인해 학교교육을 받을 수 없는 경우 병원 내에 설치된 병원학교에서 교육을 받을 수 있다. 병원학교는 교사 1인이 운영하는 파견학급 형태이나 여러 학교급, 학년의 학생이 함께 학습하므로 '병원학교'라고 부르며 위탁교육기관에 해당한다. 교육부는 건강장애학생의 교육지원을 위해 해당 지역 종합병원과 교육청 간 협약을 통해 병원학교 설치를 권장하고 있으며 2005년 5개교를 시작으로 2023년 기준 전국에 37개 병원학교가 운영되고 있다(교육부, 2023a).

대부분의 병원학교는 교육청 소속의 특수학교 또는 일반학교의 파견학급으로 운영되고 있다. 그러나 교육청과 협약은 되어 있으나 병원에서 자체적으로 운영하는 형태도 있다. 병원학교의 학사 일정과 연간 수업일수는 병원학교가 속한 협력학교에 준하여 운영한다. 병원학교 간의 상호 연계 및 정보 제공을 위해 전국 병원학교 홈페이지(https://hospital.s4u.kr)에서는 전국의 병원학교 및 원격수업 기관 목록, 각 병원학교에 대한 정보와 소식, 건강장애 관련 자료와 활동 등을 제공하고 있다. 병원학교는 개별화된 학습지원, 심리 · 정서적 지원 등을 통해 학업을 지속할 수 있도록 도와주며, 학교생활에 적응할 수 있도록 지원을 제공하고 있다.

② 원격수업

건강장애학생이 입원 중이어서 병원학교에서 교육받기 힘든 경우 병실에서 원격수업을 통해 교육을 받을 수 있으며, 통원치료로 인해 학교교육을 받을 수 없거나 2차 감염이 우려되는 학생의 경우 가정이나 병원에서 인터넷을 이용한 원격수업을 통해 학습권을 보장하고 유급 문제를 해소할 수 있다. 원격수업은 건강장애학생이 컴퓨터나 태블릿PC, 휴대단말기를 통하여 실시간으로 진행되는 수업과 탑재된 콘텐츠를 통해 학습하는 형태가 있다.

건강장애학생의 학습지원을 위해 서울특별시교육청의 꿀맛무지개학교, 경상남도교육청의 꿈사랑학교, 한국교육개발원의 스쿨포유(https://www.s4u.kr) 등 3개 기관에서 원격수업 시스템을 운영 중이다(교육부, 2023b)

③ 순회교육

건강장애학생은 질병으로 인해 장단기 결석이 불가피한 경우, 학교교육을 받기 어려운 경우에 의료기관 또는 가정 등에 교사가 직접 방문하여 교육하는 순회교육을 받을 수 있다. 순회교육은 특수교육운영위원회에서 종합적으로 판단하여 순회교육 여부를 결정하되, 부모의 동의를 포함하도록 한다.

순회교육은 학생 소속 학교의 일반교사와 특수교사가 순회교육을 담당하거나 해당 교육청에서 건강장애 학생 순회교육 협력학교를 지정하여 운영하며, 일반학교, 교육청, 특수교육지원센터 등에서 순회교육 내용을 관리 감독하여 운영한다(박은혜 외, 2023).

(2) 신체 및 건강 지원

건강장애학생은 건강상의 어려움이 있는 경우가 많으므로 이들의 신체 및 건강 지원은 필수적이다. 신체 및 건강 지원을 위해서 우선적으로 필요한 것은 건강상의 어려움에 대한 실제적인 정보를 다양하게 수집하는 것이다. 건강장애학생의 다양한 질환에 대한 특성, 원인, 증상 및 예후, 주의사항 등 전반적인 정보, 학생이 복용하는 약물에 대한 정보, 응급상황 시 대처 방법 등 구체적인 사항을 교사가 알고 있어야 한다.

건강장애학생의 감염 관리를 위해 교사는 손 씻기와 같은 기본적인 위생 및 청결 지도를 해야 하며, 안전하고 건강한 교실 환경을 유지하고, 적정한 수면과 휴식을 취할 수 있도록 지도한다. 또한 치료를 지속하기 위해서는 면역력을 키우고 체력을 준비해야 하므로 식사를 통한 영양 지도가 필요하며 응급상황 시 대처 방법에 대하여 숙지하고 정보를 공유해야 한다.

교사는 소아천식이 있는 학생에게 가능한 한 정상적인 교육 경험을 제공하기 위해 환경 조절, 응급상황 대처, 자기관리 지도 방안을 마련한다.

첫째, 교사는 천식이나 알레르기 질환의 증상을 줄이고 예방하도록 환경을 개선해야 한다. 청소 시간의 먼지, 운동장의 먼지 외 천식 발작을 일으키는 원인 물질을 줄이고 잠재적인 위험인자를 숙지하여 학생 주위에서 이를 제거하는 환경 조절이 필요하며, 필요한 경우 약물을 사용하도록 지도한다.

둘째, 교사는 보건교육교사와 연계하여 응급상황 대처 계획을 수립한다. 학교생활 중 흡입 약물의 투여가 필요한 구체적인 사례, 비상 시 연락처와 대처 계획 등 학생의 상황에 대해 기록하고 부모와 상호 합의된 방법을 작성하여 적절하게 반응하여 대처한다.

셋째, 교사는 소아천식학생이 발작 시 스스로 흡입기를 사용하여 약물을 흡입할 수 있도록 사용법을 충분히 숙지하도록 지도한다. 교사는 제1형 당뇨가 있는 학생이 수업시간이나 학교 활동 중 저혈당 증상이 발생했을 때의 응급조치 방법에 대해 미리 숙지하고 있어야 하며, 학기 초에 필요한 정보를 수집하여 건강관리계획을 수립해야 한다. 학생이 저혈당 증상을 자각하면 교사에게 바로 알리게 하고, 저혈당 간식을 섭취한 후 휴식을 취하게 한다(박은혜 외, 2023).

(3) 심리 및 정서 지원

건강장애학생의 심리 및 정서 지원을 위해서는 또래와의 관계를 유지할 수 있도록 학교생활에 대해 전달해 주고 함께 교류할 기회를 자주 마련하는 것이 필요하다. 또한 또래 대상의 건강장애 이해 교육과 함께 건강장애학생의 학교생활 적응을 지원할 수 있는 자료의 개발과 보급이 필요하다. 건강장애학생은 또래와의 관계에서 큰 정서적 지원을 받으므로 친구들과의 친밀한 우정 관계로 발전하도록 지원해야 한다.

무엇보다 심리적으로 위축된 건강장애학생을 위해 교사는 학생이 자기효능감을 높일 수 있도록 가능한 한 칭찬을 많이 하고, 경쟁적인 학습 분위기보다는 협동적이고 개별화된 학습 분위기를 조성하여 건강장애학생이 성취감을 느낄 수 있도록 배려한다.

(4) 학교 복귀 지원

건강장애의 궁극적인 교육목적은 건강하게 학교로 복귀하는 것이므로 성공적인 학교 복귀를 위해서는 건강장애학생과 또래 학생과의 소통 강화, 심리 및 정서 지원 제공, 의료 및 교육 분야 등 다학문적인 접근과 노력이 필요하다. 무엇보다도 또래와의 상호작용 증진, 병원학교와 일반학교 간의 협력과 연계, 담임교사와의 원활한 의사소통이 중요하다.

교사는 건강장애학생의 원활한 학교 복귀를 위해 또래 대상의 이해 교육을 실시한다. 건강장애에 대한 정확한 이해 교육을 통해 오해하는 일이 발생하지 않도록 하며, 또래 학생이 적절한 도움을 주는 방법이나 상호작용 방법에 대해 학생들 눈높이에 맞게 쉬운 용어로 설명한다.

병원학교에서는 활동 자료 및 질병과 관련한 정보 등 학교교육에 도움이 될 수 있는 내용을 학교로 전달하여 학생을 지원하는 데 도움이 되도록 한다. 소속 학교의 교사 연수를 통해 학교로 복귀한 건강장애학생의 구체적인 교육지원 방안(건강장애학생 질환의 특징, 질환의 후유증, 학교에서 유의해야 할 사항, 건강장애학생의 응급 시 대처 방안 등)을 제공한다.

교사는 건강하고 안전한 학교 환경을 만들고, 건강장애학생을 위한 교수적 지원 방안, 건강장애학생의 수업 참여를 높일 수 있는 지도 방법 등에 대하여 숙지한다. 또한 건강장애학생은 장기 입원과 결석으로 교육적인 성과가 낮을 수 있다는 점을 고려하여 이들의 개별 수준을 고려하여 적절한 수준의 과제를 제시하고, 학습 목표와 학습 계획을 조절한다. 무엇보다 건강장애학생이 학급 구성원으로서 소속감을 가지도록 지도하는 것이 중요하다. 불가피한 건강상의 문제가 아니면 학교 일정에 참석하도록 격려하고, 학급 구성원으로서 소속감을 가질 수 있도록 역할을 주는 것이 필요하다.

4. 의사소통장애

1) 의사소통장애의 정의

의사소통이란 자신의 생각, 감정, 정보를 전달하고 교환하는 과정으로, 구어 · 비구어적으로 이루어지는 모든 것을 포함한다. 따라서 혼자서 하는 독백은 의사소통에 해당하지 않으며, 둘 이상의 사람이 서로 주고받는 과정이 전제되어야 한다. 이러한 교환 과정에 있어서 문제가 있다면 의사소통장애(communication disorders)를 의심해 보아야 할 것이다. 이 장에서는 의사소통장애의 개념 및 특성 그리고 그에 따른 지도 방안을 살펴보고자 한다.

(1) 「장애인 등에 대한 특수교육법」에서의 정의

특수교육대상으로 분류하는 의사소통장애는 「장애인 등에 대한 특수교육법 시행령」에 따라 〈표 8-4〉에 네 가지 기준을 제시하며, 그중 하나 이상에 해당되는 경우를 의사소통장애라 명명한다.

(2) 「장애인복지법」에서의 정의

「장애인복지법」에서는 '언어장애'로 규정하고 있으며, 언어장애는 음성장애, 구어장애, 발달기에 나타나는 발달성 언어장애, 뇌질환 또는 뇌손상에 의한 언어중추의 손상에 따른 실어증을 포함한다. 음성장애는 단순한 음성장애와 발성장애를 포함하며, 구어장애는 발음 또는 조음장애와 유창성장애(말더듬)를 포함한다(보건복지부, 2019).

표 8-4 「장애인 등에 대한 특수교육법」과 「장애인 복지법」의 용어 및 정의

	「장애인 등에 대한 특수교육법」	「장애인 복지법」
용어	의사소통장애	언어장애
분류 체계	언어장애(수용, 표현), 음성장애(기능적) 조음장애, 유창성장애	음성장애, 구어장애(조음, 유창성)
정의	다음의 각 항목의 어느 하나에 해당하여 특별한 교육적 조치가 필요한 사람 가. 언어의 수용 및 표현 능력이 인지 능력에 비하여 현저하게 부족한 사람 나. 조음 능력이 현저히 부족하여 의사소통이 어려운 사람 다. 말 유창성이 현저히 부족하여 의사소통이 어려운 사람 라. 기능적 음성장애가 있어 의사소통이 어려운 사람	'음성 기능 또는 언어 기능에 영속적으로 상당한 장애가 있는 사람' 제3급: 음성 기능이나 언어 기능을 잃은 자 제4급: 음성 · 언어만으로는 의사소통을 하기 곤란할 정도로 음성 기능이나 언어 기능에 현저한 장애가 있는 사람 (2017. 7. 1. 이후 급수가 아닌 장애정도로 분류)

2) 의사소통의 구성

(1) 말

말(speech)이란 청각-발음적 부호를 뜻하는 것으로, 보통 의사소통을 위해 산출하는 음성인 구어를 의미한다. 말은 호흡기관, 발성기관, 조음기관, 공명기관 등을 통해 음성으로 산출된다. 인간은 구상과 분리된 이관형(two-tube) 구조로 울림통의 역할을 하는 인두(성대와 혀 사이에 넓은 공간)의 크기를 자유자재로 조절할 수 있다. 하지만 침팬지는 일관형(one-tube) 구조로 인간처럼 다채로운 소리를 내지 못하고 단순한 음을 내는 데 그친다. [그림 8-5]는 유아와 성인의 발성기관 차이를 보여 주는 것으로 침팬지와 마찬가지로 유아의 발성기관은 구조적으로 작고 미성숙하여 고음 발성이 용이하지만, 성장은 점차 성대 길이 증가, 후두 하강, 혀의 위치 변화 등을 가져와 성인과 같은 발성 능력을 형성하게 된다. 이렇듯 유아와 성인의 발성기관 차이는 언어 발달과 음성 특징에 중요한 영향을 미치며, 성장에 따라 음높이, 발성 지속 시간, 조음 명료도 등에 영향을 준다.

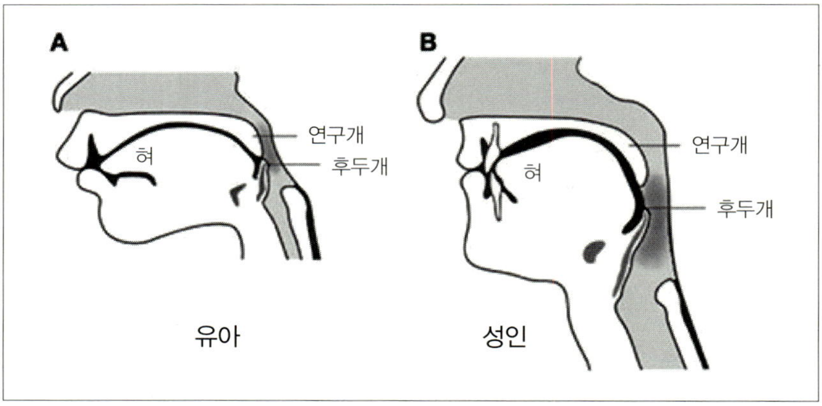

[그림 8-5] 유아와 성인의 발성기관 차이

출처: http://www.drananda.com.

(2) 언어

언어는 생각과 감정을 교환하는 데 사용되는 특정한 규칙이 있는 상징체계이다. 한글과 같은 상징체계를 통해 우리는 한국어를 사용하여 의사를 전달한다. 그리고 청각장애인이 사용하는 수화도 생각과 감정을 교환하는 수단으로, 언어의 한 형태로 간주된다. 따라서 전 세계의 6,000개 이상의 언어는 모두 상대적이며, 예를 들어 '사과'는 영어로는

표 8-5 언어의 구성 요소

구성 요소	하위 체계	정의	부연설명
형태 (form)	음운론	말소리 결합으로 단어를 만드는 규칙을 말하며 말소리에 수반되는 강세, 억양, 패턴 등을 포함함	음절: 밥을 먹는다 (바, 블, 멍, 는, 다, 5개의 음절) 음소: 밥(ㅂ + ㅏ + ㅂ)
	형태론	단어보다 더 작은 단위를 나타내는 형태소 활용을 지배하는 규칙으로 자유형태소와 의존형태소가 있음	꽃밭: 꽃 + 밭 새파랗다: 새+ 파랗다
	구문론	단어의 배열, 문장의 구조와 구성을 규정하는 규칙	주어–목적어–동사 순
내용 (content)	의미론	단어, 구, 문장이 사용될 때 전달되는 일반적인 의미를 다루며 단어와 단어의 조합을 규정하는 규칙	적은 열량(개념적 의미) 몸에 좋은(연상적 의미)
사용 (use)	화용론	사회적 상황에서의 언어의 사용과 관련된 규칙	부인하기, 거절하기, 비난하기, 위로하기 등

출처: Bloom과 Lahey(1978)에서 일부 발췌.

'apple', 프랑스어로는 'pomme'으로 특정 과일을 의미하지만 단어의 소리는 해당 생물과 직접적인 연관성이 없다. 언어는 형태, 내용, 사용의 세 가지 구성 요소로 이루어져 있는데, 형태는 소리, 패턴, 단어의 구조, 그리고 문법을 포함하며, 언어학에서는 각각 음운론, 형태론, 구문론으로 분류된다. 내용은 언어가 의미를 나타내는 방식과 관련되며, 내용적 차원의 요소를 의미론이라고 한다. 사용은 언어가 특정 상황에서 적절하게 사용되는 방식과 관련되며, 언어의 사용적 차원의 요소를 화용론이라고 한다. 대화를 위해서는 다양한 화용론적 기술이 필요하며, 특히 상대방에게 말하는 기회를 넘겨주는 것(turn taking)이 중요하다.

〈표 8–5〉와 같이 언어는 각각 독립된 요소이면서 동시에 상호 연관된 관계로 구성된다고 할 수 있다. 예를 들어, 엄마와 길을 걷던 28개월 된 아이가 길가의 꽃을 보면서 "엄마, 꽃"이라고 말하였을 때, 아이는 언어의 세 가지 구성 요소를 모두 학습했다고 할 수 있다. 먼저, '엄마'라고 말함으로써 엄마의 주의를 끌고(화용론), '꽃'이라고 말함으로써 자신이 본 것을 설명하고(의미론, 화용론), 적절한 구문으로 단어를 발성한 것이다(구문론, 음운론).

3) 의사소통장애의 분류

의사소통장애에 속하는 하위 장애는 주로 말(구어)장애와 언어장애로 나뉘며, 해당 장애들을 세부적으로 살펴보면 다음과 같다.

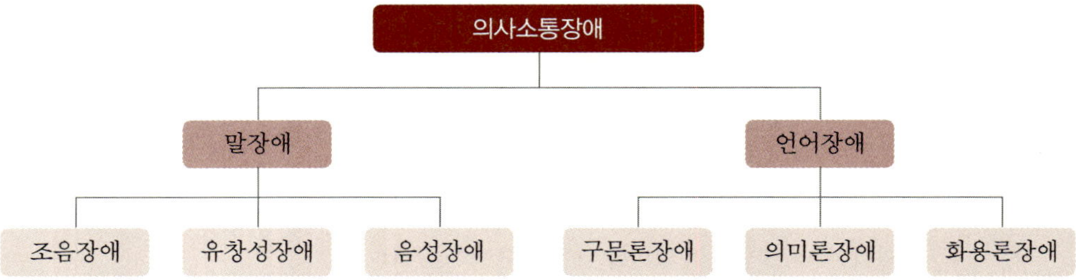

[그림 8-6] 의사소통장애의 분류

(1) 말(구어)장애의 하위 유형

① 조음 · 음운장애

조음장애(articulation disorders)는 유아기 및 학령기 아동의 약 10%가 겪는 가장 보편적인 유형의 말장애로서 "입술이나 혀, 치아, 입천장 등과 같은 조음기관의 구조적 및 기능

표 8-6 조음장애 특성

오류 형태	정의	예시	
생략	단어에서 음소나 음절이 빠지는 경우 (초성보다 종성에 多, 가장 늦게까지 발견됨)	/로봇/–/로보/ /사과/–/아과/	/몰라/–/오아/ /연필/–/연피/
대치	목표음이 다른 음으로 바뀌는 경우 (어려운 음소 대신 자신이 낼 수 있는 쉬운 음소로 대치)	/길고/–/딜고/ /거북이/–/거부디/	/풍선/–/풍턴/ /고기/–/고리/
첨가	필요 없는 음이 삽입되는 경우 (종성 다음 으/나/어/첨가, 동화로 주변 종성 첨가)	/양말/–/냥말/ /전화/–/전우화/	/우산/–/쿠산/ /아기/–/자기/
왜곡	표준음이 비표준음으로 바뀌는 경우 (애기 소리로 혀를 치아에 대고 발음, 대치와 혼동 多)	/서울/–/셰울/ /사랑해/–/샤랑해/	/아버지/–/아봐지/ /학교/–/하이고/

※대치가 많은 경우 조음장애 정도가 심하다고 할 수 있음.

표 8-7 조음장애와 음운장애 구별하기

조음장애	음운장애
• 몇 개의 특정 음에서만 오류를 보임 • 특정 음에서 일관적인 오류를 보임 • 말을 산출하는 조음기관의 이상으로 나타남 • 조음기관을 통하여 말소리가 만들어지는 과정에서의 결함을 말함	• 복합적인 조음오류를 보임 • 오류가 일관적이지 않음 • 문맥이나 단어의 위치에 따라 오류가 나타남 • 음운지식이나 능력의 부족으로 정상적인 음운 규칙을 사용하지 못하고 오류음운패턴을 사용하는 것을 말함

출처: Larrivee & Catts (1999), pp. 118-128.

적 문제로 인하여 말소리를 정확하게 조음하지 못하는 것이다."(국립특수교육원, 2009). 대부분의 아동은 8~9세가 되어서야 모든 말소리를 정확하게 발음할 수 있게 된다. 그런데 만약, 10세 아동이 "엄마 모자"를 "엄마 모다"라고 한다면, 조음에 문제가 있다고 할 수 있다. 따라서 가벼운 정도의 조음장애의 유병률이 더 높지만, 6~7세 소아의 약 2~3%는 중간 정도에서 심한 정도의 장애를 나타내다가 17세경에는 유병률이 0.5%로 떨어진다. 음운 산출은 뇌성마비나 청각장애와 같은 요인에서 구개파열과 같은 조음기관의 기질적 문제로 발음오류가 나타나기도 한다. 적어도 취학 전 소아의 2.5%는 원인이 알려져 있지 않거나, 원인이 의심되는 조음장애를 갖고 있으며, 이런 경우는 기능적 또는 발달적 조음장애라고 불린다. 조음장애는 대개 생략, 대치, 첨가, 왜곡 등의 특성을 갖는다.

최근에는 조음장애에 음운장애의 개념을 포함하여 조음・음운장애라는 용어로도 많이 사용되고 있다(고은 외, 2015: 권순우 외, 2022 재인용). 조음장애는 음을 정확하게 소리 내지 못하는 반면, 음운장애는 소리에 대한 음운표상과 음운인식이 부족한 것이다. 음운표상(phonological representation)은 언어의 소리를 머릿속에서 인지하고 저장하는 방식을 의미한다. 즉 'cat'을 들었을 때, 우리는 단순히 /kæt/라는 소리를 듣는 것이 아니라, 이를 머릿속에서 특정한 음운적 형태로 저장한다. 음운표상이 강할수록 언어 능력이 향상되며, 반대로 약하면 말소리 인식, 발음, 읽기, 철자 학습 등에 어려움을 겪고 나아가 언어 발달 장애나 난독증과 같은 문제가 발생할 수 있다(Anthony & Francis, 2005; Liberman, Shankweiler, Fischer, & Carter, 1974). 음운인식(phonological awareness)은 말소리를 구성하는 음운적 요소(음절, 운율, 개별 음소 등)를 인식하고 조작할 수 있는 능력을 의미한다. 이는 문자 해독과 언어 발달에 중요한 역할을 하며, 특히 초기 문해력(읽기 및 쓰기) 발달과 밀접한 관련이 있다(Wagner & Torgesen, 1987; Wagner, & Torgesen, 1987).

음운인식(phonological awareness)은 다음과 같이 다섯 가지 요소로 구성된다.

❶ 음절 인식(Syllable Awareness)

단어를 음절 단위로 분리하고 조작할 수 있는 능력

예: 바나나를 바–나–나로 나누기

❷ 운율 인식(Rhyme Awareness)

유사한 끝소리를 가진 단어들을 구별하고 생성할 수 있는 능력

예: 밤 – 감, 나무 – 자두 같은 운율이 맞는 단어 찾기

❸ 두음법칙 인식(Onset–Rime Awareness)

단어의 첫 소리(두음)와 나머지 부분(운율)을 분리할 수 있는 능력

예: 고양이 → ㄱ + 오양이로 구분하기

❹ 음소 인식(Phonemic Awareness)

단어를 개별 음소로 분리하고 조작할 수 있는 능력

예: 사과 → ㅅ–ㅏ–ㄱ–ㅘ로 나누기

❺ 음운 조작(Phonological Manipulation)

특정 소리를 추가하거나 삭제, 대체하는 능력

예: 강아지에서 '강'을 빼면 아지가 됨

출처: Stanovich (1992); Wagner & Torgesen (1987).

② 유창성(말더듬)장애

유창성장애(fluency disorder)는 부적절한 속도나 리듬으로 말하는 것을 뜻한다. 즉, 말이 얼마나 잘 이어지는가를 뜻한다. 성급하게 말하는 속화(말빠름 증상)와 문장의 잘못된 곳에서 쉬거나 이상한 강세를 사용하거나 음절이나 단어를 반복하는 말더듬 증상이 여기에 속한다. 속화는 말더듬에 비해 자신의 유창성 문제를 인지하지 못하며 주의를 기울이면 대부분 향상될 수 있다. 말더듬은 모음과 자음을 반복하거나, 연장, 머뭇거림, "음" "어" "그게" 등을 삽입하는 등 전체적인 막힘 현상이 두드러지는 경우를 말한다(Shames & Raming, 1994). 2~5세 사이에 나타나는 유아의 말더듬은 발달상의 특성으로 간주되며(Smith, 1999), 발달상 말더듬은 80% 이상이 자연스럽게 회복된다(Andrew et al., 1983). 그러나 말더듬이 1년 이상 지속될 때는 심각한 장애를 초래할 수 있으므로 말–언어병리학

표 8-8 말더듬의 형태와 예시

형태	예시	진행 방향
단어 반복(전체)	"기차. 기차... 기차 타러 가요."	↓
단어 반복(부분)	"기... 기.. 기.. 기차 타러 가요."	↓
단어 반복(음소)	"기차 ㅌ.. ㅌ... 타러 가요."	↓
연장(음, 신체 동반)	"기~~~~~~~~~이차 타러 가요."	↓
지연(말이 바로 나오지 않음)	"어... 그...... 기차 타러 가요."	↓
폐쇄(기류 막힘)	"기이---------차"	↓
투쟁(얼굴, 신체)	눈 깜빡거림, 얼굴 찡그림, 목 뒤로 휘어짐	↓

출처: Natke (2000).

자와 반드시 협업해야 한다.

부수적인 신체행동인 말을 할 때 머리를 흔든다든가, 손으로 박자를 맞춘다든가, 눈을 심하게 깜박거리거나 얼굴을 찡그리든가 하는 것은 말을 할 때 높아진 긴장감을 낮춰 말을 잘하기 위한 일종의 투쟁행동으로 볼 수 있다. 이러한 노력에도 불구하고 겉으로 보이는 행동만 보고 틱장애나 지적장애인이라고 단정 지어서는 안 된다.

③ 음성장애

음성장애는 기본 음성적 특성이 정상인의 목소리와 편차를 보이는 말장애의 한 유형이다(국립특수교육원, 2009). 음성은 폐에서 나온 기류가 후두(성대)와 성도를 거치면서 만들어지는 소리를 말한다. 소리의 생성과 산출에 관여하는 성대의 기능에 따라 음도장애, 강도장애, 음질장애, 유동성 장애의 문제를 갖는다. 음성장애의 하위 유형별 특성은 〈표 8-9〉와 같다.

표 8-9 음성장애의 하위 유형별 특성

하위 유형	산출되는 음성의 내용
음도장애	적절하지 않거나 지나치게 너무 높거나 낮은 음성을 산출하는 경우 (고음도, 저음도, 단음도, 음도파열, 이중음성)
강도장애	자신이 의도하는 대로 음성을 산출할 수 없거나 지나치게 크거나 작은 경우 (고강도, 저강도, 무발성)

음질장애	상대방이 듣기에 매우 거칠거나 목 쉰 소리, 탁한 음성인 경우 (목 쉰 음성, 숨찬 음성, 거친 음성, 비성, 무비성)
유동성장애	대화 중 음도와 강도를 문맥과 상황에 맞게 변화시키는 게 어려운 경우

출처: 국립특수교육원(2009).

(2) 언어장애의 하위 유형

언어장애는 뇌기능의 결함으로 인해 언어발달의 이상이나 지체를 의미하며 이로 인해 언어를 이해하거나 해석하는 데 어려움을 지닌다. 언어장애의 분류는 특수교육 개론서마다 상이하며 〈표 8-10〉과 같은 네 개의 하위 유형을 보편적으로 다루고 있다.

표 8-10 언어장애의 분류

유형	원인
구어의 결여	3세까지도 무발화 또는 자발화 징후가 없는 경우
화용론적 언어장애	발성에 문제가 없으면서도 일반적으로 말을 사용하는 방법과 다른 경우 (예: ASD 반향어, 사회적 상황에 맞지 않는 말 등)
언어발달지체	전형적인 언어발달 단계를 거치지만 또래에 비해 언어발달이 느린 경우 언어검사 결과, 1세 이상의 지체를 보이는 경우 언어발달지체에 해당함
신경학적 언어장애	정상적으로 언어발달이 진행된 이후 청각이나 두뇌 손상으로 언어장애를 가진 경우(예: 실어증)

출처: Naremore (1980), p. 224.

4) 의사소통장애의 특성

(1) 언어적 특성

언어는 자신에게 말해진 의사소통의 내용을 이해하는 언어인 수용언어와 다른 사람에게 의미 있는 내용으로 이해되는 언어를 산출하는 표현언어로 나뉜다. 따라서 언어장애를 지닌 아동은 자신의 생각을 표현하거나 자신에게 말한 다른 사람의 생각을 이해하기 어려워한다. 표현언어 기술에 있어서의 결함은 문법, 구문론, 유창성, 어휘, 따라 하기 등에서 나타나며, 수용언어 결함은 반응, 추상, 암기 기억 등의 기술에서 나타난다.

(2) 지능 및 학업 성취

의사소통장애아동의 경우 지적 능력과 학업 성취를 평가할 때 평균 이하의 결과를 보이는 경향이 있다. 또한 언어장애가 유아기에 발현되면, 이러한 어려움이 초등학교 입학 후 읽기 학습과 학문적 지식의 습득에 어려움이 있을 수 있다. 특히 읽기 기술은 학교생활에서의 대부분의 교과 과정의 기초를 형성하므로, 언어장애는 학업 성취를 저해하는 주요 요인이 된다.

(3) 사회정서적 · 심리적 특성

의사소통장애를 가진 아동들은 사회적 및 정서적 어려움을 경험할 수 있다. 특히 학령기에 말장애나 언어장애를 갖춘 아동들은 일반아동에 비해 행동 문제를 더 많이 나타낼 수 있으며 이로 인해 정서 · 행동 장애로 진전되는 경우가 많다(관련 선행 연구 필요). 특히 말더듬과 같은 말장애를 가진 아동은 사회적 상황에서 특히 어려움을 경험할 수 있다.

5) 의사소통장애아동의 교육

영유아기의 언어발달은 결정적 시기로 조기 진단과 중재가 매우 중요하다. 아동의 발달을 극대화하기 위해서는 문제, 자원 해결책 등을 공유하고 협력하는 것이 매우 필요하다. 이를 위해서는 조기 중재자, 부모 그리고 모든 관계자가 협력자가 되어야 한다. 이 중에서 부모는 아동과 가족의 생활양식을 누구보다도 잘 아는 사람이기 때문에 조기 중재의 핵심이 되어야 한다. 아동기에는 대부분 특수학교보다는 일반학교에서 통합교육을 받는 경우가 많으며, 일반학급 또는 특수학급의 교사는 신학기에 의사소통장애아동이 학교생활에서 보이는 의사소통의 특성을 파악하여 또래와의 관계에서 첫 단추가 잘 채워지도록 격려와 지지를 해 주어야 한다.

중증의 정신장애 및 운동장애를 가진 아동에게 입을 통한 의사소통은 현실적으로 어려울 수 있으므로 보완대체의사소통(Augmentative and Alternative Communication: AAC)을 통해서 의사소통할 수 있다. 보조공학이나 보완대체의사소통 방법을 선택할 때, 중재 전문가들은 반드시 다음의 요인들을 고려해야 한다. 첫째, 아동의 의사소통 능력과 욕구에 대한 평가가 반드시 이루어져야 한다. 둘째, 의사소통 도구들에 대한 훈련과 기술적인 지원이 반드시 필요하다. 셋째, 도구들을 습득하고 사용하는 절차들이 반드시 수행되어야 한다(Moore-Brown & Montgomery, 2001).

가장 광범위하게 쓰이고 있는 보완대체의사소통체계는 바로 수화다. 수화는 자폐, 지적장애 등을 가진 사람들도 사용하며, 매우 어린 수준의 지적 능력을 가진 사람도 사용할 수 있으므로 매우 유용하다. 한 연구에 따르면, 약 8개월 정도의 청각장애 영아도 수화를 사용할 수 있다고 한다(Schlesinger & Meadow, 1972). 이는 정상발달을 보이는 영아도 약 9~13개월에는 의사소통을 하기 위해 몸짓에 상당히 의존하며, 자신의 바람이나 욕구를 표현하기 위해 유사 수화체계를 발달시키는 것과 유사한 맥락이라 할 수 있다(Libra Text, 2023).

논의할 문제

SPECIAL EDUCATION

1. 최근 10년간의 국내 학습장애학생의 출현율 변화추이를 살펴보고, 학습장애학생의 진단율이 급감한 원인에 대해 논의해 보시오.
2. 학습부진과 학습장애는 어떻게 구별할 수 있을지, 학습장애의 개념에 기반하여 그 차이점을 제시해 보시오.
3. 학습장애학생의 성공적인 통합교육을 위하여 학업 지원뿐 아니라 심리적 · 정서적 지원이 이루어져야 한다. 학교 내 사회적 · 심리적 · 정서적 지원이 어떻게 이루어질 수 있을지 생각해 보시오.
4. 주의력결핍 과잉행동장애(ADHD)의 행동 특성을 생각해 보고, ADHD 학생을 위한 교육방법에 대해 논해 보시오.
5. 건강장애학생의 특성에 따른 교육적 지원 방안에 대해 논의해 보시오.
6. 언어는 문화적 맥락에서 발달한다. 이것이 의미하는 바를 설명해 보시오.
7. 이중언어를 사용하는 경우 언어발달에 있어서 우려되는 부분이 있다면 무엇이며 방안에는 어떤 것이 있을지 논의해 보시오.
8. 언어장애에 있어서 조기 중재가 중요한 이유는 무엇인지 생각해 보시오.

참고문헌

고은(2015). **의사소통장애아교육**. 서울: 학지사.

고혜정, 김동일(2014). 수학문장제 문제해결과정에서의 수학학습장애 위험학생 인지상태 진단: 규칙장모형의 적용. **특수교육학연구, 48**(4), 247-273.

교육부(2023a). 2023 특수교육통계.

교육부(2023b). 2023 특수교육 연차보고서.

교육부, 인천광역시교육청(2017). 병원학교 운영 매뉴얼.

국립특수교육원(2009). **특수교육학 용어사전**. 서울: 하우출판사.

권순우, 김영역, 정은, 팽재숙(2022). **특수교육학개론**. 서울: 창지사.

김동일, 고은영, 고혜정, 김우리, 박춘성, 손지영, 신재현, 연준모, 이기정, 이재호, 정광조, 지은, 최종근, 홍성두(2019). **특수교육의 이해**. 서울: 학지사.

김동일, 고혜정, 이윤희(2012). 정서・행동장애학생의 폭력적 문제행동에 노출된 특수교사의 리질리언스 과정: 사례연구를 중심으로. **정서・행동장애연구, 28**(2), 97-119.

김동일, 고혜정, 조재은, 김은삼, 조영희(2015). 학습부진 및 학습장애 학생의 사회성 중재연구 동향 분석. **통합교육연구, 10**(1), 141-166.

김동일, 이대식, 신종호(2003). **학습장애아동의 이해와 교육**. 서울: 학지사.

김동일, 이대식, 신종호(2016). **DSM-5에 기반한 학습장애아동의 이해와 교육**(3판). 서울: 학지사.

김동일, 홍성두(2005). 학습장애의 진단을 위한 불일칠 판별모델: 개괄과 전망. **아시아교육 연구, 6**(3), 209-237.

김애화, 김의정, 김자경, 최승숙(2012). **학습장애 이론과 실제**. 서울: 학지사.

김연수(2016). 특수교사의 직무소진에 영향을 주는 발달장애 학생의 문제행동요인과 교사요인의 상대적 영향력에 대한 조사. 연세대학교 교육대학원 석사학위논문.

김영한(2010). 특수학급 학생의 문제행동에 대한 특수학급 교사의 스트레스 및 대처방식 유형에 대한 조사 연구. **지체・중복・건강장애연구, 53**(4), 211-231.

김용욱, 우정한, 신재한(2015). 난독증 연구에 대한 고찰. **특수교육저널: 이론과 실천, 16**(2), 213-242.

김우리, 고혜정, 김동일(2013). 학습장애 및 학습부진 학생을 위한 그래픽조직자 중재 연구 분석. **특수교육학연구, 48**(1), 229-251.

김자경(2002). 학습장애아의 사회적 지위와 행동/정서상의 특성간의 관계에 관한 연구. **정서행동장애연구, 18**(1), 37-62.

김재철(2011). 발달장애학생의 폭력, 공격성 행동에 대한 특수교사의 인식 및 대처방식. 대구대학교 특수교육대학원 석사학위논문.

김정연(2020). **건강장애학생교육**. 서울: 학지사.

박명화(2018). 정서행동장애학생 교육과 지원서비스의 질적 제고를 위한 과제 및 전망. **정서행동**

장애연구, 34(4), 157-181.

박은혜, 김정연, 표윤희(2023). **지체장애학생교육**. 서울: 학지사.

보건복지부(2019). 장애인복지법, 장애등급판정기준.

양명희(2012). **행동수정이론에 기초한 행동지원**. 서울: 학지사.

양명희, 고은, 김정연, 이대식, 이태훈(2023). **특수교육학개론**. 서울: 북앤정.

이도은(2014). 장애학생의 공격행동과 관련된 특수교육교사의 스트레스 및 지원요구. 한국교원대학교 대학원 석사학위논문.

이태수, 홍성두(2007). 문장제 문제에 대한 일반아동과 저성취아동 및 수학학습장애아동의 중재반응 특성 비교 분석. **정서 · 행동장애연구**, 23(1), 187-210.

장미순, 김진호(2014). 초등학교 학생 문제행동에 대한 교사 인식 연구. **정서 · 행동장애연구**, 30(2), 435-457.

한홍석, 박주연(2011). 긍정적 행동지원이 중증 자폐성 장애학생의 자해행동과 공격행동에 미치는 영향. **정서 · 행동장애연구**. 27(1), 141-168.

Andrew, G., Craig, A., Feyer, A. M., Hoddinott, S., Howie, P., & Neilson, M. (1983). Stuttering: A review of research findings and theories circa 1982. *Journal of Speech and Hearing Disorders, 48*, 226-246.

Anthony, J. L., & Francis, D. J. (2005). Development of phonological awareness. *Current Directions in Psychological Science, 14*(5), 255-259.

Bloom, L., & Lahey, M. (1978). *Language devleopment and language disorders*. Macmillan.

Bowe, F. (2000). *Physical, sensory, and health disabilities: An introduction*. Upper Saddle River, NJ: Prentize Hall. OH: Merrill.

Cortiella, C. (2007). IDEA 2004 Close Up: Evaluation and Eligibility for specific learning disabilities. http://www.schwablearning.org/articles.

Fuchs, L. S., Fuchs, D., & Hollenbeck, K. N. (2007). Extending responsiveness to intervention to mathematics at first and third grade. *Learning Disabilities Research and Practice, 22*(1), 13-24

Geary, D. C. (1994). *Children's mathematical development: Research and practical applications*. Washington, DC: American Psychological Association.

Larrivee, L. S., & Catts, H. W. (1999). Early Reading Achievement in Children With Expressive Phonological Disorders. *American Journal of Speech-Language Pathology, 8*(2), 118-128

Learner, J. (2006). *Learning diabilities and related disorders: Characteristics and teaching strategies* (10th ed.). Boston: Person.

Liberman, I. Y., Shankweiler, D., Fischer, F. W., & Carter, B. (1974). Explicit syllable and phoneme segmentation in the young child. *Journal of Experimental Child Psychology, 18*(2), 201-212.

Libra Texts (2023). *Gesture Development.* Retrieved from Libra Texts.

Montague, M. (1997). Cognitive strategy instruction in mathematics for students with learning disabilities, *Journal of Learning Disabilities, 30*, 164-177.

Montague, M., & Applegate, B. (1993). Middle school students mathematical problem solving: An analysis of think-aloud protocols. *Learning Disability Quarterly, 16,* 19-32.

Moore-Brown, B. J., & Montgomery, J. K. (2001). *Making a Difference in the Era of Accountability- NCLB & IDEA 2004.* Eau Claire, WI: Thinking Publications.

Naremore, R. C. (1980). Language disorder in children. In T. J. Hixon, L, D., Shrberg & J. H. Saxman, *Introduction to Communication Disorder* (p. 224).

Reid, R., & Johnson, J. (2014). *Teacher's Guide to ADHD. NY: The Guilford Press.* (송현종, 양승갑 공역). ADHD 학생의 이해와 지도. 서울: 학지사. (원저는 2012에 출판).

Scheuermann, B. K., & Hall, J. A. (2012). *Positive behavioral supports for the classroom.* Upper Saddle River, NJ: Pearson.

Schlesinger, H. S., & Meadow, K. P. (1972). Development of maturity in deaf children. *Exceptional Children, 38*(6), 461-467.

Shames, G. H., & Raming, P. R.(1994). Stuttering and other disorders of fluency. In G. H. Shames, E. H. Wigg, & W. A. Second (Eds.), *Human Communication Disorder.* New York: Merrill/Macmillan.

Smith, A. (1999). Stuttering: A unified approach to a multifactorial, dynamic disorder. In N. B. Ratner & E. C. Healey (Eds.), *Stuttering research and practice: Bridging the gap* (pp. 27-44). Mahwah, NJ: Lawrence Erlbaum Associates.

Stanovich, K. E. (1992). Speculations on the causes and consequences of individual differences in early reading acquisition. *Reading Research Quarterly, 27*(4), 360-407.

Swanson, H. L., & Beebe-Frankenberger, M. (2004). The relationship between working memory and mathematical problem solving in children at risk and not at risk for math difficulties. *Journal of Educational Psychology, 96,* 471-491.

Vaughn, S., & Fuchs, L. S. (2003). Redefining learning disabilities as inadequate response to instruction: The promise and potential problem. *Learning Disabilities Research & Practice, 18,* 137-146.

Wagner, R. K., & Torgesen, J. K. (1987). The nature of phonological processing and its causal role in the acquisition of reading skills. *Psychological Bulletin, 101*(2), 192-212.

Wonder-McDowell, C., Reutzel, D. R., & Smith, J. A. (2011). Does instructional alignment matter? Effect on struggling second graders' reading achievement. *Elementary School Journal, 211*, 259-279.

제 09 장

장애학생을 위한 행동중재

학습목표

1. 장애학생의 문제행동을 이해한다.
2. 문제행동의 기능을 이해하고, 기능적 행동평가 절차를 이해한다.
3. 문제행동 중재를 위한 절차를 이해한다.

1. 장애학생의 문제행동

장애학생이 문제행동을 보이는 경우, 학생의 학업 성취와 통합교육에 부정적인 영향을 미치게 된다. 학생이 보이는 모든 행동에는 이유가 있으며, 분명 자신의 전달하고자 하는 의도된 메시지가 내포되어 있을 가능성이 크다. 따라서 장애학생이 보일 수 있는 문제행동의 개념, 원인, 중재 방법을 이해하고 수업시간에 적용하는 것이 중요하다.

1) 문제행동의 개념과 영향

문제행동은 자기 신체 또는 생활상에 현저한 위험을 초래하는 행동, 타인의 신체 또는 생활상에 현저한 위험을 초래하는 행동, 유의미한 학습이나 활동에 참여하는 것을 방해하는 두드러지는 행동 등으로 정의할 수 있다(국립특수교육원, 2020). 헤플린과 얼라이모(Heflin & Alaimo, 2007)는 문제행동이라는 용어를 "자신이나 타인의 신체 안전을 심각하게 위험에 빠트리는 문화적으로 비정상적인 행동 혹은 지역사회의 시설을 정상적으로 이용하기 위한 접근을 심각하게 제한하거나 방해하는 행동"으로 일반적으로 정의하였다. 구체적으로, 문제행동은 자기관리, 수용 및 표현 언어, 학습, 이동, 독립적인 생활 능력, 경제적 자급자족 등과 관련하여 특정 장애요인에 따라 발생하는 행동상의 문제를 말한다. 장애학생의 문제행동은 도전 행동(challenging behavior), 행동 문제(behavioral disturbance), 부적응 행동(maladaptive behavior), 비정상 행동(aberrant behavior), 행동이상(behavioral abnormalities) 등의 용어로 혼용되어서 사용되기도 한다.

실제로, 매트슨, 윌킨스와 맥켄(Matson, Wilkins, & Macken, 2008)은 지적 장애나 자폐성 장애로 진단받은 성인 장애인과 학령기 장애학생의 30~80%가 다양한 문제행동을 보이는 것으로 보고하였다. 도어링 등(Doehring et al., 2014)의 연구에서는 발달장애인 중에서 문제행동을 보이는 비율이 약 50%인 것으로 조사되었고, 문제행동의 주된 유형은 불순응, 자해, 타해, 상동행동, 떼쓰기, 울음 행동, 기물 파손 등의 다양하게 나타났다. 학급에서 겪을 수 있는 문제행동은 무는 행동, 할퀴는 행동, 때리는 행동과 같은 자해와 타해를 포함한 고위험 행동, 우는 행동, 소리 지르는 행동, 거부하는 행동, 자리 이탈 행동과 같은 방해 행동, 기타 장소에서 무의미한 소리내기, 손뼉 치는 행동, 틱 행동, 흔드는 행동 등과 같은 상동행동 등으로 분류할 수 있다.

문제행동은 자신을 사회적으로 고립시키는 부정적인 영향을 미치게 된다. 장애학생에게 문제행동은 학교에서의 통합과 지역사회에서의 능동적 참여를 방해하는 요인으로 작용한다고 보고된다(최진혁, 김민영, 2018). 장애학생은 학교뿐만 아니라 가정이나 지역사회 상황 속에서도 문제행동으로 인해 동료 관계 형성 및 유지, 취업 및 고용 유지에 어려움을 겪게 된다(하윤영, 박재국, 김은라, 2015). 또한 문제행동을 위한 중재는 많은 시간과 비용이 소요됨에 따라, 교사나 전문가, 주양육자에게 상당한 부담을 주는 것으로 알려져 있다(권혁상, 곽승철, 2017). 실제로, 문제행동은 그 행동을 보이는 자신이나 타인의 신체적 안전을 심각하게 해할 가능성이 있으며, 행동의 강도, 빈도, 기간 측면에서 학교와 지역사회 시설을 이용하는 데 심각한 제약을 주거나 접근을 불가능하게 할 수 있다(Emerson et al., 1988). 이러한 문제행동은 장애인과 더불어 주변인들의 삶의 질에도 부정적인 영향을 미치고(Murphy et al., 2005), 많은 사회경제적 비용의 부담으로 작용하고 있다. 만성적인 문제행동의 발생은 주양육자인 부모나 다른 가족들에게 신체적·경제적·심리적으로 부정적인 영향을 미치며, 학령기 장애학생과 성인 장애인의 교육 기회 제한과 과도한 약물 사용의 원인으로 작용한다. 무엇보다도, 장애학생이 보이는 문제행동은 특수교사와 일반교사들이 수업을 진행할 때 가장 힘든 이유로 지적되고 있다.

요약하자면, 특히 문제행동은 사회적 관계에 부정적인 영향을 미칠 뿐 아니라 개인의 독립적인 생활과 수행을 방해하고, 결과적으로 다양한 성과 영역(예: 취업, 교육, 일상생활)에서 참여를 저해하는 것으로 보고된다(이효정, 이영선, 김붕년, 이예니, 2015; Durand & Merges, 2001).

2) 문제행동의 유형

학교 현장에서 다양한 문제행동이 발생한다. 종이에 집착하는 학생, 학교에 있는 모든 창문을 닫으러 돌아다니는 학생, 샤프펜슬만 훔치는 학생, 손가락을 빠는 학생, 다른 사람을 깨무는 학생, 학교 밖으로 도망 다니는 학생, 의미 없는 말을 반복하는 반향어를 보이는 학생 등 교육 현장은 다양한 문제행동을 마주하고 있다.

마틴과 페어(Martin & Pear, 2024)는 대부분의 문제행동을 결핍 행동과 과잉행동 총 2개의 유형으로 보고하고 있다. 코프먼(Kaufman, 1979)은 문제행동을 반사회적인 행동, 공격행동, 사회적으로 적절하지 못한 행동, 인격장애 총 4개의 유형으로 보고하고 있다. 키와 웨리(Quay & Werry, 1969)는 총 4개의 주된 장애를 유사한 성격으로 구성된 것들로 유형화하여, 품행장애, 불안하고 위축된 행동, 성숙하지 못한 행동, 공격행동으로 분류하고 있다.

특히 밤바라와 컨(Bambara & Kern, 2005)은 문제행동을 학습 또는 상호 간에 직접적인 방해는 주지 않지만 사회적 통합에 방해가 되는 가벼운 방해 행동, 본인이나 타인에게 상처를 입히지는 않지만 상호 간에 부정적인 영향을 주는 방해 행동, 본인 또는 타인에게 물리적인 타격을 입히는 파괴 행동 등 총 3개로 분류하고 있다. 이러한 다양한 문제행동은 학교 내, 교실 내 모든 학생의 문제행동을 목록화하여 심각도에 따라 크게 3단계(가벼운 방해 행동, 방해 행동, 파괴 행동)로 구분할 수 있다(최진혁 외, 2020; Bambara & Kern, 2005). 문제행동의 심각도에 따라 가장 심각한 수준의 문제행동을 선정하여 먼저 지도할 수 있다. ① '가벼운 방해 행동'은 학생의 사회적인 수용에 부정적인 영향을 미치긴 하지만, 실제로 해가 되지 않는 행동을 말한다. 주로 가벼운 반향어나 틱과 같은 상동행동이 이에 해당한다고 할 수 있다. ② '방해 행동'은 학생의 사회적 수용에 부정적인 영향을 미침과 동시에 자신이나 타인의 학습을 방해하는 행동을 말한다. 이와 같은 방해 행동은 학교 또는 지역사회에서 배제가 되는 주요 원인이 되기도 한다. 주로 물건 파손, 욕설, 괴롭힘, 가벼운 신체적 접촉 등이 여기에 해당한다. ③ '파괴 행동'은 자신이나 타인의 건강이나 생명을 위협하는 행동이다. 때리기, 물기, 할퀴기와 같은 공격행동과 자해행동, 방화와 절도 등이 여기에 해당한다.

3) 문제행동의 기능적 원인

문제행동의 기능은 행동이 가지는 목적이라고 할 수 있다(Barnhill, 2005). 장애학생의 문제행동의 기능적 원인에 대해 학자마다 다양한 의견을 밝히기도 한다. 하지만 종합해 보면 크게 '획득'과 '회피'라는 두 가지의 큰 범주로 구분될 수 있다(부산광역시교육청, 2014). 집단에 대해 소속감이나 인정을 얻기 위해서 행동을 보이는 경우, 물건이나 돈·특혜 등의 유형적인 강화를 획득하기 위해서 행동을 보이는 경우, 좋아하는 활동을 하기 위해서 행동을 보이는 경우, 관심을 얻기 위해서 행동을 보이는 경우, 감각적 자극이나 통제를 얻기 위해서 행동을 보이는 경우는 '획득'이라는 기능적 원인을 가지는 문제행동이라고 할 수 있다. 규칙 따르기를 거부하기 위해 행동을 보이는 경우, 원하지 않는 활동의 참여를 피하려고 행동을 보이는 경우, 상호작용을 피하려고 행동을 보이는 경우, 개인에게 주어진 과제를 거부하기 위해서 행동을 보이는 경우는 '회피'라는 기능적 원인을 가지는 문제행동이라고 할 수 있다.

'획득'과 '회피'라는 행동 기능은 ① 관심 획득(attention), ② 선호하는 물건이나 활동 획득(tangible), ③ 불편한 학업적 · 사회적 요구로부터의 회피(escape, avoidance), ④ 자동 감각 추구(automatic sensory) 등 네 가지로 분류할 수 있으며, 기타 기능적 원인(예: 신체적 고통 감소)으로도 문제행동이 발생될 수 있다.

표 9-1 문제행동의 기능에 대한 개념

강화 유형	기능	개념
사회적 정적 강화 (social positive reinforcement)	관심 획득 (attention)	• 타인으로부터의 즉각적인 관심으로 유지되는 기능 • 고개 돌려서 쳐다보기, 놀란 표정, 훈계, 달래기 등 • 문제행동으로 인한 반응은 문제행동을 정적 강화하여 유사한 환경에서 문제행동을 유발함 • 타인으로부터의 관심이 드물거나, 관심을 요구하는 적절한 행동 레퍼토리의 부족, 타인이 바쁜 것으로 인해 발생함
	유형 강화제 획득 (tangible)	• 강화되는 물건이나 자극을 가지기 위해 발생하는 기능 • 문제행동으로 인하여 지속해서 원하는 물건이나 활동을 얻는 것을 통하여 행동이 형성됨 • 원하는 물건을 제공하면 탠트럼(tantrum)과 같은 문제행동이 일시적으로 멈추지만, 유사한 상황에 이와 비슷한 문제행동이 더 발생하는 의도하지 않은 영향이 있음
사회적 부적 강화 (social negative reinforcement)	회피 (escape, avoidance)	• 원하지 않는 자극을 차단하는 결과로 학습됨 • 공격행동, 자해행동, 기이한 말투로 인한 타인과의 상호작용 차단(예: 불순응으로 인한 비선호 활동 참여 연기) • 방해 행동으로 인한 학업 과제로부터의 회피 • 회피 기능의 문제행동은 어렵거나 불편한 상황에서 벗어나는 부적 강화로 인하여 강화됨
비사회적 정적 · 부적 강화 (nonsocial positive/negative reinforcement)	자동 감각 추구 (automatic sensory)	• 감각 추구의 기능은 정적 강화와 부적 강화 두 가지로 강화됨 • 정적 강화의 감각 추구는 행동이 스스로 강화를 형성함 • 부적 강화의 감각 추구는 신체적 고통이나 불편한 상황이 동기를 형성함. 행동이 불편한 상황을 직접적으로 차단하는 것으로 인하여 유지됨 • 부적 감각 추구는 부적절하거나 해로운 행동들을 설명할 수 있음

출처: Cooper, Heron, & Heward (2019).

관심 획득, 선호하는 물건이나 활동의 획득, 불편한 상황으로부터의 회피는 자폐성장애인의 행동에 대한 후속결과를 제시하는 환경에 타인을 포함하므로 사회적 강화(social reinforcement)라고 할 수 있다. 반면, 감각 추구 기능은 종종 내부적인 자극으로 인한 후속결과이므로 자동적 · 비사회적 강화(automatic/nonsocial reinforcement)라고도 할 수 있다. 쿠퍼, 헤론과 휴어드(Cooper, Heron, & Heward, 2019)에 의한 문제행동 기능에 대한 개념은 〈표 9-1〉과 같다.

(1) 관심 획득

일반적으로 장애의 유무와 상관없이 학생은 성인의 관심이 필요하다. 여러 가지 적절한 사회적 상호작용 기능의 제한성을 가지는 경우, 양육자나 중요한 어른으로부터의 관심이나 상호작용을 얻기 위한 문제행동으로 나타날 수 있다. 관심 획득을 주요 기능적 원인으로 가지는 문제행동은 도망치기, 교실 돌아다니기, 또래 못살게 굴기, 짜증 내기, 옷 벗기, 물건 부수기, 불을 껐다 켰다 하기, 테이블 아래로 기어들어 가기 등과 같은 행동으로 표출되기도 한다. 관심 획득의 기능을 가지는 문제행동을 감소시키는 데 가장 효과적이면서도 일반적인 전략은 학생이 적절한 행동을 보일 때마다 개별적으로 적절하게 관심을 제공하는 것이다.

(2) 유형 강화제 획득

장애학생은 자신이 원하는 것을 얻기 위해 문제행동을 보이기도 한다. 즐거움을 얻을 수 있는 물건이나 다양한 감각 활동들을 획득하기 위해 문제행동을 나타내는 경우를 말한다. 즉, 자신이 좋아하는 물건을 획득하고 선호하는 상황에 접근하기 위해서 문제행동을 보인다면 해당 문제행동의 기능적 원인은 '유형 강화제 획득'이라고 할 수 있다. 예를 들어, 장애학생 자신이 원하는 장난감, 특정 활동을 획득하기 위해 울음 행동을 보이거나 소리를 지르는 행동을 보일 수 있다.

(3) 회피

문제행동은 학생 개인이 싫어하는 상황이나 활동을 피하려고 할 때 발생할 수 있다. 회피를 주요 기능적 원인으로 가지는 행동은 도망가거나 앉아 있기를 거부하는 것과 같은 행동을 의미한다. 장애 진단 여부를 떠나 인간은 일반적으로 너무 어렵고, 지루하고, 재미없는 과제를 회피하려고 한다. 장애학생도 마찬가지로 자신이 싫어하는 활동이나 과제에서 벗어나기 위해 회피행동을 할 수 있다. 학생이 있는 환경 안에서 자신이 원하지 않은 냄새, 소음, 다른 사람의 기대 등 다양한 이유로 그 상황을 피하고 싶어 하기도 한다. 때로는 스트레스나 불안, 불편함을 초래하는 환경적 조건 등에서 벗어나기 위해 노력하기도 한다. 민감한 청력을 가진 학생은 시끄러운 방에서 불편함을 느낄 수 있다. 이때 스트레스나 불편함을 초래하는 전형적인 환경 조건은 시끄럽고 소리가 잘 울리는 환경, 너무 많은 사람이 있거나 아이들이 밀집해 있는 경우, 비구조화된 교실, 모든 벽마다 색색의 자료가 있거나 천장에 걸린 모빌과 같은 시각적으로 과다한 자극이 주어지는 환경, 경계가 없이 지나치게 열린 공간 등을 들 수 있다. 회피를 기능적 원인으로 가지는 문제행동에는 도망치기, 앉아 있기를 거부하기, 밀폐된 공간이나 테이블 아래로 기어들어 가기, 짜증 내기, 귀를 손으로 덮기, 비명 지르기, 물건을 집어 던지기, 물건이나 타인, 자신을 치거나 물기, 자기 손을 물거나 다른 자기 상해 행동, 손 흔들기, 다른 자기 자극적 행동 등이 포함된다.

(4) 자동 감각 추구

장애학생이 보이는 문제행동은 때때로 즐거운 감각적 피드백을 받기 위해 발생하기도 한다. 어떤 사람은 감각 자극 피드백을 좋아하기 때문에 껌을 씹기도 하며, 기분이 좋아지기 위해서 몸을 흔들기도 한다. 따라서 장애학생 중 몸을 흔드는 행동을 보인다면, 아마 자신에게 감각적 피드백을 제공하기 위한 기능적 원인일 수 있다. 자신의 눈앞에 손바닥을 흔드는 행동, 의미 없는 음성 패턴을 반복하는 등 스스로 감각 자극을 제공하는 경우, 자동 감각 추구를 주요 기능적 원인으로 가지는 문제행동이라고 할 수 있다.

(5) 기타 기능적 원인: 신체적 고통 감소

장애학생이 자신의 고통을 경감시키기 위해 나타내는 문제행동 역시 하나의 기능을 가지는 행동으로 간주하여야 한다. 행동의 기능이 신체적 고통 감소라면, 그 행동은 복합적인 맥락 안에서 지속해서 발생할 것이다. 또한 행동과 외적 환경 간의 논리적인 관계가 거의 없을 수 있다. 이러한 행동의 경우, 교육적 중재보다는 의료적 중재가 필요하다. 예를 들어, 의사소통에 문제가 있는 장애학생은 두통이 너무 심해 우는 경우가 있다. 또한 생리적인 이유로 자기 옷에 소변을 자주 보는 경우가 있다. 이 경우, 정확한 의료적 진단을 통해 의료적 지원을 하여 행동을 중재하려고 노력해야 한다. 신체적 고통 감소 행동은 다른 네 가지 기능보다 자주 발생하지는 않는다. 하지만 반드시 고려하여야 하는 기능적 원인이며, 다른 기능적 원인을 가지는 행동을 중재하기 전에 먼저 신체적 고통 감소의 기능을 가지는 행동을 중재해야 한다. 신체적 고통 감소를 주요 기능적 원인으로 하는 행동을 보이는 장애학생에게는 의사의 적절한 처치를 제공해 주어야 한다.

2. 문제행동의 기능적 원인 파악을 위한 기능적 행동평가

기능적 행동평가는 궁극적으로 평가의 결과를 기반으로 효과적이고 타당한 행동중재를 제공할 수 있는 중요한 단계라고 할 수 있다(이효정, 이영선, 김붕년, 김예니, 2015). 문제행동은 일반적으로 인간이 삶 속에서 학습을 경험으로 습득한 '작동행동(operant)'이라고 할 수 있다. 작동행동은 일반적으로 배경사건(setting event), 선행사건(antecedent), 행동(behavior), 후속결과(consequence)로 구성된다. 따라서 문제행동을 지도하고 중재하는 과정에서 문제행동의 기능적 원인을 파악하고, 문제행동에 영향을 미치는 배경사건과 선행사건을 파악하고 적절한 중재 전략을 제공하는 것이 필수적이라고 할 수 있다.

① 작동행동이 환경으로부터 받는 행동의 결과, ② 행동의 발생과 후속결과 간의 관계를 신호 기능으로 하는 선행사건, ③ 후속결과의 일시적인 가치를 변화시키는 배경사건에 의해 문제행동이 영향을 받는다는 사실로부터 기능적 행동평가가 비롯되었다(Bijou, Peterson, & Ault, 1968). 앞서 설명한 문제행동의 기능적 원인을 파악하기 위한 절차인 기능적 행동평가에 대하여 알아본다.

1) 기능적 행동평가

기능적 행동평가(Functional Behavior Assessment: FBA)는 특정 문제행동의 기능을 식별해 내고 식별된 문제행동을 중재하고 방지하는 데 사용되는 평가 방법을 말한다(Barnhill, 2005). 기능적 행동평가는 행동의 기능이나 원인을 파악하기 위하여 선행사건, 행동, 후속결과의 정보를 모으는 방법이나 절차를 포함하는 개념이다. 앞서 설명한 것처럼 행동의 기능은 관심 획득, 유형 강화제 획득, 요구 상황에서의 회피, 자동 감각 추구 등의 원인으로 크게 분류될 수 있다. 기능적 행동평가를 통해 이 문제행동을 유지시키는 원인(기능)을 찾아낼 수 있다.

기능적 행동평가는 문제행동의 기능과 후속결과와 사건을 식별해 내서 다른 대체행동을 가르쳐 문제행동을 감소시키는 데 사용된다. 즉, 기능적 행동평가의 주요 목적은 행동의 기능을 파악하여 문제행동을 감소할 수 있는 적절한 중재 전략을 선택하는 데 중요한 정보를 제공하는 데 있다. 교사는 기능적 행동평가를 통하여 좀 더 명확하게 문제행동을 기술할 수 있고, 문제행동을 발생시키거나 예방할 수 있는 사건, 시간, 상황을 파악할 수 있다. 무엇보다 직접적 관찰을 통해 얻은 데이터를 이용하여 문제행동을 증가시키고 유지하는 후속 결과를 식별해 내고, 명확하게 문제행동과 상황 및 문제행동에 따른 강화 요인을 찾아내어 과학적으로 중재 방법을 찾아낼 수 있다.

그레샴, 왓슨과 스키너(Gresham, Watson, & Skinner, 2001)에 의하면, 기능적 행동평가 방법은 ① 간접 평가(인터뷰, 기록 검토, 체크리스트, 평가 척도), ② 직접 관찰을 통한 기록 또는 기술적 방법을 이용하는 직접 평가(자연스러운 환경에서 행동을 체계적으로 관찰하는 것), ③ 실험적 방법을 이용하는 기능분석(단일 대상 연구 방법으로 문제행동과 관련된 후속 결과를 통제하는 방법)으로 분류할 수 있다. 기능적 행동평가는 일회성 절차가 아니다. 목표행동에 따라서는 며칠이 소요되기도 하고, 길게 몇 주가 소요되기도 한다. 주로 현장에서는 구조화된 면담, 설문지, 점수 척도, 체크리스트 등의 간접 평가를 사용할 수 있다. 직접 관찰을 통한 평가는 간접 평가와 다르게 관찰자가 직접 대상 학생을 관찰하고 기록하고 분석하는 과정을 포함한다. 직접 관찰은 서술평가와 기능분석으로 구분되며, 서술평가는 ABC 기록과 분포도를 사용할 수 있다. 기능분석은 관찰자가 직접 대상 학생을 평가하는 것으로, 새로운 조건에서 선행사건과 후속결과를 조작하여 표적행동의 기능을 검증하는 절차이다. 기능분석은 크게 회피 상황, 관심 상황, 혼자 있는 상황, 변인 통제 상황으로 구분하여 관찰한다. 기능적 행동평가는 간접적인 방법, 직접적인 방법, 그리고 기능분석 세 가지의 유형을 혼합해 시행되기도 한다(Iwata & Dozier, 2008).

(1) 간접 평가

간접 평가는 인터뷰, 행동평가 척도, 체크리스트, 설문지 등을 사용할 수 있다(Barnhill, 2005). 인터뷰를 통한 기능적 행동평가는 교사, 학교 종사자, 부모 등의 정보원으로부터 특정 행동과 그와 관련된 변인들에 관한 정보를 수집한다. 또한 간접 평가는 행동평가 척도, 체크리스트, 설문지 등을 통해서도 시행될 수 있다. 간접 평가에 유용하게 사용되는 척도 및 체크리스트로는 ① 동기 평가 척도(Motivation Assessment Scale: MAS; Durand & Crimmins, 1998), ② 행동기능질문지(Questions About Behavioral Functions: QABF; Matson & Vollmer, 1995), ③ 기능분석인터뷰(Functional Analysis Interview form:

FAI; O'Neil, Horner, Albin, Storey, & Sprague, 1990), ④ 문제행동 질문지(Problem Behavior Questionnaire: PBQ; Lewis, Scott, & Sugai, 1994), ⑤ 기능분석 선별도구(Functional Analysis Screening Tool: FAST; Iwata, DeLeon, & Roscoe, 2013) 등이 있다.

(2) 직접 평가

직접 평가로 주로 사용되는 방법으로는 산포도(scatter plot; Touchette et al., 1985)와 ABC 평가(Antecedent-Behavior-Consequence assessment; Bijou et al., 1968)가 있다. 산포도 방식은 문제행동이 발생하는 시간대를 표시하여 문제행동이 빈번하게 발생하는 특정 시간대에 ABC 평가를 가능하게 한다(Lennox & Miltenberger, 1989). ABC 평가는 어떤 특정 사건이 문제행동의 유발과 관계가 있는지 확인하기 위하여 문제행동과 관련된 선행사건과 후속결과를 직접적으로 평가하는 방법이다. 그러나 산포도 방법은 행동을 통제하는 특정한 잠재적 변인을 파악하지 못하여, ABC 평가를 사용하는 평가를 좀 더 효율적으로 시행할 수 있도록 범위를 좁혀 주는 역할이 크다. ABC 평가는 실험적으로 평가할 수 있는 잠재적 유지 변인의 제시는 가능하나 인과관계를 확인할 수는 없다. 또한 ABC 평가는 관찰자의 정확성에 따라 평가의 결과가 완전히 달라질 수도 있다.

(3) 기능분석

기능분석(functional analysis)은 변인을 조정하여 행동의 기능과 관계된 선행사건과 후속결과를 체계적으로 확인하는 것이다(Iwata, Dorsey, Slifer, Bauman, & Richman, 1994). 기능분석은 철저히 통제되는 실험적 설계 속에 문제행동을 유지할 가능성이 있는 각각의 조건(사회적 관심, 유형 강화물 획득, 혐오적 자극으로부터의 회피, 감각 자극)과 통제 조건(자유놀이)에 대상자를 노출하는 것을 수반한다(Barnhill, 2005). 실험적 설계의 기능분석은 환경적 변인을 조작함으로써 인과관계 확인이 가능하며, 문제행동을 통제하는 변인에 대한 결정적 정보를 제공하는 장점이 있다(Lennox & Miltenberger, 1989). [그림 9-1]은 자해행동이라고 할 수 있는 '머리를 박는 행동'에 대한 기능분석을 시행한 결과를 제시하는 그래프이다. 관심 획득 상황에서 머리를 때리는 행동이 가장 많이 발생하였다. 따라서 이 자해행동의 주요 기능은 관심 획득이라고 추정할 수 있다.

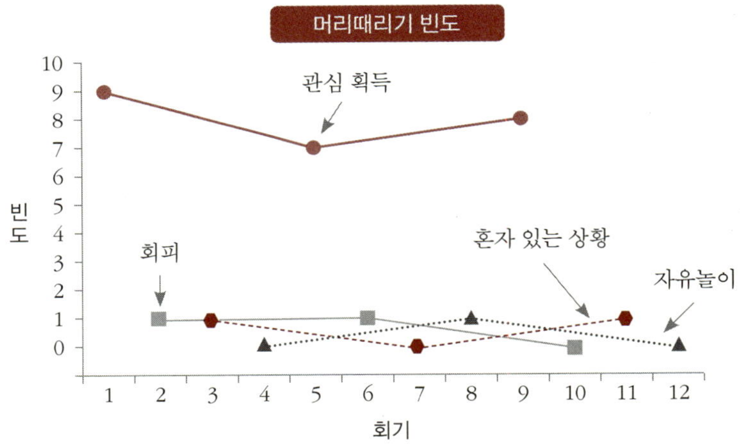

[그림 9-1] 기능분석 결과의 예

3. 문제행동 중재

장애학생의 문제행동을 중재한다는 것은 학생에게 필요한 적절한 행동과 기능을 습득시키고, 목표 문제행동을 감소시키고, 학생과 주변인(예: 가족, 교사, 또래 등)의 삶의 질을 향상시키는 과정을 말한다.

1) 긍정적 행동 지원

문제행동 중재에 자주 언급되는 문제행동 중재의 절차는 긍정적 행동 지원(Positive Behavior Support: PBS)에서 말하는 과정이다. 긍정적 행동 지원의 정의적 개념은 호너(Horner, 2000)와 호너 등(Horner et al., 1990)에서 제시되고 있다. 긍정적 행동 지원은 실용적 과학 학습과 행동 변화에 대한 실제적 행동과학과 장애인의 권리의 가치를 조합한 접근법이라고 말할 수 있다. 또한 긍정적 행동 지원은 삶의 방식의 변화, 기능분석, 다중요소 중재, 환경적 배경사건의 조정, 선행사건의 조정, 적응행동 교수, 효과적인 후속사건을 제시할 수 있는 환경조성, 처벌 사용의 최소화, 사회적 가치 등 수많은 요소를 강조하였다. 긍정적 행동 지원에서 행동중재를 위한 지원의 수준은 일반적으로 보편적 지원, 소집단 지원, 개별적 지원으로 구분된다.

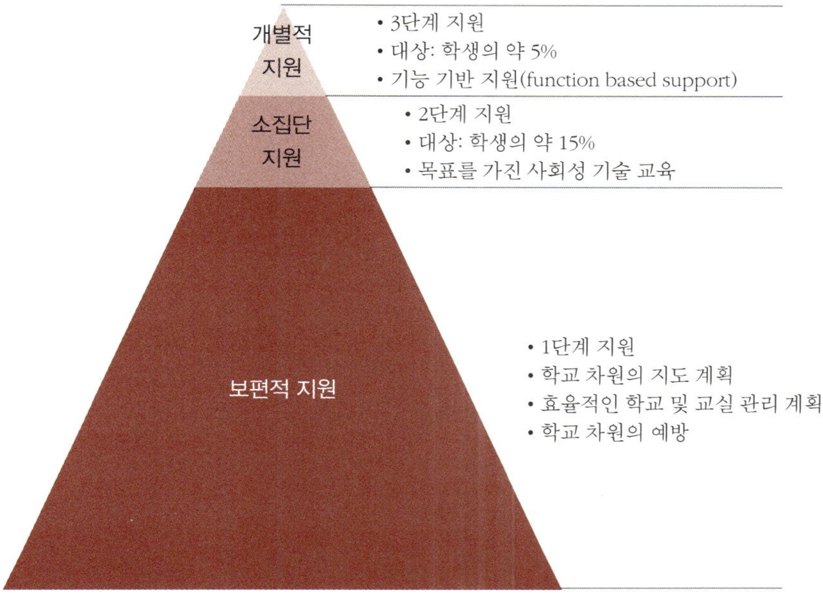

[그림 9-2] 긍정적 행동 지원의 3단계 모형

출처: Crone, Hawken, & Horner(2020), p. 39을 재구성.

① 보편적 지원 수준은 전체 학생을 대상으로 하며 학생의 약 80% 정도가 보편적 지원만으로도 행동중재 효과를 기대할 수 있다. 일반적으로 학교 차원의 예방 전략(예: 좋은 행동 캠페인)이 포함되며, 모든 학교 환경에서 모든 학생을 대상으로 하는 문제행동 발생의 예방을 목적으로 한다. 보편적 지원에도 불구하고 문제행동을 보이는 약 15%의 학생이나 그룹을 대상으로 더욱 높은 소집단 수준의 지원을 제공한다.

② 소집단 지원 수준은 전체 학생의 약 15% 정도를 대상으로 한다. 해당 학생 집단 또는 학급에게 적절한 행동중재의 강도와 범위를 정하여 좀 더 높은 수준의 중재(예: 목표 지향적 사회성 기술 교육)를 실시한다. 소집단 지원에도 불구하고 심각한 문제행동을 보이는 약 5%의 학생은 더욱 높은 수준의 지원인 개별적 지원을 제공한다.

③ 개별적 지원 수준은 학생의 약 5% 정도를 대상으로 한다. 대상 학생별로 행동중재계획(행동 지원계획)을 수립한다. 대상 학생의 목표 문제행동을 선정하고, 조작적으로 정의하고, 기능적 행동평가(FBA)를 통하여 중재 전략을 선정하고 적용한다. 즉, 개별 학생이 가지는 문제행동에 대하여 기능 기반 지원을 제공한다.

특히 3단계 수준의 지원을 필요로 하는 학생의 경우, 연구에 기반하고 그 효과가 입증된 중재 전략(증거기반의 실제)을 사용하고, 사전 전략과 예방 전략을 체계적으로 계획하고 적용하는 것이 중요하다.

2) 문제행동 중재 과정

문제행동의 중재 과정은 학교와 교육청에 따라 다양한 방법으로 진행된다. 주로 문제행동을 정의하고 그 조작적 정의에 따라 문제행동의 데이터를 기록하고 문제행동의 주요 기능에 대한 가설을 세운다(Stormont, Lewis, Beckner, & Johnson, 2008). 문제행동을 유지시키는 주요 기능에 따라 주요 행동중재 전략을 포함한 행동중재계획(Behavior Intervention Plan: BIP) 혹은 긍정적 행동 지원계획(Positive Behavior Support Plan: PBSP)을 수립하고, 행동중재계획에 따라 정확하게 데이터가 기록되고 중재계획이 진행되고 있는지 감독한다. 행동중재의 일반적 과정은 〈표 9-2〉와 같다.

표 9-2 문제행동 중재 과정

과정	내용
행동중재가 필요한 대상 학생 선정	• 학급에서 우선적으로 중재되어야 할 학생을 선정한다.
대상 학생의 문제행동 선정	• 선정된 대상 학생의 문제행동 중에서 우선적으로 중재되어야 할 문제행동을 선별한다.
기능적 행동평가 실시	• 문제행동의 기능(원인 및 강화요인)을 파악하기 위한 전반적인 과정인 기능적 행동평가를 실시한다. • 문제행동의 기초적 기능, 패턴, 원인을 알기 위해서 기능적 행동평가를 실시한다.
문제행동의 측정방법 선정	• 목표 문제행동의 형태 특성에 따라 행동측정법(예: 빈도, 지속시간 기록, 간격 기록 등)을 선정한다.
기초선 측정 및 시각화	• 중재를 적용하기 이전 일반적인 교실 상황 속에서 선정된 문제행동을 측정한다. • 한 회기(관찰 시간) 시간을 일정하게 설정하고 가능하다면 매일 동일한 시간대에 측정하여 같은 환경 · 시간대에 발생하는 문제행동을 측정한다. • 측정된 자료를 시각화한다. • 기초선에 걸쳐 목표 문제행동이 안정화되는 경향 혹은 증가되는 경향이 명백해져서 기초선을 지속할 때 비슷한 양상이 예측될 때까지 기초선 측정을 지속한다.

기능적 행동평가에 따른 중재 전략 선택	• 기능적 행동평가를 통해 파악된 문제행동의 기능, 원인, 양상에 따라 적절한 중재법을 선택한다.
중재 전략의 적용	• 변별된 문제행동의 원인 및 양상에 따라 중재를 선택하여 적용한다. 이때 일관적으로 중재가 적용되어야 한다.
중재 적용 중(중재선)에 문제행동의 지속적 측정 및 시각화	• 기초선과 마찬가지로 중재가 적용되는 기간 동안(중재선) 지속적으로 문제행동을 측정하고 데이터를 이용하여 시각화한다.
그래프의 행동 변화에 따라 중재의 수정·유지에 대한 결정	• 중재가 적용된 후에 시각화된 그래프를 바탕으로 행동 변화를 평가한다. • 중재의 효과가 관찰될 때는 다른 교실 구성원들과의 정보공유를 통해 그 중재의 효과가 지속될 수 있도록 한다. • 중재에 따른 행동의 변화가 관찰되지 않을 때는 다음과 같은 다양한 전략적 질문을 통해 중재를 평가하고 중재를 수정하여 실시한다. −중재가 일관성 있게 지속적으로 제공되었는가? −중재가 연구를 통해 입증된 방법으로 제공되었는가? • 중재가 정확하게 적용되었음에도 목표 문제행동의 변화가 관찰되지 않을 시에는 좀 더 명확한 조작적 정의를 통해, 기능적 행동평가를 실시하고, 문제행동의 기능을 더 정확히 한다. 기능적 행동평가 결과를 바탕으로 다시 중재 전략을 선택하고 적용한다. −기능적 행동평가가 정확하게 이루어졌는가? −중재 선택의 과정에 사용된 가설의 재수립이 필요한가? −가설의 재수립에 따라 어떠한 중재 방법이 필요한가?

출처: Stormont, Lewis, Beckner, & Johnson (2008).

3) 증거기반의 실제

증거기반의 실제(Evidence-Based Practice: EBP)는 의학 분야에서 시작된 증거 중심의 의학(Evidence-Based Medicine: EBM)에서 시작되었다(Scakett et al., 1996). 이전의 병원에서의 의사결정이 의사의 주관적인 임상적 경험, 직관 등에 의해 결정되었다면, 증거기반의 의학은 주관적인 임상적 경험 및 직관과 함께, 최신 의학적 지식에 근거한 의사결정을 하는 것이다(박현아, 2010; Scakett et al., 1996). 증거기반의 실제는 의학 분야에서 시작되었지만, 다양한 영역에서 적용되고 있다. 데이비스(Davies, 1999)에 의해 증거기반의 교육이 언급된 이후로 지속해서 연구되고 있다. 증거기반의 교육은 증거기반의 보건과 비슷해서, 모든 문제를 해결할 수 있는 것이나 모든 교육적 요구사항을 완벽하게 해결하는 것은 아니다. 증거기반의 교육은 법칙과 실제를 만든다. 결국 증거기반의 실제는 교육에 대한 사람들의 생각을 바꾸고, 교육적인 정책과 실제에 대한 실행을 바꾸고, 그들의 전문적인 판단과 전문지식을 효과적으로 사용할 수 있도록 하는 것이다.

미국 질병통제예방센터(Centers for Disease Control and Prevention: CDC)는 여러 유형의 장애와 질병에 관한 연구 등을 통해 과학적인 입증이 가능한 중재 방법을 발표하고 있다(CDC, 2016). CDC에서는 자폐성장애의 핵심 특성을 중재하는 방법으로 조기 중재(early intervention) 행동 및 의사소통 접근법(behavior and communication approach)을 발표하였다(CDC, 2016). 여기서 발표한 행동 및 의사소통 접근법은 응용행동분석(Applied Behavior Analysis: ABA; Baer, Wolf, & Risley, 1968)을 기반으로 하는 중재로, ① 비연속 개별 시행훈련(Discrete Trial Training: DTT; Lovaas, 1987), ② 조기 집중 행동 중재(Early Intensive Behavioral Intervention: EIBI), ③ 중심축 반응훈련(Pivotal Response Training: PRT; Koegel & Koegel, 2006), ④ 언어 행동 중재(Verbal Behavior Intervention; Greer & Ross, 2008) 등이 있다.

4) 문제행동 중재를 위한 응용행동분석 기반의 예방전략과 반응전략

문제행동 중재와 관련된 대표적 이론 분야인 응용행동분석에 따르면 행동은 배경사건, 선행사건, 행동, 후속결과의 연속적인 유관성으로 분석할 수 있다. 이 문제행동의 구성요소 중 어떤 요소에 변화를 만들 것인지에 따라 문제행동 중재를 예방전략과 반응전략으로 구분되어 설명할 수 있다.

예방전략(proactive strategies)은 주로 배경사건과 선행사건을 변화시켜 행동을 예방하는 전략이다. 문제행동이 발생하기 전에 대체행동을 교육하고 습득시키기 위한 전략이 예방전략에 포함될 수 있다. 그러나 예방적 차원의 전략을 사용하더라도 즉각적인 효과가 나타나지 않을 수 있어서 문제행동이 나타난 뒤에 적용하는 반응전략이 필수적이라고 할 수 있다. 예방전략이 배경사건과 선행사건을 변화시켜 행동을 예방하였다면, 반응전략은 주로 행동과 후속결과를 변화시킨다.

반응전략(response strategies)은 예방전략과 같이 문제행동의 증가를 예방하고, 문제행동을 유지하고 있는 긍정적인 강화 경험을 제거하는 것이 주요 목적이다. 즉, 문제행동이 발생했을 때, 해당 문제행동에 제공될 수 있는 강화를 최소화하기 위한 전략[예: 의도된 무시, 다른 행동 차별강화(Differential Reinforcement of Other behavior: DRO) 등]이 반응전략에 포함될 수 있다. 또한 문제행동이 발생한 후에도 적절한 대체행동을 가르치는 절차가 반응전략에 포함될 수 있다. 가르친 대체행동에 대해 자연스럽고 합리적인 강화 경험을 제공하는 것이 반응전략의 목적이다. 한 가지 중재 전략의 적용을 통해 목표 문제행동이 성공적으로 중재되기가 어려우므로, 다양한 중재 전략을 복합적으로 적용해야 한

표 9-3 예방전략 및 반응전략 예시

<table>
<tr><th>전략
기능</th><th>예방전략</th><th>반응전략</th></tr>
<tr><td rowspan="2">관심 획득</td><td>• 또래교수
• 자기관리
• 자리를 재배치하기
• 선호 활동 제공하기
• 행동 계약(behavior contract)
• 비유관적 강화(Noncontingent Reinforcement: NCR)
• 강화된 환경 중심 의사소통 중재(Enhanced Milieu Teaching: EMT)
• TEACCH(Treatment and Education of Autistic and related Communications Handicapped Children)</td><td>• 소거
• 타임아웃(배제, 비배제)
• 반응대가(response cost)
• 의도된 무시(planned ignoring)
• 또래 대리 강화(vicarious reinforcement)</td></tr>
<tr><td colspan="2">• 차별 강화
–다른 행동 차별강화(Differential Reinforcement for Other Behavior: DRO)
–대체행동 차별강화(Differential Reinforcement of Alternative Behavior: DRA)
–상반행동 차별강화(Differential Reinforcement of Incompatible Behavior: DRI)</td></tr>
<tr><td rowspan="2">유형 강화제 획득</td><td>• 자기관리
• 토큰 경제
• 행동 계약
• 예고하기 전략
• 학교 규칙 정하기
• 기능적 의사소통 훈련(Functional Communication Training: FCT)
• 유형 강화제에 유관적 접근 가능성 높이기
• 보완대체의사소통(Aternative Augmentative Communication: AAC)
• 그림 교환 의사소통 체계(The Picture Exchange Communication System: PECS)</td><td>• 소거
• 타임아웃(배제, 비배제)
• 반응대가
• 의도된 무시</td></tr>
<tr><td colspan="2">• 차별강화(DRO, DRA, DRI)</td></tr>
</table>

<table>
<tr><td rowspan="2">회피</td><td>• TEACCH
• 자기관리
• 행동 계약
• 비유관적 강화(NCR)
• 교육과정 수정하기
• 선택 기회 제공하기
• 예측 가능성 증가시키기
• 강화된 환경 중심 의사소통 중재(EMT)</td><td>• 소거
• 타임아웃(배제, 비배제)
• 반응대가
• 의도된 무시
• 또래 대리 강화</td></tr>
<tr><td colspan="2">• 차별강화(DRO, DRA, DRI)</td></tr>
<tr><td>자동 감각 추구</td><td>• 대체할 수 있는 감각 자극 제공하기
• 풍부한 환경 만들기
• 다양한 조건 강화제(예: 놀이 활동) 만들기</td><td>• 소거</td></tr>
</table>

다. 〈표 9-3〉은 문제행동 중재를 위해 사용할 수 있는 다양한 예방전략과 반응전략의 예시이다.

다양한 중재 전략 중, ① 구조적 교수를 적용하는 실제적 모델이며, 자폐성장애와 같은 발달장애인을 가르치는 접근법 중의 하나로 개념화된 TEACCH 프로그램, ② 자신의 필요, 요구, 관심, 감정 등을 표현하고 다른 사람에게 반응하는 방법을 제공하여 의사소통 기술을 증진하는 것을 통해 문제행동을 감소시키는 것을 주요 목적으로 하는 기능적 의사소통 교육, ③ 의사소통 기술이 없거나 매우 제한된 발달장애인에게 그림이나 사진, 선호하는 물건을 통해 의사소통을 시작하도록 가르치거나 체계적으로 의사소통을 할 수 있도록 하려는 방법인 그림 교환 의사소통 체계(PECS), ④ 발달장애인의 언어를 촉진하기 위해 물리적인 환경을 조절할 뿐 아니라, 발달장애인의 의사소통 행동이나 시도에 반응적으로 상호작용하여 대화의 기초를 제공하고, 기능적인 맥락에서 언어를 사용·습득하도록 촉진하는 자연적 교수전략인 강화된 환경 중심 의사소통 중재(EMT), ⑤ 학생에게 사물, 사진, 그림, 글자 등과 같은 상징을 이용하여 어떤 수업 활동을 해야 하는지 시각적으로 도움을 주는 시각적 스케줄 적용을 중재 전략으로 제안할 수 있다.

5) 문제행동 중재의 유의점: 강화와 적절한 강화 제공의 중요성

장애학생 교육과 관련된 교사, 부모, 양육자는 문제행동을 중재할 증거기반 전략이나 기능적 원인을 찾으려는 노력보다는 문제행동만을 빠르게 없애려는 처벌에 초점을 두기도 한다(전혜인, 2009; 조용태, 2006). 그러나 처벌 중심의 중재와 같은 문제행동의 인위적 억제는 행동 대비(behavior contrast) 또는 다른 문제행동을 발생시킨다(Cooper, Heron, & Heward, 2019). 따라서 문제행동 중재의 기본적인 원칙은 강화를 이해하고 적절하게 적용하는 것이다.

강화(reinforcement)는 단순히 칭찬과 과제를 주는 것을 의미하는 것이 아니다. 강화는 선행사건, 반응, 후속결과 간의 기능적 관계를 의미한다. 기본적으로 특정 자극에 대해 발생하는 특정 반응에 자극을 더하거나 빼어서 특정 행동의 발생 빈도가 증가하거나 그 강도가 증가하는 현상을 강화라고 한다. 반응의 발생 여부에 따라 변화되는 환경 속의 특정 자극을 강화제(reinforcer)라고 한다. 환경 속에 특정 자극을 추가하여 변화를 주면 정적 강화(positive reinforcement)라고 말하며, 환경 속의 특정 자극을 없애는 변화를 주면 부적 강화(negative reinforcement)라고 말한다.

첫째, 목표 반응의 '발생 여부'에 따라 자극을 변화하는 것이 중요하다. 문제행동을 대체할 수 있는 대체행동을 선정하였을 때 그 목표 반응이 발생했을 때 강화제를 제공하는 것이 중요하다. 관심 획득 행동에는 의도하지 않게 제공하는 교사의 반응도 강화제로 적용될 수 있다. 또한 회피행동에 의도하지 않게 강화제를 제공할 수 있다. 반대로, 다른 대체행동이 발생했는지 여부에 따라 강화제를 적극적으로 제공한다면 문제행동은 감소하고, 올바른 대체행동의 발생 빈도는 증가할 것이다.

둘째, 목표 반응에 따른 환경 변화, 즉 어떤 강화제를 사용하는지 중요하다. 특정 학생에게는 1차 강화제가 가장 효율적으로 목표 반응을 증가시킬 수 있을 것이다. 물론 다른 2차 강화제(조건 강화제)를 형성시켜 주는 것도 중요하다. 특정 학생에게 대표적인 2차 강화제(조건 강화제)인 '칭찬'은 강화제로 작용하지 않을 수 있다. 수업 형식에 따라 조건 강화제 제공이 가장 효과적인 강화의 방법이 될 수 있다. 이 밖에도 강화를 제공할 때 강조되어 할 요소가 있다. 바로 어떻게 강화를 제공할지이다.

대표적인 행동 심리학자인 스키너(B. F. Skinner)도 제공하는 강화제의 양보다 강화제를 제공하는 방법의 중요성을 강조하였다. 강화의 원리와 현상적 개념보다 강화의 적용법에 대해서 강조되어야 할 것이다. 효과적으로 강화제를 사용하기 위해 중요한 요소는 다음과 같다.

- **즉각적인 강화**: 긍정적 행동 지원에서는 목표 문제행동을 대체할 수 있는 적절한 행

동에는 적극적으로 강화해 줌으로써 대체행동을 증가시킨다. 이때 올바른 대체행동이 발생했을 때 얼마나 즉각적으로 강화제를 제공하는지가 중요하다. 여러 학자는 행동과 후속결과 사이의 시간적 관계가 강화의 효과에 핵심적인 역할을 담당한다고 제시하였다. 여러 실험연구에 따르면 행동과 후속결과 사이의 시간이 길어질수록 그 강화의 효과가 급격하게 감소하는 것으로 나타났다.

- 적절한 강화 스케줄: 고정 비율 강화(FR), 변동 비율 강화(VR), 고정 간격 강화(FI), 변동 간격 강화(VI) 등의 개념을 적절하게 이용한다. 일반적으로 처음 특정 목표 대체행동을 습득시키고자 할 때, 그 행동이 일어날 때마다 강화제를 제공하는 '고정 비율 강화 1(FR 1)'을 하는 것이 효과적일 수 있다. 그리고 이미 습득한 행동의 유지를 위해서는 변동 비율 강화(VR) 또는 변동 간격 강화(VI)를 이용하는 것이 효과적이다.
- 적절한 강화제 선정: 대상 학생과 증가시키고자 하는 목표 대체행동에 대하여 다양하고 적절한 강화제를 선정하고 제공할 때 효율적인 강화 효과를 기대할 수 있다. 올바른 행동에 대해 즉각적이고 높은 스케줄로 강화제를 제공한다고 하더라도 학생이 선호하는 강화제가 아니면 강화의 효과를 기대할 수 없다.

논의할 문제 SPECIAL EDUCATION

1. 문제행동에 해당하는 다양한 행동을 알아보고, 그 유형을 구분해 보시오.
2. 자신이 학교에서 경험한 문제행동을 찾아보고, 기능적 행동평가로 그 원인을 찾아보시오.
3. 파악한 문제행동의 기능에 따라 어떤 중재 전략을 적용할 수 있을지 논의해 보시오.

참고문헌

국립특수교육원(2020). 발달장애인 도전적 행동 중재 매뉴얼. 충남: 국립특수교육원.

권혁상, 곽승철(2017). 자폐 스펙트럼 장애학생을 위한 증거기반중재법에 대한 특수교사의 인식. **정서 · 행동장애연구, 33**(4), 151-174.

박현아(2010). 근거중심의학과 이차문헌 검색. **가정의학회지, 31**(12), 897-903.

부산광역시교육청(2014). 장애학생의 문제행동 중재 매뉴얼. 부산: 부산광역시교육청.

서울대학교병원, 국립정신건강센터(2018). 발달장애 아동청소년의 문제행동치료 가이드라인. 서울: 국립정신건강센터.

이효정, 이영선, 김붕년, 이예니(2015). 발달장애인의 문제행동 지원을 위한 기능평가의 활용: 국내 · 외 문헌분석. **자폐성장애연구, 15**(2), 121-145.

전혜인(2009). 장애자녀의 어머니가 비장애자녀를 키우는 이야기. **정서 · 행동장애연구, 25**(4), 333-359.

조용태(2006). 발달장애아동 부모의 부모교육에 대한 고찰. **발달장애연구, 10**(2), 5-26.

최진혁, 김민영(2018). 자폐성장애 학생의 성공적 전환지원을 위한 특수교사의 요구 분석. **특수교육재활과학연구, 57**(2), 85-109.

최진혁, 김민영(2019). 발달장애 학생의 문제행동 중재에 관한 메타분석. **행동분석 · 지원연구, 6**(2), 101-130.

최진혁, 박재국, 김기홍, 김은라(2020). 학교 차원의 긍정적 행동 지원 적용 실태 및 초등특수교사와 초등교사의 인식. **특수아동교육연구, 22**(3), 47-69.

하윤영, 박재국, 김은라(2015). 장애인 고용유지에 대한 산업체 구성원과 특수교사의 인식: 부산지역을 중심으로. **장애와 고용, 25**(2), 105-129.

Baer, D. M., Wolf, M. M., & Risley, T. (1968). Some current dimensions of applied behavior analysis. *Journal of Applied Behavior Analysis, 1*, 91-97.

Bambara, L. M., & Kern, L. (2005). *Individualized supports for students with problem behaviors: Designing positive behavior plans.* New York, NY: Guilford Press.

Barnhill, G. P. (2005). Functional behavioral assessment in schools. *Intervention in School and Clinic, 40*(3), 131-143.

Bijou, S. W., Peterson, R. F., & Ault, M. H. (1968). A method to integrate descriptive and experimental field studies at the level of data and empirical concepts 1. *Journal of Applied Behavior Analysis, 1*(2), 175-191.

Centers for Disease Control and Prevention (2016). *Key Findings from the ADDM Network: A Snapshot of Autism Spectrum Disorder.* Atlanta, GA: CDC.

Cooper, J. O., Heron, T. E., & Heward, W. L. (2019). *Applied Behavior Analysis* (3rd ed.). Hoboken, NJ: Pearson Education.

Crone, D. A. Hawken, L, S., & Horner, R. H. (2020). **학교에서 긍정적 행동 지원 시스템 구축하기.** (최진혁, 황순영 역). 서울: 학지사.

Davies, P. (1999). What is evidence-based education? *British Journal of Educational Studies, 47(2)*, 108-121.

Doehring, P., Reichow, B., Palka, T., Phillips, C., & Hagopian, L. (2014). Behavioral approaches to managing severe problem behaviors in children with autism spectrum and related developmental disorders: A descriptive analysis. *Child and Adolescent Psychiatric Clinics, 23*(1), 25-40.

Durand, V. M., & Crimmins, D. B. (1998). Identifying the variables maintaining self-injurious behavior. *Journal of Autism and Developmental Disorders, 18*, 99-117.

Durand, V. M., & Merges, E. (2001). Functional communication training: A contemporary behavior analytic intervention for problem behaviors. *Focus on autism and Other Developmental Disabilities, 16*(2), 110-119.

Emerson, E., Cummings, R., Barrett, S., Hughes, H., McCool, C., & Toogood, A. (1988). Challenging behaviour and community services 2. Who are the people who challenge services? *Journal of the British Institute of Mental Handicap(APEX), 16*(1), 16-19.

Fox, L., Vaughn, B. J., Wyatte, M. L., & Dunlap, G. (2002). "We can't expect other people to understand": Family perspectives on problem behavior. *Exceptional Children, 68*(4), 437-450.

Garry, J. P., Talavera, F., & White, R. D. (2011). *External snapping hip syndrome*. Med Scape.

Greer, R. D., & Ross, D. E. (2008). *Verbal behavior analysis: Inducing and expanding new verbal capabilities in children with language delays*. Boston, MA: Allyn & Bacon.

Gresham, F. M., Watson, T. S., & Skinner, C. H. (2001). Functional behavioral assessment: principles, procedures, and future directions. *School Psychology Review, 30,* 156-172.

Heflin, L. J., & Alaimo, D. F. (2007). *Students with autism spectrum disorder: Effective instructional practices.* Upper Saddle River, NJ: Pearson.

Horner, R. H. (2000). Positive behavior supports. *Focus on Autism and Other Developmental Disabilities, 15,* 97-105.

Horner, R. H., Carr, E. G., Strain, P. S., Todd, A. W., & Reed, H. K. (2002). Problem behavior interventions for young children with autism: A research synthesis. *Journal of Autism and Developmental Disorders, 32*(5), 423-446.

Horner, R. H., Dunlap, G., Koegel, R. L., Carr, E. G., Sailor, W., Anderson, J., et al. (1990). Toward a technology of "nonaversive" behavior support. *Journal of the Association for*

Persons with Severe Handicaps, 15, 125-132.

Iwata, B. A., DeLeon, I. G., & Roscoe, E. M. (2013). Reliability and validity of the functional analysis screening tool. *Journal of Applied Behavior Analysis, 46*(1), 271-284.

Iwata, B. A., Dorsey, M. F., Slifer, K. J., Bauman, K. E., & Richman, G. S. (1994). Toward a Functional analysis of self-injury. *Journal of Applied Behavior Analysis, 27*(2), 197-209.

Iwata, B. A., & Dozier, C. L. (2008). Clinical application of functional analysis methodology. *Behavior Analysis in Practice, 1*(1), 3-9.

Kaufman, R. (1979). Achieving useful results: Beyond performance and instruction. *International Society for Performance Improvement, 18*(10), 4-8.

Koegel, R. L., & Koegel, L. K. (2006). *Pivotal response treatments for autism: Communication, social, & academic development.* American Psychological Association, Paul H Brookes Publishing.

Lennox, D. B., & Miltenberger, R. G. (1989). Conducting a functional assessment of problem behavior in applied settings. *Journal of the Association for Persons with Severe handicaps, 14*(4), 304-311.

Lewis, T. J., Scott, T. M., & Sugai, G. (1994). The problem behavior questionnaire: A teacher-based instrument to develop functional hypotheses of problem behavior in general education classrooms. *Diagnostique, 19*(2-3), 103-115.

Lovaas, O. I. (1987). Behavioral treatment and normal educational and intellectual functioning in young autistic children. *Journal of Consulting and Clinical Psychology, 55*(1), 3-9.

Martin, G. & Pear, J. (2024). *Behavior Modification* (12th ed.). London, UK: Routledge.

Matson, J. L., & Vollmer, T. R. (1995). Questions about behavioral function (QABF): A behavioral checklist for functional assessment of aberrant behavior. *Research in Developmental Disabilities, 21*(3), 223-229.

Matson, J. L., Wilkins, J., & Macken, J. (2008). The Relationship of Challenging Behaviors to Severity and Symptoms of Autism Spectrum Disorders. *Journal of Mental Health Research in Intellectual Disabilities, 2*(1), 29-44.

Murphy, G. H., Beadle-Brown, J., Wing, L., Gould, J., Shah, A., & Holmes, N. (2005). Chronicity of challenging behaviours in people with severe intellectual disabilities and/or autism: A total population sample. *Journal of Autism and Developmental Disorders, 35*(4), 405-418.

Quay, H. C., & Werry, J. S. (1969). Observing the Classroom Behavior of Elementary School Children. *Exceptional Children, 35*(6), 461-470.

Sackett, D. L., Rosenberg, W. M., Gray, J. A., Haynes, R. B., & Richardson, W. S. (1996).

Evidence based medicine: what it is and what it isn't. *BMJ (Clinical research ed.), 312*(7023), 71-72.

Stormont, M. A., Lewis, T. J., Beckner, R., & Johnson, N. (2008). *Implementing positive behavior support systems in early childhood and elementary settings.* Thousand Oaks, CA: Corwin Press.

Touchette, P. E., MacDonald, R. F., & Langer, S. N. (1985). A scatter plot for identifying stimulus control of problem behavior. *Journal of Applied Behavior Analysis, 18*(4), 343-351.

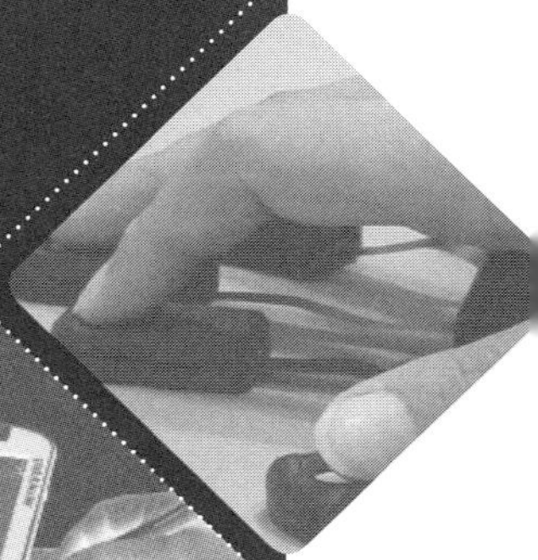

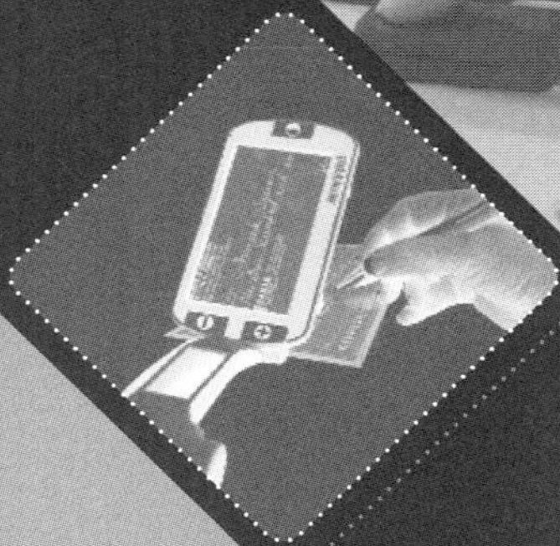

제 10 장

특수교육공학

학습목표

1. 특수교육공학의 개념 및 필요성을 이해한다.
2. 통합교육에서의 특수교육공학에 대해 이해한다.
3. 보편적 학습설계의 원리를 이해한다.

SPECIAL EDUCATION

1. 특수교육공학의 이해

교육에서의 공학은 근본적으로 교육의 필요에 의해 채택되어 적용되어 왔으며, 현재 교육의 효과성 및 효율성을 증진하는 기술로 자리 잡고 있다. 특히 특별한 요구를 가진 장애학생을 위한 교육에 큰 도움이 되고 있다.

1) 특수교육공학의 개념

특수교육공학(special education technology)은 특수교육과 교육공학이 결합된 복합명사이다. 공학이라는 말 때문에 복잡한 기계장치 컴퓨터나 인터넷 등을 연상하는 경우가 많으나 공학은 어떤 장치나 기계를 의미하기도 하지만 과정과 전략을 포괄적으로 포함하는 개념이다. 우리나라 특수교육대상자들이 특수교육공학에 접근하는 것은 법적으로 보장되고 있다. 장애인 접근권과 관련된 법 조항을 살펴보면 〈표 10-1〉과 같다.

표 10-1 특수교육공학 관련 법률 주요 내용

「장애인 등에 대한 특수교육법」(법률 제18992호, 2022. 10. 18.)
제28조(특수교육 관련 서비스)

① 교육감은 특수교육대상자와 그 가족에 대하여 가족상담, 부모교육 등 가족지원을 제공하여야 한다.

② 교육감은 특수교육대상자에게 필요한 경우 물리치료, 작업치료 등 치료지원을 제공하여야 한다. 이 경우 특수교육대상자의 장애유형과 장애정도를 고려한 맞춤형 치료지원이 제공될 수 있도록 하여야 한다.

③ 교육감은 각급학교의 장이 특수교육대상자를 위하여 필요한 경우 지원인력을 제공할 수 있도록 지원하여야 한다.

④ 각급학교의 장은 특수교육대상자의 교육을 위하여 필요한 장애인용 각종 교구, 각종 학습보조기, 보조공학기기 등의 설비를 제공하여야 한다.

⑤ 각급학교의 장은 특수교육대상자의 취학 편의를 위하여 통학차량 지원, 통학비 지원, 통학 지원인력의 배치 등 통학 지원 대책을 마련하여야 한다.

⑥ 각급학교의 장은 특수교육대상자의 생활지도 및 보호를 위하여 기숙사를 설치·운영할 수 있다. 기숙사를 설치·운영하는 특수학교에는 특수교육대상자의 생활지도 및 보호를 위하여 교육부령으로 정하는 자격이 있는 생활지도원을 두는 외에 간호사 또는 간호조무사를 두어야 한다.

⑦ 제6항의 생활지도원과 간호사 또는 간호조무사의 배치기준은 국립학교의 경우 교육부령으로, 공립 및 사립 학교의 경우에는 시 · 도 교육규칙으로 각각 정한다.
⑧ 각급학교의 장은 각급학교에서 제공하는 각종 정보(교육기관에서 운영하는 인터넷 홈페이지를 포함한다)를 특수교육대상자에게 제공하는 경우 특수교육대상자의 장애유형에 적합한 방식으로 제공하여야 한다.
⑨ 제1항부터 제8항까지의 규정에 따른 특수교육 관련 서비스의 제공을 위하여 필요한 사항은 대통령령으로 정한다.

「장애인 등에 대한 특수교육법」
제21조(통합교육)
① 각급학교의 장은 교육에 관한 각종 시책을 시행하는 경우 통합교육의 이념을 실현하기 위하여 노력하여야 한다. 〈개정 2021. 3. 23.〉
② 제17조에 따라 특수교육대상자를 배치받은 일반학교의 장은 교육과정의 조정, 지원인력의 배치, 학습보조기기의 지원, 교원연수 등을 포함한 통합교육계획을 수립 · 시행하여야 한다. 〈개정 2021. 12. 28.〉
③ 일반학교의 장은 제2항에 따라 통합교육을 실시하는 경우에는 제27조의 기준에 따라 특수학급을 설치 · 운영하고, 대통령령으로 정하는 시설 · 설비 및 교재 · 교구를 갖추어야 한다.

2) 특수교육공학의 장점

특수교육공학은 장애학생들의 효과적인 교육, 학습, 그리고 일상생활을 효과적으로 지원하기 위해 다양한 공학기기, 서비스, 그리고 수업 전략을 활용한다. 이러한 요소들은 적절한 교수법과 학습 전략, 교수 및 학습 매체, 그리고 관련된 공학 기기와 서비스를 통해 특수교육의 질적 효율을 향상시키는 체계적이고 종합적인 서비스를 제공한다. IT 산업의 발전으로 인해 디지털 기술은 쉽게 접근할 수 있고 널리 보급되어 학생들에게 새로운 기회를 제공하고 있다.

특수교육공학의 장점은 장애를 가진 학습자들에게 개별적인 교수를 가능하게 함으로써 학습 관련 수행 능력을 향상시키고, 학습자들의 동기와 학습태도를 증진시킬 수 있다. 더불어 장애를 보완하거나 이전에 하지 못했던 새로운 능력을 개발할 수 있도록 지원하며, 장애로 인해 낮은 자아상과 자신의 가치를 높여 긍정적인 자아를 형성하는 데 도움을 준다. 특수교육공학을 교육 현장에서 사용함으로써 개별화교수를 통한 학습 수행 능력의 향상, 동기부여 및 학습태도 향상, 장애의 보완, 자아효능감 증대 등에 기여할 수 있다.

3) 특수교육공학의 유형

특수교육공학은 크게 매체공학과 시스템공학으로 분류할 수 있다. 매체공학은 도구 사용에 초점을 맞춘 것이며, 시스템공학은 교수 · 학습 활동에 기반한 것이다. 특수교육공학의 유형은 다음과 같다.

(1) 수업공학(Technology of Teaching)

수업공학은 학습자의 이해와 성취를 높이기 위해, 명확한 목표 설정과 체계적 절차를 바탕으로 수업을 설계하고 실행하는 접근을 말한다. 이는 수업 자료 구성, 단원의 구체화, 학생 참여 유도 전략, 강화 기법 및 피드백 제공 등을 포함한다.

예를 들어, 지적장애 학생을 대상으로 한 '교통 안전 교육' 수업에서는 교사가 순차적인 시각 자료(예: 횡단보도 그림, 교통신호 색깔)를 활용하여 학습 내용을 단계적으로 안내하고, 정답을 말한 학생에게 스티커 보상을 제공함으로써 참여를 강화하였다. 교사는 학생의 반응을 즉각적으로 관찰하고, 그에 따라 수업의 흐름을 조정하였다.

(2) 교수공학(Instructional Technology)

교수공학은 교육과 학습의 전 과정을 체계적으로 설계, 실행, 평가함으로써 교육의 질과 효과를 극대화하려는 접근이다. 이 개념은 학습자, 교수자, 매체, 환경, 기술 등의 요소를 유기적으로 통합하여 전체 교수 체계를 최적화하는 데 초점을 둔다.

예를 들어, 특수교육지원센터에서 자폐성 장애 학생의 의사소통 기술 향상을 위한 6개월 중재 프로그램을 개발할 때, 언어치료사 · 특수교사 · 학부모가 협력하여 AAC 기기의 도입, 주간 훈련 계획, 평가 도구 등을 설계하였다. 이 프로그램은 교수공학의 대표적 설계 모형인 ADDIE를 기반으로 운영되었으며, 교수 체계 전체를 설계하는 데 중점을 둔 사례라 할 수 있다.

(3) 보조공학(Assistive Technology)

보조공학은 장애로 인해 학습 참여가 어려운 학습자의 기능적 한계를 보완하고, 교육 접근성과 참여도를 향상시키기 위한 장비, 소프트웨어, 도구 및 서비스 등을 포함하는 개념이다. 이는 단순한 장치 제공을 넘어서, 학습자의 환경 적응과 자율성 향상을 목표로 한다.

예를 들어, 뇌병변장애 학생이 스위치 입력 장치를 사용하여 교과 학습에 참여하고, 음성 출력이 가능한 AAC 기기를 통해 교사에게 자신의 의사를 전달하는 경우가 있다. 이러한 보조기기를 통해 학생은 타자 입력 없이도 의사 표현이 가능하며, 이는 자기표현 능력과 수업 몰입도를 동시에 높이는 결과를 가져온다.

(4) 정보공학(Informational Technology)

정보공학은 컴퓨터, 네트워크, 데이터베이스 등 정보기술을 활용하여 교육 현장의 운영 및 학습 경험을 효율화, 자동화, 개인화하는 기술 기반 접근이다. 특히 학습 분석, 학습관리시스템(LMS), 디지털 콘텐츠 제공 등에서 널리 활용된다.

예를 들어, 주의집중 문제가 있는 ADHD 학생의 LMS 학습 로그를 분석한 결과 특정

표 10-2 특수교육공학 유형별 차이

유형	정의	적용 범위	주요 대상	기술 또는 도구	실제 사례
1. 수업공학 (Instructional Technology)	수업 장면에서 학습자가 보다 효과적으로 이해하고 학습할 수 있도록 교수-학습 자료와 활동을 설계·적용하는 기술	수업 활동 수준 (교과 단원, 활동 구성 등)	학습자 (학생)	멀티미디어 자료, 영상, 시각자료, 시뮬레이션	지적장애 학생을 위한 시각 중심 인지지도 활용 수업 설계
2. 교수공학 (Instructional Systems Design, ISD)	교육목표 달성을 위한 교수 체계 전체를 계획적으로 설계하고 실행하는 총체적 접근법	교육 시스템 수준 (학교, 프로그램, 교사 연수 포함)	교사·교육자, 시스템 설계자	교수설계모형 (ADDIE, Dick & Carey), 평가 도구, 시스템 설계	자폐학생 대상 행동중재 프로그램 운영을 위해 교사-부모-치료사 협력 체계 설계
3. 보조공학 (Assistive Technology)	장애로 인해 교육 접근이 어려운 학습자를 돕기 위한 장비, 기기, 도구 및 소프트웨어 등	개인 맞춤형 지원	장애학생	AAC, 특수 키보드, 시각·청각 보조도구	뇌병변 학생이 스위치 장치와 음성 입력 프로그램을 활용해 과제 수행
4. 정보공학 (Educational Informatics/ ICT in Education)	정보통신기술(ICT)을 활용한 데이터 기반 교육환경 구축 및 맞춤형 교육 구현	디지털 학습 환경 전체	관리자, 정책자, 교사, 학습자 모두	LMS, 학습 분석 (learning analytics), AI 기반 플랫폼	ADHD 학생의 온라인 학습 패턴 분석을 통한 맞춤형 피드백 제공

시간대의 집중력이 낮다는 점이 확인되었고, 시스템은 이에 따라 짧은 영상 중심 콘텐츠와 집중 유도 알림을 자동 제공하였다. 학습 결과에 따른 맞춤형 피드백 리포트는 학부모에게 자동 발송되어, 가정-학교 간 연계 또한 효과적으로 이루어졌다.

특수교육공학의 네 가지 주요 유형은 적용 수준, 설계 주체, 기술의 목적과 기능에 따라 구분되며, 각각의 접근은 특수교육 현장에서 서로 보완적으로 작용한다. 다음의 표는 이들 간 차이를 한눈에 비교한 것이다.

2. 통합교육을 위한 특수교육공학

현재의 특수교육공학은 교수설계나 교수 방법보다는 보조공학이 좀 더 강조되고 있다. 이는 특수교육에서 장애학생들의 학습 및 생활환경을 개선하고 최적화하기 위해 다양한 공학적 해결책이 필요하기 때문이다. 보조공학은 장애학생들이 학습 및 일상생활에서 보다 독립적이고 효율적으로 활동할 수 있도록 지원하고 통합교육에서 장애학생들의 능력과 잠재력을 최대한 발휘하게 만들고, 그들의 사회 참여 및 삶의 질을 향상시키고 있다.

1) 보조공학의 활용

[그림 10-1] 특수교육공학 유형별 대표 이미지

출처: Bryant & Bryant (2003).

장애학생의 교육, 학습, 일상생활, 여가, 그리고 지역사회 참여와 같은 다양한 측면에서 필요한 기능을 지원하는 서비스는 첨단공학, 일반공학, 그리고 기초공학의 다양한 기술과 원리를 종합적으로 활용하여 개발된다. 이러한 서비스는 고도로 첨단화된 기술부터 중간 수준의 기술, 그리고 기본적인 기술까지 다양한 공학적 속성을 포함하고 있다.

(1) 의사소통을 위한 보조공학

의사소통 보조공학은 의사소통에 어려움을 겪는 장애학생의 표현력과 이해력을 지원함으로써, 학습 참여, 일상생활, 사회적 상호작용 능력 향상에 기여하는 보조공학 영역이다. 이는 특수교육 현장에서 사용 빈도가 가장 높고, 학생의 수업 참여와 사회적 관계 형성에 결정적인 역할을 하며, 기술 발전 속도가 빠르고 적용 범위도 넓은 핵심 분야로 꼽힌다.

의사소통 보조공학 기기는 학습자의 특성과 활용 환경에 따라 다양하게 구성되며, 기술 수준에 따라 저기술(기초), 중기술(일반), 고기술(첨단)로 구분하여 제공할 수 있다.

① 기초 보조공학

- 커뮤니케이션 보드/그림판: 의사소통이 어려운 아동들을 위한 이미지나 단어로 이루어졌으며 아동들이 원하는 것을 선택하고 표현할 수 있도록 돕는다.

② 일반 보조공학기기

- 보청기(청각 보조공학): 청각장애 아동을 위한 보청기는 소리를 감지하고 전달하여 소리를 듣는 능력을 향상시킨다.
- 음성증폭기(청각 보조공학): 청각 보조공학의 한 종류로, 일반 소리를 증폭하여 듣기 쉽게 만들어 주는 기기이다. 일반 소리 증폭과 블루투스 무선 청취 기능이 함께 제공되며 최근에는 목걸이 형태로 제작되어 휴대하기 편리하다. 또한 교실에서의 음향 환경을 개선하기 위해 송신기로서 교사의 음성을 학생에게 직접 전송하는 FM 보청기(Oticon Amigo T10, Oticon Amigo Arc)도 있다. 이러한 기기들은 소음이나 거리, 반향 등의 영향을 최소화하고, 학생들이 교사의 음성을 명확하게 듣도록 도와준다.

③ 첨단 보조공학

- AAC 앱 및 기기: Grid Pad, 키오스와 같은 앱은 사용자가 화면에 제시된 아이콘이

나 단어를 선택하면 이를 음성으로 출력하여 의사 표현이 가능하도록 한다. 또한 Google Jamboard, ActivInspire 등의 도구는 학생이 이미지나 텍스트를 선택해 타인과 의미를 주고받을 수 있는 구조를 제공하여 비언어적 의사소통 능력을 보완한다.

- **음성인식 및 변환 소프트웨어:** TTS(Text to Speech), STT(Speech to Text) 기능을 통해 음성을 텍스트로 전환하거나, 반대로 텍스트를 음성으로 출력함으로써, 청각장

[그림 10-2] 의사소통 보조공학 기기

출처: 교육부(2017); 독일 REHADAT-Hilfsmittel. (n.d.). Firmenbereich; 황혜경 보청기 청각언어센터(https://www.goodhear.co.kr).

애 또는 언어표현의 어려움이 있는 학생에게 효과적인 학습 지원을 제공한다. 관련기기로는 Voice Dream Reader, ClaroRead, 리비 바이 오버드라이브, 스토리텔, Google Play 북, 애플북스, 공방서적, 후플라, 리브리복스, AAC. 키즈보이스, 보이스 아이, 노바캠리더 등이 있다.

- **AI 기반 의사소통 예측**(AI-AAC): 사용자의 의도와 문맥을 실시간으로 분석하여, 사용자가 다음에 표현할 내용을 자동으로 예측하거나 제안하는 기능을 제공하는 첨단 보완대체의사소통(AAC) 기술이다. 이 기능은 텍스트 입력 없이도 빠르고 효율적인 의사소통이 가능하도록 돕기 때문에, 특히 운동 제약이 있는 사용자나 긴 문장을 직접 작성하기 어려운 학습자에게 매우 유용하다.

  대표적인 사례로는 GPT 기반 예측 엔진을 결합한 CoughDrop이나, 사용자 반응 데이터를 분석해 문장을 제안하는 TD Snap의 Predictive Modeling 기능이 있다. 이러한 시스템은 사용자의 개별 학습 패턴과 의사소통 선호 방식을 반영하여 점점 더 정밀하고 개인화된 예측 결과를 제공할 수 있다. 이로 인해 사용자는 타자나 입력 없이도 빠르게 의사를 표현할 수 있어, 수업 참여도와 사회적 상호작용의 질이 향상된다.

- **시선 추적 기반 입력 시스템**(Eye-Tracking Technology): 사용자의 눈동자 움직임을 감지하여 커서 이동, 항목 선택, 문자 입력 등의 기능을 수행할 수 있도록 설계된 보조공학 기술이다. 손이나 신체의 능동적인 움직임이 어려운 중증 지체장애 학생이나 사지마비 사용자에게 매우 효과적인 대안적 입력 수단으로 활용된다.

  대표적인 기기로는 Tobii Dynavox와 PCEye가 있으며, 이들은 눈의 시선이 머무는 위치를 정밀하게 추적하고 해당 항목을 자동으로 선택할 수 있도록 한다. 사용자는 별도의 물리적 조작 없이도 컴퓨터, AAC 기기, 교육용 콘텐츠를 자유롭게 탐색하고 사용할 수 있어 의사소통 자율성 향상 및 학습 접근성 확대에 기여한다.

(2) 시각장애학생을 위한 보조공학

시각장애학생을 위한 보조공학은 시각, 촉각, 청각 등의 대체 감각을 활용하여 학습과 정보 접근을 지원하는 도구 및 기술로 구성된다. 프레슬리와 드안드레아(Presley & D'Andrea, 2009)의 분류에 따르면, 시각 보조공학은 광학 및 비광학 기기, 전자기기를 활용하여 잔존 시력을 최대한 활용하거나, 다른 감각을 통해 정보에 접근할 수 있도록 돕는 기능을 포함한다. 특히 최근에는 디지털 확대기, 음성출력 스크린 리더, 점자 정보 기

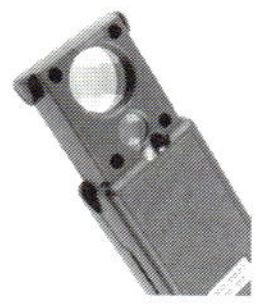			
서랍식 확대경	스탠드형 확대경	안경장착형 확대경	망원경
			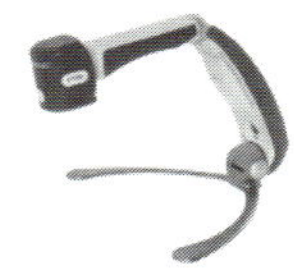
독서 확대기			

[그림 10-3] 시각 보조공학기기

출처: http://www.kbuwel.or.kr/Blind/Instrument?SSecond=1(시각장애협회)

기 등 ICT 기반 장비의 활용도 증가하고 있다.

[그림 10-3]은 남아 있는 시각 기능을 최대한 활용할 수 있도록 지원한다. 대표적 기기로는 다음과 같다.

- **서랍식 확대경/스탠드형 확대경/안경장착형 확대경**: 인쇄물의 문자를 확대해 읽을 수 있도록 도와주는 광학적 도구로, 개인의 시력 상태에 따라 선택 가능하다.
- **망원경형 보조기기**: 먼 거리의 칠판이나 교실 외부 시야 확보에 적합한 도구로, 일반 안경 형태로 착용할 수 있다.
- **독서 확대기**: 디지털 카메라를 이용해 인쇄물을 확대하고 화면에 표시하여 읽기 쉽게 하는 전자적 기기로, 색상 반전 기능 등 시각 피로를 줄여 준다.

[그림 10-4]는 시각을 완전히 대체하여 정보를 제공하는 촉각 중심의 보조공학 기기로 다음과 같은 장비가 있다.

- **점자 정보단말기**: 점자를 입력하거나 디지털 문서를 점자 형태로 출력하고 음성으로 읽어주는 복합 기기(예: 한소네)이다.
- **전자 점자 디스플레이/점자 프린터**: 화면의 내용을 실시간으로 점자로 변환해 제공하며, 텍스트 파일을 점자로 출력할 수도 있다.

<table>
<tr><td></td><td></td><td>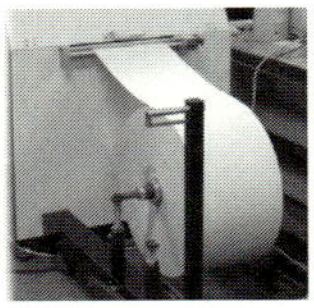</td><td></td></tr>
<tr><td>점자 정보단말기</td><td>점자 디스플레이</td><td>점자 프린터</td><td>점자 타자기</td></tr>
<tr><td colspan="2">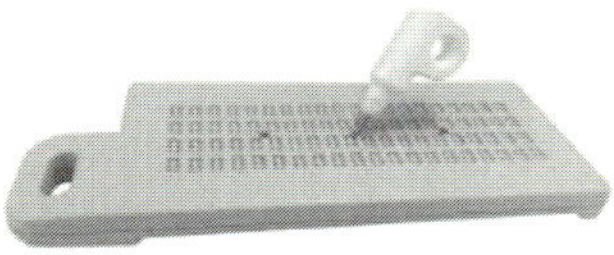</td><td colspan="2"></td></tr>
<tr><td colspan="2">점판과 점필</td><td colspan="2">촉각 지도</td></tr>
</table>

[그림 10-4] 촉각 보조공학기기

출처: http://www.kbuwel.or.kr/Blind/Instrument?SSecond=1(시각장애협회); 경상북도시각장애인복지관 http://www.gbws.kr; 독일 REHADAT-Hilfsmittel. (n.d.). Firmenbereich; 국토교통부(https://blog.naver.com/mltmkr/220949101418).

- **점자 타자기**: 물리적인 타건을 통해 점자를 입력할 수 있도록 설계된 도구이다.
- **촉각 지도/촉각 모형/촉각 학습자료**: 공간 정보, 지리 정보, 도형 등을 손끝 감각을 통해 학습할 수 있도록 제작된 교육 자료이다.
- **점판과 점필**: 저기술 기기로, 이동 중 간단한 점자 기록이 가능하며 저학년 시각장애 학생에게 유용하다.

(3) 교육환경에서 학습을 위한 보조공학

교육환경에서의 보조공학은 손의 기능에 장애가 있거나, 일반적인 도구 사용이 어려운 학생들이 학습에 효과적으로 접근할 수 있도록 지원하는 기기와 기술을 포함한다. 특히 글쓰기, 입력, 교재 조작, 집중 유지 등의 학습 활동을 보완하는 다양한 보조도구가 사용되며, 이는 단순한 물리적 보조기기부터 디지털 기반 입력장치까지 기술 수준과 목적에 따라 다양하다. 구체적인 보조공학기기는 [그림 10-5]와 같다.

- 교재 조작 및 책 읽기 보조기기에는 높낮이 조절 책상, 랩보드, 페이지 터너 등이 있으며, 이는 휠체어 사용자나 책상에 접근이 어려운 학생이 책을 안정적으로 고정하

거나 스스로 페이지를 넘길 수 있도록 도와주는 물리적 보조도구이다.

- 필기 보조기기로는 잡기 기능 향상 펜, 무게를 더한 필기 보조기구 등이 있다. 이들은 손의 근력 조절이 어렵거나 미세 조정이 필요한 학생이 보다 안정적이고 지속적으로 글을 쓸 수 있도록 설계된 도구이다.
- 주의 집중 및 위치 고정 보조기기에는 스티드(책 흔들림 방지 장치), 책받침대 등이 포함되며, 이는 교재가 움직이지 않도록 고정하여 시각적 주의집중을 향상시키는 데 도움을 준다.
- 대체 입력장치로는 웨어러블 키보드, 한손 키보드, 한손 마우스 등이 있으며, 한쪽 손만 사용할 수 있거나 팔의 움직임이 제한된 학생이 정보 입력을 가능하게 해 주는 장치이다.

  특수 입력도구로는 쿼드스틱 컨트롤러, 미니 링 마우스, 손가락 인식 패드(3D 패드), 어탭티브 컨트롤러 등이 있으며, 이는 입, 턱, 손가락 등의 미세한 움직임만으로 키보드나 마우스를 조작할 수 있도록 개발된 디지털 기반 장치이다.
- 스위치 기반 학습 지원 기기에는 팬더 모양 센서 스위치, 초음파 또는 터치형 마우스 대체 스위치 등이 있으며, 감각 자극에 반응하여 작동하는 입력 방식으로 설계되어 인지 및 운동 능력이 제한된 학생에게 매우 효과적이다.

(4) 이동 및 자세교정을 위한 보조공학

이동권은 장애인의 일상생활과 사회참여에 필수적으로 보장되어야 하는 권리이며, 이를 실현하기 위한 보조공학은 이동을 위한 물리적 지원 장비와 올바른 자세 유지 및 신체 정렬을 돕는 교정 도구로 구분된다. 이러한 보조공학은 도보, 휠체어, 교통 접근성, 주거시설, 교육기관 내 이동성을 보장함으로써 개인의 경험과 사회적 참여의 폭을 넓히는 핵심 요소로 작용한다.

특히 각 장애 유형에 따라 이동 또는 자세 유지에 필요한 개별화된 도구가 요구되며, 잘못된 자세나 비효율적인 이동 방식은 관절 · 골격 손상, 통증, 2차 장애 위험을 초래할 수 있다. 이에 따라 이동 보조기기에는 지팡이, 워커, 수동 휠체어, 전동 휠체어, 특수 설계된 훈련용 기기 등이 포함되며, 사용자의 능력 수준과 목적에 따라 맞춤형으로 제공되어야 한다.

자세교정 보조기기는 몸의 정렬, 압력 분산, 안정성 유지를 목적으로 하며, 대표적으로는 앉은 자세 유지 시스템, 틀어짐 방지 지지대, 경사 지지 보조장치, 전방 · 후방 기립

	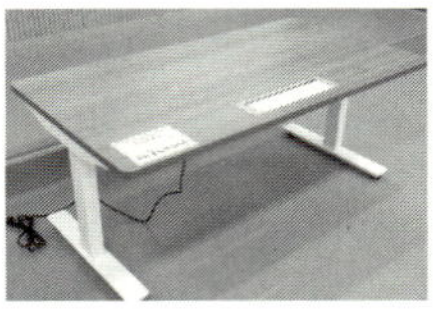	
랩보드	높낮이 조절 책상	페이지 터너
	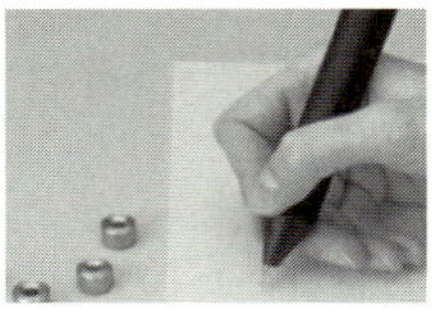	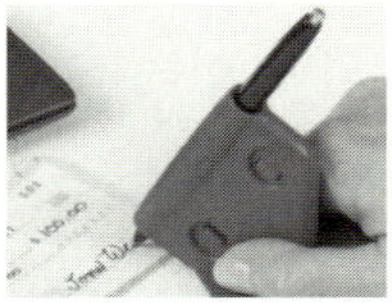
필기보조도구(잡기 기능 향상)	무게를 더한 펜(흔들림 방지)	스테디펜(흔들림 방지)
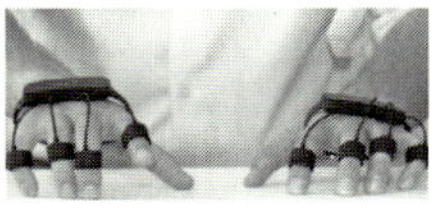	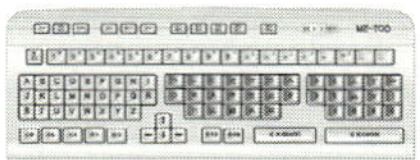	
웨어러블 키보드	한손 키보드	AI 가상 키보드
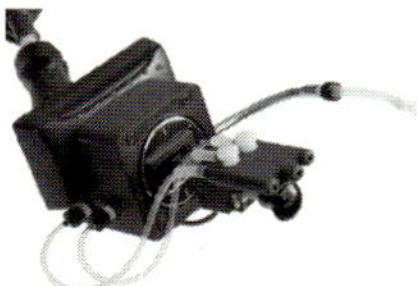	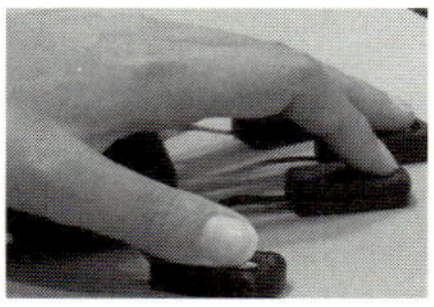	
쿼드스틱 컨트롤러	손가락 인식 패드(3D 캐드)	미니 링 마우스
	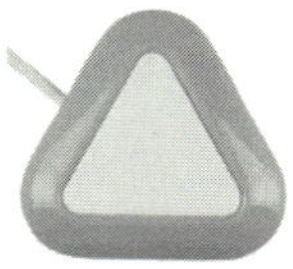	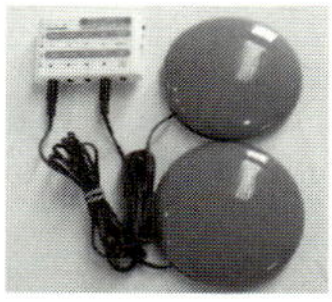
어탭티브 컨트롤러	센서 스위치(캔디콘)	마우스 대체 (스윙에어 스위치)

[그림 10-5] 학습 향상을 위한 보조공학기기

출처: 교육부(2017); 독일 REHADAT-Hilfsmittel. (n.d.). Firmenbereich; 용인시처인장애인복지관 (https://www.heart4u.or.kr).

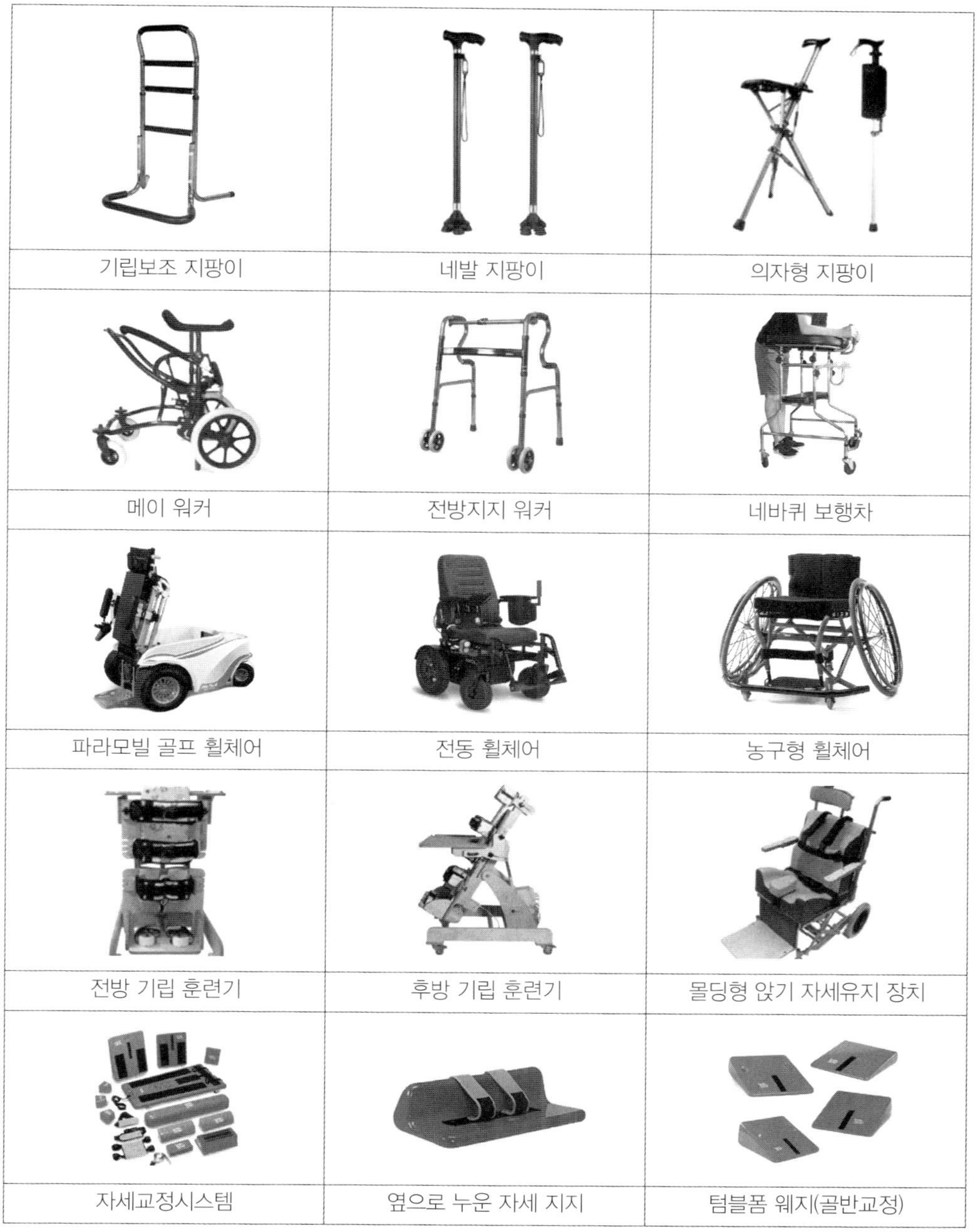

[그림 10-6] 이동 및 자세교정을 위한 보조공학

출처: 경기도재활공학서비스연구지원센터(http://atrac.or.kr); 교육부(2017); 독일 REHADAT-Hilfsmittel. (n.d.). Firmenbereich; 케어라이프 Mall(https://www.carelifemall.co.kr); 에이블뉴스(https://www.ablenews.co.kr).

훈련기 등이 있다. 특히 뇌병변장애 아동과 같이 스스로 체중을 지지하거나 정렬하기 어려운 경우, 이러한 기기는 학습 및 일상생활 참여의 기반이 된다.

이 과정에서 이동 및 자세 전문가, 특히 작업치료사, 물리치료사, 특수엔지니어 등은 사용자의 신체 조건, 활동 목표, 환경 요인을 종합적으로 고려하여 가장 적합한 이동 보조 및 자세 유지 전략을 설계하고 제공한다. 이들은 단순히 장비를 추천하는 수준을 넘어, 사용 훈련, 위험 예방, 환경 조정, 가족 교육까지 포함하는 총체적 중재자로서의 역할을 수행한다.

(5) 여가 및 일상생활을 위한 보조공학

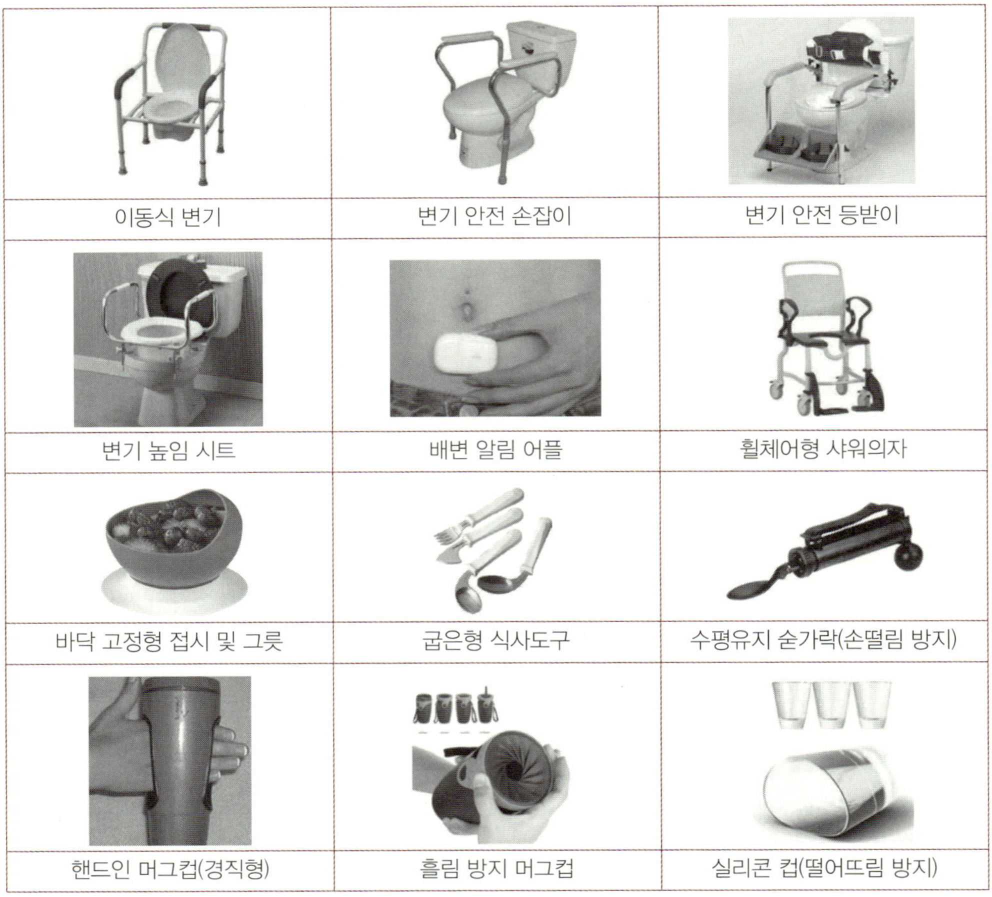

[그림 10-7] 일상생활에 유용한 보조공학

출처: 교육부(2017).

여가 및 일상생활 보조공학은 장애학생이 자립적이고 의미 있는 삶을 영위할 수 있도록, 자기 돌봄 능력을 향상시키고 여가 활동 참여를 지원하는 다양한 기기와 도구를 포함한다. 특히 놀이와 일상 활동은 조기 인지 발달을 촉진하는 핵심 요인임에도 불구하고, 많은 장애아동은 놀이 활동에서 소외되거나 참여가 제한되는 경우가 많다. 이러한 제약은 사회성, 정서 안정, 인지 발달 기회 감소로 이어질 수 있다.

이러한 문제를 극복하기 위해, 여가 영역에서는 게임, 스포츠, 레저 활동 등 다양한 참여를 촉진하는 보조기기가 활용된다. 반면 일상생활 영역에서는 화장실 이용, 식사, 위생관리, 의복 착용, 실내 이동 등 기본적인 일상 수행 기능을 보완하는 기기들이 중심이 된다.

이와 같은 보조공학은 장애학생의 기본적인 자기관리 능력 향상에 기여할 뿐 아니라, 심리적 안정과 자존감 형성에도 긍정적인 영향을 미친다. 또한, 반복적이고 의존적인 보호자 지원을 줄이고, 학생의 자율성과 능동적 참여를 강화함으로써, 교육과 복지 현장에서 중요한 접근성 지원 수단으로 자리 잡고 있다.

2) 교수공학의 활용

최근 교육 현장에서는 e-러닝, m-러닝, u-러닝, t-러닝, g-러닝, 스마트러닝, 소셜러닝 등 다양한 형태의 학습 방식이 등장하고 있다. 이러한 용어는 교수공학 또는 보조공학의 일부 영역과 중첩되기도 하며, 그 정의와 범위는 학자마다 상이하게 해석된다. 하지만 이들 개념은 공통적으로 기술 기반의 학습 지원 전략이라는 점에서, 기본적인 속성(예: 경험, 학습, 환경, 매체)을 공유한다고 볼 수 있다.

교수공학과 보조공학은 모두 학습자의 교육 접근성과 효과성을 높이기 위한 도구와 전략이라는 공통점이 있지만, 그 주요 대상과 적용 방식, 기술 활용의 범위에 있어 차이를 보인다. 교수공학은 교수 설계, 수업 전략, 디지털 콘텐츠 활용, 학습 환경의 최적화에 초점을 두며, 일반적인 교육 환경 전체를 체계화하는 데 목적이 있다. 반면, 보조공학은 장애학생 개인의 기능을 보완하거나 대체하여 교육 참여를 가능하게 하는 데 중점을 둔다.

예를 들어, 보조공학은 신체적 제약이 있는 학생이 일상적인 학습에 참여할 수 있도록 지원하는 도구와 전략을 포함한다. 여기에 해당하는 기기로는 특수 키보드, 대체 마우스, 화면 낭독기, 전자 점자도구, 음성 출력 프로그램 등이 있으며, 학습 접근성과 기능 보완을 위한 맞춤형 설계를 기반으로 한다.

표 10-3 보조공학과 교수공학 차이

구분	목적	대상	주요 도구	활용 맥락
보조공학	신체나 감각장애가 있는 학습자의 일상적 기능을 향상시켜 학습 참여를 지원	장애학생 중심의 개별 지원	의사소통 기기, 화면 낭독기, 점자 프린터, 특수 키보드, 음성 출력 장치, 헤드 포인터 등	학습 참여와 정보 접근을 위한 기능 보완 중심
교수공학	교수 전략과 학습 효과 향상을 위한 체계적 설계 및 기술 적용	일반 학습자 전체를 포함한 학습 환경 설계	e-러닝, u-러닝, 스마트 러닝, 컴퓨터 소프트웨어, 디지털 콘텐츠, 터치스크린, 3D 영상자료 등	수업 설계, 매체 활용, 학습 과정 전반 최적화

반면, 교수공학은 보다 넓은 차원에서 학습자 중심 설계, 교수 매체의 적절한 선택과 활용, 학습 관리 시스템(LMS)의 구성, 가상현실 콘텐츠 등 학습 과정 전반을 체계화하는 데 초점을 둔다.

(1) 컴퓨터 보조수업(Computer Assisted Instruction: CAI)

CAI와 CBI(Computer-Based Instruction)는 같은 의미이며 보다 포괄적인 개념으로는 CAE(Computer-Assisted Education), CBE(Computer-Based Education)가 있다. 컴퓨터가 교사의 교수 기능을 대신하여 학습자와 컴퓨터가 상호작용하며 교사는 학습의 보조자 · 조력자이다. 컴퓨터 매체를 활용하여 교과의 내용을 학습자에게 전달한다. 유형으로는 반복형, 게임형, 모의실험형, 개인교사형(백영균, 전성연, 1990), 발견법형, 문제해설형(Hinich et al., 1989) 등으로 나뉜다. CAI의 장점은 학습의 개별화, 상호작용의 촉진, 평가를 통한 수준 파악, 학습동기 유지 등이 있다. 반대로 단점으로는 비인간화, 학습효과 여부 등이 있다.

(2) e-러닝

e-러닝(electronic learning)이란 모든 디지털 장치를 통한 교육을 의미한다. 전통적인 교육방법과 비교하는 것은 전자책을 종이책과 비교하는 것과 같으며 교육 비디오 시청, Youtube 동영상, 흥미로운 기사 읽기, 퀴즈 풀기 등이 e-러닝이라 할 수 있다. 장점으로는, 첫째, 편의성으로 시공간의 제약이 없다는 것이다. 둘째, 반복학습으로 교육이 끝난 후에도 다시 보기를 통해 언제든 복습이 가능하다. 하지만 영상만을 통해 교육을 진행

하다 보니 학습 집중도가 떨어진다는 단점이 있다. 최근에는 이러한 한계를 극복하기 위해 증강 현실 및 가상 현실과 같은 새로운 기능으로 학습 경험을 사용자 맞춤형으로 제공하는 시도가 지속되고 있다. 예를 들어, 추를 통해 질량과 무게를 직접 재어 보는 실험을 e-러닝으로 진행할 수 있는 콘텐츠로 활용하여 지구 이외의 장소에서 질량과 무게를 실험해 볼 수 있다. 최근에는 VR · AR 기반 실험실 시뮬레이션이나 지리 기반 현장 체험형 콘텐츠 등 몰입형 콘텐츠가 등장하고 있다.

(3) u-러닝

u-러닝(ubiquitous-learning)은 컴퓨터 없이도 언제 어디서나 인터넷에 접속할 수 있다는 뜻의 유비쿼터스(ubiquitous)와 교육의 러닝(learning)을 합한 신조어이다. 유비쿼터스는 '어디에나 있는, 아주 흔한'을 뜻하며, 즉 학습을 위해 특별한 기기를 들고 다니지 않아도 여러분 주위의 물건에 정보통신 기술이 내재되어 있어 필요할 때마다 학습에 접근할 수 있다는 것을 의미한다. 최근에는 핸드폰, 스마트폰 등 개인이 가볍게 들고 다니는 기기를 통해 학습하는 m-러닝(mobile-learning)이 등장하였으며, 게임과 학습의 결합은 단순히 생각해 봐도 서로의 단점을 상호 보완해 줄 수 있는 학습방법인 g-러닝(game-leaning)이 학생의 집중도를 높이기 위한 효과적인 교수법의 하나로 초 · 중등학교에서 활용되고 있다.

(4) 스마트 러닝

스마트 러닝은 단순히 스마트폰, 태블릿, 스마트TV 등 디지털 기기를 활용하여 학습하는 것에 그치지 않고, 학습자의 수준, 성향, 맥락을 분석하여 맞춤형 학습을 실현하는 지능형 학습 체계를 의미한다. 과거에는 스마트 기기의 보급 자체가 중심이었다면, 최근에는 인공지능(AI), 빅데이터 분석, 클라우드 시스템, 사물인터넷(IoT) 등을 통합한 학습자 중심의 개인화 학습 환경이 핵심 요소로 자리 잡고 있다. 예를 들어, 학습자의 정답률, 반응시간, 개념 이해도를 분석하여 다음 학습 콘텐츠를 자동 추천하는 AI 기반 적응형 학습 플랫폼(Knewton, DreamBox, Riiid Tutor), 실시간 질의응답, 풀이 안내, 추천학습 제공하는 AI튜터와 챗봇(Socratic by Google, ChatGPT for education, Snappet), 그리고 실험 · 역사 · 과학 체험을 몰입감 있게 학습하여 시공간 제약을 극복할 수 있는 XR(MR/AR/VR) 기반 몰입형 스마트 러닝(zSpace, ClassVR, Labster)이 현장에서 활용되고 있다.

3. 정보통신기술

장애인의 생활을 보다 편리하게 하고 삶의 질을 향상시키기 위해 정보통신기술(Information & Communications Technology: ICT)과 인공지능(Artificial Intelligence: AI) 기반의 애플리케이션과 기기는 장애인의 삶에 큰 영향을 미치며, AT와 결합하여 다양한 장애를 가진 이들에게 새로운 기회와 도전의 가능성을 제공하고 있다. ICT란 IT(Information Technology)에 '통신(communication)'이 더해진 개념이다. 기존의 IT가 정보 전반을 다루는 기술이라면 ICT는 스마트폰, 모바일 디바이스, 원격제어 등 IT 기술에 커뮤니케이션이 강조된 것이다. 통신은 사람 간의 대화가 아니라 사물 혹은 사물과 사물이 인터넷과 모바일로 연결됨으로써 사람에게 더 나은 서비스를 제공한다. ICT가 적용된 스마트 헬스의 경우 환자 상태를 데이터로 취합해 분석하고 웨어러블 기기를 통해 언제 어디서나 실시간으로 건강 상태를 모니터링하고 원격으로 진료하는 등 교통, 금융, 에너지 등 다양한 분야에서 ICT가 활용되고 있다.

1) 시각장애인을 위한 AI 기술

최근 시각장애인들을 위해서 인공지능 기반의 음성 및 이미지 인식 기술을 활용한 새로운 보조공학 기구가 장애인을 돕는 '또 하나의 눈' 역할을 하고 있다. 음성 인식 기술은 시각장애인과 지체장애인이 음성으로 사물을 제어하고 보조장구를 동작시키는 데 도움을 준다. 컴퓨터 비전 기술은 화면을 해설해 주는 기능으로 시각장애인의 삶을 혁신적으로 변화시키고 있다. 스마트 글래스는 내장된 카메라로 외부 정보를 인지해 장애물을 피하고, 스마트 지팡이는 GPS와 초음파 센서를 이용해 안전한 보행을 돕는다. 특히 최근에는 AI와 로보틱스 기술을 통해 현실 세계를 파악하여 보다 개선된 기능을 선보이고 있으며, 복합현실(extended reality) 기술로 저시력 장애인의 잔존 시력을 보완하여 사물을 보는 것처럼 인식하게 하는 기술까지 개발되고 있다.

2) 지체장애인을 위한 최신 기술

지체장애 보조공학 분야에서도 최신 기술의 발전이 두드러지고 있는데, 자율주행 기술, 일론 머스크의 뇌 내 컴퓨터칩 이식 스타트업 '뉴럴링크'의 브레인 컴퓨터 인터페이스 기술, 그리고 로보틱스 기술이 널리 적용되고 있다. 특히 보행이 어려운 장애인의 이동을 돕는 휠체어는 카메라, 레이더, 라이다 센서, 음성 인식 AI 기술을 적용해 장애물을 스스로 회피하는 자율주행이 가능하며 음성 인식으로 제어할 수 있어, 중증 장애인도 타인의 도움 없이 사용할 수 있다(Millennial Medical, 2023). 또한 스위스 로잔 공대에서 뇌파 감지장치를 통해 기기를 조작하는 '브레인 컴퓨터 인터페이스(BCI)' 연구가 진행 중이며, 머지 않아 생각만으로도 휠체어를 움직일 수 있는 기술이 상용화될 전망이다(Robotics & Automation News, 2023). 또한 하지 근력이 부족하거나 뇌졸중, 뇌성마비 등으로 하지 부분 마비를 겪고 있는 환자들을 위한 보행 보조 로봇과 능동형 보행 보조 로봇도 활발히 연구되고 있다. 이러한 기술들은 환자들이 스스로 걸어서 이동할 수 있도록 도와줄 것이며, 침대에서만 생활하던 환자들이 보조기구를 이용해 자유롭게 움직이는 날이 곧 현실화될 것으로 전망하고 있다(Frontiers, 2023).

3) 발달장애인을 위한 AI 기술

발달장애인의 발달을 촉진하기 위한 AI 교육 프로그램이 주목받고 있으며, 그 기술 중 하나로 발달장애인의 도전 행동을 분석하는 시스템이 있다. 이 시스템은 AI를 활용해 발달장애인의 도전 행동을 관찰하고 분석하여 조기 진단과 치료를 지원한다. 비전 AI 기술이 적용된 CCTV를 사용하여, 장애인의 행동을 장기간 관찰하고 데이터화하여 정확한 진단과 맞춤형 교육 계획을 수립할 수 있다. 이는 기존의 시간과 인력이 많이 소요되는 행동 관찰 업무를 AI가 대신 수행하는 기술로, 발달장애인의 행동을 지속적으로 모니터링함으로써 심각도, 빈도, 시간, 원인을 분석하고, 머신러닝을 통해 다양한 행동 데이터를 습득하여 더 정밀한 관찰과 기록을 가능케 한다. 이러한 시스템은 가족과 교육 담당자들이 충분한 데이터를 얻기 어려운 상황을 해결해 주며, 보다 빠르고 정확한 진단과 치료를 가능하게 한다(Schwartz, Kaplan, & Stone, 2003). ICT와 AI를 포함한 최신 기술의 발전은 장애인의 삶을 혁신적으로 변화시키고 있으며, 이는 장애인들이 더 많은 분야에서 활발하게 활동할 수 있는 기회를 제공한다.

4. 보편적 학습설계의 이해

보편적 설계(Universal Design: UD)는 특수교육공학에서 가장 의미 있게 논의되고 있는 개념이다. 특수교육공학과 동일한 개념으로 이해되기도 한다. 보편적 설계는 하드웨어와 스프트웨어의 양면성을 포함하고 있다. 하드웨어 측면에서는 초기 건축학에서 비롯된 보편적 설계의 시설물이나 상품 등을 장애인과 비장애인이 모두 사용할 수 있게 하자는 원리이다. 이후 소프트웨어 측면이 추가되었는데, 특수교육 현장에서 수업방법이나 교육과정도 보편적 설계의 원리에 기반하자는 움직임이 대두되었다.

1) 보편적 학습설계의 개념 및 필요성

(1) 보편적 학습설계의 개념

보편적 학습설계(Universal Design for Leaning: UDL)는 건축학에서 비롯된 개념으로, 모든 제품과 건축물을 특별한 수정 없이 장애인과 노약자뿐만 아니라 모든 사람이 사용할 수 있는 설계를 의미한다. 이는 사람들의 다양한 요구와 필요를 수용할 수 있는 공통 설계 요소를 최대한 반영하여 제품, 통신수단, 건축 환경 등을 최소한의 비용으로 유용하게 만드는 것을 목표로 한다(Mace, 1985). 노스캐롤라이나 주립대학의 보편적설계센터의 설립자인 메이스(Mace)가 1985년 처음 보편적 설계를 사용하였다. 메이스는 소아마비 장애인으로서 자신이 겪은 어려움을 바탕으로 건축학 분야에서 창안한 보편적 설계라는 개념을 교육에 반영하였다. 이후 많은 논의가 이루어졌고 법률적인 용어로 개념화되었다. 미국의 「보조공학법」(1988)에서는 UDL을 다음과 같이 정의하고 있다.

> UDL이란 가능한 기능적 능력과 가장 광범위한 범주의 사람들에 의해 사용 가능한 제품과 서비스를 설계하고 전달하는 개념 또는 철학을 의미하며, 직접 사용할 수 있는 제품과 서비스, 그리고 보조공학과 함께 사용할 수 있는 제품과 서비스를 포함한다.

UDL이라는 용어는 1989년 미국의 국립일반교육접근센터에서 최초로 사용하였다. 이후 미국의 응용특수공학센터에서 장애인을 포함한 모든 사람에게 교육의 기회를 확대하

표 10-4 보편적 설계와 보편적 학습설계의 차이

구분	보편적 설계(UD)	보편적 학습설계(UDL)
접근과 참여 수단	모든 사람이 추가적인 조정 없이 사용 가능한 제품과 환경을 만드는 것	모든 학습자가 교사의 추가적인 조정 없이 활용할 수 있는 교육과정
활용	다른 사람의 도움 없이 사용자들이 모든 접근을 통제할 수 있음	학생들이 접근 방식을 조절하지 않지만 교사는 여전히 가르치고 지원하며 학생들의 학습을 지속적으로 평가
도전	• 만약 제거할 수 없다면 최소화 • 접근에 대한 장애는 되도록 제거 • 가장 좋은 설계는 가장 쉽게 광범위한 접근을 제공하는 것	• 일부 인지적 도전은 유지 • 접근에 대한 장애를 제거하되, 적절한 도전은 유지 • 접근이 너무 적으면 학습이 중단될 수 있음을 유의

출처: 김남진, 김용욱(2010), p. 129 일부 수정.

기 위해 공학을 사용할 것을 주장하였고, 일반교육과정에서 접근 · 참여 · 진전도를 촉진시키기 위한 교육과정 설계방법으로 '학습을 위한 보편적 설계'를 제안하였다.

보편적 설계와 보편적 학습설계는 모두 접근과 참여의 측면에서 추가적인 조정이 필요 없도록 사전에 설계되어야 한다는 공통점이 있다. 그러나 이 둘은 활용 측면에서 몇 가지 차이가 있다(〈표 10-4 참조〉).

(2) 보편적 학습설계의 필요성

톰린슨(Tomlinson, 1999)은 매일 학급에 들어오는 학생들의 다양한 수준과 특성을 고려하여, 장애학생, 부적응학생, 영재학생뿐만 아니라 '일반적으로 평균적 학생'을 위한 차별화된 수업을 실행하기 위해 교육과정 개발, 수업 실행, 평가를 설계하는 것을 권장하고 있다. UDL에 따르면, 교사들은 신체적, 감각적, 그리고 인지적 장애를 가진 학생들도 다른 학생들과 같은 단원의 일부 또는 전체를 학습하도록 할 수 있으며 이는 교사의 시간과 에너지를 절약할 수 있다. 만약 교수 적합화나 교수적 수정이 없을 경우, 교사들은 학생들을 가르치는 데 더 많은 어려움을 겪거나, 모든 과목을 개별적으로 수정할 수도 있다. 따라서 특수교육 교육과정은 차별화된 수업을 위한 UDL을 적용하는 것이 유용하다.

2) 보편적 학습설계의 원리와 활용

보편적 학습설계(UDL)는 학습자의 인지적 · 신체적 · 감각적 다양성을 고려하여 모든 학습자가 교육에 효과적으로 접근하고 참여할 수 있도록 돕는 교수 설계 원리이다. 로즈와 마이어(Rose & Meyer, 2002)는 이를 다음의 세 가지 핵심 원리로 제시하였다. 복합적인 내용 제시 방법, 복합적인 표현 방법, 복합적인 참여 방법. 이 원리들은 특수교육 환경에서 다음과 같은 실제적인 적용으로 이어진다. 이러한 적용은 단순한 '배려'를 넘어서, 모든 학습자가 의미 있는 방식으로 수업에 참여하고 자신의 역량을 발휘할 수 있도록 보장하는 구조적 설계의 일환이다. 특히 특수교육 현장에서는 보완적 조정 없이도 접근 가능한 수업을 지향함으로써, 포용성과 형평성의 원칙을 실현하는 데 UDL이 핵심적 역할을

표 10-5 보편적 학습설계 원리와 적용된 교수 방법

UDL 원리	구체적 교수 방법	특수교육 적용 사례
복합적인 내용 제시 방법 (Multiple Means of Representation)	• 시각 자료, 도표, 동영상 등 시각적 예시 제공 • 핵심어 강조, 개요 정리 등 정보 구조화 • 음성 안내, 자막 삽입 등 청각 정보 병행 • 번역, 쉬운 단어 사용 등 언어 접근성 향상 • 스크린리더, 점자자료 등 보조기기 연동 지원	• 시각장애 학생에게 TTS, 점자 교과서, 음성 안내 자료 제공 • 자폐학생에게 시각 스케줄, 그림 카드 활용 • 청각장애 학생에게 자막 포함 영상, 수어 해설 제공
복합적인 표현 방법 (Multiple Means of Action & Expression)	• 말하기, 글쓰기, 그림 그리기, 동영상 제작 등 표현 방식 다양화 • 스위치 입력, 음성 입력, 키보드 보조장치 등 대체 입력 지원 • 개인별 맞춤 수행 방식 허용(예: 구술, 문서, 프로젝트형) • 수행 과정 점검표 제공, 자기 점검 도구 활용	• 지체장애 학생에게 스위치 장치, 음성 입력 앱 지원 • 의사소통이 어려운 학생에게 AAC 기기로 그림 · 문장 구성 기회 제공 • 과제 선택권 제공: 녹음, 영상, 그림 중 택 1
복합적인 참여 방법 (Multiple Means of Engagement)	• 학습 목표 선택권 제공(개인화 목표 설정) • 협동 활동 및 또래 피드백 기회 제공 • 게임화 요소(점수, 배지, 단계별 과제) 활용 • 자기조절 전략 가르치기(계획–실행–성찰) • 정서적 안정 요소 고려(예: 예측 가능한 수업 흐름, 긍정 피드백 제공)	• 자폐학생에게 예측 가능한 수업 루틴과 시각적 타이머 제공 • 정서불안 학생에게 긍정 피드백 보드 제공 • 흥미 기반 활동 선택권, 협동학습 구조 제공

수행하고 있다. 각각의 예시는 〈표 10-5〉와 같다.

미국의 응용특수공학센터(CAST)가 제시한 UDL 가이드라인 3.0은 보편적 학습설계를 구체화하기 위한 실천적 지침으로, 교수자와 교육 설계자가 모든 학습자의 참여와 성장을 지원할 수 있도록 설계된 구조이다([그림 10-8]). 기존의 3원칙(내용 제시, 표현 방식, 참여 방식)에 더하여, 접근(Access), 구축(Build), 내재화(Internalize)의 세 수준으로 각 원리를 확장하여 구성한 것이 특징이다. UDL 3.0은 기존의 '배려적 수업'에서 한 걸음 더 나아가, 교수 설계의 사전적 포용성을 강조한다. 특히 특수교육 현장에서는 단지 물리적 접근성을 확보하는 것을 넘어, 학습자가 능동적이고 자기주도적으로 참여하고 표현할 수 있도록 돕는 구조적 전략이 필요하다.

UDL 가이드라인은 그러한 전략을 세 가지 원리와 세 수준의 틀 속에서 구체화하여 제시함으로써, 장애학생을 포함한 모든 학습자의 성장 가능성을 구조적으로 보장한다.

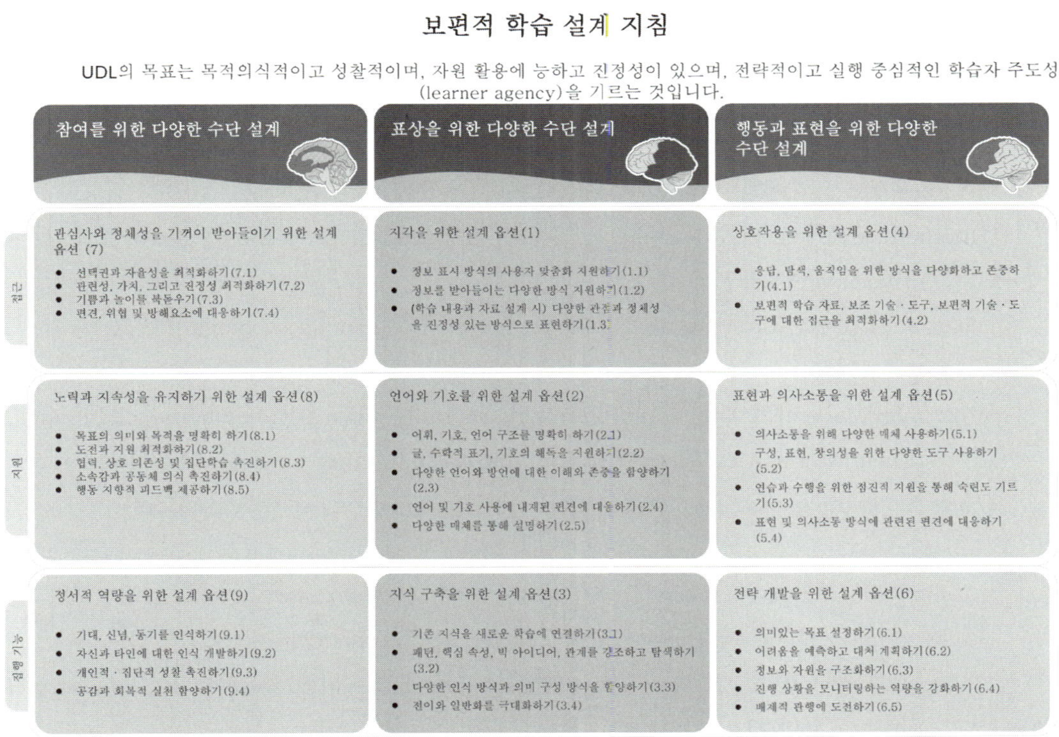

[그림 10-8] UDL 가이드라인 3.0

출처: https://udlguidelines.cast.org

논의할 문제

SPECIAL EDUCATION

1. 하드웨어적 관점에서 우리 주변에서 볼 수 있는 보편적 설계의 예시를 살펴보시오.
2. 보편적 설계(UD)와 보편적 학습설계(UDL)의 공통점과 차이점에 대해 설명해 보시오.
3. 보편적 설계를 교육환경에 적용한다면 어떻게 적용해야 될지 구체적으로 논의해 보시오.

참고문헌

백영균, 전성연(1990). **교육과 컴퓨터**. 경기: 양서원.

Bryant, D. P., & Bryant, R. B. (2003). Assistive Technology for people with Disabilities.

CAST (2024). Universal Design for Learning Guidelines version 3.0. Retrieved from https://udlguidelines.cast.org

Frontiers (2023). Global trends and hotspots in research on rehabilitation robots: A bibliometric analysis from 2010 to 2020. Frontiers in Robotics and AI. Retrieved from https://www.frontiersin.org/articles/10.3389/frobt.2023.00125/full

Hinich, R., Molenda, M., & Russell, J. D. (1989). *Instructional media and the new technologies of instruction*. Macmillan.

Mace, R. L. (1985). Universal design: Barrier free environment for everyone. *Designers West, 33*(1), 147-152.

Millennial Medical (2023). Revolutionizing mobility aids: Advancements, challenges, and inspiring stories. Retrieved from https://millennialmedical.com/blogs/news/revolutionizing-mobility-aids-advancements-challenges-and-inspiring-stories

Robotics & Automation News (2023). Swiss university shows brain-computer interface for controlling robots. Retrieved from https://roboticsandautomationnews.com/2023/05/24/swiss-university-shows-brain-computer-interface-for-controlling-robots/67435/

Rose, D., & Mayer, A. (2002a). Universal design for individual differences. *Educational Leadership, 58*(3), 39-43.

Rose, D., & Meyer, A. (2002b). Teaching every studentin the digital age. Alexandria, VA: ASCD. Avail-able online at: http://www.cast.org/teachingeverystudent/ideas/tes/

Schwartz, E., Kaplan, A., & Stone, R. (2023). Advancements in walking assist and rehabilitation robotics: From exoskeletons to brain-computer interfaces. Journal of Rehabilitation Robotics, 10(2), 125-139. doi:10.3389/frobt.2023.00125

Tomlinson, C. A.(1999). *The differentiated classroom: Responding to the needs of all leaners*. Alexandria, VA: Association for Supervision and Curriculum Development.

제 11 장

장애학생의 진로와 직업 교육

학습목표

1. 진로 및 직업 교육의 개념을 이해한다.
2. 진로 및 직업 교육 관련 법령 및 제도를 이해한다.
3. 진로 및 직업 교육의 성과를 이해한다.
4. 진로 및 직업 교육 성과의 실태를 살펴본다.

SPECIAL EDUCATION

1. 진로 및 직업 교육의 개념

1) 진로 및 직업의 개념

진로와 직업은 유사하지만 학자들마다 조금씩 다르게 정의하고 있다. 진로는 좁게는 직업으로 이해될 수 있으나, 넓은 의미로는 개인의 일생 동안 이루어지는 모든 활동을 포괄하는 개념으로 볼 수 있다(박승희, 박현숙, 박희찬, 이숙향 공역, 2011). 진로는 개인과 그의 환경 간의 지속적인 상호작용과 의사결정 과정을 통해 형성된다. 진로의 과정은 개인이 직업을 가지기 전부터 시작되어 직업생활을 하는 동안, 그리고 은퇴 후에도 계속된다. 직업은 한 개인이 자신의 흥미, 적성, 능력 및 개인적 특성과 우선순위를 고려하여 선택한 직무에서 일하는 생애의 한 부분이다. 개인은 태어나서 죽을 때까지 자신의 삶에서 의미를 찾고, 삶을 구성해 나가므로 진로는 직업보다 시간적·공간적 범위가 훨씬 넓다고 할 수 있다(박희찬 외, 2022).

직업은 국립국어원『표준국어대사전』에 따르면, "생계를 유지하기 위하여 자신의 적성과 능력에 따라 일정한 기간 동안 계속하여 종사하는 일"로서 개인이 수행하게 되는 다양한 직업, 직무, 직위를 포함할 수 있다(이무근, 1996). 직업, 직무, 직위, 직종은 상황에 따라 다르게 사용되는 용어이므로, 이들의 차이점을 정확히 이해하는 것이 중요하다. 직업은 하나 이상의 사업장에서 여러 작업자가 협력하여 수행하는 공통의 직무 묶음이라고 할 수 있다. 직무는 구별 가능한 주요 업무나 특징적인 업무 수행을 통해 다른 직무와 구별되며, 직업이 달라도 같은 임무와 과업을 수행하고 있다면 같은 직무로 볼 수 있다. 직위는 개인에게 할당된 임무나 책임을 의미하며, 주로 직무상의 지위를 나타낸다. 조직 내에서 개인의 직위는 직무상의 지위로 표현된다. 마지막으로, 직종은 직무 내용이 유사하고 책임의 정도나 복잡성이 비슷한 직무들의 집합을 의미한다(박희찬 외, 2023).

2) 진로 및 직업 교육의 실제

장애학생이 학교를 졸업한 이후 직업을 가지고 고용을 유지해 나가기 위해서는 학령기 동안 질 높은 진로 및 직업 교육이 전제되어야 한다. 직업교육을 통해서 배울 필요가 있는 영역은 크게 직업 인식, 고용 관련 지식과 기술, 특정 직업 지식과 기술 세 가지 영역이라 할 수 있다.

(1) 직업 인식

직업 인식은 다양한 영역으로 이루어지는데 그중 직업 역할에 대한 인식은 직업에 관한 학습 경험을 제공하여 장애학생이 자신이 할 수 있는 역할을 새롭게 또는 확장되게 인식할 수 있도록 하는 것이다. 이는 학습자로서 학생이 하는 작업, 자원봉사자로서의 작업, 가정에서 가족의 일원으로 임금을 받지 않고 하는 작업, 일상생활의 일부로서 해야 할 작업 활동(예: 세탁, 구두닦이, 수도꼭지 고치기 등)과 같은 여러 종류의 일에서 어떤 역할을 하는지 인식하도록 해야 한다. 또한 소비자로서의 역할이라 할 수 있는 구매자, 환자, 클라이언트, 임대인, 사용인과 같이 개인이 경험할 수 있는 다양한 역할을 인식할 수 있도록 할 필요가 있다.

긴즈버그 등(Ginzberg et al., 1951)은 직업선택 과정에 대한 연구를 통하여 직업선택 과정을 발달 과정이라고 하였다. 이 이론에서 직업 의사결정 과정은 환상, 임시적 선택, 현실적 선택의 세 가지 기본 단계 또는 기간으로 일어난다. 이러한 결정 과정이 여러 해에 걸쳐 일어나며, 각 단계는 이전에 결정한 것과 밀접한 관련이 있을 수 있다. 직업 의사결정의 전반적인 과정은 개인의 능력, 교육, 사회적 지위, 연령, 신체 및 정신적 특성, 지역 등 많은 요인 간의 지속적인 절충의 결과로 특징지을 수 있다. 어떤 사람에게는 절충이 적게 이루어지는 반면에 어떤 사람에게는 절충이 많이 이루어지게 된다.

교사와 부모는 학생이 선택한 직업에 대한 정보를 제공하여 학생이 생각하고 있는 직업의 긍정적 혹은 도전적 요소에 대한 이해를 높이고, 그 직업을 준비하기 위하여 무엇이 필요한지 알 수 있도록 도와주어야 하고, 직업세계의 실제에 관한 기본 정보를 제공해 주어야 한다. 장애학생에게 직업세계에 대한 기본 정보를 제공하는 것은 도전이 될 수 있는데, 교사는 학생이 일을 하기 원하도록 격려하는 것도 중요하지만 다른 한편으로는 직업세계에서 부딪힐 수 있는 부정적인 현실을 정확히 인지할 수 있도록 도와주어야 한다. 장애학생이 직업세계의 실제에 가능한 일찍 접할 수 있도록 함으로써 나중에 이러한 직업세계의 실제에서 직접 부딪힐 수 있는 어려움을 보다 쉽게 극복할 수 있도록 도와주어야 한다. 아울러 어떤 형태의 직업에 대한 개발이나 책임 없이 부적절하게 직업을 옮김으로써 받게 되는 불이익에 대한 정보도 제공해 줌으로써 책임감 있는 개인이 될 수 있도록 지도해야 한다.

(2) 고용 관련 지식과 기술

장애학생들은 직업에 대한 인식과 더불어 고용 관련 지식과 기술을 배워야 한다. 이는 작업 습관과 태도로 불리기도 하는데, 여기에는 직업 선택하기, 직업훈련 방안을 찾거나 취업하기, 일상적인 일을 적절하게 수행하여 직업 유지하기, 직업에서 발생할 수 있는 문제 다루기 등과 관련되는 모든 지식과 기술이 포함될 수 있다.

이러한 고용 관련 지식과 기술은 수행 능력으로 언급되며, 여러 가지 다른 방식으로 조직되나 대체로 직업을 찾고 유지하는 일반적인 영역들과 관련된다. 물론 직업을 유지하는 영역은 가장 어려운 부분의 하나이며, 작업 동료, 상급자, 소비자 등과 관계하는 기술뿐만 아니라 시간을 맞추고 과제에 집중하는 기술 등을 필요로 한다.

(3) 특정 직업 지식과 기술

학생들은 학교에 있을 때부터 직업교육을 체계적으로 제공받아야 한다. 박희찬과 오길승(2016)은 장애를 가진 학생이 1~2년 정도의 집중적인 훈련만으로는 직업 능력을 향상시키기가 쉽지 않으므로, 이들의 고용 확대를 이루기 위해서는 학령기 동안 특수교육 현장에서 보다 철저하고 체계적인 진로 및 직업 준비 교육이 이루어지고, 교육 연한이 끝날 때 자연스럽게 성인 직업재활 서비스가 연계될 수 있도록 해야 한다고 하였다.

학생들이 졸업 후에 그들에게 적합한 직업을 가지고 성인으로서의 삶을 살아가기 위해서는, 개별화 전환교육계획을 통하여 그들에게 적합한 직업을 결정하고, 이후에는 직업적 목표를 성취하기 위한 훈련이 학령기부터 지속적으로 이루어져야 한다. 직업교육훈련의 목표는 실제 지도에서 무엇을 다루어야 하고, 어떠한 것에 우선순위를 두어야 하며, 어떠한 내용을 선정하고, 어떠한 학습 경험을 강조해야 하는지 등과 같은 구체적인 행동 지침을 제시해 주는 것으로서, 진로 및 직업 담당 교사들에게 직업교육 훈련의 기본방향을 마련해 줌으로써 체계적인 교육이 이루어질 수 있도록 해야 한다(이유훈, 김형일, 강병호, 2003). 예를 들어, 호텔조리사라는 특정 일에 종사하기를 원하는 학생의 경우 특정 직업에서 요구하는 직무에 대한 지식과 요리기술을 익힐 수 있는 교육 및 훈련을 받을 필요가 있다.

학생들이 훈련의 과정을 통해서 직업기술을 갖추기 위해서는 적절한 직업교육과정의 개발이 필요하다. 이때 학생들에게 적합한 직업교육과정을 제대로 마련하기 위해서는 지역사회 공동체 유형, 지역의 상황, 지역 경제, 노동시장 직업 활용도, 서비스에 맞추어진 학생들의 특성(나이, 장애유형), 자원활용(교수자, 교수 자료) 등을 고려하여 교육과정을 마련해야 한다. 사실, 학생들이 별로 흥미를 가지지 못하는 일임에도 불구하고 단지 취직이 잘된다는 이유로 학생들에게 직업기술을 가르치는 경우가 많은데, 그러면 학생들은 그 직업을 지속적으로 해 나가기 어려울 것이다. 학생들에게 적합한 직업이 선택되면 학교는 이러한 직종에서 요구되는 훈련을 시켜야 한다. 직업교육은 일반 교과지도나 생활지도처럼 단순히 교재나 일반 자료만으로 가능한 것이 아니라, 훈련 현장이 직업 현장과 같거나 비슷한 물적 조건이 제대로 갖추어져 있어야 가능하다. 그래서 시설 및 운영비 등의 지원여건을 제대로 갖추는 것도 매우 중요하다(이유훈, 김형일, 강병호, 2003).

3) 진로와 직업 교육의 중요성 및 혜택

장애학생들이 학령기 동안 적절한 진로 및 직업 교육을 제공받게 되면 이들은 자신의 강점, 약점, 흥미, 그리고 능력을 이해할 수 있게 되고, 자신에게 맞는 직업을 찾는 데 도움이 된다. 또한 적절한 진로 및 직업 교육을 통해서 학생들은 직업세계에서 필요한 다양한 기술들을 배우고 연습할 기회를 가질 수 있게 되고, 이는 고용 가능성을 높이고, 직장에서의 성공을 위한 기반을 마련해 줄 수 있다.

비장애인과 같이 장애인들에게도 직업은 독립적인 성인으로서의 삶을 영위하기 위해 매우 중요하다. 이는 직업이란 자아실현을 이루고 사회의 유의미한 구성원으로 살아가는 데 필수적인 요소이기 때문이다. 한 개인이 직업을 가지는 것은 경제적인 혜택 이외에도 다양한 이점이 있다. 무엇보다 장애인은 직업을 통해 사회에 통합되어 살아갈 수 있는 기회를 가질 수 있고, 지역사회로의 소속감도 누릴 수 있다(박은혜, 1998). 또한 직장에서의 경험을 통해 자신을 바라보는 긍정적인 인식이 생성되고 자아실현을 이루기 위한 발판을 마련할 수 있으며(김정희, 김미경, 2007), 비장애인들과 교류할 수 있는 기회를 통해 장애인들의 정신적 · 사회적 기능성 또한 높일 수 있다(Reid & Bray, 1998). 그러므로 장애의 유무, 장애의 종류에 관계없이 누구나에게 직업을 가질 수 있는 기회를 제공하는 것은 중요한 일이고 의미 있는 일이라 할 수 있다.

이러한 이유 때문에 학령기 동안 질 높은 진로 및 직업 교육, 적절한 교육환경, 다양한 프로그램을 통하여, 장애를 가진 학생들이 졸업한 이후에 독립적으로 살아갈 수 있도록 도와줄 필요가 있고(Kraemer & Blacher, 2001), 국가 차원에서도 장애인들을 위한 진로 및 직업 교육 활성화와 더불어 장애인 일자리 창출을 위해 많은 노력을 기울일 필요가 있다.

2. 진로 및 직업 교육 관련 법령 및 제도

1) 진로 및 직업 교육 관련 법령

(1) 장애인 등에 대한 특수교육법

「장애인 등에 대한 특수교육법」 제2조에서는 진로 및 직업 교육을 특수교육대상자가 학교와 사회 사이를 원활하게 이동할 수 있도록 다양한 직업재활훈련 및 자립생활훈련을 제공하는 교육과정으로 정의하고 있다. 이 교육은 직업 상담, 평가 및 교육, 적응 훈련, 고용 지원, 그리고 사후 관리 등을 포함하는 직업재활 프로그램을 통해 취업을 돕고, 고용을 유지하려는 목표를 가지고 있다. 또한 진로 및 직업 교육은 개인이 지역사회 내에서 자립할 수 있도록 지원하는 자립생활 프로그램을 포함한다. 「장애인 등에 대한 특수교육법」 제23조에서는 이러한 진로 및 직업 교육을 지원하는 구체적인 방법들을 명시하고 있다. 이 조항에 따르면, 직업재활 및 자립생활 훈련을 위한 전문인력 배치와 필요한 시설 및 설비를 갖출 것을 규정하고 있다. 이 외에도 특수교육지원센터는 관련 부처와의 협의를 통해 효과적인 진로 및 직업 교육을 지원하도록 되어 있다. 이는 진로 및 직업 교육이 특수교육대상자에게 매우 중요하며 체계적인 지원이 필요함을 강조하고 있다 (박희찬 외, 2022).

(2) 진로교육법

「진로교육법」은 2015년에 제정 및 시행된 것으로 학생들에게 다양한 진로교육 기회를 제공하고, 변화하는 직업세계에 적극적으로 대응하며, 개인의 소질과 적성을 최대한 발휘하여 국민의 행복과 경제적 · 사회적 발전에 이바지할 목적으로 제정되었다. 진로교육은 국가와 지방자치단체가 학생들이 자신의 소질과 적성을 기반으로 직업세계를 이해하고 자신의 진로를 탐색하고 설계할 수 있도록, 학교 및 지역사회와 협력하여 진로수업, 진로심리검사, 진로상담, 진로정보 제공, 진로체험, 취업지원 등을 제공하는 활동을 말한다. 이를 지원하기 위해 진로전담교사를 배치하는 등의 조치가 이루어지고 있으며, 특수학교에 배치된 진로전담교사들은 학교의 상황에 따라 다양하나 주로 중학교, 고등학교, 전공과 학생들에게 진로 및 직업 교육을 지원하는 중요한 역할을 수행하고 있다.

2) 진로 및 직업 교육 관련 제도

(1) 전공과

전공과 프로그램은 1993년에 시범 운영을 시작하여 1995년부터 특수학교에 본격적으로 설치되었다. 1996년에는 한국장애인고용촉진공단의 지원을 받아 특수학교 직업교육 시설을 강화하였고, 교육부와 노동부가 협력하여 '장애인고용촉진 5개년 계획'을 포함한 여러 정책을 시행하였다. 이로 인해 전국적으로 20개 특수학교에 전공과가 설치되었다. 전공과 설치의 주된 목적은 학교교육 기간을 연장하여 장애인의 교육 기회를 확대하고, 전공과를 통해 장애인에게 직업훈련 및 지원을 제공하는 것이다(박희찬 외, 2022).

현재의 특수교육 전공과 설립 및 운영에 관한 구체적인 논의는 2008년 「장애인 등에 대한 특수교육법」 시행을 계기로 시작되었다. 특히 2010년에 교육부는 '장애학생 진로 직업교육 내실화 방안'을 발표하며, 장애학생에게 맞춤화된 진로 및 직업 교육을 제공하고, 기존의 시설 및 인력을 최대한 활용하기로 계획하였다. 또한 진로 및 직업 교육은 현장실습을 중심으로 진행함으로써 취업률을 높이고 장애학생의 복지를 향상시키며, 관련 기관과의 협력을 통해 진로 및 직업 교육의 시너지 효과를 증진시키는 방향으로 계획을 하였다. 이를 토대로 전공과 확충 및 운영 내실화를 위한 정책과제를 수립하게 되었다.

표 11-1 전공과 관련 법 조항 및 내용

관련 법	조항 및 내용
「장애인 등에 대한 특수교육법」	제24조(전공과의 설치 · 운영) ① 특수교육기관에는 고등학교 과정을 졸업한 특수교육대상자에게 진로 및 직업 교육을 제공하기 위하여 수업연한 1년 이상의 전공과를 설치 · 운영할 수 있다. ② 교육부장관 및 교육감은 지역별 또는 장애유형별로 전공과를 설치할 교육기관을 지정할 수 있다. 〈개정 2008. 2. 29., 2013. 3. 23.〉 ③ 전공과를 설치한 각급학교는 「학점인정 등에 관한 법률」 제7조에 따라 학점인정을 받을 수 있다. ④ 제1항 및 제2항에 따른 전공과의 시설 · 설비 기준, 전공과의 운영 및 담당 인력의 배치 기준 등에 관하여 필요한 사항은 대통령령으로 정한다.
「초 · 중등 교육법」	제57조(전공과의 설치) 제55조에 따른 특수학교 및 제56조에 따른 특수학급 중 · 고등학교 과정을 설치한 학교 및 학급에는 「장애인 등에 대한 특수교육법」에서 정하는 바에 따라 전공과를 둘 수 있다. [전문개정 2012. 3. 21.]

「장애인 등에 대한 특수교육법」 제24조(전공과의 설치 · 운영)와 「초 · 중등교육법」 제57조(전공과의 설치)에서 전공과에 대해 명시하고 있는 바는 〈표 11-1〉과 같다. 이에 따라 전공과는 특수교육을 받는 학생들이 고등학교를 졸업한 후 사회로 원활하게 진출할 수 있도록 준비하며, 체계적인 진로 및 직업 교육을 제공하고 있다. 전공과 교육과정은 자립생활 훈련과 직업재활 훈련을 포함하여, 학생들이 사회에 통합될 수 있도록 지원하고 있다. 2023년 특수교육 통계에 따르면, 전국 164개 특수학교에서 이 과정이 운영되고 있으며, 이곳에서 5,200명의 학생이 교육을 받고 있다.

(2) 통합형 직업교육 거점학교

고등학교 특수학급의 진로 및 직업 교육 내실화 방안으로 교육부와 시 · 도 교육청은 고등학교 특수학급 진로 및 직업 교육을 위한 통합형 직업교육 거점학교를 시범적으로 운영하기 위해 각 시 · 도 교육청 내에 특수학급이 설치된 1개 고등학교를 선정하여 통합형 직업교육 거점학교로 선정하고 전문적인 진로 및 직업 교육을 실시하였다. 이를 통해 직업교육을 실시하기 힘든 인근 특수학급 학생들도 통합형 직업교육 거점학교를 직접 방문하여 진로 및 직업 교육을 받고 있다. 장애학생 통합형 직업교육 거점학교는 통합교육을 받고 있는 특수교육대상자에게 현장실습 위주의 직업교육을 제공하고, 인근 특수학급에 대한 직업훈련 및 컨설팅 등을 제공하여 해당 지역의 장애학생 직업교육 거점학교로서의 기능을 수행하도록 하고 있으며, 2023년 전국 53개교(교육부 지정 34개교, 시 · 도 교육청 지정 19개교)에 통합형 직업교육 거점학교를 설치해 운영하고 있다(교육부, 2023b).

(3) 학교기업

정부는 장애학생의 진로 및 직업 교육 내실화를 위하여 2009년부터 특수학교 '학교기업형 직업훈련실(이하 학교기업)' 설치 사업을 추진하였다. 설립 당시 5개 학교를 시작으로 한 후 2023년 기준으로 총 32개교가 운영되고 있다(교육부, 2023b). 특수학교 학교기업은 특수학교 내에 일반 사업장과 유사한 형태의 직업교육 환경을 조성함으로써 장애학생들의 직업훈련의 질을 높이고자 실시하는 프로그램을 의미한다. 장애학생들의 특성과 유형에 적합하고, 지역사회 환경을 고려한 학교기업 사업종목을 개발하여 운영하도록 함으로써 지역사회와 보다 연계할 수 있는 가능성을 높이고, 취업률을 높이며, 현장성 있는 직업교육을 실시할 수 있도록 하는 데 목적을 두고 있다.

3. 진로 및 직업 교육의 실태

1) 특수교육대상자 진로 및 취업 현황

고등학교 및 전공과를 졸업한 특수교육대상자의 진로 현황은 〈표 11-2〉와 같다. 2023년의 경우 고등학교를 졸업한 특수교육대상자 총 6,528명 중 전공과, 전문대학, 4년제 대학 등으로 진학을 한 학생은 3,761명(57.6%)이고 취업을 한 학생은 586명(21.2%)이었다. 전체 졸업생 중 진학 혹은 취업을 하지 않은 학생이 2,181명으로 상당한 수로 나타나서, 이러한 학생들에 대한 지원 방안이 필요함을 알 수 있다.

전공과를 졸업한 특수교육대상자 총 2,371명 중 전문대학, 4년제 대학 등으로 진학을 한 학생은 38명(1.6%)이고 취업을 한 학생은 1,174명(50.3%)이다. 전공과를 진학했던 학생들은 직업을 가지지 위한 집중적인 교육을 받고 싶어 했던 학생들이기 때문에 이후에 다시 대학 등으로 진학을 하기보다는 취업을 원하는 학생들이 많았고, 취업이 힘든 경우에도 다시 진학하기보다는 취업의 기회를 가지기 위해서 노력하고 있었다. 하지만 여전히 전공과 전체 졸업생 중 진학 혹은 취업을 하지 않은 학생이 1,159명으로 매우 높은 수로 나타나서 전공과를 졸업한 이후에도 취업을 하지 못하는 학생들을 위한 지원 방안이

표 11-2 고등학교 및 전공과 졸업 특수교육대상자 진로 및 취업 현황

구분		졸업자 수	진학		취업		비진학 · 미취업자 수
			진학자 수 (대학/전공과)	진학률 (%)	취업자 수	취업률 (%)	
고등학교	특수학교	2,076	1,202	57.9	45	5.1	829
	특수학급	3,354	1,883	56.1	483	32.8	988
	일반학급	1,098	676	61.6	58	13.7	364
	계	6,528	3,761	57.6	586	21.2	2,181
전공과	특수학교	2,268	34	1.5	1,087	48.7	1,147
	특수학급	103	4	3.9	87	87.9	12
	계	2,371	38	1.6	1,174	50.3	1,159
전체		8,899	3,799	42.7	1,760	34.5	3,340

출처: 교육부(2023b), p. 29.

더욱 필요함을 알 수 있다. 또한 전공과 교육과정이 시장의 수요에 맞게 교육과정이 운영되고 있는지, 또한 학생들이 취업 시장에 효과적으로 진입할 수 있도록 추가 지원이 필요한지를 지속적으로 검토할 필요가 있다.

이러한 점을 개선하기 위해서는 맞춤형 진로 지원 프로그램의 확대가 필요하다. 이는 진로 상담, 직업훈련, 인턴십 기회 제공, 그리고 진학 및 취업 후 지속적인 지원을 포함할 수 있다. 또한 정부와 교육 기관은 이러한 데이터를 바탕으로 보다 효과적인 교육 정책과 지원 프로그램을 설계하고 시행할 필요가 있다. 이는 장애학생들이 사회적, 경제적으로 자립할 수 있도록 도우며, 그들의 삶의 질을 향상시키는 데 기여할 수 있을 것이다.

2) 특수교육대상자 취업 분야 실태

고등학교 및 전공과를 졸업한 특수교육대상자의 취업 분야 실태는 〈표 11-3〉과 같다. 특수학교 고등부를 졸업한 학생들은 기타 분야를 제외하고는 제품제조 분야에서 일하는 학생이 10명으로 가장 많았고, 문화예술, 이료, 청소・세탁, 농림어업 순으로 취업을 많이 하고 있는 것으로 나타났다. 고등학교 특수학급을 졸업한 학생들 중에는 제품제조 분야에서 일하는 학생이 111명으로 가장 많았고, 식음료서비스, 기타, 청소・세탁, 사무보조, 식품가공・제과제빵 순으로 취업을 많이 하고 있는 것으로 나타났다. 고등학교 일반학급을 졸업한 학생들 중에는 제품제조 분야에서 일하는 학생이 24명으로 가장 많았고, 기타, 식음료서비스, 사무보조, 정보통신기술 영역 순으로 취업을 많이 하고 있는 것으로 나타났다. 장애가 심할수록 제품제조 및 사무보조와 같은 단순 기능직의 일에 종사하는 경우가 많은 것으로 나타났다.

특수학교 전공과를 졸업한 학생 중에는 제품제조 분야에서 일하는 학생이 328명으로 가장 많았고, 청소・세탁, 식음료서비스, 사무보조, 기타, 보건・의료 분야 순으로 취업을 많이 하고 있는 것으로 나타났다. 특수학급 전공과를 졸업한 학생들 중에는 식음료서비스 분야에서 일하는 학생이 21명으로 가장 많았고, 제품제조, 청소・세탁, 식품가공・제과제빵 영역 순으로 취업을 많이 하고 있는 것으로 나타났다.

이 통계자료를 토대로 몇 가지 시사점을 제시하면 다음과 같다. 첫째, 특수교육대상자들은 제품제조, 청소・세탁, 식음료서비스와 같은 특정 분야에 집중되어 취업하고 있는 경향이 있다. 이는 이들 분야가 특수교육대상자에게 적합한 기술과 환경을 제공할 가능성이 높다는 것을 시사하며, 이러한 분야에서의 직업훈련 프로그램 강화가 필요함을 보

표 11-3 고등학교 및 전공과 졸업생의 취업 분야 실태

구분	고등학교			계	전공과		계
	특수학교	특수학급	일반학급		특수학교	특수학급	
보건 · 의료	1	21	–	22	71	6	77
제품 제조	10	111	24	145	328	18	346
농림어업	3	4	2	9	6	1	7
정보통신기술	–	3	3	6	6	–	6
식품가공 · 제과제빵	2	46	2	50	66	11	77
이료	4	–	–	4	37	–	37
영업 · 판매	–	13	1	14	10	2	12
청소 · 세탁	4	52	–	56	153	11	164
식 · 음료서비스	1	88	7	96	147	21	168
문화예술	5	10	2	17	35	1	36
사무보조	2	46	3	51	108	7	115
사서보조	–	23	1	24	20	–	20
기타	13	66	13	92	100	9	109
전체	45	483	58	586	1,096	87	1,183

출처: 교육부(2023a), p. 8.

여 주고 있다. 둘째, 장애가 심할수록 더 전문화되거나 복잡한 업무를 수행하는 것이 어렵고 단순한 기능직에서 일을 하고 있는 비율이 높은 것을 알 수 있다. 또한 취업을 하는 것 이상으로 고용을 오래 유지해 나가는 것이 중요하고, 고용과정에서 개인이 겪는 어려움들을 고려해 볼 때 장애의 정도와 장애인 당사자의 선호를 직업교육 및 직업훈련 프로그램에서 반드시 고려할 필요가 있겠다. 셋째, 취업 시장에서 특수교육대상자들이 직면하는 제약을 감안할 때, 이들을 위한 맞춤형 진로 준비와 직업훈련 프로그램이 매우 중요하겠다. 또한 다양한 직업 옵션과 경력 발전 기회를 제공하여 이들의 직업 선택 범위를 확장할 필요가 있겠다.

3) 특수교육대상자 취업 유형 실태

고등학교 및 전공과를 졸업한 특수교육대상자의 취업 유형 실태는 〈표 11-4〉와 같다. 고등학교를 졸업한 이후 취업한 특수교육대상학생의 취업 유형 실태를 먼저 살펴보면 고용방식은 지원(연계)고용 방식으로 취업한 학생이 21명으로 가장 많았고, 보호고용, 일반(경쟁)고용 순으로 취업을 많이 하고 있는 것으로 나타났다. 고등학교 졸업 후 취업한 학생들의 직업교육 연계성 측면을 살펴보면 직업교육과 유관한 직종에 취업한 경우가 36명으로 대부분이었고 무관한 직종에 취업하는 경우는 9명이었다. 고용형태는 비정규직으로 취업을 한 학생이 27명으로 많은 편이었고, 정규직으로 취업한 학생은 18명이었다. 급여 수준을 살펴보면 50~100만 원 미만인 경우가 19명으로 가장 많았고, 100~150만 원 미만, 50만 원 미만, 150만 원 이상 순으로 나타났다.

표 11-4 고등학교 및 전공과 졸업생의 취업 유형 실태

구분		고등학교		계	전공과		계
		남	여		남	여	
고용방식	일반(경쟁)고용	3	1	4	125	94	219
	지원(연계)고용	15	6	21	406	235	641
	보호고용	12	8	20	146	81	227
	계	30	15	45	677	410	1,087
직업교육과 연계	유관 직종 취업	24	12	36	596	371	967
	무관 직종 취업	6	3	9	81	39	120
	계	30	15	45	677	410	1,087
고용형태	정규직	9	9	18	251	130	381
	비정규직	21	6	27	426	280	706
	계	30	15	45	677	410	1,087
급여 수준	50만 원 미만	5	5	10	115	64	179
	50~100만 원 미만	12	7	19	256	176	432
	100~150만 원 미만	11	2	13	204	116	320
	150만 원 이상	2	1	3	102	54	156
	계	30	15	45	677	410	1,087

출처: 교육부(2023a), pp. 59-62.

전공과를 졸업한 이후 취업한 특수교육대상자의 취업 유형 실태를 먼저 살펴보면 고용방식은 지원(연계)고용 방식으로 취업한 학생이 641명으로 가장 많았고, 보호고용, 일반(경쟁)고용 순으로 취업을 많이 하고 있는 것으로 나타났다. 전공과 졸업 후 취업한 학생들의 직업교육 연계성 측면을 살펴보면 직업교육과 유관한 직종에 취업한 경우가 967명으로 대부분이었고 무관한 직종에 취업하는 경우는 120명이었다. 고용형태는 비정규직으로 취업을 한 학생이 706명으로 다소 높았고, 정규직으로 취업한 학생은 381명이었다. 급여 수준을 살펴보면 50~100만 원 미만인 경우가 432명으로 가장 많았고, 100~150만 원 미만, 50만 원 미만, 150만 원 이상 순으로 급여를 받고 있는 것으로 나타났다.

〈표 11-4〉를 토대로 몇 가지 시사점을 제시하면 다음과 같다. 첫째, 특수교육대상자의 고용은 주로 지원(연계)고용, 보호고용, 일반(경쟁)고용 순으로 이루어지고 있다. 지원고용이 가장 많은 비율을 차지하는 것은 이러한 고용방식이 특수교육대상자에게 보다 많은 지원을 제공하고, 일자리 접근성을 높여 준다는 점에서 긍정적으로 평가될 수 있겠다. 그러나 일반고용에서의 취업 비율이 상대적으로 낮은 것은 통합 고용 환경에서의 장벽이 여전히 존재함을 시사하고 있다. 둘째, 대부분의 졸업생이 자신이 받은 직업교육과 유관한 직종에 취업하고 있는 것으로 나타나, 교육과 직업 사이의 연계가 어느 정도 잘 이루어지고 있음을 알 수 있고, 직업교육 프로그램이 효과적이고 관련 교육이 실제 직업 시장의 요구와 잘 맞물려 있다는 것을 보여 주고 있다. 셋째, 비정규직으로 취업한 학생의 수가 정규직보다 많다는 점은 이들의 고용 안정성이 낮음을 나타낸다. 이는 장기적인 경제적 자립과 직업 안정성을 확보하는 데 있어서 잠재적인 문제를 야기할 수 있다. 넷째, 대다수 취업자의 급여 수준이 낮은 범위에 속하는 것으로 보아, 특수교육대상자의 경제적 복지 향상을 위해 더 높은 수입을 제공할 수 있는 직업 기회를 개발하고 제공하는 것이 중요하겠다. 특히 급여가 50만 원 미만인 경우도 상당수 존재하는 점은 이들의 생활 안정과 질적 향상을 위한 추가적인 지원이 필요함을 시사한다.

4. 진로 및 직업 교육의 성과

진로 및 직업 교육은 장애학생들이 자신의 강점과 흥미를 파악하고, 실제 직업세계에서 필요한 기술과 자질을 개발할 수 있게 도와줌으로써 성공적으로 취업을 이룰 수 있도록 기반을 마련해 준다. 교육과정에서도 강조하고 있듯이 진로 및 직업 교육의 성과는 단순히 취업으로 한정하는 것이 아니라 학생이 지역사회 안에서 '자립생활' '직업생활' '계속교육'을 실천할 수 있도록 맞춤형 교육과정을 지향해야 한다.

1) 자립생활

장애학생들을 위한 진로 및 직업 교육은 자립생활을 실현하는 데 중요한 역할을 한다. 자립생활은 장애가 있는 개인이 가능한 한 독립적으로 살아가며, 자신의 삶에 대한 결정을 스스로 내리고, 자신의 권리와 기회를 충분히 누리는 생활방식을 의미한다. 이는 단순히 독립적으로 생활하는 것을 넘어서, 개인의 선택과 자율성을 존중받는 환경에서 살아갈 수 있는 권리를 포함한다. 자립생활은 장애인이 사회적 · 경제적 · 문화적 측면에서 완전히 참여하고 기여할 수 있도록 지원하는 데 중점을 둔다. 장애인들의 자립생활은 크게 경제, 사회, 의사결정, 주거 측면에서 살펴볼 수 있다. 첫째, 장애학생들이 진로 및 직업 교육을 통해 직업 기술을 습득하고, 취업을 할 수 있게 되면 경제적으로 자립할 수 있게 된다. 경제적 자립은 장애인이 자신의 생활비를 스스로 부담하고, 자신의 소득을 관리할 수 있게 되는 것으로 이는 장애인들의 자신감 증진과 자기효능감을 높이는 데 기여할 수 있다. 둘째, 장애학생들이 적절한 진로 및 직업 교육을 받게 되면 지역사회 내의 다양한 활동에 적극적으로 참여하고, 다양한 사회적 관계를 형성할 수 있게 된다. 이는 장애인이 사회적으로 통합되고, 자신의 사회적 네트워크를 구축하여 일상생활에서의 상호작용을 증진시킬 수 있게 된다. 셋째, 의사결정에서의 자립은 장애인이 자신의 삶에 대한 중요한 결정들을 스스로 할 수 있는 능력과 권리를 가지는 것을 의미한다. 이러한 자립은 장애인이 자신의 일상생활, 의료, 교육, 고용, 주거 등에 관한 결정을 독립적으로 할 수 있도록 지원하는 것을 포함한다. 자립적인 의사결정은 장애인이 자신의 삶을 주도하고, 자신감을 키우며, 사회적 · 경제적 · 개인적 자립을 실현하는 데 중요한 역할을 할 수 있다. 넷째, 장애인의 주거생활 자립은 장애인이 자신의 거주지를 선택하고, 독립적으로 살아갈 수 있는 환경을 조성하는 것을 의미한다. 이는 단순히 독립적인 주거 공간을 확보하는 것을 넘어서, 그 공간에서 장애인이 자신의 생활을 자율적으로 운영하고, 사회적으로 참여할 수 있도록 지원하는 것을 포함한다. 주거생활 자립은 장애인의 삶의 질을 향상시키고, 사회적 · 경제적 자립을 촉진하는 중요한 요소가 될 수 있다.

2) 직업생활

장애인의 직업생활 유형에는 보호고용, 지원고용, 경쟁고용이라는 세 가지 주요 유형이 있다. 보호고용은 보다 보호된 환경에서 일정한 지원을 받으며 일하는 형태이며, 지원고용은 지원을 통해 통합된 작업장에서 일할 수 있도록 돕는 고용 형태를 의미하며, 경쟁고용은 장애인과 비장애인이 동등한 조건에서 경쟁적으로 취업하는 상황을 의미한다.

(1) 보호고용

보호작업장은 직업 능력이 다소 낮은 장애인에게 보호적 조건의 환경에서 직업훈련 및 일자리를 제공함으로써 근로의 기회를 주고 이에 상응하는 노동의 임금을 지급하는 곳으로, 근로사업장이나 그 밖의 경쟁적인 고용시장으로 옮겨 갈 수 있도록 돕는 역할을 하는 시설이다(한인영 외, 2011). 보호작업장은 지역의 특성이나 생산품 판로 개척의 용이성, 일반고용과의 연계성을 고려하고, 그 직업에 종사할 장애인의 장애특성 및 직무분석을 통해 장애인 개인별 특성에 적합한 직무를 배치하는 사업을 진행하고자 노력하고 있다(박민성, 2011).

많은 장애인복지관이나 주간보호센터들은 학교를 졸업한 성인 장애인들을 보호하는 역할도 하지만, 보호작업장 형태의 작업장을 운영하면서 장애인이 자신의 능력과 적성에 맞는 직업생활을 통하여 인간다운 생활을 할 수 있도록 장애인 직업재활과 관련된 제반 서비스와 취업 기회를 제공하고 있다. 장애인복지관이나 주간보호센터에서 운영하는 보호작업장은 장애인들이 작업할 수 있는 시설이나 장비, 환경에 대한 배려가 가장 많은 곳이다.

장애인 직업재활시설 유형별 현황을 살펴보면 보호작업장이 장애인 직업재활시설 중 가장 많은 수를 차지하고 이용자 수도 가장 많은 비중을 차지하고 있어 장애인의 직업생활에서 보호작업장이 중요한 부분을 차지하고 있음을 알 수 있다. 장애인의 경우 학교를 졸업한 이후 부모님이나 타인의 도움 없이 생활을 할 수 있도록 일정한 소득을 유지할 수 있는 직업을 찾고 직업활동을 유지하여 스스로 사회에 나아갈 수 있는 기틀을 마련해야 하기 때문에(박승희 외, 2011), 처음 직업을 가지는 경우와 다소 직업능력이 낮은 경우 보호작업장과 같은 직업재활시설을 주로 이용하게 된다. 장애인들만으로 구성된 시설에서 일을 하고 있어서 지역사회 통합의 경험을 가지기는 힘들지만, 보호작업장은 장애인이 적절한 수입을 보장받으며 작업에 필요한 기능과 작업 습관 등을 익힐 수 있는 기회를 제공하기 때문에 장애인의 직업적 욕구를 충족시켜 주고 건전한 사회 생활을 영위하도록 도울 수 있는 중요한 기관으로 인정받고 있다(이동영, 김희정, 2014). 즉, 보호작업장은 장애인의 장애유형, 장애정도, 연령별 특성, 업종의 특성에 따른 다양한 직무와 경쟁고용에 필요한 재활 프로그램을 제공하고 있어 장애인들의 사회 참여와 직업재활에 있어서 중요한 역할을 하는 곳임이 틀림없다(박희찬, 오길승, 2016).

하지만 보호작업장은 보호받는 환경에서 주로 장애인 중심으로 고용이 이루어지기 때문에 사회통합에 제한이 있으며, 임금수준이 낮고 직종의 다양성도 떨어지는 한계가 있어, 가능한 한 보호고용에서 지역사회에 통합된 형태의 고용인 지원고용이나 경쟁고용으로 옮겨 갈 수 있도록 다양한 정책을 펼칠 필요가 있다.

(2) 지원고용

지원고용은 1980년대 전 세계적으로 지역사회 통합이라는 원칙하에 장애를 가진 사람들을 위한 서비스가 중증의 장애를 가진 사람들의 교육과 직업 및 주거 서비스에 관심을 집중하게 되면서, 이들의 통합 직업 환경에서의 고용모델로 출현하게 되었다(Taylor, Biklen, & Knoll, 1987). 이러한 지원고용에 관한 정의가 최초로 소개된 것은 1984년에 미국의 연방 법률에서 제정된 「발달장애인법(Developmental Disabilities Act)」(공법 98-527)에서이며, 1986년에 개정된 「재활법(Rehabilitation Act-Amendment)」(공법 99-506)에서는 이전보다 구체적으로 구성되었다(유병주, 이달엽, 1996). 이 「재활법」에서 정의하는 지원고용을 살펴보면, 경쟁적인 고용이 어려운 사람 혹은 심한 장애 때문에 고용이 중단되었거나 어려움을 겪고 있는 사람들에게 통합된 작업장에서 지속적인 서비스를 제공해 줌으로써, 경쟁적 고용이 이루어지도록 하는 것이라 할 수 있다. 특별한 요구를 지닌 사람이 고용을 유지하는 데 있어서 중요한 것은 지속적인 지원이다. 지속적인 지원은 지원고용의 핵심이며 특별한 요구에 적합한 서비스를 제공하는 것은 지원고용의 질을 향상시키는 데 있어 중요한 요인이다. 이후에도 지원고용에 대한 정의가 계속적으로 이루어졌는데, 박희찬과 오길승(2016)은 지원고용을 중증장애로 인하여 기존에는 분리된 보호고용에 한정되거나 고용이 되더라도 중단되거나 포기하게 되는 장애인에게 적절한 지원과 현장훈련을 통하여 지역사회 통합고용을 달성하게 되는 과정과 결과를 의미하는 것으로 정의하였다.

지원고용 체계는 통합된 작업환경을 강조하고 있는데, 이러한 통합된 작업환경이란 대다수의 노동자가 일반인으로 구성된 작업장이라 할 수 있다. 즉, 대규모의 분리된 보호작업장과 전일제 훈련식 프로그램을 지양하고, 장애를 가지고 있는 사람의 정상화라는 철학적 기저를 바탕으로 통합에 중점을 두고 있다.

그러므로 지원고용 체계는 경쟁적 노동, 통합된 작업환경, 지속적인 서비스의 제공 등 세 가지 요인을 충족하여야 한다. 이 세 가지 요건이 충족되면 학생들은 경제활동을 할 수 있는 기회를 얻을 수 있을 것이다. 또한 사회적 측면에서도 그들의 자립생활이 일정 부분 가능해짐으로써 공공 프로그램에 대한 의존도를 낮출 수 있게 될 것이다. 이러한 지원고용서비스 프로그램이 등장하게 된 배경은 장애와 상관없이 모든 인간이 누려야 할 삶의 질에 대한 관심이 증대하였고, 장애를 가진 사람에 대한 편견을 극복하기 위함이며, 종래의 고용에 대한 한계점이 부각되었으며, 장애인 재활에 대한 기술이 향상되었기 때문이다(박희찬, 오길승, 2016).

(3) 경쟁고용

경쟁고용(competitive employment)은 장애를 가진 사람들이 일반인과 같은 임금과 연금을 받을 수 있는 직업을 가지는 것을 의미한다. 장애인이 학교를 졸업한 후 경쟁고용이 이루어지면 직업을 가지기 전, 그리고 직업을 가진 직후에 집중적으로 지원 서비스가 제공되고, 지원 서비스는 제한된 기간만큼만 주어진다. 장애인이 경쟁고용 작업장에 취업하기 위해서는 기능적인 기술, 대인관계 그리고 필요에 의해 익힐 수 있는 다른 작업과 연관된 기능을 가져야 하고 독립적 작업 수행 및 높은 생산성 표준을 충족시켜야 한다. 그러므로 이러한 경쟁고용은 일반적으로 장애가 심하지 않은 사람에게 적합한 것으로 여겨지고 있다. 경쟁고용의 장점 중 하나는 비장애인 근로자와 충분한 통합의 경험을 가질 수 있다는 것이다.

3) 계속교육

'계속교육'은 특수교육대상학생의 고등교육 진학률이 높아지는 추세를 반영하여 진로와 전공과를 통해 고등교육 기관 진학, 평생교육 등을 준비할 수 있도록 하는 것이다. 이러한 계속교육은 장애인들이 학습을 지속하고, 직업 기술을 개발하며, 사회적 · 경제적 기회를 확대해 나갈 수 있게 하며, 궁극적으로 이들의 자립과 사회통합을 촉진하는 역할을 할 수 있다.

(1) 고등교육

최근 들어 장애인들도 전문대학, 4년제 대학으로 진학하는 사례가 늘어나고 있다. 이와 같은 고등교육 기관으로 진학하는 학생들은 전문적인 기술과 지식을 습득하여 직업 시장에서 경쟁력을 갖출 수 있다. 또한 대학에서 다양한 문화와 배경을 가진 비장애인을 만나서 사회적 기술을 더욱 발전시킬 수 있고, 폭넓은 관계를 형성할 기회를 가질 수 있다. 더 나아가서, 성공적인 대학 생활을 통해 장애인은 자아실현을 해 나가면서 다양한 성취를 통해 자신감도 높일 수 있게 된다. 장애인의 고등교육 기회 확대를 위해서 많은 대학은 장애학생들의 입학 절차를 용이하게 하기 위한 특별 입학 전형을 마련하고 있다. 그뿐만 아니라 대학 내에 장애학생지원센터를 설치하여, 학습 지원 및 다양한 기술적 보조를 제공하고 있으며 장애학생들의 대학생활 적응을 위해 상담 및 멘토링 서비스를 제공하고 있다.

(2) 평생교육

우리나라의 경우 대구대학교, 이화여자대학교, 부산대학교 등에서 대학 내 평생교육원 차원에서 발달장애인들을 위한 고등교육 프로그램을 운영하고 있다. 이들 프로그램은 발달장애학생이 사회에 독립적으로 참여하고 통합될 수 있도록 지원하는 교육과정을 제공하고 있다. 학생들은 다양한 프로그램에 참여하면서 의사소통 능력, 자기 인식 및 독립생활 능력을 향상시킬 수 있고 보다 독립적이고 풍부한 삶을 영위할 수 있게 된다.

논의할 문제 SPECIAL EDUCATION

1. 장애학생에 대한 진로 및 직업 교육의 질을 제고하기 위해 법적 · 재정적 지원을 확대할 수 있는 방안에는 무엇이 있을지 생각해 보시오.
2. 장애학생의 진로 및 직업 교육 프로그램의 내용과 방법이 학생 당사자, 학부모, 직업 현장의 요구와 잘 맞는지 생각해 보고, 개선이 필요하다면 어떻게 개선할 수 있을지 생각해 보시오.
3. 장애인 근로자의 권리를 보호하고, 고용 안정성을 높이기 위한 구체적인 방안에는 무엇이 있을지 생각해 보시오.

참고문헌

교육부(2023a). 2023년 특수교육통계. 세종: 교육부.

교육부(2023b). 2023년 특수교육연차보고서. 세종: 교육부.

김정희, 김미경(2007). 특수학교 직업교육 실태에 관한 조사 연구. **초등특수교육연구, 9**(1), 139-158.

박민성(2011). 지적장애인들의 장애인직업재활시설 근로에 대한 부모인식 실태 연구. 대구대학교 사회복지대학원 석사학위논문.

박승희, 박현숙, 박희찬, 이숙향 공역(2011). **장애학생을 위한 전환교육과 전환서비스**. 서울: 시그마프레스.

박은혜(1998). 중도장애아를 위한 지역사회 중심의 교수전략. **재활복지, 2**(1), 20-47.

박희찬, 김라경, 송승민, 이정은, 이현주, 박영근, 배세진(2023). **장애학생을 위한 전환교육의 이해와 적용**. 서울: 학지사.

박희찬, 송승민, 김라경, 김운지, 박은영, 박혜영, 배세진, 이용복, 이현주, 최민식, 한세진, 홍정숙, 황윤의(2022). **특수교육 진로와 직업교육론**. 서울: 학지사.

박희찬, 오길승(2016). **지원고용의 이해와 적용**. 서울: 학지사.

유병주, 이달엽(1996). 지원고용에서의 직업평가. **직업재활연구, 6**, 79-95.

이동영, 김희정(2014). 보호고용수준의 지적장애인에 대한 직업적응훈련프로그램이 직업생활능력 향상에 미치는 효과에 관한 탐색적 고찰: S장애인종합복지관 보호작업장 사례를중심으로. **한국사회복지조사연구, 42**, 1-25.

이무근(1996). **직업교육학 원론**. 경기: 교육과학사.

이유훈, 김형일, 강병호(2003). 장애학생의 직업적성개발을 위한 특수학교(급) 직업교육훈련 실태 및 요구분석. **특수교육저널: 이론과 실천, 4**(4), 403-426.

한인영, 한인영, 권금주, 김경미, 김수정, 김지혜, 김희성, 석재은, 어윤경, 이홍직, 정익중, 조상미, 최명민, 현진희(2011). **사회복지개론**. 서울: 학지사.

Ginzberg, E., Ginzburg, S. W., Axelrad, S., & Herma, J. L. (1951). *Occupational choice: An approach to a general theory*. New York: Columbia University.

Kraemer, B. R., & Blacher, J. (2001). Transition for young adults with severe mental retardation: School, preparation, parent expectations, and family involvement. *Mental Retardation, 39*(6), 423-435.

Reid, P., & Bray, A. (1998). Real jobs: The perspectives of workers with learning difficulties. *Disability and Society, 13*(2), 229-239.

Taylor, S. J., Biklen, D., & Knoll, J. (Eds.). (1987). *Community integration for people with severe disabilities*. New York: Teachers College Press.

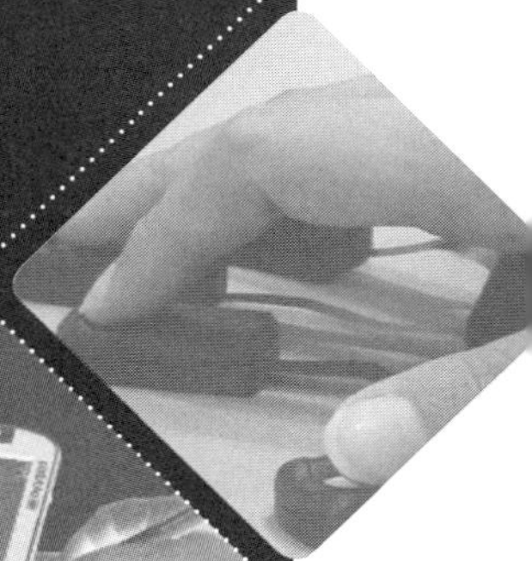

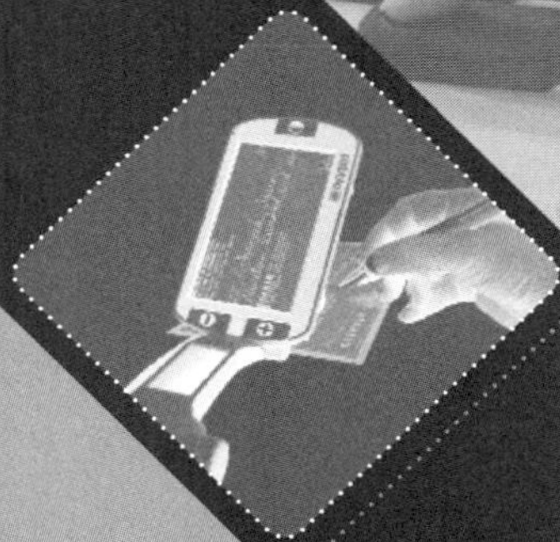

제 12 장

장애학생 가족 지원 및 상담

학습목표

1. 장애학생의 가족 특성을 이해한다.
2. 장애학생의 가족 지원을 이해한다.
3. 장애학생의 부모 상담을 이해한다.

SPECIAL EDUCATION

1. 장애학생의 가족 특성

장애아동의 가족구성원과 그들의 역할, 가족구성원과 장애아동의 관계는 장애아동의 발달에 중요한 영향을 미친다. 이 장에서는 가족구성원으로 부모와 형제자매를 살펴보고, 그들의 심리적 특성과 생애주기별 관심사를 이해하고자 한다.

1) 부모

장애아동의 부모는 자녀의 장애를 수용하고 적응해 가는 과정과 장애자녀를 실제로 양육해 나가는 과정에서 많은 심리적 어려움을 겪는다. 특히 장애자녀를 갖게 되었을 때 모두가 해당되는 것은 아니지만 부모들이 공통적으로 경험하는 심리적 과정과 단계가 있다. 장애아동의 부모가 장애아동의 장애를 수용하는 심리적 단계를 퀴블러 로스(Kübler-Ross, 1969)는 5단계로 나누었고, 많은 문헌에서 이 5단계를 일반적인 장애아동 부모의 심리적 수용 단계로 제시한다. 부모의 심리적응 5단계는 [그림 12-1]과 같으며, 단계별 특성은 다음과 같다(O'Shea, O'Shea, Algozzine, & Hammitte, 2001).

첫 번째 단계는 충격과 부정 단계이다. 이 단계에서 부모는 자신의 자녀가 장애가 있다는 사실을 알게 되어 큰 충격을 받고 현실을 회피하고 받아들이지 않으려고 한다. 장애 진단을 의심하고 이미 내려진 진단과는 다른 희망적인 진단을 기대하며 금방 치료될 수 있다는 이야기를 해 줄 다른 전문가를 찾기 위해 여러 병원을 전전하기도 한다. 이 단계에서는 장애 진단 수용이나 필요한 자원 제공을 거부할 수 있다.

두 번째 단계는 분노와 분개 단계이다. 자신의 자녀가 장애가 있다는 사실을 더 이상 부인할 수 없게 되면 부모는 분노를 경험하게 된다. 장애 진단의 정확성을 의심하고 논쟁하려 할 수 있고, '왜 나에게 이런 일이 일어났는가?'라는 의문과 함께 장애아동이 태어난 것에 대한 불공평한 감정을 느낄 수 있다. 극히 불안정한 감정 상태로 도움을 주려는 주변인에게 오히려 화를 내거나 분개하며 사회적인 고립을 자초하기도 하고, 무기력에 빠지기도 한다.

세 번째 단계는 타협 단계이다. 이때의 타협은 자녀의 장애를 인정하는 타협이 아니라, 장애를 반드시 고치고야 말겠다는 강한 의지를 보이는 단계이다. 장애를 없애기 위해 무엇이든 하려는 믿음을 가지고, 적극적인 교육과 치료에 힘을 쏟는 단계로 교육과 치료 스

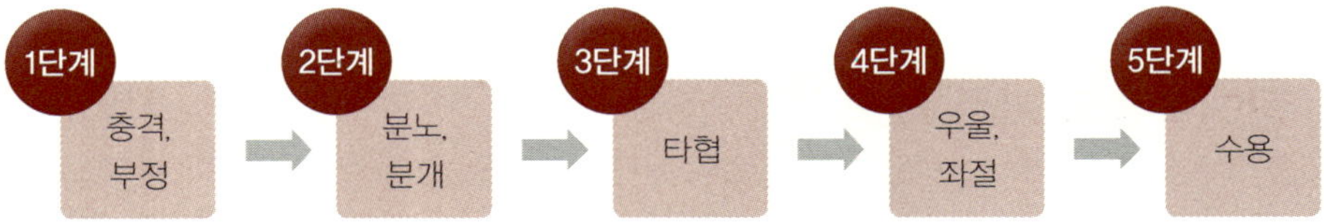

[그림 12-1] 장애아동 부모의 심리적 수용 단계

케줄과 비용 소요로 인해 소진되기도 한다. 또한 신에게 의지하며 매달릴 수 있다.

네 번째 단계는 우울과 좌절 단계이다. 현실을 수용하기 시작하며 우울과 좌절을 겪는다. 부모의 강한 의지와 적극적인 개입에도 불구하고 자녀가 기대에 미치지 못하는 결과를 마주하며 아이의 장점보다는 결함을 보고, 다른 비장애아동과 비교하며 염려와 슬픔, 무력감에 빠지게 된다.

마지막 단계는 수용 단계이다. 마침내 부모는 자녀의 장애를 인정하고 아동이 가진 강점에 주목할 수 있다. 자녀의 성장을 위해 실현 가능한 현실적인 해결 방법을 모색하고 바람직한 부모 역할을 정립하게 된다. 부모는 수용 단계에서 긍정적이고 주도적인 입장과 태도로 삶을 개선하려 노력할 수 있다.

2) 장애형제자매

형제자매 관계는 서로의 성장과 발달에 중요한 영향을 미치는 관계이다. 형제자매관계는 부모와 자녀의 관계와 달리, 수평적 관계에서 독특한 상호작용을 하며 형제자매는 신체적, 정서적 교류를 통해 서로의 사회적 행동 기반을 형성하는 데 결정적인 영향을 준다(이미숙, 2014). 장애형제자매를 둔 비장애형제자매는 평생을 장애형제의 친구가 되기도 하고, 부모의 대리 역할을 하며 보호자로서의 시간을 보내게 된다(이경순, 윤채영, 2017).

비장애형제자매는 장애형제자매가 없는 일반 아이들에 비해, 더 많은 스트레스를 받으며 심리 · 정서적 위기에 더 취약하다(Lobato, 1983). 비장애형제자매는 성장과정 중 부모의 관심과 보살핌 밖에 있다는 소외감, 사회적 시선으로 인해 장애형제자매를 창피하게 여기거나 잘 대해주지 못한 죄책감, 장애형제자매의 보살핌에 대한 부담감과 책임감 등의 부정적인 감정을 가지고 있는 것으로 나타났다(전혜인, 2008; Orsmond et al., 2009).

토머스와 페기(Thomas & Peggy, 2000)는 장애형제자매를 둔 아동이 열 가지의 감정(두려움, 외로움, 분노, 분개, 당혹스러움, 혼란스러움, 질투, 압박감, 죄의식, 좌절감)을 겪는다고 하였다. 이러한 비장애형제자매가 겪는 감정은 퇴행, 폭력, 거짓말, 가출, 도벽 등의 문제 행동이나 지나친 모범생 증후군으로 표출되기도 하며(Powell & Gallagher, 1993), 우울, 불안 등의 부정적 감정의 경험으로 학교생활 적응의 어려움을 보이기도 한다(설진화, 2012; 이진화, 2013). 또한 비장애형제들이 장애형제자매 때문에 자신도 결함이 있는 것으로 인식하고(Ross & Cuskelly, 2006), 이러한 주관적으로 느끼는 자신의 결함은 깊이 내면화되어 수치감으로 이어져서 대인관계 문제 등 삶의 여러 가지 측면에서 부정적 영향을 끼칠 수 있다(최임정, 심혜숙, 2010).

이러한 장애형제자매로 인한 스트레스와 심리적 어려움과 대처방안은 연령별로 각기 다르게 나타날 수 있는데(Turnbull & Turnbull, 1990), 학령기에는 친구나 주변 사람들에게 자신의 형제자매가 장애임을 알리는 것과 장애형제자매와 같은 학교에 다니게 되는 문제에 부딪히게 되며, 가족의 여가생활이 제한되고 장애형제자매에 대한 책임을 분담받기 시작한다. 청소년기에는 장애형제자매로 인한 또래들의 거부와 배제 가능성에 대처하고, 진로를 선택하며 자신과 장애형제자매를 위한 지원을 찾게 된다. 이후 성인기에는 부모의 사망 이후 장애형제자매에 대한 부양의 책임감, 재정적 책임감과 결혼이라는 과제, 유전적 문제에 대한 걱정을 하게 된다.

한편, 긍정적인 측면이 보고되기도 한다. 비장애형제자매는 장애형제가 있음으로 해서 보다 성숙한 자아의식과 사회적 능력, 통찰력과 참을성, 성실함을 배울 수도 있다고 한다(장숙, 2010; Powell & Gallagher, 1993). 또한 장애형제자매가 있는 경우, 그렇지 않은 경우보다 책임감이 높고, 상황에 더 잘 대처하고 내적으로 스스로를 통제할 수 있었다(고혜정, 2022; 조민경, 강영심, 손성화, 2019).

3) 장애인 가족의 생애주기별 당면 과제

장애인 가족은 장애아동의 성장과정에 따라 변화되는 다양한 경험을 하게 된다. 아동의 발달 단계에 따라 가족이 당면하는 과업과 그에 대한 해결방안이 달라지게 된다. 따라서 장애인 가족에 대한 이해와 지원은 가족이 경험하고 있는 생애주기별 과업이 무엇인가를 파악하는 것에서부터 출발하는 것이 도움이 된다. 조윤경, 강지현, 이경아(2014)는 초기 아동기, 학령기, 청소년기, 성인기에 따라 가족들이 당면하는 과제가 다르다고 하며, 부모와 형제자매의 관심사를 각각 제시하였다. 그 내용을 요약 제시하면 다음과 같다.

초기 아동기(0~5세)에 부모는 자녀의 장애를 정확하게 진단받는 것과 형제나 친지 등 가족에게 이 사실을 알리는 것, 그리고 적절한 교육서비스를 찾는 것에 관심을 둔다. 비장애형제자매는 부모의 시간과 에너지가 장애형제자매에게 더 많이 할애되면서 질투와 서운함의 감정을 느끼고, 장애에 대한 잘못된 이해와 두려움을 가지게 되는 문제에 접할 수 있다.

학령기(6~12세)에 부모는 장애자녀의 교육에 관련된 문제들을 직면하게 되고, 통합과 분리 교육에 대한 고민과 문제, 자녀의 개별화교육 프로그램 참여, 지역사회 자원을 찾고 활용하는 것에 관심을 둔다. 이 시기에 비장애형제자매는 가족 시간과 여가와 같은 가족 활동이 제한되는 것과 같은 학교에 다니게 될 경우 친구나 선생님에게 장애형제자매를 알려야 하는 문제, 장애형제자매의 욕구에 대한 책임을 분담하는 문제들을 접하게 된다.

청소년기(12~21세)에 부모는 장애자녀가 청소년기에 접어들면서 신체적 · 정서적 변화를 겪게 되므로 이에 대처하는 법, 성적인 문제와 또래들의 거부와 배제에 대처하는 법, 자녀의 직업, 학교교육 이후의 생활을 어떻게 계획할 것인지 등에 주된 관심을 두게 된다. 비장애형제자매는 사람들 사이의 차이점을 이해하게 되고, 자신의 직업 선택에 영향을 받을 수도 있으며, 장애형제자매를 위한 지지집단이나 프로그램에 참여하는 것에 관심을 둔다.

성인기(21세 이후)에 부모는 장애자녀의 취업이나 직업훈련 프로그램, 적절한 주거 형태에 관심을 두고 성인으로서 사회에서 적응하는 것을 중요하게 생각한다. 또한 후견인의 필요성을 느끼고 이에 대한 준비에 관심을 둔다. 비장애형제자매는 재정적 지원에 대한 책임을 느끼고, 유전적 문제와 관련된 두려움, 자신의 결혼과 배우자 가족의 장애형제자매에 대한 이해에 대한 걱정, 직업과 주거 문제 등을 생각한다.

2. 장애학생의 가족 지원

1) 가족 지원의 개념

가족 지원(family support)은 가족체계를 강화하고 유지하기 위해 제공되는 모든 활동을 말한다. 또한 특히 가족이 장애가 있는 경우 가족구성원의 장애를 이해하고 조정할 수 있도록 지원하고(서울장애인가족지원센터, 2022), 가족의 대처 능력을 강화하는 것(Dunst, et al., 1994)을 의미한다. 박지연(2004)은 가족 지원이란 가족이 장애아동의 교육이라는 팀 활동에 동등한 협력자로서 참여할 수 있도록 가족을 준비시키고 가족의 역량을 강화하기 위해 제공되는 지원을 의미한다고 하였다.

가족 지원이란 개인 및 가족구성원 전체의 기능을 강화시키고 가족구성원의 발달과 성장을 촉진하기 위하여 자원과 지원을 계획하는 것이다(Dunst, Trivette, & Deal, 1994). 가족 지원의 궁극적 목표는 가족 내에서 발생할 수 있는 문제를 독립적으로 해결할 수 있는 기능과 능력을 강화하는 데 있다. 즉, 부모에게 직접적인 서비스를 제공하는 것이 아니라, 가족과 그 자녀를 돕기 위해 가족에게 능력을 주고, 부모에게 힘을 실어 주는 것이라 할 수 있다.

가족 지원은 가족의 기능을 향상시키기 위하여 설계 및 제공되는 교육 및 복지 서비스를 말한다. Dunst 등(1991)은 장애인 가족을 지지하기 위해서는 장애인 가족의 욕구를 기초로 하여 다음 여섯 가지의 주요 원칙을 기본으로 프로그램이 개발되어야 한다고 하였다.

첫째, 가족에 대한 지원은 공동체 의식을 증진하는 방식으로 제공되어야 한다. 예를 들어, 같은 유형의 장애가 있거나 공통의 욕구나 관심을 보이는 가족모임은 상호 의존적인 관계를 형성하고 서로를 지지해 줄 수 있을 것이다.

둘째, 가족이 이미 가지고 있는 비공식적 자원에 대하여 살펴봐야 한다. 전문적인 지원체계나 사회제도에 의존하기보다 가족의 자구적 지원체계를 확인하여 자원에 기초한 접근이 가능해야 한다.

셋째, 가족의 기능 강화를 위해 가족과 전문가가 서로 존중하고 협력하며 책임을 공유할 수 있도록 지지해야 한다. 가족의 독립적 기능 강화를 위하여 가족 지원 프로그램 운영 시 협력적 팀 접근이 이루어지도록 노력해야 한다.

넷째, 가족의 결점보다는 강점을 찾아내고 가족의 강점을 강조해야 한다. 가족의 생활방식을 전체적으로 변화시키는 것보다 기존의 생활방식을 존중하고 의사결정에 대한 가족의 통제력을 최대화하는 방식으로 접근해야 한다.

다섯째, 가족 전체의 통합성을 강조하며 가족구성원 일부의 욕구를 억제시키거나 희생시키지 않아야 한다. 가족구성원이 서로 건강하고 안정적인 관계를 유지하며 가족 전체의 통합성을 유지할 수 있도록 프로그램을 지원해야 하며, 이 과정에서 가족구성원의 욕구와 불만에 대해 필히 고려해야 한다.

여섯째, 서비스 수혜자인 가족구성원들의 욕구를 중심으로 가족 지원 및 프로그램 설계가 이루어져야 한다. 서비스 이용자 또는 소비자로서의 가족구성원의 욕구를 중심으로 치료적 접근이 아닌 촉진적 접근, 즉 치료나 재활 의욕을 촉진시키는 데 중점을 두어야 한다.

2) 가족 지원 관련 법적 근거

우리나라의 경우, 2007년 제정된「장애인 등에 대한 특수교육법」제28조 제1항 '특수교육 관련 서비스'에서 특수교육대상자와 그 가족에 대하여 가족 상담 등 가족 지원을 제공하여야 한다고 명시하면서, 가족 지원을 특수교육 관련 서비스 범주 안에 포함하고 있다. 또한「장애인 등에 대한 특수교육법 시행령」제23조에서 가족 지원 관련 내용을 다음과 같이 법적으로 명시하고 있다.

「장애인 등에 대한 특수교육법 시행령」

제23조(가족지원)

① 법 제28조 제1항에 따른 가족지원은 가족상담, 양육상담, 보호자 교육, 가족지원프로그램 운영 등의 방법으로 한다.

② 제1항에 따른 가족지원은「건강가정기본법」제35조에 따른 건강가정지원센터,「장애인복지법」제58조에 따른 장애인복지시설 등과 연계하여 할 수 있다.

또한 2014년 제정된「발달장애인 권리보장 및 지원에 관한 법률」제19조 '개인별 지원계획의 수립'에서는 발달장애인과 가족의 복합적 욕구를 고려한 발달장애인의 생애주기별 통합서비스 지원을 위한 계획 수립이 반드시 요구됨을 법적으로 명시하고 있다.

특히「발달장애인 권리보장 및 지원에 관한 법률」제32조 제2항에서는 국가와 지방자치단체는 발달장애인의 형제자매로서 아동 및 청소년이 건전하게 성장할 수 있도록 이들의 정서발달과 심리적 부담 해소 등을 위한 프로그램 운영을 지원할 수 있다고 하며, 비장애형제자매의 지원을 위한 법적 근거를 마련하고 있다.

그 밖에도「장애인복지법」「장애아동복지지원법」「건강가정기본법」등 장애인과 관련된 다양한 법에서 장애인과 보호자, 가족을 위한 지원을 명시하고 이들을 위한 지원의 근거를 마련하고 있다(윤애영, 이미숙, 한민경, 나인정, 양소현, 2022).

3) 장애인 가족 지원의 유형

가족 지원의 유형은 크게 공식적 지원과 비공식적 지원으로 나눌 수 있다(Dunst, et al., 1988). 공식적 지원은 전문가나 학교, 병원, 국가의 기관을 통해 공식적으로 조직화된 지원을 의미한다. 반면, 비공식적 지원은 일상생활의 여러 측면의 지원으로 가족과 친척, 친구, 이웃 등의 개인적 지원과 종교집단이나 사회단체 등의 사회적 지원이 이에 해당된다.

장애인 가족 및 보호자를 위한 지원과 서비스는 학교를 비롯하여 발달장애인지원센터, 장애인자립지원센터, 장애인가족지원센터 등 다양한 형태의 장애인 관련 기관에서 실시 및 운영되고 있다. 이미숙 등(2021)의 연구에서는 장애인 보호자 지원에 대한 연구 및 정책을 분석하여 장애인 보호자를 위한 지원으로 일곱 가지 영역을 제시하고, 영역별 내용을 분류하였다. 〈표 12-1〉은 영역별 세부 지원과 관련된 내용을 제시하고 있다.

한편, 이 연구보고서에서는 〈표 12-2〉와 같이 장애유형별 장애인 가족, 보호자 지원 내용 역시 제시하고 있다. 각 장애 유형은 장애인이 살아가는 방식에 많은 영향을 미치고, 장애인의 장애유형에 따라 필요로 하는 지원의 영역이 다를 수 있다.

표 12-1 가족지원서비스의 지원 영역과 내용

지원 영역	지원 내용
경제적 지원	• 장애인 부양 수당 • 재활 보조기구 및 보장구, 재활기기 구입비 지원 • 대중서비스 요금 할인, 교통비 지원 • 환자가 장기간 거주할 수 있는 시설 및 기관 소개 • 장애자녀 교육/교구, 교재 구입에 대한 비용 지원 • 의료비용(치료비, 약값)/의료용품 구입에 대한 비용 지원 • 각종 세금(상속세, 소득세, 자동차세 등)에 대한 비용 지원

의료적 지원	• 가정 방문 의료 활동 지원 • 치료 및 의료상담 서비스 • 재활치료(언어, 심리) • 수술 지원 • 약물 복용법과 부작용/병의 치료 및 예방에 대한 지식 • 장애의 다양한 원인 및 증상에 대한 지식 • 장애자녀가 약물 복용을 거부할 시의 대처 방법
일상생활 지원	• 장애인 기관이나 프로그램 소개 • 가정봉사 지원(이발/미용, 반찬, 목욕, 외출, 심부름 등) • 장애인 활동 지원/이동 수단 지원/목욕 지원 • 장애자녀 통학 도우미 서비스/장애자녀 돌봄 서비스 • 장애인 스스로 일상생활을 관리할 수 있도록 하는 방법 • 장애인의 현 사회적 기능 정도에 대한 이해 • 장애자녀의 대인관계에 적절히 개입하는 방법
취업 및 거주 지원	• 직업훈련 및 직업재활, 직업고용 시설 제공 • 직업상담 및 취업 알선 • 주택 보장
법적 지원	• 재산신탁, 재산상속 • 주택연금, 장애인 연금/수당 • 성년후견인 • 장애인 노후 설계 지원(사적 보험 포함)
정신건강 관리 지원	• 가족 내에 장애인이 있음을 인정하고 받아들이는 방법 • 장애자녀로 인한 불안, 죄책감, 위기의식 해결 • 자살 등과 같은 위기 상황에 대한 대처 방법 • 다른 장애인 가족들과 서로 도움을 주고받을 수 있는 기회 제공 • 가족 상담 및 가족치료 센터의 소개 • 가족 스트레스 및 개인 스트레스 해소 방법
정보 제공 지원	• 복지서비스에 대한 지속적인 정보 제공 • 장애인이 받을 수 있는 혜택(재정, 의료) 등에 대한 정보 • 장애인 부모 모임에 대한 정보 • 장애인 재활기기 및 사용방법/취업/시설/노후/결혼/부모 보호/부모 권리/전담 의료기관에 대한 정보 • 정책 수립 참여권 정보

출처: 이미숙 외(2021), pp. 37-39.

표 12-2 장애유형별 가족지원서비스의 내용

시각장애	청각장애	지체장애	발달장애	중도중복장애
• 중복장애 관련 상담 • 진로지도 • 비장애형제자매 지원 • 보행훈련 • 장애 등록 및 교육 지원체계에 관한 정보획득 • 조기 선별 및 검사 혜택	• 보조기기에 대한 정보 제공 • 청각장애 진단 후 사회적 · 교육적 지원 제공 • 농문화에 대한 이해 • 청각 재활	• 주 장애와 함께 나타나는 중복장애 관련 지원 • 치료에 대한 경제적 부담 • 가정생활, 사회활동에서 오는 스트레스로 인한 우울감	• 평생계획 준비 부족 • 보호자의 시간 포기로 인한 갈등 • 사후 장애자녀를 위한 걱정 • 자립생활 및 직업 준비 정책 미비 • 평생교육 관련 후속 방안 부족 • 정기적인 건강 검진	• 교육적 요구를 부모가 해결해야 하는 부담감 • 가사시간과 수면시간 및 여가시간 부족 • 육체적 및 시간적 부담 • 문제행동과 미래에 대한 불안

출처: 이미숙 외(2021), p. 44.

4) 가족 기능 강화 지원 서비스

(1) 가족 지원 프로그램

장애아동의 가족 지원은 장애아동을 포함한 가족구성원 전체에 영향을 줄 수 있다. 가족 지원 교육 및 서비스 프로그램은 가족의 요구 중심의 실천, 가족 내 강점 중심의 실천, 가족 주변의 자원 중심의 실천, 능력 중심 및 도움 제공의 실천이라는 요소를 포함하고 있어야 한다(Dunst, Trivette, & Deal, 1994). 가족 지원 중 부모 교육이나 상담 등의 부모 지원은 장애아동의 발달 가능성 및 장애의 개선 가능성이 가장 높은 시기에 그리고 가능한 한 빠른 시기에 반드시 실시되어야 하며, 관련 국 · 공립 기관 및 민간단체에서 실시하고 있다.

장애아동의 부모는 장애자녀의 양육과 관련된 정보를 얻는 것이 쉽지 않고 장애에 대한 이해 부족으로 자녀양육의 자신감도 떨어져 양육스트레스를 크게 경험할 수 있다. 때문에 부모교육은 양육기술 지원과 심리적 지원을 제공할 수 있어야 한다. 양육기술은 유아의 발달촉진과 문제행동에 대한 대처 방법에 중점을 두며, 심리적 지원은 부모의 스트레스와 우울감 감소, 자신감 향상에 초점을 두어야 한다.

현재 우리나라의 교육부에서는 장애아동 부모를 위해 교육 · 복지 · 의료 기관과 가족, 장애인 지원센터에 관한 유용한 정보를 온맘(https://www.nise.go.kr/onmam/front/index.do) 사이트에서 소개하고 있다. '온맘'은 장애자녀를 둔 부모를 위한 종합시스템으로 자

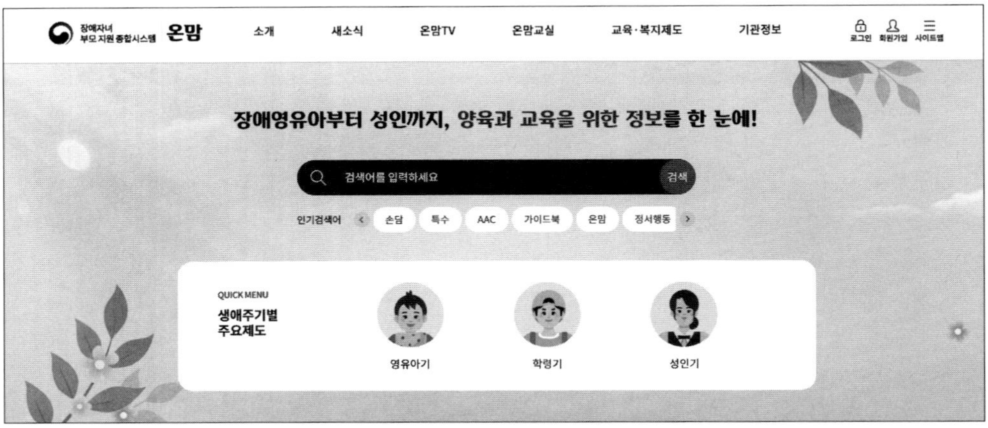

[그림 12-2] 국립특수교육원 장애자녀 부모 지원 종합 시스템 온맘 홈페이지
출처: https://www.nise.go.kr/onmam/front/index.do

녀의 양육과 교육을 위한 정보를 제공하고 있으며 생애주기별 가이드북 제공과 건강과 영양교육 및 행동 지원 방법 등을 안내하고 있다. 그뿐만 아니라 자녀와 부모를 위한 유용한 콘텐츠 영상을 지원하고 장애자녀 양육관련 지원 제도 및 다양한 기관 정보를 제공하고 있다.

김나경(2023)은 장애아동의 부모를 위한 부모 교육 및 상담 지원이 학교와 같은 공교육 체제 내에서 이루어져야 하며, 장애학생 부모의 역량을 강화하고 적응을 돕는 부모 지원 프로그램에 참여할 수 있는 기회를 확대해야 한다고 하였다. 또한 부모를 위한 지원은 부모 역할을 적절히 수행하도록 돕는 내용과 부모 자신의 심리 · 정서적 안녕을 위한 내용을 통합하여 이루어질 필요가 있으며, 자녀 요인과 부모 요인을 모두 고려한 부모 지원이 필요하다고 하였다. 부모의 요구에 맞게 부모 지원 프로그램을 다양한 방식으로 전달할 수 있어야 하며 부모지원 프로그램은 가정과 지역사회와 같은 자연스러운 환경에서 부모가 학습한 내용을 적용할 수 있는 실습과 그에 대한 피드백이 포함된 형식으로 제공되어야 한다고 제안하였다.

한편, 부모 교육 및 상담 지원 이외에도 자조집단을 통한 지원도 있다. 장애아 부모집단을 통해 장애아 부모들은 서로의 경험과 정보를 공유하고 정서적인 지지를 얻을 수 있다. 비장애형제자매 집단의 경우에도, 같은 경험을 공유한 또래들끼리 만나 자연스럽게 함께 어울리고 서로의 경험을 공유함으로써, 자신의 적응뿐 아니라 장애형제자매와의 관계 형성에도 도움을 받을 수 있다.

(2) 개별화가족서비스계획

미국의 「장애인교육법(IDEA)」에서는 만 2세 미만의 장애영아와 그 가족을 위한 가족 지원서비스 제공을 위한 법적 문서로 개별화가족서비스계획(Individualized Family Service Plan: IFSP)을 명시하고 있다. 해당 영・유아동이 조기 중재의 대상자로 선정될 경우, 조기 중재 서비스를 시작하도록 하며, 개별화가족서비스계획(IFSP) 회의를 통하여 필요한 모든 서비스에 대해 논의하도록 한다. 개별화가족서비스계획은 6개월을 기준으로 서비스의 적절성 여부를 재검토하며, 전반적인 서비스의 질과 효과는 1년을 기준으로 평가하도록 하고 있다. 의뢰에서부터 서비스가 시작되기 전까지의 개별화가족서비스계획안은 [그림 12-3]과 같은 과정을 통해 진행된다.

장애(위험) 영유아 진단과 지원을 위한
개별화가족서비스계획 절차

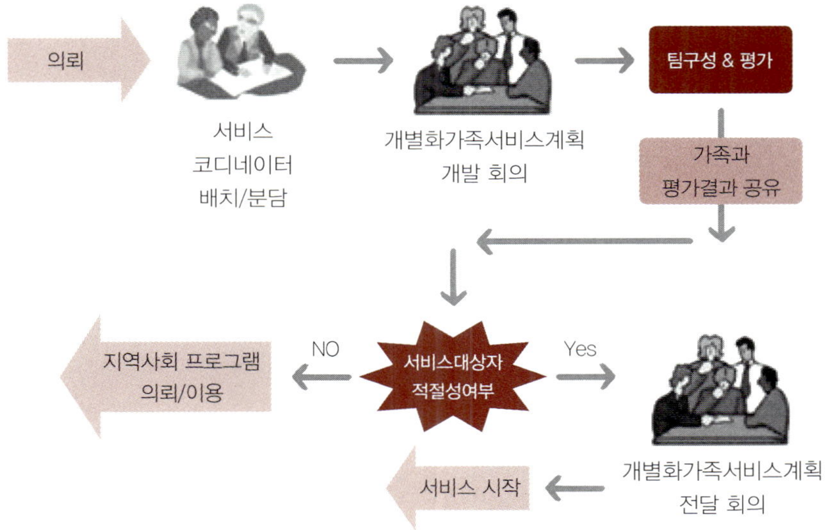

[그림 12-3] 개별화가족서비스계획 절차

출처: 박미정 외(2022), p. 86.

IFSP 작성의 목표는 0~3세까지의 장애 영유아의 발달적 요구를 충족시키기 위한 것이며, 동시에 가족과 전문가 간의 협력을 돕기 위한 것이다. IFSP는 영유아와 그 가족에게 제공되는 조기교육 서비스로, 장애 영유아와 가족의 독특한 요구에 기반하여 적합한 서비스 확인 및 다학문적 팀 접근을 통한 개별화 가족서비스를 받게 한다.

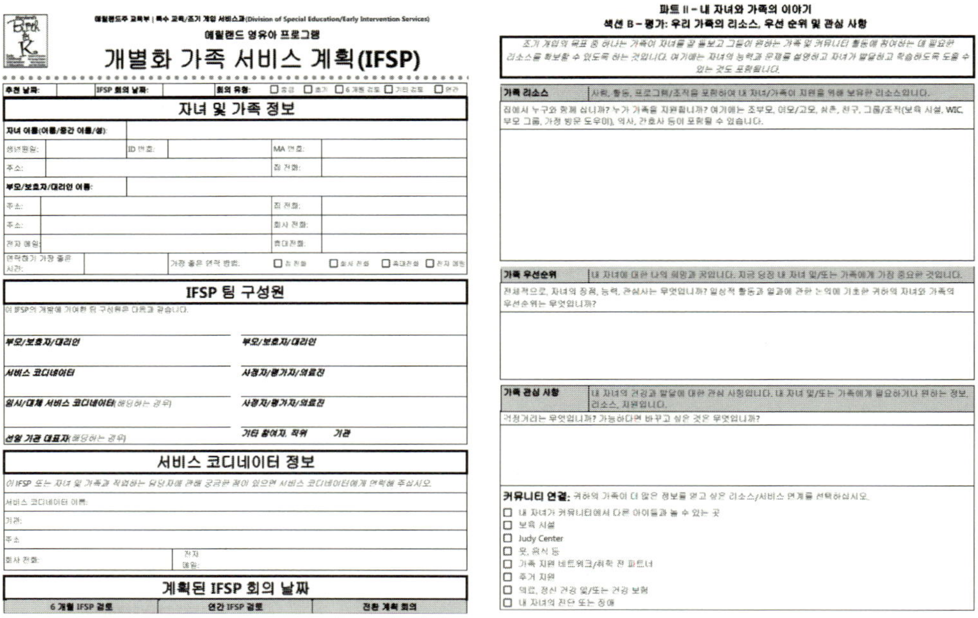

메릴랜드주 교육부 | 특수 교육/조기 개입 서비스과(Division of Special Education/Early Intervention Services)

메릴랜드 영유아 프로그램

개별화 가족 서비스 계획(IFSP)

추천 날짜: | IFSP 회의 날짜: | 회의 유형: ☐ 종결 ☐ 초기 ☐ 6개월 검토 ☐ 기타 검토 ☐ 연간

자녀 및 가족 정보

자녀 이름(이름/중간 이름/성):

생년월일: | ID 번호: | MA 번호:

주소: | 집 전화:

부모/보호자/대리인 이름:

주소: | 집 전화:

주소: | 회사 전화:

전자 메일: | 휴대전화:

연락하기 가장 좋은 시간: | 가장 좋은 연락 방법: ☐ 집 전화 ☐ 회사 전화 ☐ 휴대전화 ☐ 전자 메일

IFSP 팀 구성원

이 IFSP의 개발에 기여한 팀 구성원은 다음과 같습니다.

부모/보호자/대리인 | 부모/보호자/대리인

서비스 코디네이터 | 사정자/평가자/의료진

임시/대체 서비스 코디네이터(해당하는 경우) | 사정자/평가자/의료진

선임 기관 대표자(해당하는 경우) | 기타 참여자, 직위 기관

서비스 코디네이터 정보

이 IFSP 또는 자녀 및 가족과 작업하는 담당자에 관해 궁금한 점이 있으면 서비스 코디네이터에게 연락해 주십시오.

서비스 코디네이터 이름:

기관:

주소

회사 전화: | 전자 메일:

계획된 IFSP 회의 날짜

6 개월 IFSP 검토 | 연간 IFSP 검토 | 전환 계획 회의

파트 II – 내 자녀와 가족의 이야기

섹션 B – 평가: 우리 가족의 리소스, 우선 순위 및 관심 사항

조기 개입의 목표 중 하나는 가족이 자녀를 잘 돌보고 그들이 원하는 가족 및 커뮤니티 활동에 참여하는 데 필요한 리소스를 확보할 수 있도록 하는 것입니다. 여기에는 자녀의 능력과 문제를 설명하고 자녀가 발달하고 학습하도록 도울 수 있는 것도 포함됩니다.

가족 리소스 | 사람, 활동, 프로그램/조직을 포함하여 내 자녀/가족이 지원을 위해 보유한 리소스입니다.

집에서 누구와 함께 삽니까? 누가 가족을 지원합니까? 여기에는 조부모, 이모/고모, 삼촌, 친구, 그룹/조직(보육 시설, WIC, 부모 그룹, 가정 방문 도우미), 의사, 간호사 등이 포함될 수 있습니다.

가족 우선순위 | 내 자녀에 대한 나의 희망과 꿈입니다. 지금 당장 내 자녀 및/또는 가족에게 가장 중요한 것입니다.

전체적으로, 자녀의 장점, 능력, 관심사는 무엇입니까? 일상적 활동과 일과에 관한 논의에 기초한 귀하의 자녀와 가족의 우선순위는 무엇입니까?

가족 관심 사항 | 내 자녀의 건강과 발달에 대한 관심 사항입니다. 내 자녀 및/또는 가족에게 필요하거나 원하는 정보, 리소스, 지원입니다.

걱정거리는 무엇입니까? 가능하다면 바꾸고 싶은 것은 무엇입니까?

커뮤니티 연결: 귀하의 가족이 더 많은 정보를 얻고 싶은 리소스/서비스 연계를 선택하십시오.

☐ 내 자녀가 커뮤니티에서 다른 아이들과 놀 수 있는 곳
☐ 보육 시설
☐ Judy Center
☐ 옷, 음식 등
☐ 가족 지원 네트워크/취학 전 파트너
☐ 주거 지원
☐ 의료, 정신 건강 및/또는 건강 보험
☐ 내 자녀의 진단 또는 장애

[그림 12-4] 메릴랜드 영유아프로그램 개별화가족서비스계획

출처: https://marylandpublicschools.org/programs/Documents/Special-Ed/IFSP/IFSPFILLABLE2018_KOR.pdf

미국의 「장애인교육법」에서는 IFSP를 작성할 때에 영유아의 현행 수준, 가족의 지원과 우선순위와 관심, 주요 성과를 진단할 기준과 절차 및 시간, 필요한 조기 개입과 서비스에 대한 서술, 서비스의 시작일과 예상 기간, 책임자명, 서비스 제공의 환경에 대한 설명, 전이 계획 등을 구성 내용으로 포함할 것을 제시하고 있다(고은 외, 2015).

3. 장애학생의 부모 상담

1) 장애학생 부모에 대한 이해

장애자녀의 부모를 상담하는 일반교사와 특수교사, 전문상담자는 서로 협조하며 함께 노력해야 하며 긴밀한 관계 형성이 필요하다. 학생의 긍정적 변화를 위해 부모와 교사, 상담자는 서로 이해하고 돕는 관계를 형성하여 각자의 역할을 수행하며 협력하는 것이 중요하다.

장애학생 부모의 경우, 받아들이고 싶지 않은 자녀의 문제에 대해 분노, 부인하는 마음, 거듭되는 문제해결의 실패와 기대만큼 변하지 않는 자녀의 발달에 대한 실망과 좌절, 부모로서 죄책감과 회의감, 주변 인물의 반응에 대한 서운함과 당혹감, 원망 등 여러 가지 감정으로 힘들고 불편한 상황에 놓이는 경우가 많다. 이러한 불편함은 부모로 하여금 방어적 태도를 갖게 하여 관계 형성에 부정적인 영향을 미칠 수 있다. 이때 불편한 감정으로부터 자신을 보호하는 심리의식이나 행위가 나타날 수 있는데 이를 방어기제라 한다.

장애학생 부모가 보일 수 있는 방어기제는 주로 억압, 부정, 투사, 전위, 합리화, 철회, 퇴행 등이다(김동일 외, 2016). 방어기제 중 억압은 고통스럽고 불쾌한 감정과 기억을 무의식 속에 가두어 넣으려는 무의식적 · 자동적 행위이다. 부정은 명백히 실재하는 것을 존재하지 않는 것처럼 다루는 것으로 자신을 둘러싼 사건이나 상황들을 사실이 아니라고 하는 것이다.

투사는 불안을 느낄 때 외부에서 원인을 찾아 방어하는 것으로 외부에서 그 원인을 찾아 귀인시켜 자신이 느끼게 되는 스트레스와 자책감을 낮추려 한다. 전위는 원래의 대상이나 상황에 대한 분노의 감정을 다른 대상이나 상황으로 전치하는 것으로 외부의 타인에게 억울한 말을 듣고 집으로 돌아가 가족에게 화를 내는 경우로 설명할 수 있다.

합리화는 양심상 받아들일 수 없거나 만약 받아들인다면 고통스러울 때, 자신의 행동이나 태도를 사회적으로 용납 가능한 것으로 여기는 것이다. 철회는 위협을 주는 어떤 상황이나 사람들로부터 직접적으로 회피하거나 벗어나려고 하는 것이며, 퇴행은 유아기나 아동기 때의 행동이 다시 나타나는 것이다.

상담과정에서 보일 수 있는 이 같은 방어기제와 방어적 태도는 교사와 진정한 협력관계를 형성하여야만 누그러지고, 정서적 연결감을 가지게 된다. 이를 위해서는 무조건적 수용, 공감적 이해, 일관성 있는 태도를 보이는 것이 중요하다. 적극적 경청과 언어적 · 비언어적 메시지를 통해 공감적 이해를 표현할 수 있어야 한다.

2) 장애학생 부모 상담기법

장애학생 부모들이 스스로 심리적 안정감을 유지하고 스트레스를 관리하도록 지원하는 부모 상담은 부모 자신과 장애자녀를 위해 매우 중요한 과정이라고 할 수 있다(윤선아, 나수현, 2005). 일반적으로 부모와의 원활한 의사소통과 상담을 시행하기 위해서는 다음 네 가지 원리를 잘 알고 있어야 한다.

첫째, 진솔한 마음을 전달하여야 한다. 진솔한 마음이란 교사 스스로가 자신의 생각이나 느낌을 있는 그대로 충분히 인식하는 것을 뜻한다. 자신의 모습을 진솔하게 인식할 수 있는 교사는 객관적인 시각으로 부모를 바라볼 수 있고, 건설적인 방법으로 표현하여 서로의 솔직한 감정을 있는 그대로 나눌 수 있다.

둘째, 부모의 모습을 있는 그대로 인정하는 것이다. 부모가 느끼는 감정, 사고, 행동을 자신의 기준으로 평가하지 않고 있는 그대로의 모습을 받아들이는 것이 중요하다. 부모는 존중받고 있다고 느끼고, 자신의 생각과 감정을 자유롭게 표현하여 교사와의 적극적인 의사소통을 이어 나갈 수 있다.

셋째, 부모의 마음 이해하기이다. 부모의 입장에서 부모의 생각과 감정을 이해해 보는 것으로 부모의 감정을 이해하는 공감적인 태도가 매우 중요하다.

넷째, 부모와 구체적으로 대화하기이다. 추상적이고 애매모호한 표현보다는 사실을 중심으로 명확한 대화가 이루어질 수 있도록, 명확한 질문을 구체적으로 주고받는 것이 필요하다. 또한 부모 상담 시 부모가 편안한 마음으로 상담에 임할 수 있도록 환경을 조성하도록 한다. 이때 부모의 성별 및 연령을 고려하고 가장 기본이 되는 라포 형성이 편안한 분위기 속에서 이루어질 수 있도록 해야 한다.

이러한 일반적인 원리를 바탕으로 장애학생의 부모 상담을 위해서는 보다 구체적인 기법이 요구된다. 구체적인 상담기법으로는 기본 기술과 심화 기술을 제시할 수 있다. 기본(basic) 기술에는 주의집중과 경청하기, 공감하기가 있으며, 질문하기 등으로 부모의 현재 심정을 탐색할 수 있도록 도울 수 있다. 심화(advanced) 기술에는 재진술하기와 타당화하기가 있으며, 정보 제공 및 해석이라는 실제적인 상담 지원 실행이 있다(이미숙 외, 2019).

부모 상담의 기본 기술로는 첫째, 주의집중과 경청하기이다. 교사가 부모의 이야기에 주의를 기울여 경청하며 교사가 부모의 이야기를 듣고 이를 이해하려고 노력하는 것이다. 언어적·비언어적 메시지를 통해 상담과정에 매우 집중하여 경청하고 있음을 나타낼 수 있다.

둘째, 공감하기이다. 부모가 표현하는 감정을 거의 같은 내용과 수준으로 이해하려고 노력하는 것으로 공감대를 형성하게 되면, 장애학생의 부모는 교사를 더욱 신뢰하게 되고, 자신이 이해받고 있다는 전제하에 자기 자신을 더욱 깊게 탐색하고 이를 드러내 보이게 된다.

부모 상담의 심화 기술로는, 첫째, 재진술하기가 있다. 재진술하기는 상담 상황에서 부모가 말한 내용을 교사의 언어로 바꾸어 다시 말하는 것이다. 자신이 말한 내용을 타인의 입으로 다시 듣게 되면, 객관적인 입장에서 내용을 명료하게 이해하고 다시 생각해 보게 할 수 있다. 이때 유의할 점으로는 교사가 자신의 생각이나 가치관을 부여하지 않고 부모가 말한 내용을 그대로 표현하는 것이다.

둘째, 타당화하기이다. 타당화하기는 부모의 생각이 잘못된 것이 아니라는 것을 알려주며, 왜 그런 생각이 의미 있고 이해할 만한 것인지를 교사가 설명해 주는 것이다. 부모의 반응 속에 내재되어 있는 타당성을 탐색하고 발견하여 반영해 주는 것으로, 부모가 자신의 경험과 자기개념을 확인하고 수용하게 하여 안정감과 변화를 도울 수 있다.

셋째, 정보 제공하기와 해석하기이다. 정보 제공은 부모에게 특정 사실, 자원 또는 질문에 대한 대답이나 의견을 제공하여 부모의 감정과 사고, 행동에 있어 변화를 유발하여 실행하고 이를 유지하도록 돕는 것이다. 해석은 부모에게 문제를 새로운 방향으로 바라볼 수 있도록 또는 명백하게 진술할 수 있도록 돕는 것이다. 분리되어 있는 사건을 연결하거나, 부모의 행동, 사고, 감정에서 패턴을 발견하여 알려 주는 등의 새로운 이해구조를 부모에게 제공하는 것이다.

3) 장애학생 부모 상담을 위한 계획

장애학생 부모 상담은 주 상담자인 교사와 부모가 함께 장애자녀에 대한 정보를 공유하는 기회를 제공하고, 장애학생의 특성과 발달상태 등을 이해하는 데 도움을 주는 과정이다(강혜란, 2009). 황순영 등(2021)은 이러한 부모 상담에 관하여 〈표 12-3〉과 같이 학부모 상담 연간 운영 흐름을 제시하였다. 이는 특수교사가 각 시기별로 장애학생 부모와의 상담 내용을 인식하고 준비할 수 있는 계기를 제공하고, 학부모에게도 상담이 열려 있음을 사전에 안내하는 방법을 고안하고자 제시되었다. 학기 초부터 학기 말까지 특수교사는 각 시기에 적절한 주제를 중심으로 상담을 지속적으로 준비해 나가며 부모와 긍정적인 관계를 형성하고 장애학생의 발달을 위해 상호 협력해 나갈 수 있을 것이다.

표 12-3 장애학생 학부모 상담 연간 운영 흐름

시기	주제	내용
학기 초 (3~4월, 9~10월	상담 사전 질문지를 기반으로 한 라포 형성 상담	• 연간 상담 일정, 상담의 방향 및 방법, 유의사항 등을 안내 • 학생의 건강, 기질, 성격, 발달의 강약점, 부모님의 양육 관점 등의 정보를 수렴할 수 있는 질문지를 학부모에게 사전에 전달하여 장애학생에 대한 정보를 공유 • 상담 가능한 시간, 상담 지속 시간 등을 결정 • 신학기 초 상담은 4월 중순 전에는 종료 • 되도록 면대면 또는 전화상담을 통해 교사–학부모의 라포 형성
학기 중 (5~6월, 11~12월	일상적인 정보의 간헐적 제공	• 희망할 경우 상담 일정을 정할 수 있음을 월 1~2회 주기적으로 안내 • 학부모 상담의 소재가 될 수 있는 활동사진, 학습결과물, 교실의 에피소드 등을 알림장이나 학급 SNS 등으로 제공
학기 말	학생의 변화와 발달을 요약하고 전환을 준비하는 상담	• 한 학기 동안의 주요한 변화, 새로이 나타난 특징 등에 대한 정보를 요약하여 교사가 부모에게 제공 • 상담 가능한 시간, 상담 지속 시간 등을 결정 • 면대면, 전화, 서면 등 다양한 도구 활용 • 양육의 어려움에 대한 조언, 학교–가정의 협력 사항, 진급 · 진학 · 졸업 등 환경 변화에 대한 준비 등을 주제로 상담

출처: 황순영 외(2021), p. 114.

4) 장애학생 부모 상담 진행 시 유의점

장애학생의 부모 상담은 자녀의 장애유형, 가족 형태에 따라 개별적으로 접근하고 독특한 요구에 기반하여 실행되어야 한다. 또한 협력적 접근에 기반하여 가족 지원 등의 특수교육 서비스를 제공하기 위해서는 교사와 장애학생 부모 간의 협력이 매우 중요하다. 상담을 통해 장애학생 부모는 자녀의 교육과 양육으로 인한 다양한 스트레스와 심리적 문제들을 해결하는 데 도움을 받을 수 있으며, 학교나 교사에 대해 가질 수 있는 부정적인 생각을 긍정적으로 변화시켜 신뢰 있는 관계를 형성할 수 있다(이미숙, 2012).

휴어드(Heward, 2012)는 장애학생 부모와 교사 간에 야기될 수 있는 위험 요인들을 제시하며 장애학생 부모의 상담 과정에서 유의해야 할 사항을 다음과 같이 제시하였다.

첫째, 교사는 부모를 취약한 내담자가 아닌 동등한 협력자로 보고 존중해야 한다.

둘째, 전문가로서 객관성과 신뢰감을 유지하기 위해 적당한 거리감을 유지하되, 무관심하거나 냉담한 태도로 보이지 않도록 해야 한다.

셋째, 부모를 상담이 필요한 사람으로 간주하는 것을 조심해야 한다. 장애학생 부모가 무조건 상담이나 치료가 필요할 것이라 단정 짓지 말아야 한다.

넷째, 부모를 탓하지 않아야 한다. 함께 협력적으로 문제를 풀어 가는 것에 초점을 두도록 한다.

다섯째, 부모의 정보와 제안을 경시하지 않도록 해야 한다.

여섯째, 부모를 섣불리 유형화하지 않도록 해야 한다. 장애학생별로 새로운 상황과 대처가 요구될 수 있다.

또한 앞서 장애학생 부모가 겪는 심리적 단계를 충격과 부정, 분노와 분개, 타협, 우울과 좌절, 수용의 5단계로 제시한 바 있다. 교사와 전문가들은 이러한 각 단계별로 적절한 지원과 상담이 이루어질 수 있도록 유의하는 것이 필요하다(Cook, Tessier, & Klein, 2004).

1단계의 충격과 부정을 주로 보이는 부모 상담에서는 무조건적인 수용 자세, 적극적인 경청의 듣기 자세가 가장 필요할 것이다.

2단계의 분노와 분개를 느끼는 부모 상담에서는 상담 과정에서 화를 내거나 논쟁이 발생하더라도 인내하고, 사려 깊게 경청하며 공격적인 말이나 방어는 하지 않도록 유의해야 할 것이다.

3단계의 타협의 모습을 보이는 부모 상담에서는 전문적 견해를 강요하기보다는 공감의 감정 보이기, 부모가 자신의 감정을 정상적인 것으로 수용하도록 도와주기, 정직하게 대화하기로 지원한다.

4단계의 우울과 좌절을 보이는 부모와의 상담 과정에서는 긍정적인 측면에 초점을 맞추고, 부모 지지집단과 같은 자원을 제안하고 성공한 활동에 대해서 확인해 주는 것이 필요하다.

5단계의 수용 상태를 보이는 부모 상담에서는 지속적인 경청, 새로운 상호작용 기술 가르치기, 아이의 강점 강조, 지속적인 격려 등을 제공할 수 있도록 유의하여야 한다.

논의할 문제 SPECIAL EDUCATION

1. 장애학생의 부모가 겪는 심리적 변화 단계를 살펴보고, 각 단계별로 교사로서 어떻게 상담을 실시할 수 있을지 생각해 보시오.
2. 생애주기별로 장애형제자매를 둔 비장애형제자매 학생에게 필요한 학업적 · 사회적 · 정서적 · 진로적 지원을 생각해 보시오.
3. 실제 시행되고 있는 장애인 가족이 참여할 수 있는 프로그램이나 비장애형제자매를 위한 지원 프로그램을 찾아보시오.

참고문헌

강혜란(2009). 장애아 가족의 특성과 비장애 형제자매 지원에 관한 질적 연구. 울산대학교 대학원 석사학위논문.

고은, 권주석, 김우리, 이태수, 조홍중, 최혜승(2015). **특수교육의 이해**. 경기: 공동체.

고혜정(2022). 장애형제자매를 둔 비장애형제자매를 위한 학업적, 심리 · 정서적, 진로적 지원 탐색. **특수아동교육연구, 24**(2), 1-28.

김나경(2023). 가정에서의 긍정적 행동지원을 위한 강점기반 부모교육 프로그램 개발 및 효과 검증. 이화여자대학교 대학원 박사학위청구논문.

김동일, 고은영, 고혜정, 김병석, 김은향, 김혜숙, 박춘성, 이명경, 이은아, 이제경, 정여주, 최수미, 최종근, 홍성두(2016). **특수아상담**. 서울: 학지사.

박미정, 고혜정, 김동일, 최진혁, 박유정, 김병건, 조영희, 김애정, 양경화, 정순경(2022). 특수교육 전달 체계 내실화 방안 연구. 충남: 국립특수교육원.

서울장애인가족지원센터(2022). 서울시 장애인가족지원센터 표준 사업 매뉴얼. 서울: 서울장애인가족지원센터.

설진화(2012). 지적장애 형제에 대한 청소년기 비장애 형제들의 경험. **재활복지, 16**(4), 91-118.

윤선아, 나수현(2005). 전반적 발달장애 아동 어머니의 스트레스와 대처에 관한 질적 연구. **특수교육, 4**(1), 77-104.

윤애영, 이미숙, 한민경, 나인정, 양소현(2022). 장애인 보호자 지원 실태 및 요구에 대한 기초 연구. **특수교육논집, 27**(1), 75-100.

이경순, 윤채영(2017). 비장애형제의 상담연구동향 분석: 1999~2015년 국내 학술지 논문을 중심으로. **교육혁신연구, 27**(2), 199-220.

이미숙(2012). 특수학교 장애학생 부모상담 실태 및 특수교사의 인식. **특수아동교육연구, 14**(4), 443-464.

이미숙(2014). 장애아동 형제를 위한 지원프로그램 연구 분석. **지체 중복 건강장애연구, 57**(3), 49-70.

이미숙, 양소현, 강희숙, 한민경, 나인정, 김석주(2021). 장애인 보호자 지원 체계 구축 기초 연구. 충남: 국립특수교육원.

이진화(2013). 장애형제로 인한 스트레스가 비장애형제의 대인관계문제에 미치는 영향에서 가족탄력성의 조절효과. 한양사이버대학교 대학원 석사학위논문.

장숙(2010). 성인 지적장애인 남동생을 돌보는 비장애 누나들의 부양경험. **재활복지, 14**(3), 121-149.

전혜인(2008). 장애아동 형제자매의 삶에 대한 질적 연구. **특수교육저널: 이론과 실천, 9**(2), 159-179.

조민경, 강영심, 손성화(2019). 발달장애를 지닌 형제자매의 유무에 따른 비장애 중학생의 심리적 특성. **통합교육연구, 14**(2), 151-170.

조윤경, 강지현, 이경아(2014). **특수아상담 및 가족지원**. 경기: 공동체.

최임정, 심혜숙(2010). 대학생의 내면화된 수치심과 분노표현 양식이 대인관계 문제에 미치는 영. **한국심리학회지: 상담 및 심리치료, 22**(2), 479-492.

황순영, 강승희, 김정은, 정은영, 차세진(2021). 장애학생 학부모 상담 지원 체계 구축 방안. 충남: 국립특수교육원.

Dunst, C. J., Johanson, C., Trivette, C. M., & Hamby, D. (1991). Family-oriented early intervention policies and practices: Family-centered or not?. *Exceptional children, 58*(2), 115-126.

Dunst, C. J., Trivette, C. M., & Deal, A. G. (1994). *Supporting & strengthening families, Vol. 1: Methods, strategies and practices*. Brookline Books.

Kübler-Ross, E. (1969). *On death and dying*. New York: Macmillan.

Lobato, D. (1983). Siblings of handicapped children: a review. *Journal of Autism and Developmental Disorders, 13*(4), 347-364.

O'Shea, L. J., O'Shea, D. J., Algozzine, R., & Hammitte, D. J. (2001). *Families and Teachers of Individuals with Disabilities*. Austin, TX: PRO-ED, Inc.

Orsmond, G. I., Kuo, H. Y., & Seltzer, M. M. (2009). Siblings of individuals with an autism spectrum disorder: Sibling relationships and wellbeing in adolescence and adulthood. *Autism: The International Journal of Research and Practice, 13*(1), 59-80.

Powell, T. H., & Gallagher, P. A. (1993). *Brother & Sisters: A Special Part of Exceptional*

Families. Baltimore: Paul H. Brookes Publishing Co.

Ross, P., & Cuskelly, M. (2006). Adjustment sibling problems and coping strategies of brothers and sisters of children with autistic spectrum disorder. *Journal of Intellectual and Developmental disability, 31*(2), 77-86.

Turnbull, A. P., & Turnbull, H. R. (1990). *Families, Professionals and Exceptionality-A Special Partnership*. NY: Merrill Publishing Company.

Turnbull, A. P., Summers, J. A., & Brotherton, M. J. (1984). *Working with disabled members: A family systems aproach* (p. 60). Lawrence, KS: University of Kansas, Kansas Affiliated Facility.

부록 1 장애인 등에 대한 특수교육법 (약칭: 특수교육법)

[시행 2025. 6. 21.] [법률 제20565호, 2024. 12. 20., 일부개정]

제1장 총칙

제1조(목적) 이 법은 「교육기본법」 제18조에 따라 국가 및 지방자치단체가 장애인 및 특별한 교육적 요구가 있는 사람에게 통합된 교육환경을 제공하고 생애주기에 따라 장애유형 · 장애정도의 특성을 고려한 교육을 실시하여 이들이 자아실현과 사회통합을 하는데 기여함을 목적으로 한다.

제2조(정의) 이 법에서 사용하는 용어의 정의는 다음과 같다. 〈개정 2012. 3. 21., 2021. 3. 23., 2021. 12. 28., 2024. 2. 27.〉

1. "특수교육"이란 특수교육대상자의 교육적 요구를 충족시키기 위하여 특성에 적합한 교육과정 및 제2호에 따른 특수교육 관련서비스 제공을 통하여 이루어지는 교육을 말한다.
2. "특수교육 관련서비스"란 특수교육대상자의 교육을 효율적으로 실시하기 위하여 필요한 인적 · 물적 자원을 제공하는 서비스로서 상담지원 · 가족지원 · 치료지원 · 지원인력배치 · 보조공학기기지원 · 학습보조기기지원 · 통학지원 및 정보접근지원 등을 말한다.
3. "특수교육대상자"란 제15조에 따라 특수교육이 필요한 사람으로 선정된 사람을 말한다.
4. "특수교육교원"이란 「초 · 중등교육법」 제2조제4호에 따른 특수학교 교원자격증을 가진 사람으로서 특수교육대상자의 교육을 담당하는 교원을 말한다.
5. "보호자"란 친권자 · 후견인, 그 밖의 사람으로서 특수교육대상자를 사실상 보호하는 사람을 말한다.
6. "통합교육"이란 특수교육대상자가 일반학교에서 장애유형 · 장애정도에 따라 차별을 받지 아니하고 또래와 함께 개개인의 교육적 요구에 적합한 교육을 받는 것을 말한다.
7. "개별화교육"이란 각급학교의 장이 특수교육대상자 개인의 능력을 계발하기 위하여 장애유형 및 장애특성에 적합한 교육목표 · 교육방법 · 교육내용 · 특수교육 관련서비스

등이 포함된 계획을 수립하여 실시하는 교육을 말한다.

8. "순회교육"이란 특수교육교원 및 특수교육 관련서비스 담당 인력이 각급학교나 의료기관, 가정 또는 복지시설(장애인복지시설, 아동복지시설 등을 말한다. 이하 같다) 등에 있는 특수교육대상자를 직접 방문하여 실시하는 교육을 말한다.
9. "진로 및 직업교육"이란 특수교육대상자의 학교에서 사회 등으로의 원활한 이동을 위하여 관련 기관의 협력을 통하여 직업재활훈련 · 자립생활훈련 등을 실시하는 것을 말한다.
10. "특수교육기관"이란 특수교육대상자에게 유치원 · 초등학교 · 중학교 또는 고등학교(전공과를 포함한다. 이하 같다)의 과정을 교육하는 특수학교 및 특수학급을 말한다.
11. "특수학급"이란 특수교육대상자의 통합교육을 실시하기 위하여 일반학교에 설치된 학급을 말한다.

11의2. "통합학급"이란 특수교육대상자와 또래 일반학생이 함께 편성된 학급을 말한다.

12. "각급학교"란 「유아교육법」 제2조제2호에 따른 유치원 및 「초 · 중등교육법」 제2조에 따른 학교를 말한다.

제3조(의무교육 등) ① 특수교육대상자에 대하여는 「교육기본법」 제8조에도 불구하고 유치원 · 초등학교 · 중학교 및 고등학교 과정의 교육은 의무교육으로 하고, 제24조에 따른 전공과와 만 3세미만의 장애영아교육은 무상으로 한다.

② 만 3세부터 만 17세까지의 특수교육대상자는 제1항에 따른 의무교육을 받을 권리를 가진다. 다만, 출석일수의 부족 등으로 인하여 진급 또는 졸업을 하지 못하거나, 제19조제3항에 따라 취학의무를 유예하거나 면제받은 사람이 다시 취학할 때의 그 학년이 취학의무를 면제 또는 유예받지 아니하고 계속 취학하였을 때의 학년과 차이가 있는 경우에는 그 해당 연수(年數)를 더한 연령까지 의무교육을 받을 권리를 가진다. 〈개정 2021. 3. 23.〉

③ 제1항에 따른 의무교육 및 무상교육에 드는 비용은 대통령령으로 정하는 바에 따라 국가 또는 지방자치단체가 부담한다.

제4조(차별의 금지) ① 각급학교의 장 또는 대학(「고등교육법」 제2조에 따른 학교를 말한다. 이하 같다)의 장은 특수교육대상자가 그 학교에 입학하고자 하는 경우에는 그가 지닌 장애를 이유로 입학의 지원을 거부하거나 입학전형 합격자의 입학을 거부하는 등 교육 기회의 부여에서 차별을 하여서는 아니 된다. 〈개정 2021. 3. 23.〉

② 국가, 지방자치단체, 각급학교의 장 또는 대학의 장은 다음 각 호의 사항에 관하여 장애인의 특성을 고려한 교육시행을 목적으로 함이 명백한 경우 외에는 특수교육대상자 및 보호자를 차별하여서는 아니 된다. 〈개정 2018. 2. 21.〉

1. 제28조에 따른 특수교육 관련서비스 제공에서의 차별
2. 수업, 학생자치활동, 그 밖의 교내외 활동에 대한 참여 배제
3. 개별화교육지원팀에의 참여 등 보호자 참여에서의 차별
4. 대학의 입학전형절차에서 장애로 인하여 필요한 수험편의의 내용을 조사·확인하기 위한 경우 외에 별도의 면접이나 신체검사를 요구하는 등 입학전형 과정에서의 차별
5. 입학·전학 및 기숙사 입소 과정에서 비장애학생에게 요구하지 아니하는 보증인 또는 서약서 제출을 요구
6. 학생 생활지도에서의「장애인차별금지 및 권리구제 등에 관한 법률」제4조의 차별

제2장 국가 및 지방자치단체의 임무

제5조(국가 및 지방자치단체의 임무) ① 국가 및 지방자치단체는 특수교육대상자에게 적절한 교육을 제공하기 위하여 다음 각 호의 업무를 수행하여야 한다. 〈개정 2016. 5. 29., 2017. 12. 19.〉

1. 장애인에 대한 특수교육종합계획의 수립
2. 특수교육대상자의 조기발견
3. 특수교육대상자의 취학지도
4. 특수교육의 내용, 방법 및 지원체제의 연구·개선
5. 특수교육교원의 양성 및 연수
6. 특수교육기관 배치계획의 수립
7. 특수교육기관의 설치·운영 및 시설·설비의 확충·정비
8. 특수교육에 필요한 교재·교구의 연구·개발 및 보급
9. 특수교육대상자에 대한 진로 및 직업교육 방안의 강구
10. 장애인에 대한 고등교육 방안의 강구
11. 특수교육대상자에 대한 특수교육 관련서비스 지원방안의 강구
12. 그 밖에 특수교육의 발전을 위하여 필요하다고 인정하는 사항

② 국가 및 지방자치단체는 제1항의 업무를 수행하는데 드는 경비를 예산의 범위 안에서 우선적으로 지급하여야 한다.

③ 국가는 제1항의 업무 추진이 부진하거나 제2항의 예산조치가 부족하다고 인정되는 지방자치단체에 대하여는 예산의 확충 등 필요한 조치를 하도록 권고하여야 한다.

④ 교육부장관은 제1항의 업무를 효율적으로 수행하기 위하여 문화체육관광부장관·보건복지부장관·고용노동부장관·여성가족부장관 등 관계 중앙행정기관 간에 협조체제

를 구축하여야 한다. 〈개정 2008. 2. 29., 2010. 6. 4., 2013. 3. 23., 2016. 2. 3.〉

제6조(특수교육기관의 설립 및 위탁교육) ① 국가 및 지방자치단체는 특수교육대상자의 취학편의를 고려하여 특수교육기관을 지역별 및 장애영역별로 균형 있게 설치·운영하여야 한다.

② 교육부장관 및 교육감은 특정 분야의 인재 양성을 목적으로 하는 교육을 전문적으로 실시하는 특수학교(이하 "특성화특수학교"라 한다)를 지정·고시할 수 있다. 이 경우 특성화특수학교의 지정 절차는 교육부령으로 정한다. 〈신설 2024. 12. 20.〉

③ 특성화특수학교의 장은 제17조에도 불구하고 특수교육대상자의 지원을 받아 특수교육대상자를 선발할 수 있다. 이 경우 특성화특수학교의 장은 필기시험에 의한 전형을 실시하여서는 아니 된다. 〈신설 2024. 12. 20.〉

④ 국가 및 지방자치단체는 국립 또는 공립의 특수교육기관이 부족하거나 특수교육대상자의 의무교육 또는 무상교육을 위하여 필요한 경우에는 사립의 특수교육기관에 그 교육을 위탁할 수 있다. 〈개정 2024. 12. 20.〉

⑤ 제4항에 따라 특수교육을 위탁한 경우에는 해당 특수교육기관의 교육여건이 국립 또는 공립 특수교육기관의 수준에 미달하지 아니하도록 지원하여야 한다. 〈개정 2024. 12. 20.〉

⑥ 제4항에 따른 위탁교육·제5항에 따른 지원 또는 비용부담 등에 관하여 필요한 사항은 대통령령으로 정한다. 〈개정 2024. 12. 20.〉

제7조(위탁교육기관의 변경신청) ① 제6조제4항에 따라 교육을 위탁받은 사립의 특수교육기관에 취학하고 있는 특수교육대상자 또는 그의 보호자는 해당 특수교육기관의 교육활동이 매우 불량하거나 특수교육대상자의 특성에 맞지 아니하여 특수교육대상자의 교육에 현저한 지장을 주고 있다고 판단되는 때에는 교육장 또는 교육감에게 그 사유를 구체적으로 명시하여 취학하고 있는 교육기관 외의 교육기관에 취학할 수 있도록 교육기관 변경을 신청할 수 있다. 〈개정 2024. 12. 20.〉

② 제1항에 따른 변경신청을 받은 교육장 또는 교육감은 신청 접수일부터 30일 이내에 제10조제1항에 따른 시·군·구특수교육운영위원회 또는 시·도특수교육운영위원회를 열어 신청인·해당 학교의 장 등 이해관계인의 의견을 들은 후 변경 여부를 결정·통보하여야 한다.

제8조(교원의 자질향상) ① 국가 및 지방자치단체는 특수교육교원의 자질향상을 위한 교육 및 연수를 정기적으로 실시하여야 한다.

② 국가 및 지방자치단체는 특수교육대상자의 통합교육을 지원하기 위하여 일반학교의 교원에 대하여 특수교육 관련 교육 및 연수를 정기적으로 실시하여야 한다.

③ 제1항과 제2항에 따른 교육 및 연수 과정에는 특수교육대상자 인권의 존중에 관한 내용이 포함되어야 한다. 〈신설 2013. 12. 30.〉

④ 제1항과 제2항에 따른 교육 및 연수에 필요한 사항은 대통령령으로 정한다. 〈개정 2013. 12. 30.〉

제9조(특수교육대상자의 권리와 의무의 안내) 국가 및 지방자치단체는 제15조제1항 각 호의 장애를 가지고 있는 사람을 알게 되거나 제15조에 따라 특수교육대상자를 선정한 경우에는 2주일 이내에 보호자에게 해당 사실과 의무교육 또는 무상교육을 받을 권리 및 보호자의 권리 · 책임 등을 통보하여야 한다. 〈개정 2021. 3. 23.〉

제10조(특수교육운영위원회) ① 제5조에 따른 국가 및 지방자치단체의 업무수행에 관한 주요사항을 심의하기 위하여 교육부장관 소속으로 중앙특수교육운영위원회를, 교육감 소속으로 시 · 도특수교육운영위원회를, 교육장 소속으로 시 · 군 · 구특수교육운영위원회를 각각 둔다. 〈개정 2008. 2. 29., 2013. 3. 23.〉

② 제1항에 따른 중앙특수교육운영위원회의 구성 · 운영 등에 관하여 필요한 사항은 대통령령으로, 시 · 도특수교육운영위원회 및 시 · 군 · 구특수교육운영위원회의 구성 · 운영 등에 관하여는 특별시 · 광역시 · 특별자치시 · 도 및 특별자치도(이하 "시 · 도"라 한다)의 교육규칙으로 각각 정한다. 〈개정 2019. 12. 10.〉

제11조(특수교육지원센터의 설치 · 운영) ① 교육감은 특수교육대상자의 조기발견, 특수교육대상자의 진단 · 평가, 정보관리, 특수교육 연수, 교수 · 학습활동의 지원, 특수교육 관련서비스 지원, 순회교육 등을 담당하는 특수교육지원센터를 시 · 도 교육청 및 모든 하급교육행정기관에 설치 · 운영하여야 한다. 〈개정 2019. 12. 10.〉

② 제1항에 따른 특수교육지원센터는 시 · 도 교육청, 하급교육행정기관이나 특수학교, 특수학급이 설치된 일반 초 · 중 · 고등학교 또는 관할 지역의 관공서(장애인복지관을 포함한다) 등 특수교육대상자를 비롯한 지역주민의 접근이 편리한 곳에 설치하여야 한다. 〈개정 2019. 12. 10.〉

③ 특수교육지원센터의 설치 · 운영 등에 필요한 사항은 대통령령으로 정한다. 〈개정 2019. 12. 10.〉

제12조(특수교육에 관한 연차보고서) ① 교육부장관은 특수교육의 주요 현황과 정책에 관한 보고서를 매년 정기국회 개회 전까지 국회에 제출하여야 한다. 〈개정 2019. 12. 10., 2021. 12. 28.〉

② 제1항에 따른 보고서에는 제13조제3항에 따른 특수교육대상자의 인권침해 실태조사 결과가 포함되어야 한다. 〈신설 2019. 12. 10.〉

제13조(특수교육 실태조사) ① 교육부장관은 특수교육대상자의 배치계획 · 특수교육교원의 수급계획 등 특수교육정책의 수립을 위한 실태조사를 3년마다 실시하고 그 결과를 공표하여야 한다. 〈개정 2008. 2. 29., 2013. 3. 23., 2015. 12. 22.〉

② 교육부장관은 대학에 취학하는 장애학생의 교육여건을 개선하기 위하여 장애학생의 교육복지 실태조사를 3년마다 실시하고 그 결과를 공표하여야 한다. 〈개정 2008. 2. 29., 2013. 3. 23., 2015. 12. 22., 2022. 10. 18.〉

③ 교육감은 특수교육대상자의 인권보호를 위하여 인권침해 실태에 관한 조사를 대통령령으로 정하는 바에 따라 매년 실시하여 그 결과를 교육부장관에게 보고하여야 한다. 〈신설 2019. 12. 10.〉

④ 교육부장관 및 교육감은 제1항부터 제3항까지의 규정에 따른 실태조사를 위하여 필요한 경우 관계 중앙행정기관의 장, 지방자치단체의 장 및 「공공기관의 운영에 관한 법률」에 따른 공공기관의 장, 대학의 장, 그 밖의 관련 법인 또는 단체의 장에 대하여 자료의 제출 또는 의견의 진술을 요청할 수 있다. 이 경우 요청을 받은 자는 정당한 사유가 없으면 이에 협조하여야 한다. 〈신설 2015. 12. 22., 2019. 12. 10.〉

⑤ 제1항부터 제3항까지의 규정에 따른 조사의 내용과 방법, 그 밖에 조사에 필요한 사항은 대통령령으로 정한다. 〈개정 2015. 12. 22., 2019. 12. 10.〉

제13조의2(인권침해 사건 신고시스템의 구축 · 운영 등) ① 특수교육대상자에 대한 인권침해 현장을 보거나 그 사실을 알게 된 자는 학교 등 관계 기관에 이를 즉시 신고하여야 한다.

② 교육감은 특수교육대상자에 대한 인권침해 사건의 신속한 신고 및 발견을 위하여 신고시스템을 구축 · 운영하여야 한다.

③ 교육감은 제2항에 따른 신고시스템을 통하여 인권침해 사건을 접수한 때에는 소속 공무원으로 하여금 해당 인권침해 사건을 조사하게 할 수 있다. 이 경우 조사의 방법 · 절차 등은 대통령령으로 정한다.

④ 교육감은 제3항에 따른 인권침해 사건 조사 결과를 교육부장관에게 보고하여야 한다.[본조신설 2019. 12. 10.]

제3장 특수교육대상자의 선정 및 학교배치 등

제14조(장애의 조기발견 등) ① 교육장 또는 교육감은 영유아의 장애 및 장애 가능성을 조기에 발견하기 위하여 지역주민과 관련 기관을 대상으로 홍보를 실시하고, 해당 지역 내 보건소와 병원 또는 의원(醫院)에서 선별검사를 무상으로 실시하여야 한다.

② 교육장 또는 교육감은 제1항에 따른 선별검사를 효율적으로 실시하기 위하여 지방자치

단체 및 보건소와 병 · 의원 간에 긴밀한 협조체제를 구축하여야 한다.

③ 보호자 또는 각급학교의 장은 제15조제1항 각 호에 따른 장애를 가지고 있거나 장애를 가지고 있다고 의심되는 영유아 및 학생을 발견한 때에는 교육장 또는 교육감에게 진단 · 평가를 의뢰하여야 한다. 다만, 각급학교의 장이 진단 · 평가를 의뢰하는 경우에는 보호자의 사전 동의를 받아야 한다.

④ 교육장 또는 교육감은 제3항에 따라 진단 · 평가를 의뢰받은 경우 즉시 특수교육지원센터에 회부하여 진단 · 평가를 실시하고, 그 진단 · 평가의 결과를 해당 영유아 및 학생의 보호자에게 통보하여야 한다.

⑤ 제1항의 선별검사의 절차와 내용, 그 밖에 검사에 필요한 사항과 제3항의 사전 동의 절차 및 제4항에 따른 통보 절차에 필요한 사항은 대통령령으로 정한다.

제15조(특수교육대상자의 선정) ① 교육장 또는 교육감은 다음 각 호의 어느 하나에 해당하는 사람 중 특수교육이 필요한 사람으로 진단 · 평가된 사람을 특수교육대상자로 선정한다. 〈개정 2016. 2. 3., 2021. 3. 23., 2021. 12. 28.〉

1. 시각장애
2. 청각장애
3. 지적장애
4. 지체장애
5. 정서 · 행동장애
6. 자폐성장애(이와 관련된 장애를 포함한다)
7. 의사소통장애
8. 학습장애
9. 건강장애
10. 발달지체
11. 그 밖에 두 가지 이상의 장애가 있는 경우 등 대통령령으로 정하는 장애

② 교육장 또는 교육감이 제1항에 따라 특수교육대상자를 선정할 때에는 제16조제1항에 따른 진단 · 평가결과를 기초로 하여 고등학교 과정은 교육감이 시 · 도특수교육운영위원회의 심사를 거쳐, 중학교 과정 이하의 각급학교는 교육장이 시 · 군 · 구특수교육운영위원회의 심사를 거쳐 이를 결정한다.

제16조(특수교육대상자의 선정절차 및 교육지원 내용의 결정) ① 특수교육지원센터는 진단 · 평가가 회부된 후 30일 이내에 진단 · 평가를 시행하여야 한다.

② 특수교육지원센터는 제1항에 따른 진단 · 평가를 통하여 특수교육대상자로의 선정 여

부 및 필요한 교육지원 내용에 대한 최종의견을 작성하여 교육장 또는 교육감에게 보고하여야 한다.

③ 교육장 또는 교육감은 특수교육지원센터로부터 최종의견을 통지받은 때부터 2주일 이내에 특수교육대상자로의 선정 여부 및 제공할 교육지원 내용을 결정하여 부모 등 보호자에게 서면으로 통지하여야 한다. 교육지원 내용에는 특수교육, 진로 및 직업교육, 특수교육 관련서비스 등 구체적인 내용이 포함되어야 한다.

④ 제1항에 따른 진단 · 평가의 과정에서는 부모 등 보호자의 의견진술의 기회가 충분히 보장되어야 한다.

제17조(특수교육대상자의 배치 및 교육) ① 교육장 또는 교육감은 제15조에 따라 특수교육대상자로 선정된 사람을 해당 특수교육운영위원회의 심사를 거쳐 다음 각 호의 어느 하나에 배치하여 교육하여야 한다. 〈개정 2021. 3. 23.〉

1. 일반학교의 일반학급
2. 일반학교의 특수학급
3. 특수학교

② 교육장 또는 교육감은 제1항에 따라 특수교육대상자를 배치할 때에는 특수교육대상자의 장애정도 · 능력 · 보호자의 의견 등을 종합적으로 판단하여 거주지에서 가장 가까운 곳에 배치하여야 한다.

③ 교육감이 관할 구역 내에 거주하는 특수교육대상자를 다른 시 · 도에 소재하는 각급학교 등에 배치하고자 할 때에는 해당 시 · 도 교육감(국립학교의 경우에는 해당 학교의 장을 말한다)과 협의하여야 한다.

④ 제3항에 따라 특수교육대상자의 배치를 요구받은 교육감 또는 국립학교의 장은 대통령령으로 정하는 특별한 사유가 없으면 그 요구를 따라야 한다. 〈개정 2021. 3. 23.〉

⑤ 제1항부터 제4항까지의 규정에 따른 특수교육대상자의 배치 등에 관하여 필요한 사항은 대통령령으로 정한다.

제4장 영유아 및 초 · 중등교육

제18조(장애영아의 교육지원) ① 만 3세 미만의 장애영아의 보호자는 조기교육이 필요한 경우 교육장에게 교육을 요구할 수 있다.

② 제1항에 따른 요구를 받은 교육장은 특수교육지원센터의 진단 · 평가결과를 기초로 만 3세 미만의 장애영아를 특수학교의 유치원과정, 영아학급 또는 특수교육지원센터에 배치할 수 있다.

③ 제2항에 따라 배치된 장애영아가 의료기관, 복지시설 또는 가정 등에 있을 경우에는 특수교육교원 및 특수교육 관련서비스 담당 인력 등으로 하여금 순회교육을 제공하도록 할 수 있다.

④ 국가 및 지방자치단체는 장애영아를 위한 교육여건을 개선하고 설비를 정비하기 위하여 노력하여야 한다.

⑤ 그 밖에 장애영아의 교육지원에 필요한 사항은 대통령령으로 정한다.

제19조(보호자의 의무 등) ① 특수교육대상자의 보호자는 그 보호하는 자녀에 대하여 제3조제1항에 따른 의무교육의 기회를 보호하고 존중하여야 한다.

② 부득이한 사유로 취학이 불가능한 의무교육대상자에 대하여는 대통령령으로 정하는 바에 따라 제1항에 따른 취학의무를 면제하거나 유예할 수 있다. 다만, 만 3세부터 만 5세까지의 특수교육대상자가 「영유아보육법」에 따라 설치된 어린이집 중 대통령령으로 정하는 일정한 교육 요건을 갖춘 어린이집을 이용하는 경우에는 제1항에서 정하는 유치원 의무교육을 받고 있는 것으로 본다. 〈개정 2011. 6. 7.〉

③ 제2항에 따라 취학의무를 면제 또는 유예 받은 사람이 다시 취학하고자 하는 경우에는 대통령령으로 정하는 바에 따라 취학하게 할 수 있다. 〈개정 2021. 3. 23.〉

제20조(교육과정의 운영 등) ① 특수교육기관의 유치원·초등학교·중학교·고등학교과정의 교육과정은 장애의 유형 및 정도를 고려하여 국가교육위원회가 정하고, 영아교육과정과 전공과의 교육과정은 교육감의 승인을 받아 학교장이 정한다. 〈개정 2008. 2. 29., 2013. 3. 23., 2019. 12. 10., 2021. 7. 20.〉

② 특수교육기관의 장 및 특수교육대상자가 배치된 일반학교의 장은 제1항에 따른 교육과정의 범위 안에서 특수교육대상자 개인의 장애유형과 정도, 연령, 현재 및 미래의 교육요구 등을 고려하여 교육과정의 내용을 조정하여 운영할 수 있다. 〈개정 2019. 12. 10.〉

③ 특수학교의 장은 교육감의 승인을 받아 유치원·초등학교·중학교·고등학교과정을 통합하여 운영할 수 있다.

제21조(통합교육) ① 교육감은 특수교육대상자가 일반학교에서 또래와 함께 교육받을 수 있도록 시책을 수립·시행하여야 한다.

② 각급학교의 장은 교육에 관한 각종 시책을 시행하는 경우 특수교육대상자가 통합교육을 원활히 받을 수 있도록 하여야 한다.

③ 특수교육대상자가 배치된 일반학교의 장은 일반교육교원 및 특수교육교원의 협력을 통하여 차별의 예방, 교육과정의 조정, 제28조에 따른 지원인력의 배치, 교구·학습보조기·보조공학기기의 지원 및 교원연수 등을 포함한 통합교육계획을 수립·시행하여야 한다.

④ 일반학교의 장은 제3항에 따라 통합교육을 실시하는 경우에는 제27조의 기준에 따라 특수학급을 설치 · 운영하고, 대통령령으로 정하는 시설 · 설비 및 교재 · 교구를 갖추어야 한다.

⑤ 교육부장관 및 교육감은 특수교육대상자의 통합학급 교육활동을 지원하기 위하여 대통령령으로 정하는 바에 따라 특수교육교원을 둘 수 있다.[전문개정 2024. 2. 27.]

제22조(개별화교육) ① 각급학교의 장은 특수교육대상자의 교육적 요구에 적합한 교육을 제공하기 위하여 보호자, 특수교육교원, 일반교육교원, 진로 및 직업교육 담당 교원, 특수교육 관련서비스 담당 인력 등으로 개별화교육지원팀을 구성한다.

② 개별화교육지원팀은 매 학기 마다 특수교육대상자에 대한 개별화교육계획을 작성하여야 한다.

③ 특수교육대상자가 다른 학교로 전학할 경우 또는 상급학교로 진학할 경우에는 전출학교는 전입학교에 개별화교육계획을 14일 이내에 송부하여야 한다.

④ 특수교육교원은 제1항부터 제3항까지의 규정에 따른 업무를 수행하기 위하여 각 업무를 지원하고 조정한다.

⑤ 제1항에 따른 개별화교육지원팀의 구성, 제2항에 따른 개별화교육계획의 수립 · 실시 등에 관하여 필요한 사항은 교육부령으로 정한다. 〈개정 2008. 2. 29., 2013. 3. 23.〉

제23조(진로 및 직업교육의 지원) ① 중학교 과정 이상의 각급학교의 장은 특수교육대상자의 특성 및 요구에 따른 진로 및 직업교육을 지원하기 위하여 직업평가 · 직업교육 · 고용지원 · 사후관리 등의 직업재활훈련 및 일상생활적응훈련 · 사회적응훈련 등의 자립생활훈련을 실시하고, 대통령령으로 정하는 자격이 있는 진로 및 직업교육을 담당하는 전문인력을 두어야 한다.

② 중학교 과정 이상의 각급학교의 장은 대통령령으로 정하는 기준에 따라 진로 및 직업교육의 실시에 필요한 시설 · 설비를 마련하여야 한다.

③ 특수교육지원센터는 특수교육대상자에게 효과적인 진로 및 직업교육을 지원하기 위하여 대통령령으로 정하는 바에 따라 관련 기관과의 협의체를 구성하여야 한다.

제24조(전공과의 설치 · 운영) ① 특수교육기관에는 고등학교 과정을 졸업한 특수교육대상자에게 진로 및 직업교육을 제공하기 위하여 수업연한 1년 이상의 전공과를 설치 · 운영할 수 있다.

② 교육부장관 및 교육감은 지역별 또는 장애유형별로 전공과를 설치할 교육기관을 지정할 수 있다. 〈개정 2008. 2. 29., 2013. 3. 23.〉

③ 전공과를 설치한 각급학교는 「학점인정 등에 관한 법률」 제7조에 따라 학점인정을 받을

수 있다.

④ 제1항 및 제2항에 따른 전공과의 시설 · 설비 기준, 전공과의 운영 및 담당 인력의 배치 기준 등에 관하여 필요한 사항은 대통령령으로 정한다.

제25조(순회교육 등) ① 교육장 또는 교육감은 일반학교에서 통합교육을 받고 있는 특수교육대상자를 지원하기 위하여 일반학교 및 특수교육지원센터에 특수교육교원 및 특수교육 관련서비스 담당 인력을 배치하여 순회교육을 실시하여야 한다.

② 교육부장관 또는 교육감은 장 · 단기 결석이 불가피한 특수교육대상자의 교육을 위하여 필요한 경우 순회교육 또는 원격수업을 실시하여야 한다. 〈개정 2020. 10. 20.〉

③ 교육부장관 또는 교육감은 이동이나 운동기능의 심한 장애로 인하여 각급학교에서 교육을 받기 곤란하거나 불가능하여 복지시설 · 의료기관 또는 가정 등에 거주하는 특수교육대상자의 교육을 위하여 필요한 경우 순회교육을 실시하여야 한다. 〈개정 2020. 10. 20.〉

④ 교육장 또는 교육감은 제3항에 따른 순회교육의 실시를 위하여 의료기관 및 복지시설 등에 학급을 설치 · 운영하고 이에 필요한 담당 교원을 배치하는 등 필요한 조치를 강구하며, 학생들이 원만히 학교로 복귀할 수 있도록 심리적 · 정서적 지원을 하여야 한다. 〈신설 2015. 12. 22., 2021. 12. 28.〉

⑤ 국가 및 지방자치단체는 제4항에 따라 학급이 설치 · 운영 중인 의료기관 및 복지시설 등에 대하여 국립 또는 공립 특수교육기관 수준의 교육이 이루어질 수 있도록 대통령령으로 정하는 바에 따라 행정적 · 재정적 지원을 하여야 한다. 〈신설 2015. 12. 22., 2021. 12. 28.〉

⑥ 제1항부터 제4항까지의 규정에 따른 순회교육의 수업일수 등 순회교육의 운영과 제2항에 따른 원격수업의 운영에 필요한 사항은 대통령령으로 정한다. 〈개정 2015. 12. 22., 2020. 10. 20.〉

제26조(방과후 과정을 운영하는 유치원 과정의 교육기관) ①「유아교육법」 제2조제6호에 따른 방과후 과정을 운영하는 유치원 과정의 교육기관에 특수교육대상자가 배치되는 경우 해당 각급학교의 장은 특수교육대상자에 대한 방과후 과정 운영을 담당할 인력을 학급당 1인 이상 추가로 배치할 수 있다. 〈개정 2012. 3. 21.〉

② 제1항에 따른 방과후 과정 담당 인력의 자격기준, 운영방법 등에 관하여 필요한 사항은 대통령령으로 정한다. 〈개정 2012. 3. 21.〉

[제목개정 2012. 3. 21.]

제27조(특수학교의 학급 및 각급학교의 특수학급 설치 기준) ① 특수학교와 각급학교의 장은 다음 각 호의 기준에 따라 학급 및 특수학급을 설치하여야 한다.

1. 유치원 과정의 경우: 특수교육대상자가 1인 이상 4인 이하인 경우 1학급을 설치하고, 4인

을 초과하는 경우 2개 이상의 학급을 설치한다.

2. 초등학교 · 중학교 과정의 경우: 특수교육대상자가 1인 이상 6인 이하인 경우 1학급을 설치하고, 6인을 초과하는 경우 2개 이상의 학급을 설치한다.
3. 고등학교 과정의 경우: 특수교육대상자가 1인 이상 7인 이하인 경우 1학급을 설치하고, 7인을 초과하는 경우 2개 이상의 학급을 설치한다.

② 교육감은 제1항에도 불구하고 두 가지 이상의 장애를 지니면서 장애의 정도가 심한 특수교육대상자가 배치된 학급의 경우에는 2분의 1의 범위에서 학급 설치 기준을 하향 조정할 수 있으며, 순회교육의 경우 장애의 정도와 유형에 따라 학급 설치 기준을 하향 조정할 수 있다. 〈개정 2021. 12. 28.〉

③ 특수학교와 특수학급에 두는 특수교육교원의 배치기준은 대통령령으로 정한다.

제28조(특수교육 관련서비스) ① 교육감은 특수교육대상자와 그 가족에 대하여 가족상담, 부모교육 등 가족지원을 제공하여야 한다. 〈개정 2019. 12. 10.〉

② 교육감은 특수교육대상자에게 필요한 경우 물리치료, 작업치료 등 치료지원을 제공하여야 한다. 이 경우 특수교육대상자의 장애유형과 장애정도를 고려한 맞춤형 치료지원이 제공될 수 있도록 하여야 한다. 〈개정 2021. 3. 23., 2021. 12. 28.〉

③ 교육감은 각급학교의 장이 특수교육대상자를 위하여 필요한 경우 지원인력을 제공할 수 있도록 지원하여야 한다. 〈개정 2021. 12. 28.〉

④ 각급학교의 장은 특수교육대상자의 교육을 위하여 필요한 장애인용 각종 교구, 각종 학습보조기, 보조공학기기 등의 설비를 제공하여야 한다.

⑤ 각급학교의 장은 특수교육대상자의 취학 편의를 위하여 통학차량 지원, 통학비 지원, 통학 지원인력의 배치 등 통학 지원 대책을 마련하여야 한다. 〈개정 2021. 12. 28.〉

⑥ 각급학교의 장은 특수교육대상자의 생활지도 및 보호를 위하여 기숙사를 설치 · 운영할 수 있다. 기숙사를 설치 · 운영하는 특수학교에는 특수교육대상자의 생활지도 및 보호를 위하여 교육부령으로 정하는 자격이 있는 생활지도원을 두는 외에 간호사 또는 간호조무사를 두어야 한다. 〈개정 2008. 2. 29., 2013. 3. 23., 2013. 4. 5.〉

⑦ 제6항의 생활지도원과 간호사 또는 간호조무사의 배치기준은 국립학교의 경우 교육부령으로, 공립 및 사립 학교의 경우에는 시 · 도 교육규칙으로 각각 정한다. 〈신설 2013. 4. 5.〉

⑧ 각급학교의 장은 각급학교에서 제공하는 각종 정보(교육기관에서 운영하는 인터넷 홈페이지를 포함한다)를 특수교육대상자에게 제공하는 경우 특수교육대상자의 장애유형에 적합한 방식으로 제공하여야 한다. 〈개정 2013. 4. 5.〉

⑨ 교육감(국립학교의 경우에는 해당 학교의 장을 말한다)은 「의료법」 제3조에 따른 의료기

관과 협의하여 해당 의료기관에 소속된 같은 법 제2조에 따른 의료인으로 하여금 학교 내에서 특수교육대상자에게 의료적 지원을 제공하도록 할 수 있다. 이 경우 의료인이 제공하는 의료적 지원의 구체적 범위는 대통령령으로 정한다. 〈신설 2024. 2. 27.〉

⑩ 제1항부터 제9항까지의 규정에 따른 특수교육 관련서비스의 제공을 위하여 필요한 사항은 대통령령으로 정한다. 〈개정 2013. 4. 5., 2024. 2. 27.〉

제5장 고등교육 〈개정 2016. 5. 29.〉

제29조(특별지원위원회) ① 대학의 장은 다음 각 호의 사항을 심의·결정하기 위하여 특별지원위원회(이하 "특별지원위원회"라 한다)를 설치·운영하여야 한다. 〈개정 2022. 10. 18.〉

1. 대학의 장애학생 지원을 위한 계획
2. 심사청구 사건에 대한 심사·결정
3. 그 밖에 장애학생 지원을 위하여 대통령령으로 정하는 사항

② 특별지원위원회의 위원은 장애에 대한 이해와 경험이 풍부한 사람, 관계 교직원 또는 재학 중인 장애학생 중에서 대통령령으로 정하는 바에 따라 대학의 장이 임명한다. 〈신설 2022. 10. 18.〉

③ 특별지원위원회의 설치·운영 등에 관하여 필요한 사항은 대통령령으로 정한다. 〈개정 2022. 10. 18.〉

제30조(장애학생지원센터) ① 대학의 장은 장애학생의 교육 및 생활에 관한 지원을 총괄·담당하는 장애학생지원센터를 설치·운영하여야 한다. 다만, 장애학생이 재학하고 있지 아니하거나 대통령령으로 정하는 바에 따라 장애학생 수가 일정 인원 이하인 소규모 대학 등은 장애학생 지원부서를 둠으로써 이를 갈음할 수 있다. 〈개정 2021. 3. 23., 2022. 10. 18.〉

② 장애학생지원센터(제1항에 따라 장애학생 지원부서로 갈음하는 경우에는 이를 말한다. 이하 같다)는 다음 각 호의 업무를 담당한다. 〈개정 2021. 3. 23., 2021. 12. 28., 2022. 10. 18.〉

1. 장애학생을 위한 각종 지원에 관한 사항
2. 제31조에서 정하는 편의제공에 관한 사항

2의2. 「장애인복지법」 제25조제2항에 따른 대학 내 장애인 인식개선교육 실시에 관한 사항

3. 교직원·지원인력 등에 대한 교육에 관한 사항
4. 장애학생 교육복지의 실태조사에 관한 사항
5. 그 밖에 대학의 장이 회의에 부치는 사항

③ 장애학생지원센터의 장은 장애인 인권에 대하여 전문적인 지식과 경험이 있는 사람으로서 대통령령으로 정하는 자격을 갖추어야 한다. 〈신설 2022. 10. 18.〉

④ 장애학생지원센터의 설치 · 운영에 관하여 필요한 사항은 대통령령으로 정한다. 〈개정 2022. 10. 18.〉

제30조의2(개인별 교육지원계획) ① 장애학생지원센터의 장은 장애학생의 개인별 수요를 조사하여 그 결과를 특별지원위원회에 보고하여야 한다.

② 장애학생지원센터의 장은 제1항의 보고사항을 반영하여 매 학기마다 장애학생에 대한 개인별 교육지원계획을 작성하여 대학의 장에게 보고하여야 한다.

③ 대학의 장은 제2항에 따른 개인별 교육지원계획에 따라 장애학생을 지원하여야 한다.

④ 장애학생의 개인별 수요 조사 및 교육지원계획 수립에 관하여 필요한 사항은 대통령령으로 정한다.

[본조신설 2022. 10. 18.]

제31조(편의제공 등) ① 대학의 장은 해당 학교에 재학 중인 장애학생의 교육활동의 편의를 위하여 다음 각 호의 수단을 적극적으로 강구하고 제공하여야 한다. 〈개정 2021. 12. 28., 2022. 10. 18.〉

1. 각종 학습보조기기 및 보조공학기기 등의 물적 지원
2. 교육지원인력 배치 등의 인적 지원
3. 취학편의 지원
4. 정보접근 지원
5. 「장애인 · 노인 · 임산부 등의 편의증진보장에 관한 법률」 제2조제2호에 따른 편의시설 설치 지원
6. 그 밖에 장애학생의 교육활동에 필요한 것으로서 특별지원위원회에서 정하는 사항에 대한 지원

② 대학의 장은 해당 학교의 입학전형절차에서 장애수험생의 수험의 편의를 위하여 「장애인차별금지 및 권리구제 등에 관한 법률」 제14조제1항 각 호의 수단 중 수험편의에 필요한 수단을 적극적으로 강구하고 제공하여야 한다. 〈신설 2015. 12. 22.〉

③ 국가 및 지방자치단체는 제1항 및 제2항에 따라 필요한 경비를 예산의 범위 안에서 지원하여야 한다. 〈개정 2015. 12. 22.〉

④ 대학의 장은 제1항제4호에 따른 정보접근 지원을 위하여 수업 중 활용하는 영상물에 장애학생을 위한 화면해설, 폐쇄자막 또는 수어통역 등 대통령령으로 정하는 편의를 제공하여야 한다. 〈신설 2021. 12. 28.〉

제32조(학칙 등의 작성) 대학의 장은 이 법에서 정하는 장애학생의 지원 등에 관하여 다음 각 호에 해당하는 내용을 학칙에 규정하여야 한다. 〈개정 2021. 12. 28.〉

1. 장애학생의 학습지원에 관한 사항
2. 장애학생의 입학시험을 포함한 입학전형 관리에 관한 사항
3. 수업 중 활용하는 영상물에 장애학생의 정보접근 지원을 위한 편의제공에 관한 사항
4. 그 밖에 장애학생의 교육활동 편의를 위하여 필요한 사항

제33조(장애인고등교육지원센터) ① 교육부장관은 대학에 재학하는 장애학생에 대한 통합적 지원을 위하여 장애인고등교육지원센터(이하 "고등교육센터"라 한다)를 설치하거나 지정하여야 한다.

② 고등교육센터는 다음 각 호의 업무를 수행한다.

1. 장애학생 고등교육 관련 연구 · 분석
2. 장애학생 고등교육 지원 관련 자료 개발 · 보급
3. 장애학생의 진로 · 취업 지원
4. 장애학생 지원에 대한 교직원 등 연수 지원
5. 제13조에 따른 장애학생 교육복지 실태조사 운영 및 컨설팅
6. 제30조에 따른 장애학생지원센터 운영 지원
7. 그 밖에 장애학생 고등교육 지원을 위하여 필요한 사업

③ 국가는 제1항 및 제2항에 따른 고등교육센터의 설치 · 지정 및 운영에 필요한 경비를 지원할 수 있다.

④ 고등교육센터의 설치 · 지정 및 운영 등에 필요한 사항은 대통령령으로 정한다.

[본조신설 2022. 10. 18.]

제34조 삭제 〈2016. 5. 29.〉

제6장 보칙 및 벌칙

제35조(대학의 심사청구 등) ① 장애학생 및 그 보호자는 대학에 이 법에 따른 각종 지원조치를 제공할 것을 서면으로 신청할 수 있다.

② 대학의 장은 제1항에 따른 신청에 대하여 2주 이내에 지원 여부 및 그 사유를 신청자에게 서면으로 통지하여야 한다.

③ 장애학생 및 그 보호자는 제1항에 따른 신청에 대한 대학의 결정(부작위 및 거부를 포함한다)과 이 법을 위반하는 대학의 장 또는 교직원의 행위에 대하여 특별지원위원회에 심사청구를 할 수 있다.

④ 특별지원위원회는 제3항의 심사청구에 관하여 2주 이내에 결정을 하여야 한다.

⑤ 제3항에 따른 심사에서는 청구인에게 의견진술 기회를 주어야 한다.

⑥ 대학의 장, 교직원, 그 밖의 관계자는 제4항에 따른 결정에 따라야 한다.

⑦ 그 밖에 특별지원위원회에 대한 심사청구에 관하여 필요한 사항은 대통령령으로 정한다.

제36조(고등학교 과정 이하의 심사청구) ① 특수교육대상자 또는 그 보호자는 다음 각 호의 어느 하나에 해당하는 교육장, 교육감 또는 각급학교의 장의 조치에 대하여 이의가 있을 때에는 해당 시 · 군 · 구특수교육운영위원회 또는 시 · 도특수교육운영위원회에 심사청구를 할 수 있다.

1. 제15조제1항에 따른 특수교육대상자의 선정
2. 제16조제3항에 따른 교육지원 내용의 결정 사항
3. 제17조제1항에 따른 학교에의 배치
4. 제4조를 위반하는 부당한 차별

② 제17조제1항에 따라 특수교육대상자를 배치받은 각급학교의 장은 이에 따를 수 없는 특별한 사유가 있거나 배치받은 특수교육대상자가 3개월 이상 학교생활에의 적응에 상당한 어려움이 있는 경우에는 해당 시 · 군 · 구특수교육운영위원회 또는 시 · 도특수교육운영위원회에 심사청구를 할 수 있다. 〈개정 2021. 3. 23.〉

③ 시 · 군 · 구특수교육운영위원회 또는 시 · 도특수교육운영위원회는 제1항과 제2항의 심사청구를 받은 때에는 이를 심사하여 30일 이내에 그 결정을 청구인에게 통보하여야 한다.

④ 제3항의 심사에서는 청구인에게 의견진술의 기회를 주어야 한다.

⑤ 교육장, 교육감, 각급학교의 장, 그 밖의 관계자는 제3항에 따른 결정에 따라야 한다.

⑥ 제3항에서 정하는 심사결정에 이의가 있는 특수교육대상자 또는 그 보호자는 그 통보를 받은 날부터 90일 이내에 행정심판을 제기할 수 있다.

⑦ 제1항부터 제4항까지의 규정에 따른 심사청구의 절차 등에 관하여 필요한 사항은 대통령령으로 정한다.

제37조(권한의 위임과 위탁) ① 이 법에 따른 교육부장관의 권한은 그 일부를 대통령령으로 정하는 바에 따라 교육감에게 위임할 수 있다. 〈개정 2008. 2. 29., 2013. 3. 23.〉

② 이 법에 따른 교육감의 권한은 그 일부를 대통령령으로 정하는 바에 따라 교육장에게 위임할 수 있다.

제38조(벌칙) 다음 각 호의 어느 하나에 해당하는 자는 1년 이하의 징역 또는 1천만원 이하의 벌금에 처한다.

1. 제4조제1항을 위반하여 장애를 이유로 특수교육대상자의 입학을 거부하거나 입학전형

합격자의 입학을 거부하는 등의 불이익한 처분을 한 교육기관의 장

2. 제4조제2항제4호를 위반하여 대학의 입학전형절차에서 수험편의의 내용의 확인과 관계없는 별도의 면접이나 신체검사를 요구한 자

[본조신설 2016. 5. 29.]

[종전 제38조는 제38조의2로 이동 〈2016. 5. 29.〉]

제38조의2(벌칙) 다음 각 호의 어느 하나에 해당하는 자는 300만원 이하의 벌금에 처한다. 〈개정 2018. 2. 21.〉

1. 삭제 〈2016. 5. 29.〉
2. 제4조제2항제1호부터 제3호까지의 규정을 위반하여 특수교육 관련서비스의 제공, 수업, 학생자치활동, 그 밖의 교내외 활동에 대한 참여와 개별화교육지원팀에의 보호자 참여에 있어서 차별한 자
3. 삭제 〈2016. 5. 29.〉
4. 제4조제2항제5호를 위반하여 입학 · 전학 및 기숙사 입소 과정에서 비장애학생에게 요구하지 아니하는 보증인 또는 서약서 제출을 요구한 자
5. 제4조제2항제6호를 위반하여 학생 생활지도에 있어서 「장애인차별금지 및 권리구제 등에 관한 법률」 제4조의 차별을 한 자

[제38조에서 이동 〈2016. 5. 29.〉]

부칙 〈제20565호, 2024. 12. 20.〉

이 법은 공포 후 6개월이 경과한 날부터 시행한다.

부록 2 장애인 등에 대한 특수교육법 시행령

[약칭: 특수교육법 시행령]

[시행 2025. 2. 28.] [대통령령 제35284호, 2025. 2. 25., 일부개정]

제1장 총칙

제1조(목적) 이 영은 「장애인 등에 대한 특수교육법」에서 위임된 사항과 그 시행에 필요한 사항을 규정함을 목적으로 한다.

제2조(의무교육의 실시) 「장애인 등에 대한 특수교육법」(이하 "법"이라 한다) 제3조 및 법률 제8483호 부칙 제1조 단서에 따라 특수교육대상자에 대한 의무교육은 다음 각 호에 따라 차례로 각각 실시한다. 〈개정 2025. 2. 25.〉

1. 2010학년도: 5세 이상 유치원 과정 및 고등학교 과정
2. 2011학년도: 4세 이상 유치원 과정
3. 2012학년도: 3세 이상 유치원 과정

제3조(의무교육의 비용 등) ① 법 제3조제3항에 따라 국가 또는 지방자치단체가 부담하여야 하는 비용은 입학금, 수업료, 교과용 도서대금 및 학교급식비로 한다.

② 국가 및 지방자치단체는 제1항의 비용 외에 학교운영 지원비, 통학비, 현장 · 체험학습비 등을 예산의 범위에서 부담하거나 보조할 수 있다.

제2장 국가 및 지방자치단체의 임무

제4조(위탁교육) ① 교육감은 법 제6조제2항에 따라 특수교육대상자에 대한 교육을 사립(私立) 특수교육기관에 위탁할 때에는 관할 구역에 있는 사립 특수교육기관의 교육여건, 교육 가능한 인원, 교육기간 등에 관하여 그 특수교육기관의 장(특수학급이 설립된 사립학교의 장을 포함한다)과 협의해야 한다. 〈개정 2022. 6. 28.〉

② 교육감은 특수교육대상자의 교육을 위탁한 사립 특수교육기관에 대하여 국립 또는 공립 특수교육기관과 같은 수준의 교육을 할 수 있도록 운영비, 시설비, 실험실습비, 진로 및

직업교육비, 교직원의 인건비, 그 밖에 특수교육에 필요한 경비를 지급하여야 한다.

③ 제1항과 제2항 외에 위탁교육의 운영에 관한 세부 사항은 교육감이 정하는 바에 따른다.

제5조(교원의 자질 향상) ① 교육부장관 및 교육감은 통합교육에 대한 이해를 높이기 위하여 일반학교의 교원(특수교육교원은 제외한다. 이하 이 조에서 같다)에게 연수를 받게 하는 경우 특수교육에 관한 내용을 포함하여야 한다. 〈개정 2013. 3. 23.〉

② 교육부장관 및 교육감은 통합교육을 효율적으로 시행하기 위하여 통합교육을 지원하는 일반학교의 교원에 대하여는 특수교육과 관련된 직무연수 과정을, 특수교육교원에 대하여는 일반교과 교육에 관한 직무연수 과정을 개설 · 운영하여야 한다. 〈개정 2013. 3. 23.〉

제6조(중앙특수교육운영위원회 구성 · 운영) ① 법 제10조제1항에 따른 중앙특수교육운영위원회(이하 "중앙위원회"라 한다)는 위원장을 포함하여 15명 이내의 위원으로 구성한다.

② 중앙위원회의 위원장(이하 "위원장"이라 한다)은 교육부차관이 되고, 위원은 당연직위원과 위촉위원으로 구성한다. 〈개정 2013. 3. 23.〉

③ 당연직위원은 교육부, 행정안전부, 문화체육관광부, 보건복지부, 고용노동부, 여성가족부의 고위공무원단 소속 공무원으로서 해당 부처의 장관이 지명하는 사람이 된다. 〈개정 2010. 3. 15., 2010. 7. 12., 2013. 3. 23., 2014. 11. 19., 2017. 7. 26.〉

④ 위촉위원은 다음 각 호의 어느 하나에 해당하는 사람 중에서 위원장이 위촉한다.

1. 특수교육교원 자격이 있는 사람으로서 7년 이상 특수교육대상자를 교육하거나 교육하였던 사람
2. 특수교육대상자의 학부모 또는 보호자로서 특수교육 분야에서 활동하거나 활동 경험이 있는 사람
3. 「고등교육법」 제2조제1호 또는 제3호에 따른 학교에서 특수교육에 관한 학문을 가르치는 부교수 이상으로 재직하거나 재직하였던 사람

⑤ 위촉위원의 임기는 2년으로 하되, 2차에 한하여 연임할 수 있다.

⑥ 중앙위원회의 회의는 연 2회 이상 개최하여야 하며, 위원장이 필요 하다고 인정하거나 재적위원 3분의 1 이상이 요구하는 경우에는 위원장이 회의를 소집한다.

⑦ 중앙위원회의 회의는 재적위원의 과반수 출석으로 개의하고, 출석위원 과반수의 찬성으로 의결한다.

⑧ 중앙위원회는 필요하다고 인정되면 관계 행정기관에 직원의 출석 · 설명과 자료 제출을 요구할 수 있다.

⑨ 그 밖에 중앙위원회의 구성 및 운영 등에 필요한 사항은 중앙위원회의 의결을 거쳐 위

원장이 정한다.

제6조의2(위촉위원의 해촉) 중앙위원회의 위원장은 제6조제4항제1호부터 제3호까지의 규정에 따른 위촉위원이 다음 각 호의 어느 하나에 해당하는 경우에는 해당 위원을 해촉(解囑)할 수 있다. 〈개정 2025. 2. 25.〉

1. 심신쇠약 등으로 장기간 직무를 수행할 수 없게 된 경우
2. 직무와 관련된 비위사실이 있는 경우
3. 직무태만, 품위손상이나 그 밖의 사유로 인하여 위원으로 적합하지 아니하다고 인정되는 경우
4. 위원 스스로 직무를 수행하는 것이 곤란하다고 의사를 밝히는 경우

[본조신설 2015. 12. 31.]

제7조(특수교육지원센터의 설치 · 운영) ① 교육감은 법 제11조에 따른 특수교육지원센터를 설치할 때 그 업무를 수행할 수 있는 독립된 공간을 확보하여야 한다.

② 교육감은 특수교육지원센터가 그 업무를 효율적으로 수행할 수 있도록, 담당 업무를 전담하는 특수교육 분야의 전문인력을 배치하여야 한다.

③ 교육감은 지역의 지리적 특성 및 특수교육의 수요 등을 고려하여 필요한 경우에는 하나의 하급교육행정기관에 2 이상의 특수교육지원센터를 설치 · 운영할 수 있다.

④ 특수교육지원센터는 담당 업무를 효율적으로 수행하기 위하여 관련 기관과의 연계체제를 구축하고 협력하여 업무를 수행할 수 있다.

⑤ 교육감은 특수교육지원센터의 진단 · 평가 과정에서 장애가 의심되는 영유아 또는 학생이 이전에 의료적 진단을 받지 아니한 경우에는 이에 대한 의료적 진단을 보건소, 병원 또는 의원에 의뢰하여야 한다.

⑥ 교육감은 제5항에 따라 의료적 진단을 보건소, 병원 또는 의원에 의뢰한 경우에는 그 비용을 부담하여야 한다.

제8조(실태조사) ① 법 제13조제1항에 따른 실태조사에는 다음 각 호의 사항이 포함되어야 한다. 〈개정 2020. 1. 29.〉

1. 특수교육대상자의 성 · 연령 · 장애유형 · 장애정도별 현황
2. 특수교육기관 및 그 교육과정의 운영 실태
3. 특수교육 관련서비스의 제공 현황
4. 특수교육 지원을 위한 행정조직 및 지원 현황
5. 특수교육재정의 확보 · 분배 · 활용 현황
6. 특수교육대상자의 교육성과 및 학교 졸업 후의 생활상태

7. 삭제 〈2021. 4. 20.〉
8. 특수교육대상자 및 그 보호자, 특수교육에 관한 전문가 등 특수교육 관련자의 특수교육 지원에 대한 만족도 및 요구 사항

② 법 제13조제2항에 따른 실태조사에는 다음 각 호의 사항이 포함되어야 한다. 〈신설 2020. 1. 29.〉

1. 법 제29조에 따른 특별지원위원회의 설치 · 운영 현황
2. 법 제30조제1항에 따른 장애학생지원센터의 설치 · 운영 현황
3. 법 제31조제1항 및 제2항에 따른 장애학생의 교육활동 편의 및 장애수험생의 수험 편의를 위한 수단의 제공 현황
4. 법 제32조에 따른 장애학생 지원 등에 관한 학칙의 규정 현황
5. 법 제35조제3항에 따른 심사청구의 운영 현황

③ 법 제13조제3항에 따른 실태조사에는 다음 각 호의 사항이 포함되어야 한다. 〈신설 2020. 12. 8.〉

1. 특수교육대상자에 대한 인권침해 행위의 유형별 현황
2. 인권침해 행위로 피해를 입은 특수교육대상자를 보호하기 위한 조치 현황
3. 인권침해 행위를 한 사람에 대한 조치 현황
4. 그 밖에 특수교육대상자의 인권보호를 위하여 필요하다고 교육부장관이 인정하는 사항

④ 법 제13조제1항부터 제3항까지의 규정에 따른 실태조사는 표본조사의 방법으로 시행하되, 제1항부터 제3항까지에서 규정한 사항에 관하여 정확한 현황을 파악하고 조사항목의 특성상 필요한 경우에는 전수조사(全數調査)의 방법으로 시행할 수 있다. 〈개정 2020. 1. 29., 2020. 12. 8.〉

⑤ 교육감은 법 제13조제3항에 따른 실태조사를 다른 교육감과 공동으로 실시하거나 필요하면 해당 조사 업무에 전문성이 있는 기관 또는 단체에 의뢰하여 실시할 수 있다. 〈신설 2020. 12. 8.〉

제8조의2(인권침해 사건의 조사) ① 법 제13조의2제3항에 따른 조사는 서면조사와 현장조사의 방법으로 실시할 수 있다.

② 교육감은 법 제13조의2제3항에 따른 조사를 할 때에는 조사의 목적과 항목 등을 포함한 조사계획을 미리 조사대상자에게 통지해야 한다.

③ 교육감은 법 제13조의2제3항에 따른 조사에 필요한 자료의 제출이나 의견의 진술을 학교 등 관계 기관에 요청할 수 있다.

④ 교육감은 법 제13조의2제3항에 따른 조사에 필요하면 관계 전문가를 참여하게 하여 의견을 청취할 수 있다.

[본조신설 2020. 12. 8.]

제3장 특수교육대상자의 선정 및 학교 배치 등

제9조(장애의 조기발견 등) ① 교육장 또는 교육감은 매년 1회 이상 법 제14조제1항에 따른 홍보를 하여야 한다.

② 교육장 또는 교육감은 장애의 조기발견을 위하여 관할 구역의 어린이집 · 유치원 및 학교의 영유아 또는 학생(이하 "영유아 등"이라 한다. 이하 이 조에서 같다)을 대상으로 수시로 선별검사를 하여야 한다. 이 경우 「국민건강보험법」 제52조제1항 또는 「의료급여법」 제14조제1항에 따른 건강검진의 결과를 활용할 수 있다. 〈개정 2011. 12. 8., 2012. 8. 31.〉

③ 교육장 또는 교육감은 선별검사를 한 결과 장애가 의심되는 영유아 등을 발견한 경우에는 병원 또는 의원에서 영유아 등에 대한 장애 진단을 받도록 보호자에게 안내하고 상담을 하여야 한다.

④ 교육장 또는 교육감은 선별검사를 받은 영유아 등의 보호자가 법 제15조에 따른 특수교육대상자로 선정받기를 요청할 경우 영유아 등의 보호자에게 영유아 등의 건강검진 결과통보서 또는 진단서를 제출하도록 하여 영유아 등이 특수교육대상자에 해당하는지 여부를 판단하기 위한 진단 · 평가를 하여야 한다.

⑤ 교육장 또는 교육감은 제3항에 따라 진단 · 평가한 결과 영유아 등에게 특수교육이 필요하다고 판단되면 보호자에게 그 내용과 특수교육대상자 선정에 필요한 절차를 문서로 알려야 한다.

⑥ 제2항부터 제5항까지의 규정에 따른 선별검사 및 진단 · 평가에 필요한 사항은 교육부령으로 정한다. 이 경우 제2항에 따른 선별검사에 관한 사항은 보건복지부장관과 협의하여야 한다. 〈개정 2010. 3. 15., 2013. 3. 23.〉

제10조(특수교육대상자의 선정) ① 법 제15조제1항제11호에서 "두 가지 이상의 장애가 있는 경우 등 대통령령으로 정하는 장애"란 같은 항 제1호부터 제9호까지의 규정에 따른 장애가 두 가지 이상 중복된 장애를 말한다.

② 법 제15조제1항에 따라 특수교육대상자를 선정하는 기준은 별표와 같다.

[전문개정 2022. 6. 28.]

제11조(특수교육대상자의 학교 배치 등) ① 교육장 또는 교육감은 법 제17조제1항에 따라 특수교육대상자를 학교에 배치할 때에는 해당 학교의 장과 특수교육대상자에게 각각 문서

로 알려야 한다.

② 교육장 또는 교육감은 특수교육대상자를 일반학교의 일반학급에 배치한 경우에는 특수교육지원센터에서 근무하는 특수교육교원에게 그 학교를 방문하여 학습을 지원하도록 하여야 한다.

③ 각급학교의 장은 특수교육대상자에 대한 교육지원의 내용을 추가·변경 또는 종료하거나 특수교육대상자를 재배치할 필요가 있으면 법 제22조제1항에 따른 개별화교육지원팀의 검토를 거쳐 교육장 및 교육감에게 그 특수교육대상자의 진단·평가 및 재배치를 요구할 수 있다.

제12조(배치에 대한 이의) 법 제17조제4항에서 "대통령령으로 정하는 특별한 사유"란 해당 특수학교가 교육하는 특수교육대상자의 장애유형과 배치를 요구받은 특수교육대상자의 장애유형이 달라 효율적인 교육을 할 수 없는 경우를 말한다. 〈개정 2025. 2. 25.〉

제4장 영유아 및 초·중등교육

제13조(장애영아의 교육지원) ① 3세 미만의 장애영아(이하 이 조에서 "장애영아"라 한다) 교육의 수업일수는 매 학년도 150일을 기준으로 하되, 장애영아의 건강 상태 및 교육과정의 운영상 필요한 경우에는 교육부장관, 교육감 또는 교육장의 승인을 받아 30일의 범위에서 줄일 수 있다. 〈개정 2013. 3. 23., 2025. 2. 25.〉

② 법 제18조제2항에 따라 특수교육을 받는 영아학급 등의 교원 배치에 관한 사항은 교육부장관, 교육감 또는 교육장이 정한다. 〈개정 2013. 3. 23.〉

③ 교육감이나 교육장은 법 제18조제2항에 따라 장애영아를 특수교육지원센터에 배치하여 교육을 하는 경우 「특수학교시설·설비기준령」 별표에 따른 보통교실을 그 특수교육지원센터에 갖추어야 한다.

④ 장애영아 담당 교원은 「초·중등교육법」 제21조제2항에 따른 특수학교 유치원교사 자격증을 소지한 사람으로 한다. 〈개정 2014. 12. 23.〉

제14조(취학의무의 유예 또는 면제 등) ① 특수교육대상자의 보호자가 법 제19조제2항에 따라 특수교육대상자의 취학의무를 유예받거나 면제 받으려는 경우에는 관할 교육감 또는 교육장에게 취학의무의 유예 또는 면제를 신청하여야 한다.

② 제1항에 따른 신청을 받은 교육감 또는 교육장은 법 제10조제1항에 따른 관할 특수교육운영위원회의 심의를 거쳐 특수교육대상자의 등·하교 가능성, 순회교육 실시 가능성 및 보호자의 의견 등을 고려하여 면제 또는 유예를 결정한다. 이 경우 유예기간은 1년 이내로 하고, 유예기간을 연장하려는 경우에도 관할 특수교육운영위원회의 심의를 거쳐야

한다.

③ 취학의무를 면제 또는 유예받은 사람이 다시 취학하고자 하는 경우 그 보호자는 교육감 또는 교육장에게 취학을 신청하고, 그 신청을 받은 교육감 또는 교육장은 관할 특수교육운영위원회의 심의를 거쳐 취학 여부를 결정하여야 한다.

제15조(유치원 의무교육을 받는 것으로 보는 어린이집의 요건) 법 제19조제2항 단서에서 "대통령령으로 정하는 일정한 교육 요건을 갖춘 어린이집"이란 「장애아동 복지지원법」 제32조제2항에 따라 지정받은 장애영유아를 위한 어린이집을 말한다.

[전문개정 2022. 6. 28.]

제16조(통합교육을 위한 시설 · 설비 등) ① 일반학교의 장은 법 제21조제3항에 따라 통합교육을 실시하는 경우에는 특수교육대상자의 교내 이동이 쉽고, 세면장 · 화장실 등과 가까운 곳에 위치한 66제곱미터 이상의 교실에 특수학급을 설치하여야 한다. 다만, 배치된 특수교육대상자의 수 및 그 학교의 여건 등을 고려하여 시 · 도 조례로 정하는 바에 따라 44제곱미터 이상의 교실에 학급을 설치할 수 있다. 〈개정 2025. 2. 25.〉

② 일반학교의 장은 법 제21조제3항에 따라 통합교육을 실시하는 경우에는 배치된 특수교육대상자의 성별, 연령, 장애의 유형 · 정도 및 교육활동 등에 맞도록 정보 접근을 위한 기기, 의사소통을 위한 보완 · 대체기구 등의 교재 · 교구를 갖추어야 한다. 〈개정 2025. 2. 25.〉

③ 교육부장관 및 교육감은 법 제21조제5항에 따라 특수교육대상자의 통합학급 교육활동을 지원하기 위하여 특수교육교원을 둘 때에는 다음 각 호의 사항을 고려해야 한다. 〈신설 2025. 2. 25.〉

1. 일반학교에 배치된 특수교육대상자의 수
2. 일반학교에 배치된 특수교육대상자의 장애유형 및 장애정도
3. 특수교육대상자가 배치된 일반학교의 여건과 지역적 특성
4. 그 밖에 교육부장관 및 교육감이 특수교육대상자의 통합학급 교육활동을 지원하기 위하여 필요하다고 인정하는 사항

제17조(전문인력의 자격 기준 등) 법 제23조제1항에서 "대통령령으로 정하는 자격이 있는 진로 및 직업교육을 담당하는 전문인력"이란 「초 · 중등교육법」 제21조제2항에 따른 특수학교 정교사 · 준교사 · 실기교사의 자격(각각 중학교 과정 이상의 교육과정을 담당할 수 있는 자격으로 한정한다)이 있는 사람으로서 다음 각 호의 어느 하나에 해당하는 사람을 말한다. 〈개정 2018. 10. 30.〉

1. 대학이나 대학원에서 직업재활에 관한 전공을 이수한 사람
2. 진로 및 직업교육과 관련한 국가자격증 또는 민간자격증 소지자

3. 진로 및 직업교육과 관련한 직무연수를 이수한 사람

제18조(진로 및 직업교육을 위한 시설 등) ① 중학교 과정 이상 각급 학교의 장은 법 제23조제2항에 따라 진로 및 직업교육을 위하여 66제곱미터 이상의 교실을 1개 이상 설치하여야 한다. 다만, 중학교 과정 이상 특수학교의 장은 「특수학교시설 · 설비기준령」 제4조에서 정하는 기준에 따라 설치하여야 한다. 〈개정 2016. 12. 5.〉

② 특수교육지원센터는 특수교육기관, 한국장애인고용공단지부 등 해당 지역의 장애인 고용 관련 기관, 직업재활시설, 장애인복지관, 산업체 등 관련 기관과 협의체를 구성하여야 한다. 〈개정 2009. 12. 31.〉

③ 교육감은 제1항에 따른 진로 및 직업 교육을 위한 교실의 설치비용을 지원하는 등 특수교육대상자의 진로 및 직업 교육에 필요한 인력과 경비를 지원하도록 노력하여야 한다. 〈개정 2016. 12. 5.〉

제19조(전공과의 설치 · 운영) ① 법 제24조제1항에 따른 전공과를 설치 · 운영하는 특수교육기관의 장은 66제곱미터 이상의 전공과 전용 교실을 1개 이상 설치하여야 하며, 세부적인 시설 · 설비의 기준은 교육감이 정한다.

② 전공과를 설치한 교육기관의 장은 그 설치 목적을 달성하기 위하여 현장실습이 포함된 직업교육계획을 수립하여야 한다.

③ 전공과의 수업 연한과 학생의 선발 방법은 교육감의 승인을 받아 전공과를 설치한 교육기관의 장이 정한다.

④ 전공과를 전담할 인력은 전공과를 설치한 특수교육기관의 고등학교 과정과 같은 수준으로 배치한다.

제20조(순회교육의 운영 등) ① 교육장이나 교육감은 법 제25조제1항에 따른 순회교육을 하기 위하여 순회교육을 받는 특수교육대상자의 능력, 장애 정도 등을 고려하여 순회교육계획을 작성 · 운영하여야 한다.

② 순회교육의 수업일수는 매 학년도 150일을 기준으로 하여 각급학교의 장이 정하되, 순회교육을 받는 특수교육대상자의 상태와 교육과정의 운영상 필요한 경우에는 지도 · 감독기관의 승인을 받아 30일의 범위에서 줄일 수 있다.

③ 삭제 〈2016. 6. 21.〉

제20조의2(원격수업의 운영) ① 교육부장관 및 교육감은 법 제25조제2항에 따른 원격수업(이하 "원격수업"이라 한다)을 실시하기 위하여 특수교육대상자의 장애유형 및 장애정도를 고려한 원격수업시스템을 구축 · 운영해야 한다.

② 교육부장관 및 교육감은 원격수업을 위하여 점자 및 자막 자료 등 특수교육대상자의 장

애유형 및 장애정도에 따른 교육자료를 개발·보급해야 한다.

③ 제1항 및 제2항에서 규정한 사항 외에 원격수업의 원활한 운영을 위하여 필요한 세부사항은 교육부장관 및 교육감이 정한다.

[본조신설 2021. 4. 20.]

제20조의3(특수교육대상자를 위한 학급을 설치·운영 중인 의료기관 등에 대한 지원) 국가 및 지방자치단체는 법 제25조제5항에 따라 특수교육대상자를 위한 학급을 설치·운영 중인 의료기관 및 복지시설 등에 다음 각 호의 지원을 한다.

1. 학급의 설치·운영에 필요한 비용 지원
2. 학급 담당 교원 또는 특수교육 관련서비스 담당 인력 지원
3. 순회교육에 필요한 교재·교구 지원
4. 그 밖에 국립 또는 공립 특수교육기관 수준의 교육이 이루어질 수 있도록 지원이 필요하다고 국가기관 또는 지방자치단체의 장이 인정하는 지원

[본조신설 2022. 6. 28.]

제21조(유치원 과정의 방과후 과정 담당 인력의 자격기준 및 운영방법) ① 법 제26조제1항에 따라 특수교육대상자에 대한 방과후 과정 운영을 담당하는 인력은 「영유아보육법」 제21조제2항에 따른 보육교사의 자격 또는 「유아교육법」 제22조 및 「초·중등교육법」 제21조에 따른 교원의 자격을 가지고 있는 사람으로 한다. 〈개정 2012. 4. 20.〉

② 방과후 과정을 운영하는 유치원 과정의 교육기관의 장은 교육과 보육을 연계하고 정규교육과정을 포함하여 1일 8시간 이상으로 운영하며, 그 밖에 운영에 필요한 사항은 교육감이 정한다. 〈개정 2012. 4. 20.〉

③ 교육감은 방과후 과정을 운영하는 유치원 과정의 교육기관에 대하여 그 교육에 소요되는 경비를 부담하거나 보조하여야 한다. 〈개정 2012. 4. 20.〉

[제목개정 2012. 4. 20.]

제22조(특수학교 및 특수학급에 두는 특수교육교원의 배치기준) 법 제27조제3항에 따라 배치하는 특수교육 담당 교사는 학생 4명마다 1명으로 한다. 다만, 도시와 농촌·산촌·어촌 교육의 균형발전, 특수교육지원센터의 운영현황, 특수교육대상자의 지역별 분포 및 두 가지 이상의 장애를 지니면서 장애의 정도가 심한 특수교육대상자의 배치 현황 등을 고려하여 특별시·광역시·특별자치시·도·특별자치도별 교사는 교육부장관이, 단위 학교·학급별 교사는 해당 교육감 또는 교육장이 배치기준의 50퍼센트의 범위에서 가감하여 배치할 수 있다. 〈개정 2013. 3. 23., 2022. 6. 28.〉

제23조(가족지원) ① 법 제28조제1항에 따른 가족지원은 가족상담, 양육상담, 보호자 교육, 가

족지원프로그램 운영 등의 방법으로 한다.

② 제1항에 따른 가족지원은 「건강가정기본법」 제35조에 따른 건강가정지원센터, 「장애인복지법」 제58조에 따른 장애인복지시설 등과 연계하여 할 수 있다.

제24조(치료지원) ① 법 제28조제2항에 따른 치료지원에 필요한 인력은 「의료기사 등에 관한 법률」 제4조에 따른 면허 또는 「자격기본법」 제19조제1항에 따라 주무부장관이 공인한 민간자격을 소지한 사람으로 한다.

② 교육감 또는 특수학교의 장은 특수교육지원센터 또는 특수학교에 치료실을 설치 · 운영할 수 있다.

③ 교육감은 「공공보건의료에 관한 법률」 제2조에 따른 공공보건의료기관 및 「장애인복지법」 제58조에 따른 장애인복지시설 등과 연계하여 치료지원을 할 수 있다.

제25조(지원인력) ① 교육감은 법 제28조제3항에 따라 각급학교의 장이 특수교육대상자를 위한 지원인력을 원활하게 제공할 수 있도록 지원인력 수급에 관한 계획의 수립, 지원인력의 채용 · 배치 등 지원인력의 운영에 필요한 업무를 수행한다. 〈개정 2022. 6. 28.〉

② 교육감 또는 교육장은 지원인력의 자질 향상을 위하여 특수교육에 관한 연수를 실시해야 한다. 〈개정 2022. 6. 28.〉

③ 지원인력의 역할 및 자격은 교육부령으로 정하고, 그 밖에 운영 방법에 관한 세부 사항은 교육감이 정하여 고시한다. 〈개정 2013. 3. 23., 2022. 6. 28.〉

[제목개정 2022. 6. 28.]

제26조(각종 교구 및 학습보조기 등 지원) 교육감은 법 제28조제4항에 따라 각급학교의 장이 각종 교구 · 학습보조기 · 보조공학기기를 제공할 수 있도록 특수교육지원센터에 필요한 기구를 갖추어 두어야 한다.

제27조(통학 지원) ① 교육감은 각급학교의 장이 법 제28조제5항에 따른 통학 지원을 원활하게 할 수 있도록 통학차량을 각급학교에 제공하거나 통학 지원이 필요한 특수교육대상자 및 보호자에게 통학비를 지급하여야 한다.

② 각급학교의 장은 특수교육대상자가 현장체험학습, 수련회 등 학교밖 활동에 참여할 수 있도록 조치를 취하여야 한다.

제28조(기숙사의 설치 · 운영) ① 교육감은 법 제28조제6항에 따른 기숙사의 운영에 필요한 경비를 예산의 범위에서 부담하거나 보조할 수 있다.

② 공립 및 사립학교의 기숙사 시설 · 설비 기준은 시 · 도 교육규칙으로 정한다.

제28조의2(학교 내 의료적 지원) 법 제28조제9항에 따라 의료인이 제공하는 의료적 지원의 구체적 범위는 다음 각 호와 같다.

1. 흡인(특수교육대상자의 코, 입, 기도 및 폐 등에 있는 분비물을 인공적으로 뽑아내는 행위를 말한다)
2. 튜브영양공급
3. 배출관을 이용한 간헐적 소변 배출
4. 인공호흡기를 이용하는 학생에 대한 간호
5. 그 밖에 교육감(국립학교의 경우에는 해당 학교의 장을 말한다)이 관할 학교 내에 배치된 특수교육대상자에게 필요하다고 인정하여 「의료법」 제3조에 따른 의료기관과 협의하여 정하는 의료적 지원

[본조신설 2025. 2. 25.]

제29조(기타 특수교육 관련서비스의 제공) ① 교육부장관 또는 교육감은 제23조부터 제28조까지 및 제28조의2에 따른 특수교육 관련서비스 외에 보행훈련, 심리 · 행동 적응훈련 등 특정한 장애유형의 특수교육대상자에게 필요한 특수교육 관련서비스를 제공하여야 한다. 〈개정 2013. 3. 23., 2025. 2. 25.〉

② 제1항의 특수교육 관련서비스 제공에 필요한 인력은 국가자격 또는 「자격기본법」 제19조 제1항에 따라 주무부장관이 공인한 민간자격을 소지한 사람으로 한다.

제5장 고등교육 〈개정 2017. 5. 29.〉

제30조(특별지원위원회의 설치 · 운영) ① 대학의 장은 그 대학에 장애학생이 10명 이상 재학하는 경우에는 법 제29조에 따른 특별지원위원회(이하 "특별지원위원회"라 한다)를 설치 · 운영하여야 한다.

② 장애학생이 10명 미만인 대학의 장은 법 제30조제2항에 따른 장애학생 지원부서가 법 제29조제1항제1호 및 제3호에 관한 특별지원위원회의 기능을 수행할 수 있도록 할 수 있다. 〈개정 2023. 4. 18.〉

③ 특별지원위원회는 위원장 1명을 포함하여 5명 이상 15명 이하의 위원으로 성별을 고려하여 구성한다. 〈개정 2023. 4. 18.〉

④ 특별지원위원회의 위원은 다음 각 호의 사람 중에서 대학의 장이 임명한다. 이 경우 각 호별 해당 위원 수가 전체 위원 수의 10분의 6을 초과하지 않도록 해야 한다. 〈신설 2023. 4. 18.〉

1. 해당 대학의 장애학생 지원 및 복지 관련 교직원
2. 해당 대학에 재학 중인 장애학생
3. 그 밖에 장애학생 지원에 관한 학식과 경험이 풍부하다고 대학의 장이 인정하는 전문가

⑤ 제1항부터 제4항까지에서 규정한 사항 외에 특별지원위원회의 구성 및 운영에 필요한 사항은 대학의 장이 정한다. 〈신설 2023. 4. 18.〉

제31조(장애학생지원센터의 설치 · 운영) ① 법 제30조제1항 단서에서 "일정 인원"이란 9명을 말한다.

② 법 제30조제3항에 따른 장애학생지원센터의 장의 자격을 갖춘 사람은 해당 대학의 교직원으로서 다음 각 호의 어느 하나에 해당하는 사람으로 한다. 〈개정 2023. 4. 18.〉

1. 교육학, 사회복지학, 법학 등 장애인 인권 관련 분야의 학위를 소지한 사람
2. 교육, 보건 · 의료, 복지 등 분야의 「자격기본법」에 따른 국가자격을 소지한 사람
3. 장애학생 지원 및 복지 관련 업무에 3년 이상 종사한 경력이 있는 사람
4. 그 밖에 제1호부터 제3호까지의 규정에 준하는 자격으로 대학의 장이 정하는 자격을 갖춘 사람

[제목개정 2023. 4. 18.]

제31조의2(개인별 수요 조사 및 교육지원계획 수립 등) ① 법 제30조의2제1항에 따른 장애학생의 개인별 수요 조사에는 다음 각 호의 사항이 포함돼야 한다.

1. 장애유형 및 장애정도
2. 법 제31조제1항 각 호의 수단 중 장애학생에게 필요한 수단 및 기간

② 장애학생지원센터(법 제30조제1항에 따라 장애학생 지원부서로 갈음하는 경우에는 이를 말한다)의 장은 법 제30조의2제2항에 따라 대학의 장에게 보고된 개인별 교육지원계획의 내용을 해당 장애학생에게 대학의 장이 정하는 기간 내에 알려야 한다. 이 경우 장애학생이 요청하면 해당 계획을 장애학생이 소속된 학과 · 학부 또는 대학원의 장에게도 통지해야 한다.

③ 제1항 및 제2항에서 규정한 사항 외에 개인별 수요 조사 및 교육지원계획 수립 등에 필요한 사항은 대학의 장이 정한다.

[본조신설 2023. 4. 18.]

제32조(수업 중 활용하는 영상물의 편의제공) ① 법 제31조제4항에 따라 대학의 장은 장애학생을 위하여 다음 각 호의 편의를 제공해야 한다.

1. 「장애인복지법 시행령」 별표 1 제3호에 따른 시각장애인을 위하여 영상물의 화면 장면, 자막 등을 음성으로 전달하는 화면해설
2. 「장애인복지법 시행령」 별표 1 제4호에 따른 청각장애인 또는 같은 표 제5호에 따른 언어장애인(이하 이 조에서 "청각장애인등"이라 한다)을 위하여 영상물의 음성 및 음향을 화면에 글자로 전달하는 폐쇄자막

3. 청각장애인등을 위하여 영상물의 음성 및 음향을 손짓, 몸짓, 표정 등으로 전달하는 한국수어 통역

② 대학의 장이 법 제31조제4항에 따라 수업 중 활용하는 영상물(이하 이 조에서 "수업영상물"이라 한다)에 제1항에 따른 편의를 제공할 때에는 다음 각 호의 방법을 사용할 수 있다.

1. 제1항 각 호의 편의를 영상의 형태로 제작하여 수업영상물에 포함하는 방법
2. 교육지원인력을 배치하거나 학습보조기기 · 보조공학기기 및 정보통신매체 등을 활용하여 제1항 각 호의 편의를 수업영상물과 함께 실시간으로 제공하는 방법

[본조신설 2022. 6. 28.]

제32조의2(장애인고등교육지원센터의 설치 · 지정 등) ① 교육부장관은 법 제33조제1항에 따라 장애인고등교육지원센터(이하 "고등교육센터"라 한다)를 설치하거나 다음 각 호의 기관 또는 법인 중에서 고등교육센터를 지정해야 한다.

1. 「공공기관의 운영에 관한 법률」 제4조에 따른 공공기관
2. 「고등교육법」 제2조 각 호에 따른 학교
3. 「정부출연연구기관 등의 설립 · 운영 및 육성에 관한 법률」 제8조제1항에 따른 연구기관
4. 「공익법인의 설립 · 운영에 관한 법률」 제2조에 따른 공익법인
5. 「민법」 제32조에 따른 비영리법인
6. 그 밖에 장애학생 고등교육 지원 업무에 관한 전문성을 갖춘 기관이나 법인

② 제1항에 따라 고등교육센터로 지정받으려는 기관 또는 법인은 다음 각 호의 기준을 모두 갖추어야 한다.

1. 법 제33조제2항 각 호에 따른 업무 수행에 필요한 조직 · 인력을 보유할 것
2. 법 제33조제2항 각 호에 따른 업무 수행에 필요한 사무실, 장비 · 시설을 갖출 것
3. 법 제33조제2항 각 호에 따른 업무 수행에 필요한 사업계획 및 운영규정을 갖출 것

③ 제2항에 따라 고등교육센터가 갖추어야 하는 기준의 세부 내용은 교육부장관이 정하여 고시한다.

④ 교육부장관은 고등교육센터를 지정하려는 경우에는 제2항 및 제3항에 따른 기준이 포함된 지정계획을 10일 이상 관보 또는 교육부 인터넷 홈페이지에 게시해야 한다.

⑤ 고등교육센터로 지정받으려는 기관 또는 법인은 지정신청서에 다음 각 호의 서류를 첨부하여 교육부장관에게 제출해야 한다.

1. 제2항제1호의 조직 · 인력의 보유 현황이나 확보 계획
2. 제2항제2호의 사무실, 장비 · 시설의 보유 현황이나 확보 계획
3. 제2항제3호의 사업계획 및 운영규정

⑥ 고등교육센터의 지정기간은 5년으로 한다.

⑦ 교육부장관은 제1항에 따라 지정된 고등교육센터가 다음 각 호의 어느 하나에 해당하는 경우에는 그 지정을 취소할 수 있다. 다만, 제1호에 해당하는 경우에는 그 지정을 취소해야 한다.

1. 거짓이나 그 밖의 부정한 방법으로 지정을 받은 경우
2. 제2항 및 제3항에 따른 기준에 적합하지 않게 된 경우

⑧ 교육부장관은 제1항 및 제7항에 따라 고등교육센터를 지정하거나 지정을 취소한 경우에는 관보 또는 교육부 인터넷 홈페이지에 지체 없이 게시해야 한다.

⑨ 제1항부터 제8항까지에서 규정한 사항 외에 고등교육센터의 지정 · 운영에 필요한 사항은 교육부장관이 정하여 고시한다.

[본조신설 2023. 4. 18.]

제6장 보칙

제33조(심사청구 절차) 법 제35조제3항 및 법 제36조제1항 또는 제2항에 따른 심사청구 및 그 심사청구에 대한 결과의 통지에 필요한 서류는 각각 교육부령으로 정한다. 〈개정 2013. 3. 23.〉

제34조(규제의 재검토) 교육부장관은 다음 각 호의 사항에 대하여 다음 각 호의 기준일을 기준으로 3년마다(매 3년이 되는 해의 기준일과 같은 날 전까지를 말한다) 그 타당성을 검토하여 개선 등의 조치를 하여야 한다. 〈개정 2023. 4. 18.〉

1. 제30조에 따른 특별지원위원회의 설치 · 운영: 2016년 1월 1일

1의2. 제30조제3항 및 제4항에 따른 위원회의 구성: 2023년 1월 1일

1의3. 제31조제2항에 따른 장애학생지원센터의 장의 자격: 2023년 1월 1일

2. 제31조의2제2항에 따른 장애학생 개인별 교육지원계획의 내용을 장애학생에게 알릴 의무: 2016년 1월 1일

3. 삭제 〈2017. 5. 29.〉

[전문개정 2016. 12. 30.]

부칙 〈제35284호, 2025. 2. 25.〉

이 영은 2025년 2월 28일부터 시행한다.부칙 〈제20565호, 2024. 12. 20.〉

이 법은 공포 후 6개월이 경과한 날부터 시행한다.

부록 3 장애인 등에 대한 특수교육법 시행규칙 [약칭: 특수교육법 시행규칙]

[시행 2025. 6. 21.] [교육부령 제360호, 2025. 6. 20., 일부개정]

제1장 총칙

제1조(목적) 이 규칙은 「장애인 등에 대한 특수교육법」 및 같은 법 시행령에서 위임된 사항과 그 시행에 필요한 사항을 규정함을 목적으로 한다.

제1조의2(특성화특수학교의 지정 절차) ① 「장애인 등에 대한 특수교육법」(이하 "법"이라 한다) 제6조제2항 전단에 따른 특정 분야의 인재 양성을 목적으로 하는 교육을 전문적으로 실시하는 특수학교(이하 "특성화특수학교"라 한다)로 지정받으려는 특수학교의 장 또는 법인은 다음 각 호의 사항이 포함된 신청서를 작성하여 국립의 특수학교의 경우에는 교육부장관에게, 공립 또는 사립의 특수학교의 경우에는 교육감에게 각각 제출해야 한다.

1. 특성화특수학교 운영에 관한 계획
2. 교육과정 운영에 관한 계획
3. 입학전형 실시에 관한 계획
4. 교직원 배치에 관한 계획
5. 그 밖에 특성화특수학교의 운영 등에 관하여 교육부장관 또는 교육감이 정하여 고시하는 사항

② 교육부장관 및 교육감은 법 제6조제2항 전단에 따라 특성화특수학교를 지정하려는 경우에는 다음 각 호의 구분에 따라야 한다.

1. 국립의 특수학교인 경우: 법 제10조제1항에 따른 중앙특수교육운영위원회의 심의를 거칠 것
2. 공립 또는 사립의 특수학교인 경우: 법 제10조제1항에 따른 시·도특수교육운영위원회의 심의를 거칠 것

③ 제1항 및 제2항에서 규정한 사항 외에 특성화특수학교의 지정 절차에 관하여 필요한

사항은 국립의 특수학교에 대해서는 교육부장관이, 공립 또는 사립의 특수학교에 대해서는 교육감이 각각 정하여 고시한다.

[본조신설 2025. 6. 20.]

제2조(장애의 조기발견 등) ① 교육장 또는 교육감은 법 제14조제1항 또는 제3항에 따른 선별검사나 진단・평가를 실시하는 경우에는 별표에 따른 검사를 각각 실시하여야 한다. 〈개정 2025. 6. 20.〉

② 보호자 또는 각급학교의 장은 법 제15조제1항 각 호에 해당하는 장애를 가지고 있거나 장애를 가지고 있다고 의심되는 영유아 및 학생을 발견하여 진단・평가를 의뢰하고자 하는 경우에는 별지 제1호서식에 따른 진단・평가의뢰서를 작성하여 교육장 또는 교육감에게 제출하여야 한다.

③ 교육감 또는 교육장은 「장애인 등에 대한 특수교육법 시행령」(이하 "영"이라 한다) 제9조제5항에 따라 진단・평가의 결과를 영유아 및 학생의 보호자에게 알릴 때에는 별지 제2호서식에 따른다.

제3조(특수교육대상자의 학교 배치) 교육감 또는 교육장이 영 제11조제1항에 따라 특수교육대상자를 학교에 배치할 때에는 별지 제3호서식에 따라 해당 학교장과 특수교육대상자에게 통지하여야 한다.

제3조의2 삭제 〈2022. 6. 29.〉

제4조(개별화교육지원팀의 구성 등) ① 각급학교의 장은 법 제22조제1항에 따라 매 학년의 시작일부터 2주 이내에 각각의 특수교육대상자에 대한 개별화교육지원팀을 구성하여야 한다.

② 개별화교육지원팀은 매 학기의 시작일부터 30일 이내에 개별화교육계획을 작성하여야 한다.

③ 개별화교육계획에는 특수교육대상자의 인적사항과 특별한 교육지원이 필요한 영역의 현재 학습수행수준, 교육목표, 교육내용, 교육방법, 평가계획 및 제공할 특수교육 관련서비스의 내용과 방법 등이 포함되어야 한다.

④ 각급학교의 장은 매 학기마다 개별화교육계획에 따른 각각의 특수교육대상자의 학업성취도 평가를 실시하고, 그 결과를 특수교육대상자 또는 그 보호자에게 통보하여야 한다.

제5조(지원인력의 역할 및 자격) ① 법 제28조제3항에 따라 학교에 배치되는 지원인력은 교사의 지시에 따라 교수학습 활동, 신변처리, 급식, 교내외 활동, 등하교 등 특수교육대상자의 교육 및 학교 활동에 대하여 보조 역할을 담당한다. 〈개정 2022. 6. 29.〉

② 제1항에 따른 지원인력의 자격은 고등학교를 졸업한 사람 또는 이와 같은 수준 이상의 학력이 있다고 인정된 사람으로 한다. 〈개정 2022. 6. 29.〉

[제목개정 2022. 6. 29.]

제6조(생활지도원의 자격 및 배치기준) ① 법 제28조제6항 후단에 따라 특수학교의 기숙사에 두는 생활지도원은 다음 각 호의 어느 하나에 해당하는 사람으로 한다. 〈개정 2013. 10. 4.〉

1. 「초ㆍ중등교육법」 별표 2의 자격 기준에 해당하는 사람
2. 고등학교를 졸업한 사람 또는 이와 같은 수준 이상의 학력이 있다고 인정된 사람으로서 다음 각 목의 어느 하나에 해당하는 자격이 있는 사람
   가. 「의료기사 등에 관한 법률」 제2조에 따른 물리치료사 또는 작업치료사
   나. 「사회복지사업법」 제11조에 따른 사회복지사
   다. 「영유아보육법」 제21조제2항에 따른 보육교사

② 법 제28조제6항 후단에 따라 국립학교에 두는 생활지도원은 학생 5명마다 1명 이상을 배치하여야 한다. 다만, 시각장애 또는 청각장애가 있는 특수교육대상자를 교육하는 중학교 및 고등학교 과정의 경우에는 학생 7명마다 1명 이상을 배치할 수 있다.

제6조의2(간호사 등의 배치기준) 법 제28조제6항 후단에 따라 국립학교에는 간호사를 1명 이상 배치하되, 기숙사에 기숙하는 학생이 50명을 초과하는 경우에는 그 초과인원 50명마다 간호사 또는 간호조무사를 1명 이상 추가로 배치하여야 한다.

[본조신설 2013. 10. 4.]

제7조(특별지원위원회에 대한 심사청구 결과 통보 등) ① 법 제35조제3항에 따라 장애학생 또는 그 보호자가 심사청구를 할 때에는 별지 제4호서식에 따른 심사청구서를 해당 학교의 특별지원위원회에 제출하여야 한다.

② 제1항에 따른 심사청구를 받은 해당 학교의 특별지원위원회는 심사를 거쳐 별지 제5호서식에 따른 심사결과통지서를 그 청구인에게 교부하여야 한다.

제8조(고등학교 과정 이하의 심사청구 결과 통보 등) ① 법 제36조제1항 또는 제2항에 따라 특수교육대상자, 그 보호자 또는 각급학교의 장이 심사청구를 할 때에는 별지 제6호서식에 따른 심사청구서를 해당 시ㆍ군ㆍ구특수교육운영위원회 또는 시ㆍ도특수교육운영위원회에 제출하여야 한다.

② 제1항에 따른 심사청구를 받은 해당 시ㆍ군ㆍ구특수교육운영위원회 또는 시ㆍ도특수교육운영위원회는 심사를 거쳐 별지 제7호서식에 따른 심사결과통지서를 그 청구인에게 교부하여야 한다.

부칙 〈제360호, 2025. 6. 20.〉

이 규칙은 2025년 6월 21일부터 시행한다.

찾아보기

저자 소개

이미숙(Misuk Lee)
미국 오클라호마 대학교 특수교육전공 박사(철학박사)
현 국립공주대학교 특수교육과 교수

고혜정(Hyejung Koh)
서울대학교 특수교육전공 박사(교육학박사)
현 순천향대학교 특수교육과 교수

김정민(Joungmin Kim)
미국 캔자스 대학교 특수교육전공 박사(철학박사)
현 순천향대학교 교양학부 및 ICT 융합학과 교수

박영근(Yungkeun Park)
미국 아이오와 대학교 특수교육전공 박사(철학박사)
현 전남대학교 특수교육학부 교수

박유정(Yujeong Park)
미국 플로리다 대학교 특수교육전공 박사(철학박사)
현 공주교육대학교 교육학과 교수

최진혁(Jinhyeok Choi)
미국 컬럼비아 대학교 응용행동분석전공 박사(철학박사)
현 부산대학교 특수교육과 교수

표윤희(Yunhui Pyo)
이화여자대학교 특수교육전공 박사(특수교육학박사)
현 인제대학교 특수교육과 교수

특수교육학개론

Introduction of Special Education

2025년 9월 20일 1판 1쇄 인쇄
2025년 9월 30일 1판 1쇄 발행

지은이 • 이미숙 · 고혜정 · 김정민 · 박영근 · 박유정 · 최진혁 · 표윤희

펴낸이 • 김진환
펴낸곳 • ㈜ 학지사
04031 서울특별시 마포구 양화로 15길 20 마인드월드빌딩
대표전화 • 02-330-5114 팩스 • 02-324-2345
등록번호 • 제313-2006-000265호

홈페이지 • http://www.hakjisa.co.kr
인스타그램 • https://www.instagram.com/hakjisabook

ISBN 978-89-997-3242-3 93370

정가 23,000원